dtv

Strukturelle Arbeitslosigkeit, alarmierende Umweltveränderungen, wiederkehrende Anzeichen eines Börsencrashs, die Verstrickung in kriegerische Auseinandersetzungen: Angesichts einer immer komplexeren Welt wird die Unzulänglichkeit herkömmlicher Denkweisen immer deutlicher. Für sich perfekt geplant, können die Folgen jedes Eingriffs in vielschichtige Gefüge fatale Konsequenzen haben: Rückkopplungen, Zeitverzögerungen, Spätfolgen.
Über zwanzigjährige Erfahrung des Autors mit solchen Fragen ist hier zusammengefasst zu einem Praxisbuch für Politiker, Manager und alle anderen, die in solchen Zusammenhängen denken müssen und wollen.

*Frederic Vester*, Jahrgang 1925, leitet die »Studiengruppe für Biologie und Umwelt« in München, ist Fachmann für Umweltfragen und gilt als Vater des vernetzten Denkens. Er ist Mitglied des Club of Rome, vielfach ausgezeichnet und einer der profiliertesten Sachbuchautoren im deutschsprachigen Raum. Zu seinen zahlreichen Veröffentlichungen gehören: ›Denken. Lernen, Vergessen‹, ›Neuland des Denkens‹ und ›Crashtest Mobilität‹.

Frederic Vester

# Die Kunst vernetzt zu denken

Ideen und Werkzeuge für einen neuen Umgang
mit Komplexität

Ein Bericht an den Club of Rome

*Mit zahlreichen Schwarzweißabbildungen*

Deutscher Taschenbuch Verlag

Von Frederic Vester sind im Deutschen Taschenbuch Verlag erschienen
Neuland des Denkens (33001)
Phänomen Streß (33044)
Denken, Lernen, Vergessen (33045)
Unsere Welt, ein vernetztes System (33046)
Crashtest Mobilität (33050)

Aktualisierte und erweiterte Taschenbuchausgabe
Mai 2002
3. Auflage Februar 2003
Deutscher Taschenbuch Verlag GmbH & Co. KG,
München
www.dtv.de

Umschlagkonzept: Balk und Brumshagen
Umschlagbild: © photonica / Akira Inoue
Satz: Fotosatz Reinhard Amann, Aichstetten
nach einer Vorlage des DVA Büros Düsseldorf
Druck und Bindung: Druckerei C. H. Beck, Nördlingen
Gedruckt auf säurefreiem, chlorfrei gebleichtem Papier
Printed in Germany · ISBN 3-423-33077-5

## Inhalt

# Geleitwort

Wir sind uns inzwischen allgemein der Tatsache bewusst, in einer komplexen Welt zu leben. So geht uns auch der Begriff Komplexität leicht über die Lippen, wenn wir den Zustand unserer Gegenwart beschreiben. Sehen wir uns Problemen gegenüber, deren Zahl in unserer Wahrnehmung ständig zunimmt, werden sie der Komplexität oder unserer mangelnden Fähigkeit, mit ihr umzugehen, zugeschrieben.

Haben wir den richtigen Zugang zur Komplexität, verstehen wir sie eigentlich? Der Versuch, durch eine immer umfangreichere Erfassung und Auswertung von Informationen mittels elektronischer Datenverarbeitung zu einer besseren Handhabung von Komplexität zu kommen, erweist sich zunehmend als ein Irrweg: Wir häufen zwar eine Unmenge von Wissen an, dieses ermöglicht jedoch nicht das Verständnis der Welt, in der wir leben; im Gegenteil, die Informationsflut trägt eher zum Unverständnis und zu unserer Unsicherheit bei. Trotz allem, der Mensch soll kein Sklave der Komplexität, sondern deren Meister sein.

Spätestens seit dem ersten Bericht an den Club of Rome ›Die Grenzen des Wachstums‹ aus dem Jahre 1972 wissen wir, dass die Menschheit in einem natürlichen System mit begrenzten Ressourcen lebt, in dem wir bei Gefährdung der Existenz der menschlichen Gesellschaft nicht alles machen können, was wir wollen. Tun oder Unterlassen an einer Stelle des Globus hat zwangsläufig Auswirkungen auf andere Regionen; im *global village* gibt es keine fernen Probleme mehr. Tun oder Unterlassen heute kann die Lebensbedingungen zukünftiger Generationen beeinflussen.

Es ist das große Verdienst unseres Kollegen Frederic Vester mit seinem biokybernetischen Denkansatz, den er seit Jahren konsequent verfolgt, einen Weg zu weisen, wie wir Lebensbedingungen für die Menschheit schaffen können, die der *sustainability* genügen.

In seinem Buch stellt Frederic Vester nicht nur in sehr anschaulicher und verständlicher Weise die wissenschaftlich-theoretischen Grundlagen des dazu erforderlichen vernetzten Denkens dar, sondern er bietet in einem Werkstatt-Bericht, der sich auf langjährige praktische Erfahrungen gründet, einen faszinierenden Überblick über die Vielfalt der Instrumente des Lernens, die uns allen, aber vor allem auch den Entscheidungsträgern in Wirtschaft, Gesellschaft und Politik zu einer kreativen Gestaltung unserer Umwelt zur Verfügung stehen. Hier kann der Autor vor allem auf sein bereits seit langem praktiziertes Sensitivitätsmodell hinweisen, mit dem in vielen Problembereichen Lösungsstrategien für ein systemgerechtes Planen und Handeln gewonnen werden können.

Mit Recht spricht Frederic Vester von einer Kunst; denn er zeigt an vielen Beispielen die Grenzen auf, Komplexität analytisch in den Griff zu bekommen. Vielmehr geht es darum, Realitäten intuitiv, gewissermaßen künstlerisch, anhand von Mustern mit Unschärfen zu erfassen. Das Buch vermittelt uns Gespür für Komplexität und gibt vielfältige Anregungen, wie jeder von uns in seinem Verantwortungsbereich Komplexität schöpferisch zur Zukunftssicherung der Menschheit nutzen und gestalten kann.

Dieses Buch wird auch unsere Arbeit im Club of Rome sehr befruchten. Wir wünschen dem Autor und seiner wichtigen Botschaft wie bei seinen bisherigen Veröffentlichungen große Resonanz. Möge sein Buch viele interessierte Leser, vor allem aber »Anwender und Täter« finden!

Ricardo Díez Hochleitner
Ehrenpräsident des Club of Rome

# Vorwort

Wir leben in einer Welt, deren ineinander greifende Abläufe für unseren menschlichen Geist schon immer schwer zu begreifen waren – seien es die Nahrungsnetze lebender Organismen, das komplexe Spiel der Naturkräfte oder die weit greifende wirtschaftliche Vernetzung. Die exponentiell angestiegene Menschendichte und in ihrem Gefolge die als Fortschritt deklarierten immer stärkeren Eingriffe in den Naturhaushalt und in die menschliche Lebensqualität durch technologische Entwicklungen haben diese Wechselwirkungen so verdichtet, dass sie zu verstehen trotz aller wissenschaftlichen Erkenntnisse mit jedem Tag schwieriger zu werden scheint. In einer solchen Situation wächst natürlich die Hemmschwelle, sich überhaupt mit komplexen Abläufen zu befassen.

Die zunehmenden Krisen und Umweltkatastrophen zeigen aber, dass es höchste Zeit ist Fortschritt nicht länger nur auf der materiellen oder gar technokratischen Ebene zu sehen, sondern in einer neuen Ebene unseres Denkens, das dem veränderten Zustand unserer dicht bevölkerten Erde adäquat ist.

An der Schwelle zum dritten Jahrtausend und angesichts der von uns innerhalb weniger Jahrzehnte geschaffenen globalen Situation dürfte es somit an der Zeit sein einmal innezuhalten und uns auf ein neues Paradigma einzustellen, das sich an den auf unserem Planeten herrschenden Systemgesetzmäßigkeiten orientiert. Denn ehe wir uns und unseren Lebensraum einer immer unkontrollierteren Entwicklung aussetzen, sollten wir versuchen unsere Welt in ihrer tatsächlichen Vernetzung zu sehen, um mit den technologischen Möglichkeiten, die wir entwickelt haben, nicht weiterhin unbekümmert zu hantieren, sondern sie ab jetzt mit Systemverständnis einzusetzen.

Was wir dazu brauchen, ist eine neue Sicht der Wirklichkeit: die Einsicht, dass vieles zusammenhängt, was wir getrennt sehen, dass die sie verbindenden unsichtbaren Fäden hinter den Dingen für das Geschehen in der Welt oft wichtiger sind als die Dinge selbst. Denn wo immer wir auch eingreifen, pflanzt sich die Wirkung fort, verliert sich, taucht irgendwo anders wieder auf oder wirkt auf Umwegen zurück: Die Eigendynamik des Systems hat das Geschehen in die Hand genommen. Eine Korrektur am Ausgangspunkt ist nicht mehr möglich. Um zu erfassen, was unsere Eingriffe in einem komplexen System bewirken, kommen wir nicht umhin, das Muster seiner vernetzten Dynamik verstehen zu lernen.

Meine Beschäftigung mit diesem Ansatz des vernetzten Denkens und dem darauf beruhenden Planen und Handeln, das sich an der Kybernetik überlebensfähiger Systeme, ihren Steuer- und Regelprinzipien orientiert, erstreckt sich über drei Jahrzehnte. Die während dieser Zeit publizierte wissenschaftliche und schriftstellerische Arbeit war seither durchgehend der Anwendung und Propagierung dieser Erkenntnisse sowie der Entwicklung strategisch einsetzbarer Hilfsmittel gewidmet.

Bereits mit der Studie ›Systemzusammenhang in der Umweltproblematik‹ (1970) für die Stadt München und der UNESCO-Studie ›Urban Systems in Crisis‹ (1976) versuchte ich, Leitlinien für einen neuen Umgang mit Komplexität zu erarbeiten und zu vermitteln. In meinen Hauptwerken ›Das kybernetische Zeitalter‹ (1976) und ›Neuland des Denkens‹ (1980) habe ich diesen Ansatz auf die globale Entwicklung ausgedehnt und erstmals den Versuch unternommen, die verschiedenen Gebiete unserer Zivilisation auf ihre Stellung im Gesamtzusammenhang zu untersuchen und sie gleichzeitig auf bestehende Ansätze einer kybernetischen Neuorientierung zu durchforsten. Die Einsicht in ›Unsere Welt als vernetztes System‹ sollte auch meine Wanderausstellung gleichen Namens vermitteln. Weitere Ausstellungen, Bücher und Strategiespiele hatten alle dasselbe Anliegen.

Gleichzeitig erhielt die Bedeutung der Systemdynamik Auftrieb durch MEADOWS' ›Grenzen des Wachstums‹ und die weiteren Berichte an den Club of Rome bis zu Ernst Ulrich v. WEIZSÄCKERS Buch ›Faktor Vier‹. Die St. Gallener Schule um Hans ULRICH, die von Matthias HALLER angeregten Arbeiten des dortigen Instituts für Versicherungswirtschaft unter Einsatz des von mir entwickelten Sensitivitätsmodells und viele weitere Mitstreiter wie der Chefplaner des Umlandverbandes Frankfurt, Alexander von HESLER, bestätigten mich zunehmend in meinem Bestreben, das vernetzte Denken und das Paradigma der

Systemverträglichkeit über den akademischen Bereich hinaus in die Öffentlichkeit zu tragen.

Inzwischen scheint es – zumindest im europäisch-amerikanischen Kulturraum – nicht mehr nötig zu sein, für ein allgemeines Umweltbewusstsein zu kämpfen. Francis BACONS paradoxe Aussage: »Wer die Natur beherrschen will, muss ihr gehorchen« leuchtet nach dem immer häufigeren Zurückschlagen der Natur in den letzten Jahrzehnten nicht nur den direkt Betroffenen ein. Die Bedeutung einer intakten Umwelt als unsere wichtigste wirtschaftliche Grundlage wird – zumindest in öffentlichen Bekenntnissen – nicht länger in Zweifel gezogen. All das spiegelt einen gewissen Umdenkungsprozess wider. In der Praxis sieht es allerdings nach wie vor anders aus. Unter dem Druck kurzfristiger Entscheidungen ist bei unseren politischen und wirtschaftlichen Entscheidungsträgern wenig davon zu spüren, vernetzte Zusammenhänge zur Kenntnis zu nehmen oder gar in ihr Planen und Handeln einzubeziehen. Meist mangelt es dabei weniger am guten Willen als schlicht und einfach am nötigen Wissen, so dass man oft den Ast absägt, auf dem man sitzt.

Die dringende Notwendigkeit einer Umsetzung des vernetzten Denkens in die planerische Praxis mit der Vorgabe, die zunehmende Komplexität nicht zu meiden, sondern sie zu nutzen, hat mich daher immer stärker beschäftigt. Dabei war mir bewusst, dass die darauf beruhenden Planungs- und Entwicklungsmethoden andere sein müssten, als sie für das unvernetzte Vorgehen mit seinen oft kontraproduktiven Strategien eingesetzt wurden. Denn die sich häufenden Fehlschläge in den vergangenen Jahren zeigten, dass die klassischen Planungsansätze, sei es im Unternehmensbereich, in der Regionalplanung, in der Entwicklungshilfe oder in der Umweltpolitik an den immer komplexeren Wirkungen und Rückwirkungen, die damit nicht erfasst werden, scheiterten, ja scheitern mussten.

Hier Besserung zu erzielen, war Anlass für mich, mit dem Sensitivitätsmodell ein anwenderfreundliches Verfahren zu entwickeln, mit dem es gelingen würde, den Sprung von deterministischen Hochrechnungen, immensen Datensammlungen und geschlossenen Simulationsmodellen hin zu einer biokybernetischen Interpretation und Bewertung des Systemverhaltens zu vollziehen. ›Die Kunst vernetzt zu denken‹ soll

helfen, diesen Sprung im Sinne einer nachhaltigen Entwicklungsstrategie, die nicht nur theoretisch, sondern auch für den praktischen Gebrauch umsetzbar ist, plausibel und nachvollziehbar zu machen.
Dazu werde ich in einem ersten Teil unter dem Titel ›Was es zu vermeiden gilt‹ die Probleme wachsender Komplexität deutlich machen und die weittragenden Folgen aufzeigen, die ein nicht-adäquater Umgang mit komplexen Systemen für unseren Lebensraum und die auf ihm basierende Wirtschaft hat. Die typischen Ängste und Fehler in Zielsetzung, Methodik und Strategie werden aufgedeckt, die es in Zukunft zu vermeiden gilt. Im zweiten Teil ›Was unsere Situation verlangt‹ wird erläutert, welche neue Sichtweise nötig ist, um überhaupt Komplexität zu erfassen, und welche Hilfen wir aus der organisatorischen Bionik und der Biokybernetik in Anspruch nehmen können, um besser mit komplexen Systemen umzugehen. Für den Club of Rome-Bericht sind hier als typische Beispiele unbeachteter Komplexität die Problemfelder Atomenergie und Gentechnik neu hinzugekommen. Der dritte Teil ›Das Sensitivitätsmodell‹ stellt die dafür entwickelten neuen Werkzeuge und Vorgehensweisen vor. Hier wird der Zugang zum vernetzten Ansatz und seinen neuartigen Arbeitshilfen aufgezeigt und an Beispielen erläutert, wie seine Umsetzung zu bewerkstelligen ist. Die Kapitel des vierten Teils ›Der neue Weg zu nachhaltigen Strategien‹ befassen sich damit, welche Lösungsstrategien für ein systemverträgliches Planen und Handeln aus einem Sensitivitätsmodell gewonnen und wie sie wirksam in die Praxis umgesetzt werden können: auch hier ergänzt durch neue Abschnitte zu einer kybernetischen Sicherheitspolitik mit dem Versuch einer Analyse des Terrorismus und grundsätzlichen Gedanken zu einer kybernetischen Medizin.
So werden in den 20 Kapiteln des Buches nicht nur die Fehlerquellen des heute noch üblichen – die Vernetzung von Systemzusammenhängen missachtenden – Planens und Wirtschaftens aufgespürt und aus kybernetischer Sicht analysiert, sondern es wird auch ein praktikabler und von jedem Entscheidungsgremium gangbarer Weg beschrieben, die tief greifenden Möglichkeiten einer auf dem vernetzten Denken basierenden Planung und Entscheidungsfindung, nicht zuletzt im Sinne der Agenda 21, für den politischen, wirtschaftlichen, ökologischen und sozialen Bereich zu nutzen.

Erster Teil

# Was es zu vermeiden gilt

## Einführung

Unser Dilemma im Umgang mit der Komplexität unserer Welt lässt sich darauf zurückführen, dass wir wohl darin ausgebildet wurden einfache logische Schlüsse zu ziehen und nahe liegende Ursache-Wirkungs-Beziehungen zu definieren. Von vernetzten Zusammenhängen offener Systeme hingegen mit ihrem oft akausalen Verhalten haben wir in der Schule, meistens auch in der späteren Ausbildung wenig gehört. Deshalb schrecken wir davor zurück und konzentrieren uns lieber auf Detailfragen. Diese Einengung im Denken führt zu den typischen Fehlern im Umgang mit komplexen Systemen. Simple Ursache-Wirkungs-Beziehungen gibt es nur in der Theorie, nicht in der Wirklichkeit. Dort regieren indirekte Wirkungen, Beziehungsnetze und Zeitverzögerungen, die oft eine Zuordnung der Ursachen verhindern, was dann – da man die Systemzusammenhänge nicht erfasst – die Folgenabschätzung von Eingriffen zusätzlich erschwert.

Die Flucht in die moderne Informationstechnologie – in der Hoffnung, durch Zugang zu mehr und genaueren Daten Komplexität besser durchschauen zu können – beschert uns eher einen Info-Overkill als eine reale Analyse. Eine so erstellte, zwar exakte, aber unvernetzte Planung missachtet Regelkreise und erlaubt auch keine Störungen, da sie keine Puffer vorsieht. Sie ist nicht »fehlerfreundlich« (v. WEIZSÄCKER). In den nächsten Kapiteln sollen typische Fälle von unsystemischer Zielsetzung, Methodik und Strategie illustrieren, wo und warum eine solche Vorgehensweise fehlschlagen muss. Schuld daran sind unter anderem die unreflektierte Anwendung des Wachstumsparadigmas und die sich an ihm orientierenden Ziele, denen ebenso wie den beliebten Hochrechnungen ein eigenes Kapitel gewidmet ist. Beide sind nur innerhalb eines systemeigenen Zeithorizonts gültig und haben somit für vernetzte Systeme ihre Grenzen.

# 1 • Die Angst vor Komplexität

Komplexität hat sehr viel mit Vernetzung zu tun, ja kommt erst durch Vernetzung zustande. Komplexe Vorgänge verlangen daher zu ihrem Verständnis ein Denken in Zusammenhängen, das sich an der Struktur organisierter Systeme und ihrer speziellen Dynamik orientiert. Das scheint vielen Menschen Schwierigkeiten zu bereiten – und dies nicht nur aus der üblichen Angst vor einer Veränderung eingefahrener Denkmuster, sondern auch aus Angst vor der Komplexität selbst, der wir uns nicht gewachsen fühlen. Wenn vom vernetzten Denken die Rede ist – das wir als Vorschulkinder alle einmal beherrschten (denn nur ganzheitlich und nicht in Fächer eingeteilt erlebten wir zunächst die Welt) –, meinen viele, dass das etwas dem menschlichen Geist Fremdes sei, das man ganz neu erlernen müsse. Ja, man scheut sich Vernetzung überhaupt zur Kenntnis zu nehmen und konzentriert sich lieber auf das Einzelne, das konkret Fassbare, statt auf übergeordnete Zusammenhänge und auf jene unsichtbaren Beziehungen zwischen den Dingen, die über das Einzelne hinausgehen.

So steckt man den Kopf in den Sand und glaubt zum Beispiel, am ehesten mit Problemen fertig zu werden, wenn man sie dort bekämpft, wo sie auftreten. In einem komplexen System jedoch führt gerade die Beseitigung eines Problems an Ort und Stelle – statt den Systemzusammenhang zu berücksichtigen – meist dazu, dass man damit gleich wieder zwei neue Probleme schafft. Das erklärt die Tatsache, dass sich in immer mehr Teilen der Welt die wirtschaftliche und ökologische Situation trotz vieler ernsthafter Versuche, der wachsenden Probleme auf unvernetzte Weise Herr zu werden, bereits im Kollaps befindet. Und da es sich meistens um indirekte Wirkungen handelt, die erst mit Zeitverzögerung auftreten, liegen die Ursachen häufig nicht auf der Hand; wir suchen sie an der falschen Stelle – und die Spirale dreht sich weiter.

So hängen wir immer noch der Illusion nach, man könne bei der Gestaltung unserer Welt wie in früheren Zeiten frei nach Wunsch Pläne machen und, soweit die technischen Möglichkeiten zur Verfügung stehen, diese auch umsetzen. In der Tat besaßen unsere Lebensräume und Ökosysteme, Wasser, Luft und Boden, über viele tausend Jahre hinweg genügend Pufferkapazität, um Eingriffe des Menschen in die Umwelt – meistens ohne Rückwirkung auf seine Überlebensfähigkeit als dominante Spezies – immer wieder auszugleichen. Heute, bei einer Weltbevölkerung von 6 Milliarden, wirkt jeder Eingriff in die Biosphäre über eine Art Kreisprozess mit unterschiedlicher Zeitverzögerung irgendwann auf uns selbst zurück. Immer sind wir zugleich Verursacher und Empfänger. Wohl zu keiner Zeit hatte der Mensch durch seine Kommunikationsmittel die Welt so intensiv durchdrungen, war er so unentrinnbar in alle Abläufe auf diesem Planeten einbezogen wie heute. Wo wir auch hinschauen, mischen wir mit, ist Wirtschaft, Politik und Technik im Spiel. Und mag etwas noch so weit entfernt passieren – eine technische Neuentwicklung in Japan, die Abholzung brasilianischer Urwälder oder die Gründung einer Sekte in den USA –, es berührt unsere Wirtschaft, unser Klima, unsere Lebensweise, auch wenn dies im Moment nicht spürbar ist. Die heutigen Klimaveränderungen und die exponentielle Häufung der durch Stürme und Überschwemmungen, Trockenheiten und Waldbrände ausgelösten Desaster etwa spiegeln nicht wider, was wir heute tun, sondern sind unter Umständen die Folge unseres Wirtschaftens in den siebziger Jahren; und viele Folgen unserer heutigen Eingriffe werden – dann vielleicht noch weit drastischer – wohl erst unsere Enkel zu spüren bekommen.

Die Tatsache, dass der unvernetzte Denkansatz jahrhundertelang als Handlungsmaxime ausreichte, um unser Überleben auf diesem Planeten zu sichern, heißt jedenfalls nicht, dass wir weiterhin auf ihn bauen könnten. Gewiss ist er auch heute noch in Einzelbereichen wie dem Bau einer Maschine oder der Konstruktion von Fertigteilen von Nutzen und bei bestimmten Teilschritten innerhalb komplexer Projekte oft unverzichtbar. Diese Vorgehensweise, die man technokratisch-konstruktivistisch nennen könnte, stößt jedoch bereits dort an ihre Grenzen, wo es um den Einsatz einer Maschine und damit um einen Eingriff in das komplexe System Mensch-Umwelt geht; denn sie erschöpft sich in der Erfassung von Systemteilen und deren linear-kausalen Mechanismen, leistet dort vielleicht sogar Hervorragendes, vernachlässigt aber sträflich den Systemcharakter als Ganzes.

Im Zeitalter hochkomplexer, miteinander vernetzter Strukturen und Vorgänge ist es somit unabdingbar, dass wir über diesen simplen linearen Ansatz hinausgehen und in unserem Denken, Planen und Handeln die vorliegende Komplexität, das heißt die vernetzten Zusammenhänge unserer Welt, nicht nur zur Kenntnis nehmen, sondern sie zu nutzen lernen, um »nachhaltig«, also evolutionär sinnvoll handeln zu können. Andernfalls dürften wir uns in unserer immer komplexeren Welt zunehmend weniger zurechtfinden und mit unseren Vorhaben immer häufiger Schiffbruch erleiden. Um eine Evolution unseres Denkens und unseres Managements kommen wir jedenfalls nicht mehr herum.
Das Dilemma der Entscheidungsfindung in Wirtschaft, Finanzwelt, Politik und Verwaltung liegt nun darin, dass einerseits diese Einsicht in die Notwendigkeit einer ganzheitlichen Betrachtungsweise wächst, aber andererseits – oft nur aus Hilflosigkeit – die isolierte Behandlung von Einzelbereichen dennoch weiter fortschreitet. Die Scheu, sich vor wichtigen Entscheidungen mit komplexen Systemen und den ihnen zugrunde liegenden Wirkungsgefügen näher zu befassen, wird durch die folgenden Faktoren noch verstärkt: Zum einen nehmen Anzahl und Vernetzungsgrad der für unser Handeln relevanten Einflussgrössen mit jedem Tag zu und verstärken damit den Eindruck der Undurchschaubarkeit. Aber auch das Tempo ihrer Veränderungen hat sich in einem bisher nicht gekannten Ausmaß beschleunigt: Ihre Messdaten ändern sich täglich.

## Die fehlende Ausbildung in Systemkunde

Um dieser Situation Herr zu werden, wäre eine erweiterte Ausbildung in »Systemkunde« Voraussetzung, die das jeweilige Spezialgebiet immer in das Gesamtgefüge des dazugehörigen Wirkungs- und Lebensraumes einzubetten weiß. Um es auf einen Nenner zu bringen: Das vernetzte Denken müsste in Schule und Weiterbildung ab sofort einen angemessenen Platz finden. Denn in Zukunft werden diejenigen von uns, die darin nicht ausgebildet sind, mit Sicherheit noch größere Probleme haben, das Mosaik der realen Wechselwirkungen zu interpretieren und mit ihren Spielregeln zurechtzukommen.

Nun ist das Denken in Zusammenhängen zukünftig zwar Voraussetzung, aber das allein wird unsere Probleme nicht lösen. Es gilt auch, diesen Denkansatz in die planerische Praxis zu übertragen und in Handlung umzusetzen. Dazu sind neuartige instrumentelle Hilfen nötig; denn auch hier begegnen wir wieder einer großen Hemmschwelle: Der Aufwand bisher zur Verfügung stehender systemanalytischer Methoden ist gewaltig und zeitraubend; man fürchtet in Daten zu ertrinken und sie dennoch nicht in der nötigen Vollständigkeit erfassen zu können – von den vielen Querbeziehungen ganz zu schweigen. Eine erneute Kapitulation vor der Komplexität ist die Folge. Die Argumentation endet meistens mit der Einstellung: Schon in meinem engeren Fachgebiet werde ich mit der Datenfülle der modernen Entwicklung nicht mehr fertig, wie soll ich dann erst zurechtkommen, wenn nun auch noch Psychologie, Politik, Kommunikationstechnik, Verkehr oder Bauwesen hinzukommen? Solchermaßen frustriert, zieht man sich bei der realen Konfrontation mit Komplexität gerne wieder auf das gewohnte »lineare Denken« zurück, flüchtet sich in Einzelexpertisen und glaubt wenigstens mit diesen auf sicherem Boden zu stehen.

## Die Grenze der Detaillierung

Sobald man ins Detail geht, wird man selbst in einem noch so begrenzten Spezialgebiet früher oder später mit Daten überschüttet. Da man den Systemcharakter nicht erfasst, findet man auch nicht die adäquate Aggregationsstufe, bezieht übergeordnete Systemebenen ebenso in die Betrachtung mit ein wie Indikatoren von Subsystemen. Denn wo ist die Grenze der Detaillierung? Um etwa das Brutverhalten einer Wasservogelart zu erfassen, ist es keineswegs nötig auch die Anzahl der Federn, die Blutdruck- und Nierenfunktion der Enten, die Schlammkorngröße und die Verzahnung des Nestbaumaterials zu ermitteln. Und selbst wenn man all das einbezöge, wäre auch dieser Feinheitsgrad wieder willkürlich gewählt. Man könnte ebenso gut noch die chemische Zusammensetzung der Eierschalen bestimmen, ja bis in den atomaren Bereich hinuntergehen. Die Detaillierung hätte im Grunde nirgendwo ein Ende und die Möglichkeiten an Wechselwirkungen reichten bis ins

Unendliche. Letzten Endes muss man immer irgendwo zwischen Atom und Weltall einen brauchbaren Komplexitätsgrad wählen, um ein System zu beschreiben. Auf welcher Aggregationsebene wir uns bei der Erfassung eines komplexen Systems bewegen müssen, um mit diesem ausreichend, sinnvoll und noch handhabbar umgehen zu können, wird später ausführlich beschrieben werden.

Nicht auf die Informationsmenge, auf die richtige Auswahl kommt es an. Und das trifft auch ganz allgemein auf die uns überrollende Informationsflut zu. Ausgerechnet in ihr wird oft das Heil für die Zukunft der Menschheit gesehen. Der Begriff der »Informationsgesellschaft«, der vor allem in politischen Kreisen als großes Novum herumspukt (als ob wir als soziale Lebewesen nicht schon immer eine Informationsgesellschaft gewesen wären), beginnt zum großen Absurdum zu werden. Vor lauter Euphorie über den erweiterten Zugang zur totalen Information übersehen wir nämlich, dass schon jetzt die jedermann zugängliche Informationsfülle für den Einzelnen überhaupt nicht mehr zu bewältigen ist und unsere Angst vor komplexen Sachverhalten nur erhöht. Mehr Information bedeutet gewiss nicht, besser informiert zu sein. Da dieser Glaube jedoch weit verbreitet ist, führt der vermeintliche Ausweg aus dem Komplexitätsdilemma zu einer Vervielfachung der Informationsmenge. So führt die Angst vor dem Datenaufwand paradoxerweise zu einem noch größeren Datenaufwand.

## Die Scheu vor »weichen« Daten

Ein weiteres Manko bei der Erfassung komplexer Systeme liegt in der einseitigen Auswahl der Systemkomponenten. In unserer Fixierung auf »gesicherte Messwerte« und die dazu zur Verfügung stehenden modernen Techniken sind es in erster Linie die (zufällig) messbaren Daten, die in eine Systemerfassung Eingang finden (wenn schon eine Auswahl an Daten getroffen werden muss, dann doch möglichst nur »gesicherte«, also zahlenmäßig erfassbare). Qualitative Faktoren, sogenannte »weiche« Daten, bleiben unberücksichtigt, obwohl sie für das Verhalten eines Systems eine ebenso große Rolle spielen, ja für das Verständnis von Systemabläufen oft weit wesentlicher sind. Dies hat zur

Folge, dass ein so erfasstes System grundsätzlich »schief« dargestellt wird, einfach weil große Teile des Systems fehlen.
Die Scheu, mit »weichen« Daten umzugehen, ist weit verbreitet. In ihr spiegelt sich eine weitere Angst im Umgang mit Komplexität wider: Man fürchtet durch Einbeziehung qualitativer Faktoren wie subjektiver Meinungen, Antipathie, Prestige, Attraktivität, Schönheit, Konsensfähigkeit, Sicherheitsgefühl und Ähnlichem den »sicheren« Boden wissenschaftlicher Betrachtung zu verlassen. Dabei wird vergessen, dass Aussagen über ein System, die wesentliche Teile von ihm unberücksichtigt lassen, weit unwissenschaftlicher sind.

## Das Erkennen von Mustern

Damit treffen wir auf einen der Kardinalfehler in der Beurteilung dessen, was für die Erfassung von Komplexität wichtig ist. Denn hier geht es um das »Gesicht« der Wirklichkeit, um das Erkennen von Mustern: *pattern recognition* – eine Form der Informationsverarbeitung, die Computerprogrammen noch äußerst schwer fällt. Für die Mustererfassung sind nämlich gerade nicht die zahlenmäßig erfassbaren Messwerte hilfreich. Statt zu glauben, uns mit ihnen absichern zu können, sollten wir uns eher vor ihnen hüten. Warum? Weil sie uns »Verlässlichkeit« vorspiegeln, obgleich sie als Messwerte von »Variablen«, also von veränderlichen Größen, in einem dynamischen offenen System nur eine vorübergehende Rolle spielen. Als isoliert erfasste Messwerte können sie schon im nächsten Moment überholt sein, also falsch werden und, nimmt man sie als festen Wert, Fehler perpetuieren. Aussagekräftig für das Erkennen von Mustern sind weit eher die Beziehungen zwischen den Systemkomponenten, die, auch wenn die Komponenten selbst sich ändern, letztlich weiterhin das Bild bestimmen, also viel »verlässlicher« als deren noch so exakte Messwerte sind.

## Klassische Fehlentwicklungen

Für die teilweise desaströsen Konsequenzen aus unserer Angst, komplexe Zusammenhänge auch komplex anzugehen, lassen sich eine Reihe klassischer Beispiele anführen, wie ich sie in einigen meiner Bücher schon ausführlich diskutiert habe: Dazu zählen viele gescheiterte Projekte aus der Entwicklungshilfe, wie die Bekämpfung der Rinderschlafkrankheit, die durch die dadurch entstandenen zu großen Herden zur Überweidung und Desertifikation führte; der Bau von Tiefwasserbrunnen, die den Grundwasserspiegel absenkten und dadurch noch größere Trockenheit nach sich zogen; undurchdachte Staudammprojekte (Assuan, Balbina), deren Schaden den Nutzen überstieg; Flussumleitungen und Monokulturen, die zum Beispiel den Aralsee versanden ließen, wie auch genau errechnete, aber nicht die klimatischen Gegebenheiten berücksichtigende Fischfangquoten, die die peruanische Wirtschaft ruinierten.

Auch in den Industrieländern findet die Frage, warum heute so viele Strategien scheitern, ihre Antwort in der Nichtberücksichtigung komplexer Sachverhalte – und dies, obwohl (oder weil?) uns eine immer größere Datenmenge bei unseren Planungen zur Verfügung steht. Eigentlich müsste man dadurch doch vorher genau wissen, »wie der Hase läuft«.

Gerade das ist in Wirklichkeit aber nicht der Fall. Sollten wir uns deshalb nicht einmal fragen, warum denn die Natur keine Probleme mit der Komplexität hat, ihren gewaltigen Datenstrom offenbar ohne Probleme managt und demnach wohl anders damit umgeht als wir? Wie schafft sie es, dass die Abläufe der permanenten Informationsflüsse zwischen ihren hochkomplexen Systemen so elegant und sicher gesteuert werden? Zur Beantwortung dieser Frage ist es aufschlussreich zu wissen, dass eine Hauptaufgabe bei der Informationsverarbeitung lebender Systeme, und somit auch unseres Gehirns, gerade nicht die Erfassung möglichst vieler der über die Sinnesorgane einströmenden Daten ist, sondern ihre drastische Reduktion. In der Tat bewältigt beispielsweise unser Zentralnervensystem die pausenlos aus der Umwelt auf es einströmenden Informationen auf ganz andere Weise, als wir es derzeit mit unseren modernen Informationssystemen tun.

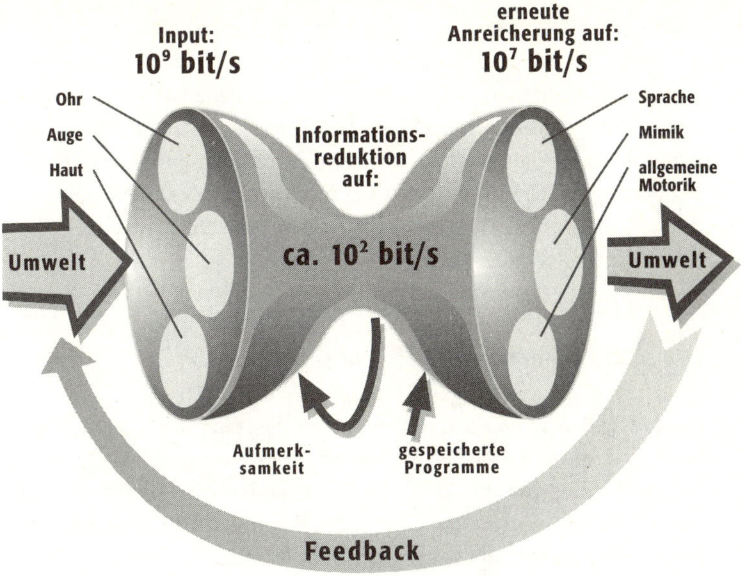


Abb. 1: **Der Flaschenhals der Datenreduktion:** *links* die über die Sinnesorgane einfließende Informationsmenge: ein Input von etwa $10^9$ Bits/sec; *in der Mitte* die Einschränkung durch Auswahl und Vorverarbeitung außerhalb der Bewusstseinsvorgänge, wobei die Informationsfülle auf ein Zehnmillionstel (!) reduziert wird. *Rechts* dann die erneute Anreicherung durch Assoziationsvorgänge in der rechten Hirnhälfte mit bereits vorhandenen Inhalten auf wieder rund $10^7$ Bits/sec. (nach Becker-Carus)

Das Ziel der Gehirnaktivität ist eine Minimierung von Daten und nicht die Erfassung einer möglichst großen Datenmenge. Auf diese Weise wird der von außen über die Sinnesorgane einfließende Informationsstrom durch Auswahl und Vorverarbeitung – und ohne dass wir uns dessen bewusst würden – zunächst auf ein Millionstel der Menge reduziert und dann durch Assoziationsvorgänge und Resonanz mit gehirneigener Information erneut aufgestockt. Dadurch wird die ankommende externe Information erst einmal von irrelevantem Ballast entkleidet und dann durch im Gehirn vorhandene Information unbewusst mit einem neuen Outfit versehen, sozusagen personalisiert. Eine Gehirnwäsche im umgekehrten Sinn: Nicht das Gehirn wird gewaschen, sondern es selbst wäscht den hindurchströmenden Informationsfluss. Dieser »Flaschenhals der Datenreduktion« symbolisiert eine zentrale

Aufgabe aller Lebewesen, die darauf abzielt, die Wirklichkeit schon mit wenigen Ordnungsparametern in ihrer Gesamtheit zu erfassen, gleichsam ihr »Gesicht« zu erkennen: eine unerlässliche Fähigkeit auch für unser Überleben auf diesem Planeten, die wir leider sehr wenig nutzen. Wenn wir diese Fähigkeit bei unserem Tun aber ausschalten – wie das in den meisten fachorientierten Planungen mit ihrer Datenflut heute immer noch der Fall ist –, darf es nicht wundern, dass dieses Tun dann von Fall zu Fall in die Irre führt.

## EDV mit falscher Weichenstellung

Die Art, wie unsere Computer programmiert sind und etwa auch das Internet strukturiert ist, geht derzeit noch in die umgekehrte Richtung, indem sie statt zur Auswahl von Information zur Überflutung mit Daten führt. So sind auch die Bemühungen unserer EDV-Spezialisten und der weltweite Datenzugang über das Internet meistens nur lineare Vorstöße, im guten Glauben, dass die Bewältigung der Komplexität des Systems vor allem nach mehr und genaueren Daten verlangt und eine Klassifizierung nach Oberbegriffen genügt. Doch wachsende Datenmengen führen ähnlich wie wachsender Verkehr letztlich zum Chaos und damit zur Ineffizienz. Von einer besseren Beherrschung von Komplexität durch die schnelle automatische Datenübertragung kann jedenfalls keine Rede sein. Der Nutzen von Information liegt eindeutig in der Auswahl, nicht in der Fülle, in ihrer Relevanz, nicht im Übertragungstempo. Zur Erarbeitung systemverträglicher Strategien müssen also auch in der EDV die Weichen anders gestellt werden. Sie muss uns helfen anstelle möglichst vieler Punkte Muster zu erfassen. Dann kann sie auch dazu beitragen die genannten Ängste vor der Komplexität zu überwinden.

## Was ist ein komplexes System?

Allerdings gilt es bei jeder vernetzten Betrachtung vorab zu klären, ob man es mit komplexen Systemen oder nur mit Systemteilen oder gar

Einzelmechanismen zu tun hat. Daher sei hier kurz erklärt, was Systeme grundsätzlich von Einzeldingen unterscheidet: Wie jeder Organismus besteht ein komplexes System aus mehreren verschiedenen Teilen (Organen), die in einer bestimmten dynamischen Ordnung zueinander stehen, zu einem Wirkungsgefüge vernetzt sind. In dieses kann man nicht eingreifen, ohne dass sich die Beziehung aller Teile zueinander und damit der Gesamtcharakter des Systems ändern würde. Reale Systeme sind darüber hinaus auch immer offen und erhalten sich durch ständigen Austausch mit der Umwelt.

Auch Teile eines Systems können in sich ein System oder ein Subsystem bilden. Umgekehrt kann, wenn mehrere vorher getrennte Systeme in enge Beziehung treten, daraus ein neues, übergeordnetes System entstehen. Ob ein solches System lebensfähig und nachhaltig überlebensfähig ist, hängt jedoch davon ab, inwieweit seine Organisation gewissen Grundprinzipien der Biokybernetik gehorcht oder diese missachtet.

Durch ihre Fähigkeit, Muster zu erfassen, signalisiert uns unsere rechte Hirnhälfte, dass wir es mit Systemen zu tun haben, und wir spüren unbewusst, wann die isolierte Betrachtung von Einzelbereichen zugunsten einer ganzheitlichen Betrachtungsweise aufgegeben werden muss. Dennoch lässt uns unsere linke Hirnhälfte gerne in dem Glauben, dass beim Bau einer guten Straße, der Errichtung einer funktionsfähigen Fabrik oder der Ausbildung erstklassiger Experten auch das Zusammenspiel all dieser Faktoren funktionieren müsse. Und dann sind wir überrascht, dass sich die Dinge plötzlich aufschaukeln, an ganz anderer Stelle Spätfolgen zeigen oder miteinander unvereinbar sind. Für sich perfekt geplant, kann das Zusammenspiel der verschiedenen Teile durchaus in ein Chaos führen.

Die Probleme, mit denen wir zunehmend konfrontiert sind, werden wir nicht allein durch Wissenschaft und Technik – und sei deren Standard noch so hoch – in den Griff bekommen und gegen das Risiko des Misslingens können wir uns nicht allein durch dessen Berechnung – und seien die Werte noch so exakt – absichern. Im Gegenteil werden wir in der Praxis immer häufiger von unvorhergesehenen Rückschlägen überrascht werden; denn komplexe Systeme verhalten sich nun einmal anders als die Summe ihrer Teile.

## Komplex heißt nicht kompliziert

Wir müssen daher dazu übergehen, das Verhaltenmuster komplexer Systeme in der Weise zu verstehen, wie wir die Funktionen eines »Organismus« verstehen, und Strategien entwickeln, die das Zusammenspiel und die Selbstregulation der Systemkomponenten – gewissermaßen die »evolutionäre Intelligenz« des Systems – mit einbeziehen. So etwas lässt sich üben. Denn komplex heißt nicht notgedrungen kompliziert und das Verständnis von Systemen ist nicht unbedingt schwieriger als das von Einzeldingen, nur bedarf es dazu anderer Voraussetzungen und Instrumente. Mit einem neuen, systemgerechten Ansatz und gänzlich anderen Arbeitshilfen als den bisherigen Methoden des Managements ist es möglich, auch komplexe Systeme mit wenigen Schlüsselvariablen zu erfassen, ihr Verhalten besser zu verstehen und anders mit ihnen umzugehen.
Nicht zuletzt die in den folgenden Kapiteln noch näher anzusprechenden Erkenntnisse aus der organisatorischen Bionik zu den Managementmethoden der Natur können uns Modelle zu einem sinnvolleren Einsatz der modernen Informatik liefern. Ziel muss es sein, mit den zunehmend komplexen Problemen auf unserer Erde besser fertig zu werden – jedenfalls besser, als es mit der allgemein üblichen unvernetzten Sicht der Dinge offenbar möglich ist, die zur zunehmenden Denaturierung unserer Ökosysteme und Fragilität unserer wirtschaftlichen, politischen und sozialen Systeme geführt hat. Ohne Abkehr vom derzeitigen unbekümmerten Forschrittsglauben ist die Destabilisierung unserer Lebensgrundlagen nur noch eine Frage der Zeit.

### Warum neue Entscheidungshilfen?

Die Erfahrung zeigt, dass es bei einem komplexen System wie einem Unternehmen, einem Entwicklungsprojekt oder dem Stadtverkehr eigentlich unmöglich ist einzelne Bereiche getrennt für sich zu planen oder zu entwickeln. Dies tun wir aber nach wie vor.

## Wir haben Angst vor komplexen Systemen!

Denn sobald wir über den Tellerrand hinausschauen, fürchten wir in Daten zu ertrinken und die vielen Querbeziehungen nie erfassen zu können. Statt das dazu geeignete »vernetzte Denken« zu üben, ziehen wir uns daher mit Komplexität konfrontiert gerne wieder auf das gewohnte »lineare Denken« zurück.

## Wir denken, dass perfekte Details genügen.

Dabei glauben wir, wenn wir eine gute Straße bauen, eine funktionsfähige Fabrik errichten oder erstklassige Experten ausbilden, dass auch das Zusammenspiel all dieser Faktoren funktionieren müsse.

## Doch das Zusammenspiel wird nicht erfasst!

Und dann sind wir überrascht, dass sich die Dinge plötzlich aufschaukeln, ganz woanders Spätfolgen zeigen oder miteinander unvereinbar sind. Für sich perfekt geplant, kann doch ihr Zusammenspiel durchaus in ein Chaos führen.

## Denn komplexe Systeme verhalten sich anders!

Deshalb müssen wir dazu übergehen, Strategien zu entwickeln, die das Zusammenspiel und die Selbstregulation der Systemkomponenten mit einbeziehen. So etwas kann man üben. Denn komplex heißt nicht kompliziert und Systeme sind nicht schwieriger – sie sind nur anders als Einzeldinge.

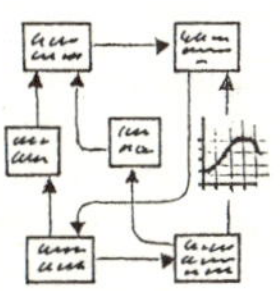

## Deshalb brauchen wir einen neuen Ansatz.

Komplexe Systeme zu erfassen, ihr Verhalten besser zu verstehen und anders mit ihnen umzugehen, erfordert einen neuen Planungsansatz, der die Kybernetik des untersuchten Systems berücksichtigt.

## Ein Scheideweg in unserem Denken

In der Tat befinden wir uns zur Jahrtausendwende an einem wirklich evolutionären Scheideweg, was unser Denken und damit auch unsere Denkmaschinen betrifft. Unser Gehirn jedenfalls ist nicht in der Lage, eine über globale Netze angebotene Informationsfülle zu verarbeiten, geschweige denn sinnvoll damit umzugehen. Dementsprechend sieht man sich gezwungen, die von den Datenbanken einströmenden Informationen nicht von Menschen, sondern wiederum von Computern entgegennehmen und verarbeiten zu lassen. Uns selbst bringt das keinerlei Bereicherung, weder an Wissen noch an Einsicht. Die Information geht durch eine solche Automatisierung schlichtweg an uns vorbei.
Einen ersten Eindruck davon vermittelt uns das aktuelle Geschehen an der Börse, wenn Käufe und Verkäufe sich auf der Basis programmierter Limits gewissermaßen automatisch aufschaukeln. Teil-Zusammenbrüche wie derjenige der Baring-Bank, mehrerer japanischer Banken und im Herbst 1997 die nur noch durch eine Großaktion der Amerikanischen Zentralbank verhinderte Explosion des größten Hedge-Fonds, dessen Verluste plötzlich über 100 Milliarden Dollar betrugen und beinahe das gesamte Bankenwesen ins Wanken gebracht hätten – bei allen diesen Phänomenen handelt es sich um typische positive Rückkopplungen, die, insbesondere wenn sie automatisiert ablaufen, sich eben nicht nur nach oben, sondern genauso nach unten beschleunigen können. Um dies zu erkennen, bedarf es nur ein wenig Kybernetik – aber davon haben die Beteiligten offenbar keine Ahnung. Was in dieser Hinsicht noch die chaotischen Bewegungen der Nasdaq-Börse bringen werden, die mit den völlig virtuellen Internet-Aktien handelt, lässt sich in seiner Wirkung auf den Weltfinanzmarkt und die gesamten Volkswirtschaften kaum absehen. Auch hier kann von einer besseren Beherrschung von Komplexität durch die automatische Datenübertragung keine Rede sein.

Ziehen wir ein erstes Fazit: In unserer Wahrnehmung der Wirklichkeit existiert eine Ebene, der wir heute immer hilfloser gegenüberstehen: die zunehmende Komplexität der Welt, in der wir leben. Der dichten Vernetzung, die durch die exponentiell angewachsene Bevölkerung und damit zusammenhängender Aktivitäten entstanden ist, scheint unser Denkapparat offenbar nicht mehr gewachsen zu sein. Das beweisen die sich häufenden politischen und wirtschaftlichen Fehlentscheidungen. Doch das Verhalten sowohl von natürlichen als auch von künstlichen Systemen ist nicht undurchschaubar. Gegen die Ohnmacht, die wir empfinden, können wir etwas tun. Die Angst vor der Komplexität lässt sich überwinden – allerdings anders als wir denken: Wir benötigen kein Mehr an Information, sondern die richtige Auswahl. Wie nutzlos eine Fixierung auf Teilbereiche ist (in der Hoffnung, dadurch dem Daten-Overkill entkommen zu können) und welche typischen Fehler wir dabei, auch bei noch so exakten Berechnungen, im Umgang mit uns und der Welt begehen, wird das nächste Kapitel deutlich machen.

# 2 • Fehler im Umgang mit komplexen Systemen

So schwer wir uns mit einer fächerübergreifenden Systembetrachtung und dem ungewohnten Umgang mit komplexen Vorgängen auch tun mögen – es lohnt sich nicht, wenn wir unsere Entscheidungsfindung dadurch zu erleichtern versuchen, dass wir die Komplexität unserer Umwelt einfach ignorieren. Wir können ihr ebenso wenig entfliehen wie der Komplexität unseres eigenen Wesens. Vor allem müssen wir uns damit abfinden, dass wir selbst viel enger in die komplexen Systeme unserer Umwelt und der uns umgebenden Biosphäre eingebunden sind, als es uns das herkömmliche lineare Ursache-Wirkungs-Denken, das die Welt noch dazu in Sparten einteilt, weismacht.

Es gibt nicht *hier* den Menschen – *dort* die Natur. Wir selbst *sind* Natur, unsere Milliarden biologischer Zellen sind Teil von ihr – alle von uns hervorgebrachte Technik eingeschlossen. Steigende Soziallasten, sich häufende Umweltkatastrophen, wirtschaftliche Zusammenbrüche, das Auftreten früher unbekannter Krankheiten wie AIDS, Alzheimer und der Anstieg von Allergien, Krebsleiden und Kreislaufschäden lassen uns gleichsam am eigenen Leibe erfahren, dass alle Eingriffe des Menschen in die Biosphäre letztlich Eingriffe in uns selbst sind. Wir sind, wie gesagt, gleichermaßen Verursacher und Empfänger – nur ist uns dies meistens nicht bewusst; denn durch ihre lange Latenzzeit werden derartige Rückwirkungen oft erst sehr viel später, dafür dann allerdings umso drastischer spürbar und dies nicht nur an einer veränderten Gesundheit und Lebensqualität, sondern auch wirtschaftlich und finanziell.

Die Reaktionen der Ökosysteme auf ständig steigenden Ressourcenverbrauch und Manipulationen an den Lebensgrundlagen, die uns in eine zunehmend schwierigere sozioökonomische Situation hineinmanövrieren, werden bis auf wenige isolierte Maßnahmen hilflos in Kauf genommen. Da die Wirkungen, etwa die Begleiterscheinungen des Treibhauseffekts, üblicherweise bei komplexen Systemen nicht unmittelbar auf die Ursachen folgen und oft nur indirekt mit diesen

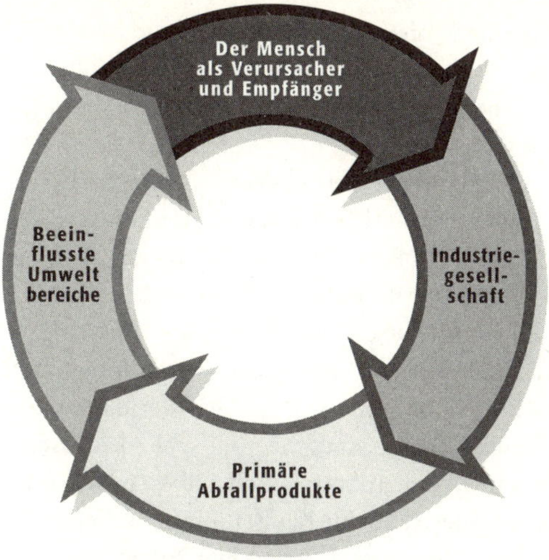


Abb. 2: Im globalen Kreisprozess ist der Mensch zugleich Verursacher und Empfänger der von ihm ausgehenden Umweltveränderungen.

zusammenhängen, sehen viele Entscheidungsträger auch keinen unmittelbaren Handlungsbedarf. Eine Abwendung der Situation wird – wie bei den Klimakonferenzen seit Jahren der Fall – auf die internationale Ebene verschoben und dort dann mehr oder weniger ergebnislos debattiert, obwohl diese Tatenlosigkeit unseren Planeten für einen Großteil seiner Bewohner immer unwirtlicher zu machen droht.

Allerdings gibt es eine Branche, die diese zunehmenden Rückschläge unseres Wirtschaftens zur Kenntnis nehmen musste: die Versicherungsgesellschaften und unter diesen insbesondere die Rückversicherer, deren Schadensbilanzen aus Umweltkatastrophen sich seit den achtziger Jahren vervielfacht und die als einer der ersten Wirtschaftszweige deutlich dazu Stellung genommen haben. Während wenigstens von dieser Seite kein Zweifel an dem Beitrag menschengemachter Einflüsse und ihrer Wirkungen besteht, existiert im Allgemeinen ein großes Defizit an Wissen um die Wechselwirkungen, die unsere Eingriffe in ein System verursachen. Man macht sich viel zu wenig klar, dass in sich perfekte Planungen etwa für ein Industriegebiet oder ein Verkehrssystem durch unbeachtete Zusammenhänge nicht nur ökologisch, sondern auch was ihre Sozialverträglichkeit und ihre Finanzierbarkeit betrifft in ein Desaster führen können, wenn sie von dem übergeordneten System isoliert vorgenommen werden. An dieser Tatsache ändert auch die mittlerweile übliche Absicherung gegen direkte Umweltbelastung nur wenig.

Um nur ein Beispiel herauszugreifen: Der Bau eines Stauwerks beeinflusst eben nicht nur den Energieverbrauch, die Wasserhaltung, den Grundwasserpegel und das neu überschwemmte Ökosystem, sondern verlagert auch die Richtung der Vorfluter, bewirkt eine andere Flächennutzung und dadurch eine andere Gewerbetätigkeit, hat Auswirkungen auf den Tourismus, den Straßenbau, das Verkehrsaufkommen und nicht zuletzt solche sozialer Natur im Hinblick auf Berufsstruktur, Umsiedlung bis hin zu Rückwirkungen auf die politische Akzeptanz – alles Faktoren, die erst im Systemzusammenhang über Erfolg oder Misserfolg oder gar das Zusteuern auf eine Katastrophe entscheiden.

Nehmen wir etwa die Anlage des südamerikanischen Staudamms bei Balbina: ein gigantischer See mit flachem stehendem Wasser, der 236 000 Hektar Urwald zerstört, Millionen Wildtiere getötet, den Lebensraum von Eingeborenenstämmen vernichtet und den Uferbewohnern Hunger und Krankheit gebracht hat – und das alles für nur 80 Megawatt Strom, für den es zudem nicht einmal konkreten Bedarf gab! Obgleich selbst die für den Bau Verantwortlichen jetzt zugeben, dass das ganze Unternehmen ein Desaster war, sind – mit Unterstützung von Politikern und Banken – schon wieder weitere ähnliche Prestigeprojekte im Bau.

Überraschen können uns solche Fehlschläge nur, wenn wir die Tatsache ignorieren oder gar negieren, dass das Ganze mehr ist als die Summe seiner Teile. Sobald sich ein offenes komplexes System durch Wechselwirkung seiner Teile bildet, tauchen in der Realität auf einmal Eigenschaften auf, die es vorher in der Tat nicht gab und die auch in den Einzelkomponenten nicht enthalten sind – ich denke an Rückkopplungseffekte, Schwellenwerte, Selbstregulation und Umkippeffekte. Sie verleihen dem System einen individuellen Charakter und führen zu einem bestimmten kybernetischen Verhalten. Dieses Auftauchen so genannter »kolligativer Eigenschaften« ist schon in der Elementarteilchenphysik bekannt und gilt erst recht für komplexe Systeme.

Mit anderen Worten, wir können nach dem Entstehen eines solchen

Systems sein Verhalten, seine Reaktionen nicht mehr aus den Einzelkomponenten ableiten, aus denen es zusammengesetzt ist. Auch seine Überlebensfähigkeit geht daraus nicht hervor; denn nun haben wir es auf einmal mit eigenen Gesetzmäßigkeiten, den Systemgesetzen, zu tun, die ebenso grundlegende Naturgesetze sind wie etwa die Energieerhaltungssätze und die mancher gut gemeinten Planung einen Strich durch die Rechnung machen.
So kommt es, dass ein Vorhaben, das ohne Feedback mit der Umwelt, sozusagen abgeschottet gegen Störungen, deterministisch geplant und konstruiert wird, oft kaum überlebensfähig, ja weit gefährdeter ist, als wenn es im offenen Kontakt mit der Umwelt entstünde. Nicht die Ausschaltung von Störungen (beispielsweise durch das Übergehen von Interessengruppen), sondern gerade ihre Berücksichtigung bereits innerhalb der Konzeptionsphase verleiht dem Vorhaben eine zusätzliche Fehlertoleranz. Seine früh geprägte kybernetische Selbststeuerung sorgt dafür, dass später alles Mögliche schief gehen darf und das Ganze dennoch seine Funktion erfüllt – ähnlich wie bei einem lebenden Organismus. Ein solcher wird ja nicht etwa konstruiert, sondern er entsteht – und zwar in ständigem Feedback mit seinem Umfeld. Ein typisches Beispiel aus der Medizin: Ohne frühen Kontakt mit Krankheitserregern kann sich das menschliche Immunsystem nicht entwickeln und ein Kind, dessen Umgebung streng steril gehalten ist, wird später leicht einer bakteriellen Infektion zum Opfer fallen.
Da wir solche grundsätzlichen Tatsachen komplexer Systemzusammenhänge in unseren Plänen und Projekten nicht beachten, ja verdrängen, werden wir in der Praxis immer häufiger von nicht vorhergesehenen, von Experten oft sogar als undenkbar eingestuften Rückschlägen überrascht. Denken wir nur an die keineswegs beseitigten Hungersnöte in bestimmten Entwicklungsländern trotz (oder muss man sagen: wegen?) der »grünen Revolution«, an die sich häufenden Überschwemmungen und Bergrutsche trotz (oder wegen?) moderner Bachverbauung, Uferbefestigung und Hangsicherung, an die zunehmende Wüstenbildung trotz (oder wegen?) moderner Bewässerungsmethoden, wo mit Staudämmen und Flussumleitungen ganze Lebensräume umstrukturiert werden. Hinzu kommen technische Rückschläge wie zerborstene Supertanker, Reaktorunfälle, Brandkatastrophen wie die

im Düsseldorfer Flughafen oder in den Tauern- und Montblanc-Tunneln, die schockierende Entgleisung des mit modernster Sicherheitstechnik ausgestatteten ICEs, der Absturz des Überschallflugzeugs Concorde und nach wie vor die nicht weniger schockierenden Serienunfälle auf den Straßen, die mit ihren Jahr für Jahr weltweit 750 000 Todesopfern und 10 Millionen Verstümmelten an den Zoll eines Weltkriegs heranreichen. Das alles trotz (oder am Ende wegen?) hoher Leistung und »High-Tech«-Sicherheit, ABS und Airbags? Oder denken wir an die Konkursserien in der amerikanischen Landwirtschaft – zeitweise gingen ein- bis zweitausend Farmer pro Woche *out of business* –, den vorübergehenden Zusammenbruch des europäischen Rindfleischmarktes durch den BSE-Erreger oder den belgischen Dioxinskandal in der Geflügelhaltung aufgrund nicht tiergerechter Futtermittel aus Abfällen – auch dies alles trotz (oder wegen?) rationellster agrarindustrieller Methoden. Eine Liste, die man unendlich fortführen könnte und die täglich länger wird – alles unerwünschte Ergebnisse eines technokratischen, das heißt unkybernetischen Vorgehens, das das Verhalten von Systemen nicht in seine Planungen einbezieht.

Selbst wenn keine kriminellen Machenschaften im Spiel sind, können – trotz der Mithilfe hoch dotierter Experten – auch bis ins Detail perfekte Planungen durch unsichtbare Vernetzungen zu Problemen an Stellen führen, an denen wir sie nie erwartet hätten. Kurz, die allgegenwärtige Wissenschaft mit ihrer linearen Vorgehensweise und »lückenlosen« Datenerfassung hat bis dato nicht verhindern können, dass trotz (oder muss man auch hier sagen: wegen?) der fachspezifischen Durchdringung die Umweltprobleme und deren sozioökonomische Folgen uns offensichtlich nicht weniger, sondern mehr zu schaffen machen als je zuvor. Kein Wunder, dass der Glaube, die Welt, in der wir leben, werde durch Wissenschaft und Technik sicherer und verträglicher gemacht, inzwischen ziemlich erschüttert ist.

Viele Menschen zweifeln mittlerweile an unserer Fähigkeit, aus der gegenwärtigen Hilflosigkeit gegenüber der vorhandenen Komplexität noch einmal herauszukommen und zu einer neuen Grundeinstellung zu gelangen, die mit komplexen Systemen anders umgeht und die darin liegenden Chancen zu nutzen versteht. Wahrscheinlich verlangt das von unseren westlichen Industrienationen eine ähnlich tief greifende

Wende wie vor zehn Jahren im Osten die Abkehr vom Kommunismus. Wenn unser Lebensraum weiter bewohnbar bleiben soll, wird uns indessen nichts anderes übrig bleiben, als dass wir uns zu einer vollständig veränderten Sicht der Wirklichkeit durchringen, auf die wir im zweiten Teil dieses Buches noch näher eingehen werden.
Zu diesem Zweck sollten wir uns zunächst einmal die Kardinalfehler im Umgang mit komplexen Systemen näher ansehen. Denn auch sie beruhen – ähnlich wie die im ersten Kapitel thematisierte Angst – weder auf Böswilligkeit noch auf mangelnder Intelligenz, sondern zum großen Teil auf einem über lange Zeit hin ausreichenden, heute aber nicht mehr tauglichen konstruktivistischen Weltbild, das wesentliche Interdependenzen missachtet.

## Unsere Kardinalfehler im Umgang mit komplexen Systemen

Eines der interessantesten Experimente bezüglich unserer Unfähigkeit, Probleme in komplexen Systemen zu lösen, wurde 1975 von dem Systempsychologen Dietrich DÖRNER durchgeführt und in seinem Buch ›Problemlösen als Informationsverarbeitung‹ erstmals beschrieben. Er erfand eine fiktive afrikanische Region, das Tanaland, deren wichtigste Daten und Einflussgrößen, den tatsächlichen Bedingungen afrikanischer Regionen entnommen, in einem Computer gespeichert wurden. Dazu wurde ein Dialogprogramm entwickelt und zwölf Personen unterschiedlicher Fachrichtungen bekamen die Aufgabe, ganz allgemein dafür zu sorgen, dass es den Leuten von Tanaland besser ginge, wozu ihnen von der Weltbank entsprechende Kredite zur Verfügung gestellt wurden.
Damit konnten sie Brunnen und Staudämme bauen, Industrie- und Kraftwerke ansiedeln, Medizin und Hygiene verbessern und Anbauarten und Düngungsgepflogenheiten ebenso verändern wie etwa die Jagdgewohnheiten (durch Bereitstellen von Gewehren). Auf diese Weise konnte das Land über mehrere Entscheidungsstufen, auf denen die Auswirkungen der zuvor getroffenen Maßnahmen jeweils vorlagen, durch ein ganzes Jahrhundert gesteuert werden.
Das Ergebnis war mehr als niederschmetternd: Statt dass das Leben der

Menschen sich der Zielsetzung entsprechend nachhaltig besser gestaltete, traten nach vorübergehenden Besserungen Katastrophen und Hungersnöte auf. Die Viehherden waren auf einen Bruchteil zusammengeschmolzen, die Nahrungsquellen versiegten ebenso wie die Finanzen. Eine Rückzahlung der Kredite war nicht mehr möglich. Auffallend war, dass die am Versuch beteiligten Experten genauso wie die übrigen Versuchspersonen ein Chaos schufen und das Land in ein Desaster führten, obgleich alle das Gute wollten.
Nun kam es Dörner nicht darauf an, das Tanaland zu retten. Als Psychologe ging es ihm vielmehr darum herauszufinden, warum wir eigentlich immer Entscheidungen mit der beschriebenen Tendenz treffen und welches dabei unsere hauptsächlichen psychologischen Schwierigkeiten sind. Aus seinen Beobachtungen kristallisierten sich dann die wichtigsten Denk- und Planungsfehler heraus, die üblicherweise im Umgang mit komplexen Systemen begangen werden. In weiteren Experimenten (Lohhausen) und Büchern hat Dörner die Beschreibung dieser Mechanismen und die darin lauernde »Logik des Mißlingens« noch vertiefen können.

## Sechs Fehler im Umgang mit komplexen Systemen

(nach Dietrich Dörner)

### Erster Fehler: Falsche Zielbeschreibung

Statt die Erhöhung der Lebensfähigkeit des Systems anzugehen, wurden Einzelprobleme zu lösen versucht. Das System wurde abgetastet, bis ein Missstand gefunden war. Dieser wurde beseitigt. Danach wurde der nächste Missstand gesucht und unter Umständen bereits eine Folge des ersten Eingriffs korrigiert. Man nennt so etwas Reparaturdienstverhalten. Die Planung geschieht ohne große Linie, einem Anfänger beim Schachspiel vergleichbar.

### Zweiter Fehler: Unvernetzte Situationsanalyse

Einige Versuchspersonen waren immer damit beschäftigt große Datenmengen zu sammeln, die zwar enorme Listen ergaben, jedoch zu keinem Gefüge führten. Aufgrund fehlender Ordnungsprinzipien – etwa Rückkopplungskreisen, Grenzwerten usw. – gelang dabei natürlich keine sinnvolle Auswertung der Datenmassen. Auf die Erfassung des kybernetischen Charakters des Systems – beispielsweise seiner historischen Genese – wurde verzichtet. Die Dynamik des Systems blieb auf diese Weise unerkannt.

### Dritter Fehler: Irreversible Schwerpunktbildung

Man versteifte sich einseitig auf einen Schwerpunkt, der zunächst richtig erkannt wurde. Er wurde jedoch zum Favoriten. Aufgrund der ersten Erfolge biss man sich an ihm fest und lehnte andere Aufgaben ab. Dadurch blieben schwerwiegende Konsequenzen des Handelns in anderen Bereichen oder gar vorhandene Probleme und Missstände unbeachtet.

### Vierter Fehler: Unbeachtete Nebenwirkungen

Im linear-kausalen Denken befangen, ging man bei der Suche nach geeigneten Maßnahmen, um die Lage zu bessern, sehr zielstrebig vor, d. h. ohne Nebenwirkungsanalyse – oft auch dann noch, wenn man das System als vernetztes Gefüge erkannt hatte. Es wurde gewissermaßen kein Policy-Test (= Wenn-dann-Test) zum Durchtesten der möglichen Strategien unternommen.

### Fünfter Fehler: Tendenz zur Übersteuerung

Eine von Dörner häufig beobachtete Vorgehensweise war folgende: Zunächst ging man zögernd und mit kleinen Eingriffen an die Beseitigung der Missstände heran. Wenn sich daraufhin im System nichts tat, war die nächste Stufe ein kräftiges Eingreifen, um dann bei den ersten unerwarteten Rückwirkungen – durch Zeitverzögerung hatten sich die ersten kleinen Schritte unbemerkt akkumuliert – wieder komplett zu bremsen.

### Sechster Fehler: Tendenz zu autoritärem Verhalten

Die Macht, das System verändern zu dürfen, und der Glaube, es durchschaut zu haben, führten zu einem diktatorischen Verhalten, welches für komplexe Systeme völlig ungeeignet ist. Für diese ist ein Verhalten, das nicht gegen den Strom, sondern mit dem Strom schwimmend verändert, am wirkungsvollsten. Bei der Durchsetzung von Gigantismen, die die Systemstruktur gefährden, spielte zudem häufig die Hoffnung auf einen zweifelhaften persönlichen Prestigegewinn eine Rolle: eher durch die Größe eines Projekts als durch dessen bessere Funktionsfähigkeit zu Macht und Ansehen zu kommen.

Das niederschmetternde Ergebnis des Tanaland-Experiments ist damit wohl hinreichend erklärt. Jeder wird ähnliche Fehler im eigenen Entscheidungsbereich wiederentdecken; denn unabhängig davon, ob es um die Planung einer Region, einer Gemeinde, eines Verkehrssystems oder eines Unternehmens geht, in allen Fällen handelt es sich um komplexe Systeme, bei denen Eingriffe, die den Systemcharakter nicht berücksichtigen, ähnlich negative Auswirkungen haben können.
Leider bestimmen diese Denkfehler auch manche Entscheidungen über Krieg und Frieden – selbst heute noch, wo doch den Verantwortlichen alle Daten über politische Zusammenhänge zur Verfügung stehen müssten. Dramatische Beispiele dafür sind nach dem Zweiten Weltkrieg – der darin gemachten grauenvollen Erfahrung zum Trotz – durchgeführte unselige militärische Aktionen: von Vietnam über Somalia und Tschetschenien bis hin zum Kosovo-Krieg. Gerade am Beispiel dieser jüngsten, von einer hochmodern ausgerüsteten NATO durchgeführten Aktion würde es sich lohnen, die Vorgehensweise und das, was sie erbracht hat, im Spiegel unserer Denkfehler zu betrachten. Man würde sicherlich das Fazit ziehen, dass wohl selten alle sechs Fehler im Umgang mit Komplexität deutlicher als in diesem Falle begangen wurden. In einem Gutachten der deutschen Friedensforschungsinstitute wird die Strategie im Kosovo-Krieg dann auch mit »engstirnig, völkerrechtswidrig und erfolglos« beschrieben.
Im zweiten Bericht an den Club of Rome ›Menschheit am Wendepunkt‹ von MESAROVIC und PESTEL heißt es: »Es besteht kein Zweifel, dass kybernetische Systemstrategien gegenüber den einfacheren linearen Strategien zunächst weniger beliebt sind. Da die uns umgebende Realität aber nun einmal ein komplexes System darstellt, gibt man sich lediglich der Selbsttäuschung hin, wenn man glaubt, mit inadäquaten Strategien die Situation in die Hand bekommen zu können. Das Entwickeln und Anwenden geeigneter Systemstrategien wird damit zum wesentlichsten Part der Problembewältigung. Auch hier gilt grundsätzlich wieder, daß nur annähernde – nicht etwa präzise – Vorgehenspläne realistische Strategien erlauben. Denn komplexe Systeme verlangen ständige Dynamik im Denken und somit eine reichhaltige heuristische Struktur (= die Gesamtheit der ›Findungsverfahren‹, über die ein Mensch verfügt).«

Die Beispiele für unvernetztes Vorgehen mit entsprechenden Nebenwirkungen ließen sich beinahe endlos vermehren. Bei allen Fehlplanungen liegt das Hauptproblem offensichtlich darin, dass zwar immer qualifizierte Experten herangezogen werden, deren Qualifikation aber an den Grenzen ihres jeweiligen Faches aufhört. Von dem, was über ihr Fachgebiet hinausgeht, haben sie meistens wenig Ahnung – ganz zu schweigen davon, dass sie einen Überblick über die kybernetischen Zusammenhänge ihres Projekts besäßen.

## Wie kommt es zu diesen Fehlern?

Damit berühren wir die weiter reichende Fragestellung, warum uns solche strategischen Fehler bei unserem üblichen Umgang mit Komplexität beinahe zwangsläufig unterlaufen und was es zu vermeiden gilt. Denn auch die Fehlerursachen sind in mancher Hinsicht selbst wiederum nur Symptome – niemand will ja mit Absicht falsche Zielvorstellungen entwickeln, Nebenwirkungen missachten oder bewusst übersteuern. Selbst autoritäres Verhalten wird nicht als Selbstzweck ausgeübt. Ein »unkybernetisches« Vorgehen arbeitet grundsätzlich nicht mit dem betreffenden System und dessen Eigensteuerung, sondern meistens dagegen, und das bezieht sich nicht nur auf das System allgemein, sondern vor allem auf vorhandene Regelkreise und deren stabilisierende Funktion. Allein schon aus der Unkenntnis, Missachtung oder Zerstörung der im System wirkenden Regelkreise erklären sich zwangsläufig mehrere der genannten Fehler. Andererseits liegen hier, wie wir später noch sehen werden, auch mit die interessantesten Strategien, um jener »Logik des Misslingens« ohne großen Aufwand zu entgehen. Die Antwort auf die Frage, warum sich diese Fehler beinahe zwangsläufig aus unserem üblichen Umgang mit komplexen Systemen ergeben, dürfte in drei Hauptursachen zu suchen sein: zum einen in der getrennten Betrachtung von Systemteilen und der dadurch bedingten Ignorierung von Rückkopplungen und Regelkreisen. Zweitens in der Tendenz – falls uns solche begegnen –, diese möglichst auszuschalten und bestehende Führungsgrößen festzuschreiben. Drittens in dem zu kurzen Planungshorizont, der solche Rückwirkungen nicht erfasst.

## Auftrennung der Wirklichkeit

Zu Beginn steht die künstliche Auftrennung der Wirklichkeit in Fächer, Fakultäten und Ressorts, und damit in dem schon erwähnten Manko unserer Ausbildung, die ein »vernetztes Denken« in keiner Weise favorisiert. Mein Institut, die *Studiengruppe für Biologie und Umwelt Frederic Vester GmbH*, hat daher seit vielen Jahren der Art, *wie* wir denken und lernen, besondere Aufmerksamkeit geschenkt. Bei dieser Art Ausbildung und angesichts des vom Fächerkatalog verlangten Faktenwissens ist es in der Tat auch für einsichtige Lehrer schwierig Systemverständnis zu vermitteln. Schaut man sich die Lehrpläne an, so wird die Welt als ein Sammelsurium getrennter Elemente wie Volkswirtschaft, Verkehrswesen, Jurisprudenz, Verwaltung, Abfallbeseitigung, Geometrie etc. etc. präsentiert. Auf diese Weise entsteht in unserem Kopf ein reines Klassifizierungsuniversum, schön gegliedert in Fächer, Branchen und Ressorts. Wir erfahren die Welt nicht als das, was sie ist: als ein großes Wirkungsgefüge, in dem alle diese Elemente über oft starke Wechselwirkungen zusammenhängen.

So greifen wir auch später mit unseren Entscheidungen in ein System ein, dessen einzelne Elemente wir zwar kennen und bis zum Exzess studieren, ohne aber die Beziehungen zwischen ihnen zu erfassen. Denn diese werden – wie die schwarzen Pfeile auf der Grafik rechts (Abb. 3) – zerschnitten. Das Wechselspiel wird nicht beachtet, weil es die Fachdisziplinen überschreitet, und findet deshalb in unseren Hörsälen und Forschungsstätten keinen Platz. Damit findet aber dort auch die Realität so, wie sie ist, keinen Platz, und die auf diese Weise entstandenen Expertisen gehen an der Realität vorbei, ermitteln nicht, wann und warum wir mit unseren Eingriffen vielleicht wichtige Regelkreise aufbrechen oder selbstverstärkende Rückkopplungen in Gang setzen und wo und warum wir an unerwartete Grenzwerte stoßen oder mit unseren Planungen Schiffbruch erleiden.

Damit berühren wir schon die zweite Ursache, die jenen Denkfehlern zugrunde liegt: unseren Mangel an kybernetischem Verständnis. Denn die allgemein anzutreffende Ignoranz gegenüber kybernetischen Steuerungs- und Regelvorgängen ist eine unmittelbare Folge der in Fachgebiete zersplitterten Wirklichkeit. Die Beziehung zwischen den

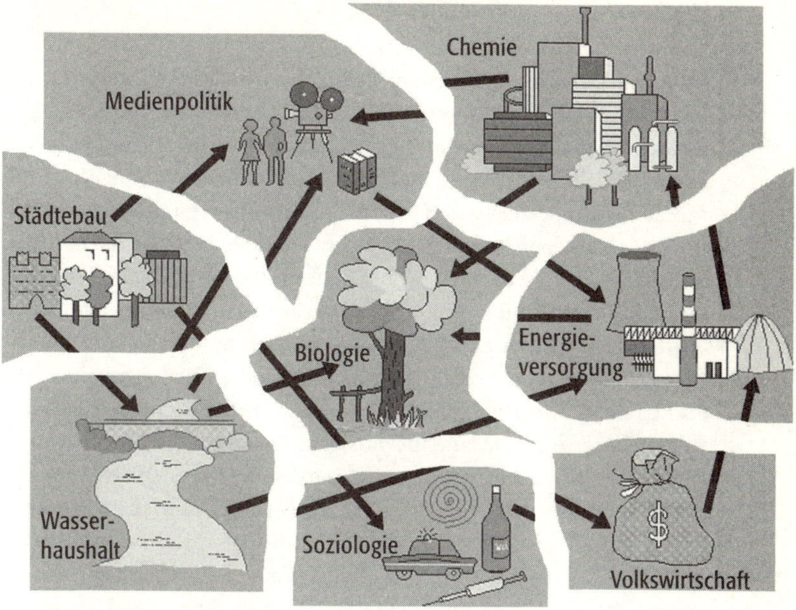


Abb. 3: **Zerrissenes Netz.** Wir sind zwar darin geübt, die einzelnen Dinge sauber getrennt nach Fach- und Lebensbereichen zu beschreiben, jedoch nicht die sie in Wirklichkeit verbindenden Beziehungen.

Dingen mitsamt der darin enthaltenen Kybernetik fällt zwischen die Lehrstühle, Rückkopplungen bleiben unbekannt. Bis in die Aufgabenbereiche der Verwaltung hinein betrachten wir sowohl unsere Umwelt, also Wasser, Boden, Wärme, Licht, Pflanzen, Tierwelt, Bodenlebewesen und Mikroorganismen als auch uns selbst mit unseren Städten und Fabriken, Produkten und Abfällen als ein Nebeneinander einzelner Bestandteile, scharf getrennt in Behörden und Branchen, und erkennen nicht, dass jeder Lebensraum in seiner Gesamtheit ein komplexes System, ein Organismus ist. Dies liegt natürlich auch daran, dass jene Wirkungen zum großen Teil nichtlinearer Art sind, dass sie Schwellenwerte besitzen oder über Zeitverzögerungen laufen und sich so der unmittelbaren Beobachtung entziehen. Vor allem aber hat es damit zu tun, dass sie im Gegensatz zu den Dingen selbst nicht sichtbar sind.

## Die unsichtbaren Fäden sind real

Dass diese unsichtbaren Fäden existieren, ist allerdings keine Frage. Denn durch ihr Zusammenspiel läuft das Leben in der Natur seit Millionen von Jahren mit geradezu unglaublicher Perfektion ab und zeigt dennoch dabei eine große Flexibilität und Robustheit. Für mich als Molekularbiologen, der sich über viele Jahre hinweg mit den kybernetischen Abläufen in lebenden Organismen auseinander gesetzt hat, war es daher von großem Interesse herauszufinden nach welchen Organisationsprinzipien auch in größeren natürlichen Systemen, beispielsweise einem Ökosystem, oder in künstlichen Systemen, etwa einem Unternehmen oder einer Stadt, die einzelnen Glieder miteinander gekoppelt sind. Inwieweit entspricht die Art und Weise, wie sie sich gegenseitig regulieren, zum Teil ausschalten oder im Laufe der Evolution weiter entwickeln, den Vorgängen in lebenden Systemen? Aus dem Studium unterschiedlichster Systeme ergab sich, dass für dieses Zusammenspiel und seine Aufrechterhaltung nur eine Handvoll kybernetischer Regeln sorgt, die ich in späteren Kapiteln noch im Einzelnen besprechen werde. Darunter befindet sich an allererster Stelle das Prinzip der Selbstregulation. Da dieses Prinzip einen besonderen Bezug zu unseren Fehlern im Umgang mit Komplexität hat und dabei – aus Mangel an kybernetischem Wissen – in mehrfacher Weise verletzt wird, soll an dieser Stelle schon einiges darüber gesagt werden.

Wie gesagt, erklären sich allein schon aus der Unkenntnis, Missachtung und Zerstörung der im System wirkenden Regelkreise mehrere der genannten Fehler. Eine strategische Planung wird es daher nicht mehr darauf anlegen, durch isolierte Eingriffe einzelne Probleme zu lösen, sondern versuchen die Kybernetik des Systems zu nutzen. Ohne Kenntnis derselben bricht man dagegen nur allzu leicht mit kurzsichtigen Maßnahmen vorhandene Regelkreise auf, statt ihre oft wesentliche, stabilisierende Leistung zu nutzen, und verzichtet damit auf die Hilfe jener genialen Steuerungsvorgänge, die das Leben auf der Erde seit Millionen Jahren aufrechterhalten haben. Was hat es nun mit dieser kybernetischen Steuerung so Besonderes auf sich?

Im Grunde handelt es sich dabei um einen sehr einfachen Mechanismus: Mit dem Prinzip des Regelkreises ist ein System in der Lage, Stör-

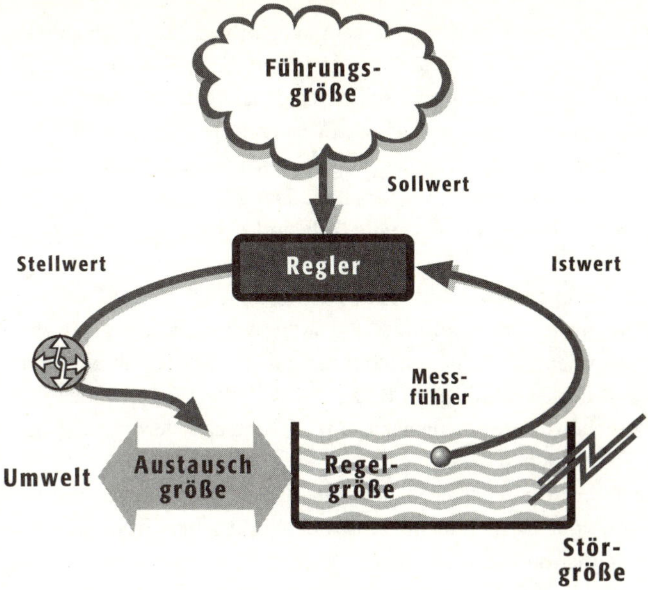


Abb. 4: Klassischer Regelkreis mit den gängigen kybernetischen Bezeichnungen

größen, die von außen auf einen empfindlichen Systemteil, also auf die »Regelgröße« treffen, aufzufangen und diese Störung selbsttätig – nicht durch Eingriffe – auszugleichen oder sogar zu integrieren. Bei der Selbstregulation werden die Sollwerte natürlicher Systeme, etwa das Gleichgewicht zwischen Raubtier und Beute, der Wasserstand in einem Flusssystem oder die Konzentration eines Hormons im Blut, durch eine selbstregulierende, so genannte »negative Rückkopplung« über Messfühler, Regler und Stellglieder automatisch in einem systemverträglichen Bereich gehalten. Das System wird damit fehlerfreundlich, robust gegenüber Störungen und immun gegen Schwankungen in seinem Umfeld.

Charles PERROW beschreibt in seinem Buch ›Normale Katastrophen – die unvermeidbaren Risiken der Großtechnik‹ sehr genau die mangelnde Fehlerfreundlichkeit von Systemen. Fast alle Unfälle und Katastrophen, die er analysiert, passierten trotz, wenn nicht sogar wegen hoher Sicherheitstechnik. Das bekannte »Murphy'sche Gesetz« drückt es so aus: Alles, was schief gehen kann, geht auch schief. Allerdings gibt es drei Murphy'sche Gesetze. Das zweite lautet: Auch was nicht schief gehen kann, geht irgendwann schief. Und das dritte – quasi schon höhere Kybernetik – besagt: Auch wenn etwas, das eigentlich schief gehen sollte, nachher nicht schief gegangen ist, wird man feststellen, es sei besser gewesen, es wäre schief gegangen. Das gilt etwa für eine Reihe von Projekten, bei denen wir heute froh sind, dass sie nicht zustande gekommen sind.

Diese Erfahrungen haben längst auch den Glauben mancher Versicherungen erschüttert, man könne Risiken durch mehr Kontrolle in den Griff bekommen und Fehler durch redundante, also doppelt und dreifach abgesicherte Technik grundsätzlich ausschalten. Im Grunde führt diese Vorgehensweise letztlich zu einer Übertechnisierung, die nur weitere Fehlerquellen schafft.

Das Regelkreisprinzip dagegen, das sehr viel mit »Fuzzy logic«, mit der Mathematik der Unschärfe, aber auch den asiatischen Techniken der Selbstverteidigung wie Judo oder Jiu-Jitsu zu tun hat, ist solchen deterministischen Technologien weit überlegen, gerade weil es Störungen nicht ausschaltet, sondern in den Ablauf einbaut und oft sogar nutzt.

Statt von dieser Eigenschaft von Regelkreisen für unsere Belange Gebrauch zu machen, tendieren wir, anders als die Natur, bei der Begegnung mit diesem uns »fremden« Mechanismus vielfach dazu, die Selbstregulation aufzuheben und den Regelkreis zu unterbrechen. So entstehen unter anderem falsche Zielsetzungen: etwa diejenige, bei der Störgröße direkt einzugreifen (das ist teure Symptombekämpfung statt mit geringem Aufwand an den Ursachen anzusetzen). Auch bauen wir gerne den Regler aus (Korruption) oder legen ihn lahm (Bürokratie). In anderen Fällen unterbrechen wir den Regelkreis beim Stellglied und heben seine automatische Funktion auf, indem wir Schulden machen, mit Subventionen seitens der öffentlichen Hand arbeiten, Lobbyismus und konspiratorische Preisabsprachen (zur Umgehung der Kartellgesetze) ins Spiel bringen. Oder wir nehmen die Information der Messfühler nicht zur Kenntnis (Beschwichtigungspolitik), etwa bei der Tschernobylkatastrophe, bei der radioaktiven Verseuchung der Atommülltransporte, beim Rinderwahnsinn, bei den Warnungen der Ökologen vor weiterer Abholzung und Verbauung entlang des Jang-

Tse, bei der Nichtbeachtung der bekannten Fehlerquellen beim ICE oder der gefährlichen Position der Reifen bei der Concorde, bei den vorhersehbaren Lawinenabgängen und Erdrutschen in den Alpen oder bei den inzwischen zutage getretenen Nebenwirkungen genmanipulierter Pflanzen. Der Messfühler stört und wird deshalb ignoriert.

Doch selbst wenn die Regelkreise in Gang gehalten werden, kann eine Fehlentwicklung eintreten, und zwar an der Steuerung selbst: So vermeiden wir es häufig, den Sollwert an neue Führungsgrößen anzupassen, und kleben stattdessen an bewährten Verfahren oder eingespielten Technologien. Doch gerade diese laufende dynamische Anpassung unserer eigenen Systeme und ihrer Sollwerte an veränderte Konstellationen ist heute wichtiger denn je. Auch innerhalb der Biosphäre, die ständig evolviert, sind ja die Sollwerte nicht vorgegeben, sondern ergeben sich aus der jeweiligen Systemkonstellation. Der Steuermann ist dabei immer Teil des Systems und wird selbst wieder von diesem gesteuert. Im Unterschied zur Kybernetik der Regeltechnik oder zur klassischen Wirtschaftskybernetik entsteht auf diese Weise eine Art Feedback-Hierarchie – ein charakteristisches Merkmal der Biokybernetik. Es ist diese Verknüpfung verschachtelter Regelkreise, durch die lebende Systeme ihre große Fehlertoleranz besitzen. Fehler dürfen auftreten, ohne dass das gesamte System – wie ansonsten in der Großtechnik häufig der Fall – gleich zusammenbricht.

Die allgemeine Unkenntnis vom Nutzen der Regelkreise und der eigenen Einbindung als Steuermann verführt uns jedenfalls oft dazu, die Sollwerte selbst festzulegen. Typisch hierfür ist unser sechster Fehler, die Tendenz zum autoritären Verhalten. Dörner sagt dazu: »Für komplexe Systeme ist ein Vorgehen am wirkungsvollsten, das nicht gegen den Strom, sondern mit dem Strom schwimmend verändert« – ein bekanntes chinesisches Strategem. So ist beispielsweise die Einbeziehung der Betroffenen – Gegner wie Befürworter eines Projekts – schon bei den ersten Schritten einer Systemuntersuchung oder der Einführung einer Maßnahme die Voraussetzung für eine konsensfähige Moderation. Im praktischen Teil dieses Buches wird diese Vorgehensweise anhand des Dialogverfahrens des Sensitivitätsmodells – unserem Instrumentarium zur Erfassung und Bewertung der »Sensitivität« eines komplexen Systems – noch gezeigt. Antworten, die aus der System-

kenntnis entstehen, werden von allen leichter akzeptiert. Von einer solchen Kommunikations- und Diskussionsfähigkeit mit der Öffentlichkeit sind die meisten Politiker und Unternehmer noch weit entfernt. Die Einsicht, dass wir hier zusätzliche Hilfen benötigen, setzt sich allerdings, ausgelöst durch finanzielle oder Imageverluste, gelegentlich auch bei größeren Konzernen und Beraterfirmen durch.
Mit der Headline der ›Financial Times‹ nach dem Shell-Skandal (es ging dabei um die geplante Versenkung einer ausgedienten Bohrplattform in der Nordsee): »Brent Spar bedeutet, dass die Wirtschaft die öffentliche Meinung grundsätzlich in ihre Umweltpläne einbeziehen muss« ist ein solcher Dialog erstmals öffentlich angegangen worden. Auch die Richtlinie ISO 14 000 führt diese Forderung unter dem Punkt »Einwirkungen auf die allgemeine Öffentlichkeit« als einen von sechs Umweltaspekten auf, der bei der Anwendung der Internationalen ISO-Standards von den Unternehmen beachtet werden sollte. Ohne die Akzeptanz seitens des Verbrauchers sind in Zukunft wohl immer weniger Vorhaben durchsetzbar und dieser fragt in der Tat mehr denn je nach dem gesellschaftlichen und Umwelt-Engagement der Produzenten. Hier werden die Rückwirkungen immer rascher diejenigen treffen, die noch keinen Sinn für die Wechselwirkungen des Geschehens auf unserem Planeten entwickelt haben. Nach dem Boykott seiner Produkte scheinbar wach geworden, sah sich Shell alsbald schon wieder mit einem neuen Imageverlust konfrontiert: durch das Hinnehmen menschen- und naturverachtender Zerstörungen weiter Lebensräume in Nigeria infolge einer mittelalterlich anmutenden Ressourcenausbeutung.

## Neue Führungsgrößen

Auf dieser Ebene sind also längst neue Führungsgrößen in unserem Regelkreisschema entstanden. Bei Projekten in Entwicklungsländern, bei denen wir als Planer natürlich immer Außenstehende des dortigen komplexen Systems sind und nicht die empirische Intuition der Einheimischen haben, laufen wir, wie Dörner gezeigt hat und wie die Praxis es bestätigt, besonders leicht Gefahr, durch steuernde Eingriffe das Gegenteil dessen herbeizuführen, was wir eigentlich beabsichtigen.

Wie es ein Kybernetiker der BASF (Eduard Schmäing) einmal ausdrückte, sind gerade logisch planende Krisenstäbe oft bei ihrem Bemühen überfordert, die kritische Situation eines vernetzten Systems zu verbessern. Gegenüber Eingriffen von Außenstehenden verhält sich das System dann infolge seiner nicht erfassten Querverbindungen gegenintuitiv, das heißt, die Maßnahmen erbringen nicht das, was man von ihnen »logischerweise« oder aufgrund der mit ihnen ursprünglich gemachten Erfahrungen erwarten müsste.
Wahrscheinlich resultieren daraus aber auch unsere Vorbehalte gegenüber der Nutzung von Regelkreisen. Wir missachten sie lieber als ihrer Kybernetik zu vertrauen, weil wir uns dadurch in unserer Entscheidungsfreiheit bedroht fühlen. Wir mögen es nicht, dass sich Dinge ohne unser Zutun regeln, wollen in unserem Prometheus-Denken die Fäden selbst in der Hand halten. Ja, wir sind empört und es verletzt unseren Stolz, wenn in einem komplexen System etwas nach dessen eigenem statt nach unserem Plan verläuft.
Demgegenüber sollten wir uns klar machen, dass die Reaktion eines Lebewesens auf Veränderungen im Muster seiner Umwelt gewöhnlicherweise instinktiv, gewissermaßen kybernetisch erfolgt. Der Mechanismus der Anpassung unserer »Sollwerte« an neue Konstellationen stellt in der Tat eine der fundamentalsten biologischen Funktionen überhaupt dar. Wenn wir diese instinktiv spürbaren Impulse verdrängen – und fachgebundene Planungen zwingen uns in gewisser Weise dazu –, dürfen wir uns nicht darüber wundern, dass infolge der von uns durchbrochenen Regelkreise unerwartete Rückkopplungen aus dem übergeordneten System entstehen, deren Auswirkungen sich oft viel später, dann aber umso drastischer bemerkbar machen. Unsere Blindheit gegenüber dieser »höheren Rückkopplung« hat wesentlich damit zu tun, dass für das Ganze, nämlich das Zusammenspiel der Einzelkomponenten, im Grunde niemand mehr kompetent ist, weil die von unserem Gehirn ohnehin nur unvollkommen aufgenommene Wirklichkeit sich nur noch in Schubladen, zerstückelt in scheinbar voneinander unabhängige Einzelteile, wieder findet. Doch wird dieses Manko inzwischen von immer mehr Gruppierungen erkannt. Und wenn gar der Chefökonom der Deutschen Bank, Norbert Walter, für eine höhere Ökosteuer plädiert – weil er diese als weniger leistungs-

bremsend erkannt hat, als eine Besteuerung von Einkommen, so gibt das durchaus Anlass zur Hoffnung.
Dennoch spukt in den Köpfen unserer Politiker und Nationalökonomen meist noch eine Zielsetzung, die ich als den Gipfel eines unvernetzten Denkens bezeichnen möchte. Ich meine die Konzentration auf eine einzige Führungsgröße: das Bruttoinlandsprodukt (BPI) und die sich an diesem orientierenden unsinnigen Wachstumsprognosen, von denen in den folgenden Kapiteln noch die Rede sein wird. »Hilfe, wir werden nur 0,7 Prozent Wachstum haben«, heißt es dann zum Beispiel. »Wir brauchen aber mindestens zwei Prozent«. Eine dümmere Aussage gegenüber der Komplexität unseres Wirtschaftssystems und den Wechselwirkungen der menschlichen Gesellschaft kann ich mir nicht vorstellen. Weder bedeutet diese Zahl etwas für die Arbeitsplätze (die längst vom Wirtschaftswachstum abgekoppelt sind), noch für die Lebensqualität der Bevölkerung, noch für Innovation, Flexibilität oder den Ertrag unserer Unternehmen und das Steueraufkommen. Aber mehr Wachstum muss um jeden Preis sein, obwohl es genügend Beispiele gibt, wo ein rasches Wachstum umkippt und in den Ruin führt. Ich werde später noch näher darauf eingehen.
Im nächsten Kapitel werden wir noch einmal die Hauptpunkte zusammenfassen, durch die sich die derzeitige unsystemische Zielsetzung, Methodik und Strategie von einem wünschenswerten systemischen Ansatz unterscheidet. Dabei werden wir auf eine noch nicht besprochene dritte Hauptursache unseres Fehlverhaltens eingehen: auf unseren zu kurzen Planungshorizont, der zwar für Ackerbaukulturen durchaus ausreichte, aber angesichts der wohl bald die 10 Milliarden-Marke überschreitenden Menschendichte und ihrer soziokulturellen Vernetzung nicht mehr angemessen ist. Um unkontrollierbare Entwicklungen zu vermeiden, müssen wir unseren Planungshorizont auf ein Vielfaches der heute üblichen jährlichen Haushaltsplanung ausdehnen. Die Unkenntnis komplexer Zusammenhänge und damit vor allem indirekter Wirkungen hindert uns allerdings noch daran, die darin enthaltenen Zeitverzögerungen in Betracht zu ziehen, so dass Rückschläge unserer Eingriffe grundsätzlich zu spät erkannt werden. Ein daraus resultierender risikoreicher Fehler ist die erwähnte Übersteuerung, die ein ganzes System ins Schleudern bringen kann.

# 3 • Unsystemische Zielsetzung, Methodik und Strategie

Unsystemische Entwicklungen kommen durch unvernetztes Denken zustande. Unser Denken bestimmt unsere Entscheidungen, und Letztere bestimmen, was wann und wie schnell geschieht – im Negativen wie im Positiven; ob wir sinnvolle Entwicklungen einleiten oder ob wir Fehler im Umgang mit Komplexität begehen. Wie wir gesehen haben, beginnt dieser Scheideweg bereits bei den Zielvorstellungen.

## Zur unsystemischen Zielsetzung

Das systemrelevante Hauptziel muss immer die Erhöhung und Sicherung der Lebensfähigkeit eines Systems sein. Wird dies nicht erkannt, verirrt man sich oft in hilfloser Zielsuche. Statt Nachhaltigkeit, Stabilität und Robustheit zu fördern, werden dann Entwicklungschancen eher verbaut. Vor allem virtuelle Orientierungsgrößen wie *shareholder values* oder ähnliche für die Lebensfähigkeit eines Systems völlig irrelevante Zielsetzungen wie etwa die Größe eines Unternehmens (»Wir wollen zur Weltspitze gehören«), Geschwindigkeit (»Schneller sein als andere«), Technisierung (»Man muss mit der Zeit gehen«), Rationalisierung (»Produktionssteigerung um jeden Preis«), denen unabhängig von ihrer Systemrelevanz ein Wert an sich zugesprochen wird, werden ungeprüft als Zielgrößen angepeilt.
Gerade im kommerziellen Bereich sieht das übliche lineare Denken, dem Wirkungsnetze und Rückwirkungen fremd sind, als Zukunftsperspektive in der Tat oft keinen anderen Weg als Wachstum und daher auch kein anderes Entwicklungsziel als schiere Größe – und das heißt wachsender Konsum (und mit ihm ständig steigender Ressourcenverbrauch), aber auch erhöhte Abhängigkeit vom Markt. Daneben rangieren – und häufig genauso wirksam – die oben bereits genannten Kriterien, auf die wir uns bei der Gestaltung unserer Umwelt und beim Umgang mit komplexen Systemen im Laufe der Zeit versteift haben,

wie »mehr«, »schneller«, »größer«, »stärker«, »höher«. Ihre Erfüllung wird *a priori* als erstrebenswert und damit auch als investitionswürdig eingestuft, weil sie für »Fortschritt« stehen. Damit ist ihnen ein Wertmaß angedichtet worden, das ihnen von Haus aus gar nicht zukommt. Es sind Zielsetzungen, die meist nur Selbstzweck, also ohne weiteren Sinn sind.

Fortschritt im Energiebereich würde demzufolge bedeuten, dass die Zurverfügungstellung von mehr Energie besser sei als von weniger. In Wirklichkeit aber stellt unsere Praxis im Energiebereich in den letzten 150 Jahren seit der Industriellen Revolution, nämlich für die gleichen Grundfunktionen immer mehr Energie zu verbrauchen, im Grunde einen Rückschritt innerhalb der Evolution dar und ist mit den Gesetzmäßigkeiten der Biosphäre unvereinbar, deren »Fortschritt« genau umgekehrt verläuft. In der langen Sukzession der Arten wurden immer neue Wege entwickelt, um bei der Erledigung derselben Aufgabe mit weniger Energie auszukommen als vorher. Manchmal, wie beim Übergang von der Glykolyse (1 Mol Zucker als Primärenergie liefert 2 Mol »Strom«) zur Zellatmung (1 Mol Zucker liefert 38 Mol »Strom«) sogar mit gewaltigen Sprüngen. Die neue Spezies ist dadurch weniger abhängig von Umwelt und Nahrungsaufnahme und somit gegenüber anderen im Vorteil: Sie ist es, die in der Evolution weiterkommt. Das Ausbrechen der Spezies Mensch aus dieser natürlichen Entwicklung kann daher nicht ohne Folgen bleiben und die Rückwirkungen unseres steigenden Pro-Kopf-Energieverbrauchs machen sich inzwischen auch in immer mehr Bereichen bemerkbar. So ist zum Beispiel das derzeitige Konzept des Autos, das, um 80 kg Mensch zu befördern, zwei Tonnen Blech mit sich herumschleppt und mit allen von ihm ausgehenden Umweltbelastungen hauptsächlich sich selbst transportiert, gegenüber dem ca. 600mal energie-effizienteren Fahrrad, das, 16 kg schwer, ein Fünffaches seines Eigengewichts an Transportgut befördert, in Wirklichkeit natürlich kein Fortschritt, sondern ein Rückschritt innerhalb der Evolution. Eine entsprechende Weichenstellung zugunsten des Fahrrads bahnt sich zumindest im Stadtverkehr bereits an. Mit dem Ziel »mehr Energie« verhält es sich also ähnlich wie mit dem Ziel »mehr Information«. Wie im ersten Kapitel schon ausgeführt, bedeutet die immer gewaltigere Informationsflut etwa durch das Internet und

die erhöhte Speicherkapazität unserer Computer noch lange nicht, besser informiert zu sein.
Kommen wir zu einem anderen Beispiel, dem Kriterium ›schneller‹: Nehmen wir den Transrapid, die Magnetschwebebahn mit eigener Trasse. Einziges Argument dafür ist seine Spitzengeschwindigkeit von 450 km/h. Schneller ist besser und das genügt als Rechtfertigung. Nüchtern betrachtet, handelt es sich jedoch um ein verantwortungsloses Projekt, das weder wirtschaftlich noch verkehrspolitisch noch energiemäßig Sinn macht, auch nicht als Demonstrationsobjekt für den Export. Es ist nämlich nicht anzunehmen, dass ein anderes Land bereit sein wird, sich so etwas aufzuhalsen. Eine Summe von 15 Milliarden Mark statt für die Transrapidstrecke Berlin-Hamburg (davon allein 9 Milliarden für die neue Trasse) in ein flächendeckendes Bahnnetz investiert, wäre gewiss sinnvoller angelegt.
Auch das Kriterium der »Größe« eines Systems wird in seiner Bedeutung nur allzu leicht überschätzt, zumal von den im letzten Kapitel besprochenen sechs Fehlern nicht nur der erste (die falsche Zielbeschreibung), sondern auch der dritte (die irreversible Schwerpunktbildung) und der sechste (das autoritäre Verhalten) die Orientierung an diesem Kriterium begünstigen. Anzahl und Größe der in einem komplexen System enthaltenen Einheiten oder Subsysteme haben jedoch immer ihr Optimum – eben weil sie nicht voneinander isoliert sind, sondern alle am kybernetischen Wechselspiel teilnehmen. Ist die Anzahl der Einheiten zu gering oder sind diese zu klein, so mag der Aufwand sich nicht lohnen (man denke an ein Café mit drei Plätzen), das Verpacken zu teuer sein (etwa bei geringwertigem Inhalt) oder der Aufbau eines ausreichenden Vertriebsnetzes nicht gerechtfertigt sein (weil ein Transport sich nicht lohnt). Wird das Optimum überschritten und werden die Einheiten oder deren Anzahl zu groß, so dass etwa eine lokale Ver- und Entsorgung nicht mehr garantiert ist, so ist das kybernetische Zusammenspiel und damit die Überlebensfähigkeit des Systems gefährdet. Viele Monostrukturen und Gigantismen, die als Prestigeobjekte äußerst beliebt sind und von Behörden dementsprechend gehätschelt werden, passen nicht in eine nachhaltige Wirtschaft hinein, weil sie die Grundregeln überlebensfähiger Systeme verletzen: Sie sind teuer und anfällig, benötigen einen unverhältnismäßig hohen Input an

Rohstoffen, Energie, Transport, Überwachung und Kontrolle und haben einen ebenso unverhältnismäßig hohen Output an Umweltbelastung, Lebensraumzerstörung, sozialem Stress und Abfällen. Lokaler symbiotischer Austausch – eine der in Kapitel sieben zu besprechenden Grundregeln – ist nicht möglich.

Andere Megastrukturen wiederum torpedieren die Marktwirtschaft durch ihre Monopolisierung und eröffnen die Möglichkeit zur Erpressung von Subventionen. Auch sind sie viel zu schwerfällig, um sich der technischen Weiterentwicklung laufend anpassen zu können, ja sie sind oft bei ihrer Fertigstellung bereits veraltet. Sie legen außerdem gewaltige Kapitalmengen auf lange Zeit fest und sind generell teurer als kleinräumige Lösungen. Allerdings passen sie hervorragend in das Konzept totalitärer Staaten, da sie mit einer zentralen Kontrolle einhergehen und den Bürgern die Macht des Staates deutlich vor Augen führen können – weshalb die Gigantomanie dort auch besonders verbreitet ist.

In dem Maße, wie sich, sei es in der Landwirtschaft oder im Energiebereich, große Monostrukturen herausbildeten, blieben stets wesentliche Vorteile der Marktwirtschaft auf der Strecke und man bekam es prompt mit ähnlichen Problemen wie im ehemaligen Ostblock zu tun. Dennoch finden sich solche Monostrukturen auch bei uns – bis hin zu einer alles erstickenden Bürokratie, mit der etwa die EU die Agrarpolitik diktiert. So verhinderte die Monopolstellung der Energieversorgungsunternehmen über viele Jahrzehnte kleinräumige Verbundlösungen, Rückspeisungen ins Netz sowie die Nutzung von Industrieabwärme und blockierte dadurch zukunftsträchtige Absatzmärkte für die mittelständische Industrie. In der Stahlindustrie und im Kohlebergbau verhinderten unwirtschaftliche Subventionen eine Metamorphose und zementierten so den maroden Zustand.

Aber auch die weltweit stattfindenden Merging-Aktivitäten basieren auf dem Kriterium »Größe« als Zielsetzung. Man möchte eine »führende Rolle spielen« und sieht den Weg dazu in Zusammenschlüssen zu immer größeren Agglomerationen, in der Problemlösung durch Fusionen. Alle huldigen dem gleichen Größenfetisch, obwohl inzwischen bekannt ist, dass jede dritte der mit großen Erwartungen verbundenen Elefantenhochzeiten schief geht und letztlich nur jede vierte der verbleibenden »Ehen« gute Erträge erwirtschaftet – von Konsequenzen für den Arbeitsmarkt, das Transportgeschehen, die Marktkonzentration und die durch den Machtgewinn möglich gewordene politische Einflussnahme der Konzerne bis hin zur Erpressung ganz zu schweigen. Inzwischen mehren sich die Stimmen gegen den sozioökonomischen Unsinn des Fusionswahns. Das alte *small is beautiful* von E. F. Schumacher beginnt wieder zur Devise mancher Unternehmen zu werden, seit sich mehr und mehr die Nachteile der großen Konglomerate herauszukristallisieren beginnen.

Die Problematik falscher Prioritäten, die zum Maßstab des Handelns werden, führt bei komplexen Systemen häufig zu nur kurzfristiger Prosperität statt zu nachhaltiger Entwicklung. Denn die Einzeloptimierung von Systemkomponenten verdrängt die Optimierung der *viability* des Systems als Ganzem, ist also ähnlich kurz gegriffen wie das Angehen von Symptomen statt von Ursachen und führt wie jegliches Aufbrechen von Regelkreisen letztlich zu Ineffizienz und oft zu irreversiblen Fehlentwicklungen.

Es lohnt sich jedenfalls darüber nachzudenken, dass viele Fehlentwicklungen durch unsystemische Zielvorstellungen zustande kommen. Dann werden diese rasch ihren Absolutheitsanspruch als Fortschrittskriterien verlieren, und unter dem Gesamtziel »Erhöhung der Lebensfähigkeit« werden sich neue Teilziele als »Fortschritt« herausstellen – solche, die nachhaltig und damit auch evolutionär sinnvoll sind.

## Zur unsystemischen Methodik

Neben unsystemischen Zielvorstellungen haben wir es auch mit unsystemischen Methoden zu tun. Selbst bei Erkennen des systemrelevanten Ziels und Einsicht in die Notwendigkeit eines ganzheitlichen Vorgehens gibt es genügend Fallen in der angewandten (und auch hier wieder von unserer Ausbildung her vorbestimmten) Methodik, die so manches gut gemeinte Projekt scheitern lassen.

Im Folgenden sollen vornehmlich sechs methodische Defizite besprochen werden, die den Umgang mit Komplexität erschweren. Als Erstes die Vermengung unterschiedlicher Systemebenen (übergeordnete mit Subsystemen) und damit nicht vergleichbarer Aggregationsstufen bei der Datenerfassung. Sie führt unweigerlich zur Informationsflut. Eine Reduktion auf die wesentlichen Ordnungsparameter bleibt aus – aus Angst vor Unvollständigkeit. Eine vollständige Erfassung aller Einzelfaktoren ist aber Utopie und nur bei geschlossenen Systemen denkbar. Unter dem Eindruck der sich daraus ergebenden Datenschwemme werden dann oft die realen Dimensionen der Vernetzung (direkt, indirekt, Rückwirkungen, Zeitverzögerung) übersehen, obwohl gerade ihre Berücksichtigung die Datenmenge reduzieren würde.

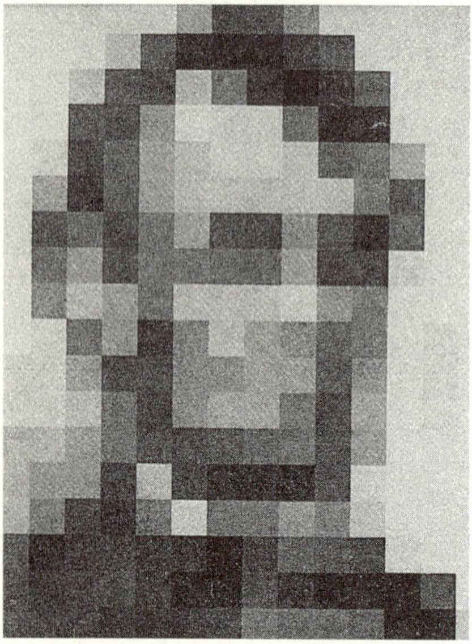

Abb. 5: **Computerbild Abraham Lincoln**

In meiner Wanderausstellung ›Unsere Welt ein vernetztes System‹ zeigte ich zur Veranschaulichung der »Mustererkennung« nebenstehendes Computerbild, welches, je näher man darauf zutrat, desto unkenntlicher wurde. Dieses Experiment nimmt seit Jahren einen festen Platz in meiner Schulung des vernetzten Denkens ein. So lässt sich von nahem aus den unterschiedlich hellen Quadraten des Bildes nicht ohne weiteres erkennen, dass es sich hier um einen menschlichen Kopf handeln soll. Doch selbst diese wenigen Vierecke geben ganz unverwechselbar die Gesichtszüge des amerikanischen Präsidenten Abraham Lincoln wieder, sobald man sie aus größerer Entfernung betrachtet, stark blinzelt oder die Brille abnimmt. Ein paradoxes Ergebnis. Während Unschärfe (*fuzziness*) zur Mustererkennung führt, gibt die noch so detaillierte Betrachtung der vorhandenen Quadrate nichts Vergleichbares her. Man kann zwar Anzahl und Größe der Quadrate messen, die Abstufung der Grauwerte bestimmen und entsprechende Tabellen anfertigen. Für die Erfassung des Systems ist dies die falsche wissenschaftliche Methode, die auch dadurch nicht »richtiger« wird, dass man sie mit besonderer Akribie betreibt. Die Funktion der Systemkomponenten – ihre »Rolle« als Auge, Teil des Mundes usw. – wird auf diese Weise nicht erkannt.

Um die Wirklichkeit als Ganzes zu erfassen, genügt es nicht, nur die Details aufzunehmen. So erfahren wir zwar sehr viel über diese Details, aber nichts über das System als solches. Wir müssen die Details auch miteinander verbinden – und genau das geschieht, sobald das Bild undeutlich wird und die Trennlinien zwischen den Quadraten verschwinden. Solange man sie scharf erkennt, arbeitet unser Gehirn analytisch, es registriert und interpretiert die Details mit bestimmten Partien der Großhirnrinde. Wird das Bild unscharf, treten die Details zurück und dafür die Beziehungen zwischen ihnen stärker hervor. Man merkt, dass plötzlich ganz andere Gehirnzellengruppen in Aktion treten. Statt waagerechte und senkrechte Linien und Sprünge von Grauwerten werden nun auf einmal Kurven und Flächenverhältnisse registriert, die Fähigkeit zur Mustererkennung wird aktiviert, so dass wesentliche Systemzusammenhänge erkannt werden können.

Dabei ergänzt unser Gehirn die wahrgenommene Wirklichkeit trotz fehlender Teile zu einem Ganzen. Denn sobald man die Teile eines Systems verbindet, ist nur noch ein Bruchteil der Daten nötig, um es zu charakterisieren – genau das ist ein Hauptprinzip der später noch ausführlich dargestellten »Fuzzy logic«. Die Tatsache, dass man auf einmal mit wenigen Ordnungsparametern statt Tausenden von Einzeldaten auskommt, erklärt, warum beispielsweise in der Verfahrenstechnik mit »Fuzzy logic«-Programmen so enorme Effizienzsteigerungen erzielt werden. Hierbei arbeitet die Steuerung von Abläufen nicht mit punktuellen Daten, sondern mit den Wechselwirkungen zwischen bestimmten Bereichen.

Zur Mustererkennung in der planerischen Praxis gehören somit zwei Dinge: Datenreduktion auf die wesentlichen Schlüsselkomponenten und die Vernetzung dieser Komponenten. Das gilt nicht nur für das Lincoln-Porträt, sondern genauso für die Erfassung größerer komplexer Systeme wie einer Fabrik, eines Unternehmens, einer Gemeinde oder eines Ökosystems. Denn auch größere Systeme haben jeweils ein »Gesicht« und es ist prinzipiell möglich dieses Gesicht ohne Verfälschung zu erkennen, indem die unübersehbare Zahl der beteiligten Komponenten durch wenige Schlüsselvariablen, gewissermaßen durch

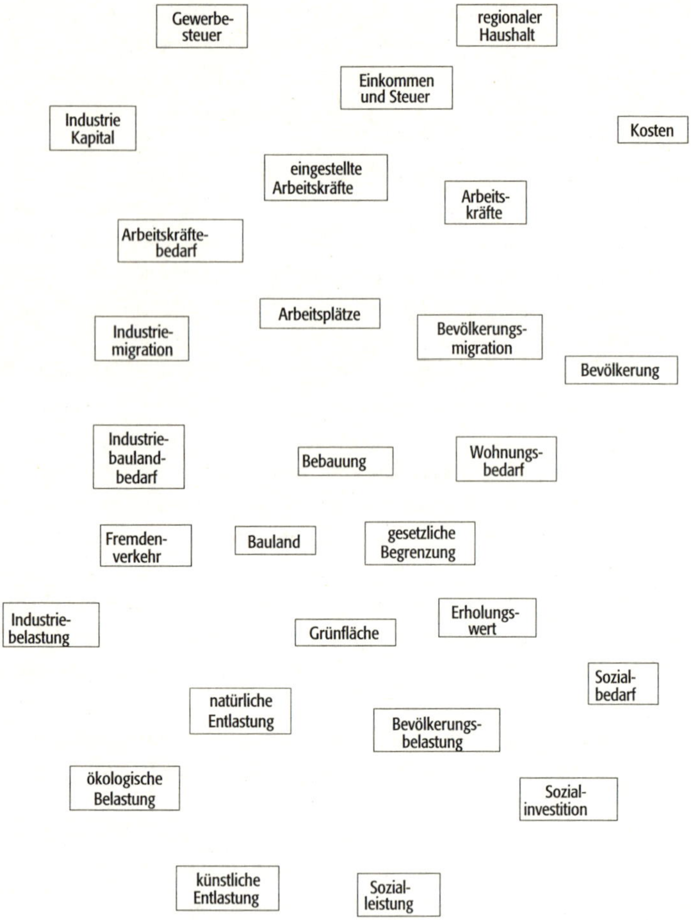


Abb. 6 (a) und (b): **Sachgebietskatalog der Regionalplanung;** ***rechte Seite*** **mit Wirkungsgefüge und externen Einflüssen**

die Knotenpunkte des Systems, repräsentiert wird. Aus den Beziehungen zwischen diesen Knotenpunkten lässt sich dann das Systemverhalten interpretieren.

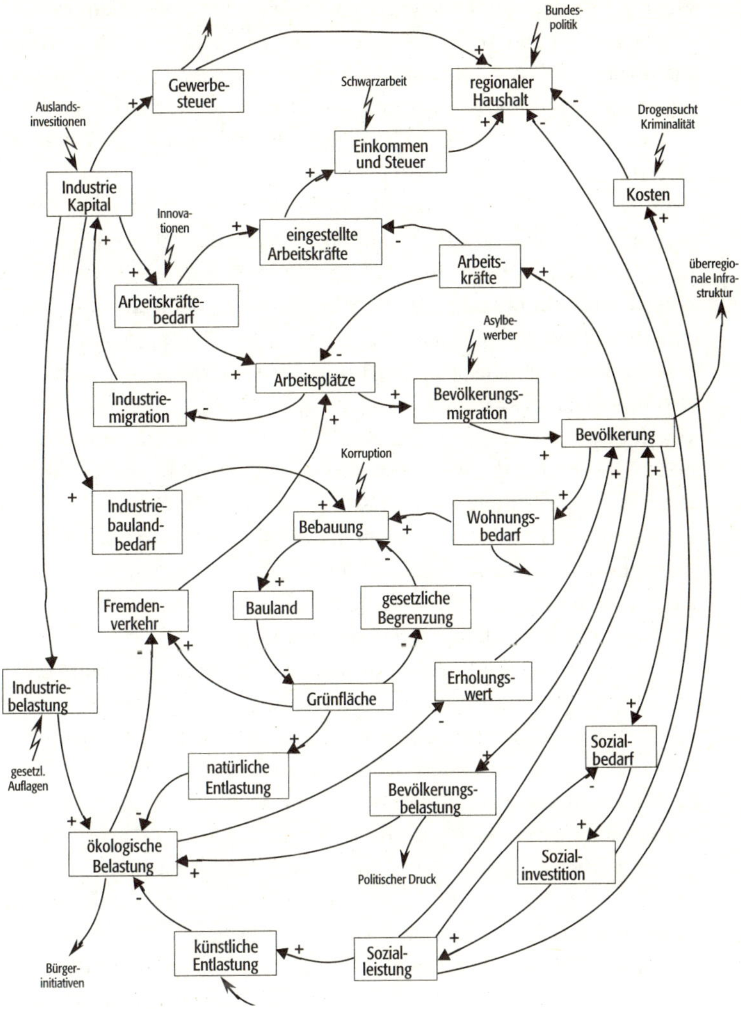


Untersuchungen in natürlichen Ökosystemen haben diese Aussage schon vor Jahren bestätigt. In dem Moment, in dem man die Beziehungen zwischen bereits wenigen Schlüsselkomponenten des Systems aufstellt und damit, wie bei der Betrachtung des Lincolnbilds, auf andere

Neuronenfelder umschaltet, genügen in der Tat einige »Quadrate«, um das Muster zu erkennen. Auch wenn sie nicht gemessen werden, sind die übrigen Faktoren sozusagen implizit miterfasst. Hier bedingt das eine (die Datenreduktion) das andere (die Datenvernetzung) – eine Erkenntnis, die übrigens auch einer Schlussfolgerung der Synergetik (Hermann HAKEN) entspricht.
Damit sprechen wir die zweite Schwäche einer unsystemischen Methodik an: die fehlende Einsicht in die Bedeutung der Interdependenzen, deren Erfassung sowohl für die Situationsanalyse und die Beachtung von Nebenwirkungen als auch für die Erkennung der Rückkopplungen und Regelkreise unerlässlich ist. Eine brauchbare Aussage kommt durch keine noch so genaue Untersuchung der isolierten Einflussfaktoren zustande. Doch genau diese werden bei den üblichen Analysen scharf voneinander getrennt, so dass es oft einer zusätzlichen Anstrengung bedarf, etwas über die Wechselwirkungen zwischen ihnen zu erfahren.
Betrachten wir zum Beispiel die Kompetenzbereiche einer Behörde für die Regionalplanung. Auch im Verwaltungsbereich wird uns die Wirklichkeit wie in Schule und Ausbildung in Fächer zerstückelt präsentiert. Auch hier sind die realen Systeme und ihre Interdependenzen durch die klassische Ressorteinteilung zerrissen.
Normalerweise bekommen wir die Dinge so wie auf Abbildung 6 (a) zu Gesicht, nämlich als Straßen, Häuser, Fabriken, Flughäfen, Rohstoffe, Grünflächen, Arbeitsplätze, Gewerbesteuer usw. Und so ähnlich sehen auch die Türschilder in den Behörden aus. Dort sitzt dann jeweils ein Sachbearbeiter, der für den entsprechenden Realitätsausschnitt kompetent ist. Und so glauben wir auch, dass sich die Dinge genauso feinsäuberlich getrennt entwickeln und verwalten lassen. Was wir nicht kennen, ist ihre kybernetische Funktion, die Rolle, die sie in dem jeweiligen Gesamtsystem einnehmen. Denn diese Rolle lässt sich erst aus den Verbindungen zwischen den Teilen erkennen – niemals aus dem Einzelbereich. So mag dieser im einen Fall als Regler wirken, im anderen als Messfühler, Puffer, Stellglied oder Nachschubgröße, um es in kybernetischen Funktionen auszudrücken –, und zwar je nachdem, wie er mit den anderen Bereichen verbunden ist (Abb. 6 (b)).
Solange wir diese Rolle ignorieren, kennen wir auch nicht den tatsächlichen Charakter eines aus solchen Teilen gebildeten Lebensraums:

seine Stabilisierungstendenz, seine Störanfälligkeit, sein Fließgleichgewicht, seine Außen- und Innenabhängigkeit, die Verschachtelung seiner Regelkreise oder den Grad seiner Diversität. Nicht zuletzt bleiben uns auf diese Weise auch die wahren Chancen und Risiken verborgen. Ohne das jeweils vorliegende Netzwerk zu erfassen, können wir bei der Planung einer Straße, eines Stadtteils oder eines Gewerbegebietes gar nicht wissen, wann und wo wir damit Regelkreise aufbrechen oder sich aufschaukelnde Rückkopplungen in Gang setzen, wo und warum wir mit noch so gut gemeinten Eingriffen in den gesundheitlichen, den sozialen oder den wirtschaftlichen Bereich an unerwartete Grenzwerte stoßen oder mit unseren Vorhaben nach kurzem Boom Schiffbruch erleiden. Solange wir das Netzwerk nicht kennen, nützt es wenig, die Einzelbereiche mit noch so viel Datenmaterial zu untersuchen. Für den Umgang mit Komplexität ist es auch in diesem Fall die falsche wissenschaftliche Methode.

Eine praktikable Systemerfassung verlangt aber noch mehr als Vernetzung und Datenreduktion. So kann auch unter Berücksichtigung der Interdependenzen ein einseitiges und damit falsches Bild entstehen, wenn man – als dritte methodische Schwäche – die wesentlichen Bestandteile bzw. Betrachtungsebenen eines Systems nicht erfasst. Den ›Lincoln‹ würden wir auch bei aller *fuzziness* nicht erkennen, wenn in dem Portrait die Stirn, ein Auge oder die Mundpartie fehlen würde. Wir müssen wissen, welche Bereiche und Kriterien für eine Systembeschreibung unerlässlich sind.

Ein weiterer Grund für eine unvollständige oder schiefe Systembeschreibung ist ein viertes methodisches Defizit, durch das jeder Systemansatz zum Fiasko werden kann, insbesondere wenn es schon in der Planungsphase eine Rolle spielt. So wird bei der Systemerfassung häufig außer Acht gelassen, wie wesentlich die Einbeziehung der schon genannten »weichen« Daten ist, wie etwa Konsens, Attraktivität, Unzufriedenheit, Lebensqualität, Motivation usw. Denn diese qualitativen Komponenten haben für das Verhalten von Systemen den gleichen Stellenwert als Einflußgrößen wie »harte« Fakten, weshalb wir uns im praktischen Teil dieses Buches noch ausführlich mit ihrem methodischen Einbau in ein Systemmodell beschäftigen werden. Denn ohne ihre Berücksichtigung führt jede Situationsbeschreibung zu einem falschen Bild – die Systemanalyse wird unbrauchbar und ihre Aussagen irrelevant. Das Eigenverhalten des Systems, für das die Vernetzung mit »weichen« Faktoren oft entscheidend ist, bleibt unberücksichtigt und überrascht dann durch gegenintuitive Reaktionen.

Ein fünfter ungeeigneter Ansatz schleicht sich ebenfalls meistens schon in der Planungsphase ein. So werden unter dem Diktat der Exaktheit, und noch unterstützt durch moderne, zentralisierte Computerprogramme, alle Systemkomponenten möglichst genau aufeinander abgestimmt, ohne Freiräume und Puffer einzubauen – als ob es sich um ein geschlossenes System handelte, bei dem Störungen von außen gar nicht vorkommen können. Der Gedanke, solche Störungen zu integrieren, wie ihn unser Regelkreismodell nahe legt, kann so gar nicht erst aufkommen; denn exakte Planung (statt »Fuzzy logic«) verlangt den Ausschluss von Fehlern statt Fehlerfreundlichkeit. Wenn dann noch falsche Zielvorstellungen hinzukommen, wie heute bei der Bahn, die ihren Ehrgeiz daran setzt, bei einer vierstündigen Fahrt fünf Minuten schneller als bisher zu sein, dadurch aber zu knappe Taktzeiten einkalkuliert, also keine Puffer mehr erlaubt, sind permanente Verspätungen natürlich vorprogrammiert. Statt die Reisezeit um fünf Minuten zu verkürzen, verlängert sie sich dann um eine Stunde, weil der Anschluss verpasst wird. Das Ergebnis: Einbuße von Verlässlichkeit und Image, Verlust von Kunden, Zeit und Geld. Hier wirkt sich eine falsche Zielvorstellung (kürzere Reisezeit) auf die Methodik (zu genaue Planung) und von dort auf die Strategie aus: nämlich das Ziel mit noch größerer Genauigkeit zu erreichen. So wird – wie auch in vielen anderen Bereichen der Fall – einem Versagen der Reglementierung oft mit noch mehr Reglementierung begegnet.

Genauso kontraproduktiv geht es häufig im Baugewerbe zu. Auch hier würde eine flexible Abstimmung der Gewerke weit mehr als die übliche exakte Planung erreichen, die schon bei kleinsten Störungen (die nie vermeidbar sind) zur Kettenreaktion und dadurch zu gewaltigen Zeitverzögerungen und Verteuerungen führt. Verfahren wie das von Heinz Grote entwickelte K.O.P.F.-System (Kybernetische Organisation Planung und Führung), das auf dem biokybernetischen Systemansatz basiert, schaffen dagegen Pufferzonen und sparen auf diese Weise Zeit und Geld. Durch Einführung einer »zweiten Zeitdimension« in das

Controlling mit entsprechender Frühwarnung ergeben sich flexible Ausgleichsmöglichkeiten, die ohne Mehrkosten Störungen auffangen. Eine Bauleitung, die anders als beim klassischen Projektmanagement mit diesen Voraussetzungen arbeitet, hat dann, so GROTE, nicht »ein zahnradartiges Zusammenwirken der Beteiligten vorliegen, in dem jeder Sonderwunsch und jede Abweichung wie Sand im Getriebe wirkt, sondern ein Modell von gewollten Zukünften, das eine so große Varietätsfülle bringt, dass man mit der Vielzahl von Sonderwünschen und besonderen Ansprüchen, aber auch mit schwerwiegenden unerwarteten Störungen fertig wird«.

Eine der verbreitetsten unsystemischen Methoden, die häufig an irreversibler Schwerpunktbildung, Übersteuerung und nicht zuletzt an falscher Zielsetzung Schuld tragen, ist die Methode der Hochrechnung, der Extrapolation. Außer für einen beschränkten – jeweils systemspezifischen – Zeithorizont ist sie für eine Prognose des Verhaltens komplexer Systeme völlig ungeeignet und eine daran orientierte Planung kann zu schwerwiegenden Fehlentwicklungen führen. Ich werde diese sechste methodische Schwäche wegen ihrer weit reichenden Bedeutung und ihrer leider kaum zu bremsenden Beliebtheit im letzten Kapitel dieses Teils behandeln.

## Zur unsystemischen Strategie

Unser drittes Problemfeld ist das Festhalten an inadäquaten Strategien. Nach wie vor sind unsere Projekte unter Vernachlässigung des Systemzusammenhangs auf isolierte Eingriffe ausgerichtet. Da Vernetzungen ignoriert werden, hat sich die Systemstruktur unserer Lebensräume von Jahr zu Jahr so gewandelt, dass aus lebensfähigen Systemen zunehmend chronisch kranke geworden sind, die nur noch mit dem steigenden Aufwand einer »Pflegestation« – und nicht mehr durch lebendige Selbstregulation – vor dem Zerfall bewahrt werden können.

Trotz der katastrophalen Rückwirkungen dieses Wirtschaftens auf unsere Umwelt und uns selbst glauben viele unserer Entscheidungsträger immer noch, mit einer auf Einzelobjekte und Einzelprobleme fixierten Strategie auszukommen, ja dort, wo alles gut läuft, die gleichen tradierten Zielvorgaben wie bislang anstreben zu müssen. In Verkennung des Systemcharakters hängen nicht nur Manager, sondern auch Experten der Utopie an, dass ökonomische, soziale und ökologische Schäden, die durch die technische Entwicklung des Industriezeitalters entstanden sind, durch noch mehr Technik behoben werden könnten und dass sich etwaige Rückschläge – wie in der Energieversorgung, im Luft- und Wasserhaushalt oder bei der Bodenfruchtbarkeit – durch entsprechenden weiteren technischen und energetischen Einsatz reparieren ließen.

Diese Reparaturen, die die vorliegenden Wechselwirkungen meist noch weniger berücksichtigen als der ursprüngliche Eingriff selbst, sind nicht nur kostspielig (Prinzip »Intensivstation«!), sondern ziehen oft auch weitere Folgeschäden und Abhängigkeiten nach sich: Die negativen Rückwirkungen werden verstärkt und einer sehr viel sinnvolleren Prophylaxe die Mittel entzogen. Das gilt auch für den so beliebten reparierenden Umweltschutz; denn er erlaubt wie bisher weiterzumachen und auf unkybernetische Techniken eine weitere unkybernetische Technik draufzusetzen.

Anders als bei einer Maschine, bei der man einen Missstand, etwa einen gebrochenen Bolzen, an Ort und Stelle beseitigen kann, führt diese Ersatzteilmentalität bei einem offenen komplexen System nur zu weiteren Folgereparaturen und ähnlich wie eine Symptombehandlung in der Medizin zu einem Abbau der Selbstregulation. Und das kann bedeuten: galoppierender Aufwand bis zum Zusammenbruch.

Ein sinnvolles Systemmanagement wird daher nicht versuchen einen Schaden nach dem anderen dort, wo er gerade auftaucht, zu reparieren und damit den Ereignissen ständig hinterherzuhinken, sondern durch eine systemorientierte Planung und Steuerung die Weichen für eine andere Konstellation des Systems zu stellen, in der solche Schäden weniger Chancen haben aufzutreten. Im Unternehmensbereich bedeutet das nicht nur, das betreffende Projekt selbst zu planen, sondern auch gleich das primäre Projektumfeld mit einzubeziehen (wie kam es dazu, wer ist dafür, wer ist dagegen, wer finanziert es und warum, was bewirkt es an Nebeneffekten und wie wirkt es auf die Mitarbeiter und ihre Motivation zurück?). In der Ökologie wiederum wird ein solches Management statt zu teuren End-of-pipe-Techniken automatisch zu einem prophylaktischen Umweltschutz führen, der nicht nur nicht teuer, sondern, wie sich inzwischen anhand zahlreicher Beispiele belegen lässt, im Gegenteil höchst profitabel ist.

Die Tatsache, dass man mit dem linearen Denken beim Bau und bei der Reparatur von Maschinen oder der Produktion von Fertigteilen nach wie vor großen Erfolg hat und auch weiterhin haben wird und dass man jahrzehntelang, nämlich in Zeiten des Wachstums – in denen sich komplexe Systeme wie eine Maschine verhalten –, damit auch wirtschaftlich erfolgreich war – diese positive Erfahrung heißt natürlich nicht, dass die lineare, konstruktivistische Strategie auch weiterhin funktionieren muss; denn im Grunde ist sie für komplexe Systeme überhaupt nicht geeignet.

Für unsystemische Strategien lassen sich zahlreiche Beispiele aus den unterschiedlichsten Bereichen anführen. Ich will nur drei Bereiche herausgreifen, die mir dafür besonders eklatant erscheinen: die Verkehrsproblematik, die Wassersituation und die Beschäftigungspolitik.

Bei den meisten Konzepten zur Reduzierung der Verkehrsbelastung entdecken wir neben der Symptombekämpfung eine falsche Zielbeschreibung und aufgrund unbeachteter Nebenwirkungen gleichzeitig auch eine irreversible Schwerpunktbildung in der Strategie. So werden Lösungen zur Verkehrsbewältigung beispielsweise weniger in der Vermeidung unnötiger Verkehrsbewegungen, in neuen logistischen Strukturen oder in erhöhter Attraktivität des Schienenverkehrs als vielmehr in der milliardenteuren Installation eines riesigen Netzes allgegenwärtiger Verkehrsleitsysteme zur Erleichterung des Autoverkehrs gesehen. Doch anders als beim Einsatz der Informatik in Bereichen wie der Telearbeit, dem Teleshopping oder den Videokonferenzen würden solche Leitsysteme den materiellen Verkehr nicht etwa ersetzen, sondern ihn nur noch attraktiver machen, was natürlich absolut kontraproduktiv wäre. Denn in Wirklichkeit schiebt man damit den Grenzwert des Verkehrsinfarkts nur ein wenig hinaus, ohne aber an der Grundproblematik etwas zu ändern, ja diese wird sogar noch verschärft. Die ganze Strategie ist ein Nachgeben gegenüber dem Verkehrsdruck, gewissermaßen theoretischer Straßenbau, der nur noch mehr Verkehr anzieht, bis es wiederum »so nicht mehr weitergeht«. Auf diese Weise wird totale Mobilität letztlich zu Immobilität führen.

Solche Beispiele für unvernetztes Vorgehen mit kontraproduktiven Nebenwirkungen sind nicht nur im Verkehrsbereich anzutreffen. Ähnlich auffällig sind Beispiele aus dem Wassermanagement. Die Wassersituation auf unserem Planeten wird zunehmend kritisch, obgleich hier mit viel Geld, Enthusiasmus und in guter Absicht vorgegangen wurde. Einige vor wenigen Jahrzehnten noch fruchtbare Gebiete sind bereits akut von Wassermangel bedroht. Militärische Konflikte um die Wasserverteilung sind nicht mehr ausgeschlossen. Was also tun? Da unsere Kenntnisse und technischen Möglichkeiten kaum je ausreichen werden, auf globaler Ebene eine sinnvolle Wasserverteilung in die Wege zu leiten, dürfte der enorme Wasserüberschuss des Amazonasgebietes für unsere Stahlindustrie ebensowenig von Nutzen sein wie die Eismengen der Antarktis für die Sahara. Dementsprechend müsste die Menschheit sich weltweit auf systemverträgliche Methoden besinnen, um die Wasserverteilung bereits an Ort und Stelle, das heißt durch lokale Steuerung des Wasserkreislaufs zwischen Boden und Luft, zu unseren Gunsten zu regulieren, wie ich das bereits in verschiedenen Büchern erläutert habe. Denn bei einem Kreislauf lässt sich nicht einfach an der einen Stelle etwas wegnehmen, ohne an einer anderen etwas hinzuzufügen – weder im Kleinen noch im Großen. Gerade an dieser simplen kybernetischen Erkenntnis scheint es aber bereits bei vielen Vorhaben zu mangeln, von einer Nebenwirkungsanalyse ganz zu schweigen.

So kommt es, dass das Zusammenspiel von Stauwerkbau, Flussbegradigung, Energieversorgung, Abwärmebelastung, Veränderung der natürlichen Vegetation, Trockenlegung von Sümpfen, Ausbeutung der Grundwasserreserven und ineffizienter landwirtschaftlicher Bewässerung neben dem vordergründigen Nutzen den Wasserhaushalt und die Wärmebilanz auf unserer Erde in den letzten 30 Jahren spürbar zu unserem Nachteil verändert hat.

Anstatt nun die Krise von der Wurzel her anzugehen, und das hieße beim Ressourcenverbrauch unserer auf Megaprojekte fixierten industriellen Entwicklung anzusetzen und den Umschwung zu einer kleinräumigen, systemverträglichen, an die Umwelt angepassten und dadurch auch von ihr profitierenden Produktions- und Gestaltungsweise zu fördern, kuriert man auch hier nur die Symptome. Statt vorhandene Regelkreise zu nutzen und in die Strategie einzubauen, löst man vielleicht ein Problem, schafft aber damit, wie gesagt, gleich wieder zwei neue.

So ignoriert man vor allem vorhandene, mit negativer Rückkopplung arbeitende Selbstregulationsprozesse, ja unterbricht oder bekämpft sie, statt sie zu nutzen und unsere eigene Kontrollfunktion dadurch zu entlasten. Genausowenig – und das ist oft noch gefährlicher – werden selbstverstärkende Entwicklungen (*circuli vitiosi*) erkannt, die sich unkontrolliert bis zum Kollaps aufschaukeln, und zwar selbst dann nicht, wenn wir sie durch unsere Eingriffe selbst angestoßen haben. Nur allzu leicht vergisst man, dass Eingriffe in komplexe Systeme sich über die gegebenen Vernetzungen sofort selbstständig machen, Wirkungsketten in Gang setzen und daher nie mehr rückgängig gemacht, sondern höchstens kompensiert werden können.

Ein drittes Beispiel soll zeigen, warum auch im sozioökonomischen Bereich ein unsystemischer Ansatz auf der Basis mangelhafter Zielvorstellungen und falscher Kriterien fehlschlagen musste und inwiefern dadurch eine nachhaltige und langfristige Verbesserung des betreffenden Systems auf der Strecke blieb: die deutsche Beschäftigungspolitik.

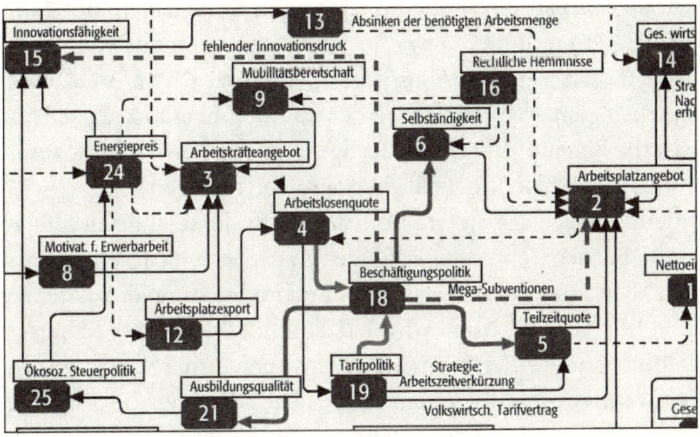


Abb. 7: **Netzwerk einer Systemuntersuchung zur Arbeitsmarktpolitik unter Verwendung des Sensitivitätsmodells** (Ausschnitt)

Bei der Analyse des hier im Ausschnitt wiedergegebenen Netzwerks einer Systemuntersuchung zur Arbeitsmarktproblematik stellte sich heraus, dass im Rahmen der Beschäftigungspolitik mit dem Scheinar-

gument der Arbeitsplatzsicherung überholte Großtechniken und Megaprojekte subventioniert werden, die – weil nicht im Systemzusammenhang durchdacht – einer nachhaltigen Wirtschaftsentwicklung entgegenstehen und dadurch leicht zum finanziellen Flop werden.
So ist die zur Rechtfertigung solcher Megasubventionen ins Spiel gebrachte Schaffung von zum Beispiel mehreren tausend Arbeitsplätzen (gestrichelter Pfeil nach rechts) durch einen Investitionszuschuss von mehreren Milliarden Mark für ein Großprojekt (Eurotunnel, Eurofighter, Transrapid, Kernkraftwerke, Schnelle Brüter, Concordeflotte) im Grunde oft keine Arbeitsbeschaffungsmaßnahme, sondern eine gewaltige Arbeitsplatzvernichtungsmaschinerie. Denn mit der gleichen Investitionshilfe könnte ein Zwanzigfaches an Arbeitsplätzen in der mittleren Technologie oder im für die Zukunft so wichtigen Dienstleistungssektor geschaffen und damit die Sozialkosten verringert werden. Ein typisches Beispiel dafür ist der Eurofighter, bei dem mit einem Aufwand von 15 Milliarden Euro an Steuermitteln 18 000 Arbeitsplätze geschaffen werden sollen. Das hört sich zunächst gut an. Kurz nachgerechnet bedeutet es jedoch, dass dann ein Arbeitsplatz über 830 000 Euro kostet, statt ein Bruchteil davon – zudem noch für ein Waffensystem und nicht etwa für eine wertschöpfende volkswirtschaftliche Investition. Wenn also mit Geldern aus dem Steuertopf 200 000 Arbeitsplätze geschaffen werden könnten, aber nur 18 000 entstehen, ist die Behauptung gerechtfertigt, dass auf diese Weise sozusagen 182 000 Arbeitsplatzmöglichkeiten vernichtet werden.
Eine andere Aussage des Systemmodells betrifft die staatlichen Hilfen für marode Betriebe – in der Grafik der gestrichelte dicke Wirkungspfeil nach oben links. Mit vielen solcher Stützungsaktionen, mit denen sich die Politik gerne brüstet, wird letzten Endes schlechtes Management belohnt und werden kranke Unternehmen durch Subventionen künstlich wettbewerbsfähig erhalten, typische Beispiele: die Stützung der Sachsen-Milch, der Philipp Holzmann AG, der Vulkan-Werft, Max-Hütte, Schmidt Bank usw. So schwindet für sie nicht nur der heilsame Innovationsdruck, weil sie ihre veralteten Produkte weiter in den Markt hineindrücken können, sondern sie verdrängen auch die gesunden Betriebe der Branche, die – weil sie keine Subventionen erhalten – plötzlich nicht mehr mithalten können. Die Pleiten häufen sich, und

die Fördermittel fehlen dann dort, wo zukunftsträchtige Arbeitsplätze und nachhaltige Entwicklungen möglich wären.

Statt auf nachhaltiger Überlebensfähigkeit und entsprechender Vorbeugung stehen die Zielsetzungen der meisten Unternehmen von vorne herein auf Umsatzsteigerung, Gewinnmaximierung, Zusammenschlüssen und anderen größenorientierten Zielen, deren Erreichung alles andere als eine Garantie gegen Börsenverluste und Konkurse ist. So wurde zum Beispiel mit einer nie dagewesenen Hektik unter tätiger Mithilfe der Investmentbanken – einer nicht uneigennützigen Mithilfe – eine Fusionswelle nach der anderen in Gang gesetzt, die so überraschend auf die Wirtschaft einbrachen, dass das Durchdenken der komplexen Auswirkungen nur noch nachhinken konnte. Außer den direkten Folgen für die Belegschaften sind auch die indirekten Folgen für die Volkswirtschaft kaum absehbar.

Gerade vermeintliche Erfolgsunternehmen steuern mit dieser durch nichts kontrollierten Wachstumsstrategie oft in Pleiten hinein. Die Vorteile der globalen Marktwirtschaft und des freien Unternehmertums können sich dann praktisch über Nacht in Desaster verwandeln – von den Crashs wie FLOWTEX, BROKAT, EM-TV, SWISSAIR usw. bis zum größten Skandal der letzten Zeit, dem schon kriminellen Zusammenbruch des mit Strom, Wasser, Erdgas, Chips und Wertpapieren handelnden US-Riesen ENRON, dessen auf 100 Mrd Dollar gestiegener Jahresumsatz sich Anfang 2002 in Luft auflöste und dessen Börsenwert von 60 Milliarden Dollar (für viele Angestellte als sichere Altersversorgung angelegt) auf Null sank – unbemerkt, wenn nicht kaschiert, von Arthur ANDERSON, dem weltweit renommierten Wirtschaftsprüfer des Konzerns. Eine Entwicklung, die mit den Bilanzfälschungen von WORLDCOM, Xerox und anderen den Glauben in den Bestand des »US-style-capitalism« weltweit erschütterte.

Soviel zur Unternehmensseite. Auf der Arbeitnehmerseite sieht es mit systemischen Strategien kaum besser aus: Der scheinbare Erhalt von Arbeitsplätzen steht im Vordergrund, auch wenn das Produkt der Arbeit alles andere als nachhaltig ist, externalisierte Kosten verursacht und die erkämpfte Subventionierung nur dazu führt, dass am Markt vorbei produziert wird. Auch hier ist dann die Unternehmenspleite vorprogrammiert: So sägt man sich selbst den Ast ab, auf dem man sitzt.

# 4 • Wachstumsparadigma als Zielbeschreibung

## Wachstum und Vernetzung

Was bedeutet der seit der Industriellen Revolution und der mit ihr einhergehenden Bevölkerungsexplosion so gewaltig angestiegene Vernetzungsgrad für die Struktur unserer Systeme? Lediglich »mehr«, »dichter«, »weltumspannender« oder ergibt sich dadurch ein qualitativer Unterschied, dem man nicht nur mengenmäßig, sondern auch mit einer anderen Qualität unserer Organisation begegnen muss?
Wachstum in begrenztem Raum, das zu höherer Dichte und damit höherer Vernetzung führt, verlangt als strategische Antwort auf den entstehenden Dichtestress in der Tat eine neue Organisationsstufe. Dieser Vorgang lässt sich überall in der Lebenswelt beobachten – von chaotisch wandernden einzelligen Amöben, die zu einer Kolonie von Schleimpilzen aggregieren, über die Änderung der Kommunikation von Vogelpopulationen bei höherer Dichte bis zu Sprüngen im Planungshorizont beim Menschen.
Das Prinzip einer solchen strukturellen Metamorphose ist auf simple Weise in den drei Grafiken auf der nächsten Seite veranschaulicht. Die dargestellten Wachstumsstadien mit ihren jeweiligen Vernetzungsstrukturen, wie sie in der gesamten Natur vorkommen, symbolisieren natürlich auch verschiedene Stadien unseres Wirtschaftens. So entwickelten sich Industrie, Handel und Technik auf diesem Planeten über lange Zeit nur unzusammenhängend und verstreut (so wie in Abb. 8 (a) skizziert), bildeten zunächst voneinander unabhängige, heterogene Teilsysteme. In den letzten Jahrhunderten haben sich diese dann wie ein immer schneller wachsendes Gewebe zu einem weltumspannenden System vernetzt. Wachstum und Zunahme der Vernetzungen erfolgten dabei im Großen und Ganzen ohne Struktur, so wie in Abb. 8 (b). Da ein unstrukturiertes System nicht lange überlebensfähig ist, begann sich eine übergeordnete Struktur mit industriellen und technischen Unterstrukturen und dezentralen wirtschaftlichen

Einheiten auszubilden, so wie in Abb. 8 (c) angedeutet. Dann trat eine neue Phase ein.

Etwa seit Mitte des 20. Jahrhunderts aber werden die bestehenden dezentralen Einheiten nicht nur durch das exponentielle Wachstum der Weltbevölkerung gesprengt, sondern auch von einem parallel verlaufenden ungebremsten technisch-industriellen Wachstum infiltriert und zum Teil, etwa im Finanzbereich, bereits aufgelöst. Wir beginnen erneut auf den Typus des chaotischen zweiten Bildes zuzusteuern.

Es kann daher in Zukunft nicht mehr darum gehen, unbekümmert und chaotisch bis zur Erstickung weiterzuwachsen, sondern, wie bei allen wachsenden Systemen unabdingbar, eine Metamorphose einzuleiten und eine neue übergeordnete Struktur mit regionalen und wirtschaftlichen Substrukturen auszubilden: eine gesunde Mischung aus Autarkie und Dependenz, gegenseitiger Rückkopplung und Selbstregulation, mit der die gesunkenen kybernetischen Regulationsmöglichkeiten wieder in Gang gesetzt werden. Denn ohne sie bricht ein wachsendes Netz, wenn es sich selbst überlassen wird, irgendwann von alleine auseinander. Die immer häufiger auftretenden Instabilitäten auf wirtschaftlichem und sozialem Gebiet mögen in der Tat die ersten negativen Folgen der Missachtung dieser Gesetzmäßigkeit sein, die offenbar die gesamte Lebenswelt (zu der auch wir und unsere künstlichen Systeme gehören) durchzieht.

Eine Besinnung auf die wahre Natur unseres Treibens ist daher nötig. Der amerikanische Abgeordnete und Häuptling der Oneida-Irokesen Bruce Elija drückte das 1980 anlässlich einer Pressekonferenz in seinem *Bericht zur Lage* so aus:

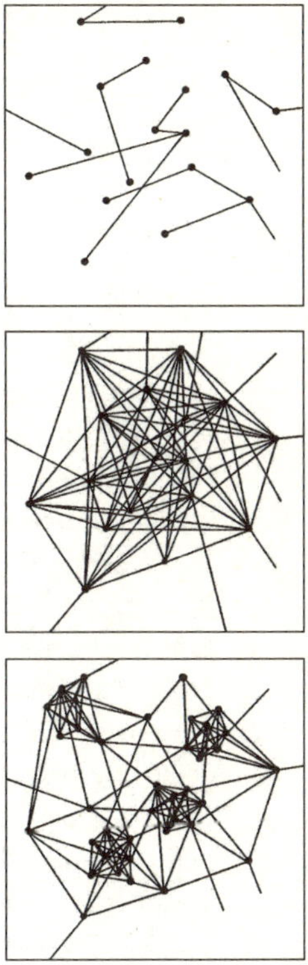

Abb. 8 (a) – (c): Ein unvernetztes System ist nicht stabil (a). Mit wachsender Vernetzung steigt die Stabilität zunächst an, bis sie ab einem bestimmten Vernetzungsgrad wieder absinkt (b). Es sei denn, es bilden sich Unterstrukturen, dann bleibt das System auch bei hoher Vernetzung lebensfähig (c).

*Die Erde ist ein Organismus, in dem Pflanzen, Tiere und Menschen wie Zellen sind. Jede winzige Kleinigkeit in diesem Organismus hat ihre bestimmte Aufgabe zu erfüllen, und nur wenn das in guter Harmonie übereinstimmt, dann lebt, blüht und gedeiht dieser Organismus. Der technische Zivilisationsmensch mit seiner zwanghaften Manie, Natürliches zu verdrängen, zu vermindern und zu zerstören, um es durch gigantisches Wachstum von Unnatürlichem zu ersetzen, hat eine fatale Ähnlichkeit mit Krebs. Seit diese Geisteskrankheit wuchert und wuchert, breiten sich ihre Folgen wie Metastasen über die Erde aus. Indianer sagen das seit mehr als dreihundert Jahren. Man kann es nachlesen. Aber wie sollte man einem Tumor begreiflich machen, dass gerade das, was er für einen großartigen Erfolg hält, in Wirklichkeit Selbstmord ist!*

Eine solche metaphorische Weisheit ist uns »Zivilisierten« nicht mehr gegeben. Dennoch erwachsen auch uns allmählich Erkenntnisse, die zwar nicht der Intuition, dafür aber naturwissenschaftlichen Quellen entspringen und dann durchaus auch von unserer Intuition als richtig erfasst werden können. Eine solche Quelle ist die moderne Biokybernetik, die sich mit den Gesetzmäßigkeiten der Steuerung und Regelung lebender Systeme befasst. Vielleicht gelingt es uns damit, den von Bruce Elija angesprochenen »Tumorzellen« begreiflich zu machen, dass sie im Endeffekt weit besser fahren, wenn sie mit dem Organismus Biosphäre arbeiten und nicht gegen ihn.
Aus biokybernetischen Erkenntnissen ergibt sich auch, dass sich ein System am vorteilhaftesten in Symbiose mit seiner Umwelt entwickelt. Das bedeutet, dass es geeignete Unterstrukturen ausbildet, selbst wiederum Teil einer übergeordneten Struktur wird und mit dieser in Wechselwirkung steht. So entstehen Feedback-Hierarchien von Systemen und Subsystemen – ein Grundprinzip überlebensfähiger Systeme, das uns schon unsere eigenen Körperzellen vorexerzieren. Natürlich kann ein System auch nach einem unstrukturierten Muster eine ganze Zeit lang ohne Schwierigkeiten wachsen. Auch Krebszellen geht es ja zunächst einmal prima. Sie wachsen munter drauf los (nach dem Motto: Warum an morgen denken, Hauptsache der Umsatz steigt!), bis

sie den Wirtsorganismus so belasten, dass dessen Funktionen geschädigt werden und er zusammenbricht – und mit ihm die Krebszellen.

Der optische Vergleich der rechts abgebildeten unterschiedlichen Gewebeformen mit den skizzierten Vernetzungsstrukturen ist verblüffend. Oben ein gesundes Darmgewebe in etwa dreihundertfacher Vergrößerung – eine Darmzotte mit ihren kryptenartigen Zellen. In der Mitte dasselbe in achthundertfacher Vergrößerung. Jede Zelle eine kleine Fabrik mit vielen tausend Biomaschinen und einer ausgeklügelten Logistik. Man erkennt deutlich die übergeordnete Struktur, über die die Zulieferung, Entsorgung und Kommunikation einwandfrei funktionieren kann. Und nun unten ein wenige Millimeter daneben liegendes krebsbefallenes Gewebe, das ja im Grunde noch viel lebendiger ist, sozusagen einen höheren Umsatz hat: Die geordnete Struktur ist sichtbar zusammengebrochen, die kleinräumige Effizienz in Energiehaushalt, Transport und Logistik verschwunden. Es entsteht Energiemangel, Abfallstau, Vergiftung, Nekrose.

Typisch für die chaotische Struktur ist die mangelhafte Kommunikation und dies unabhängig von der Größenordnung des Systems: auf der Ebene des Krebsgewebes die gestörte interzelluläre Kommunikation, die die Signale des Organismus nicht mehr empfängt, auf einer höheren Ebene die gestörte zwischenmenschliche Kommunikation beim Zerfall einer Familie, eines Unternehmens oder einer Völkergemeinschaft

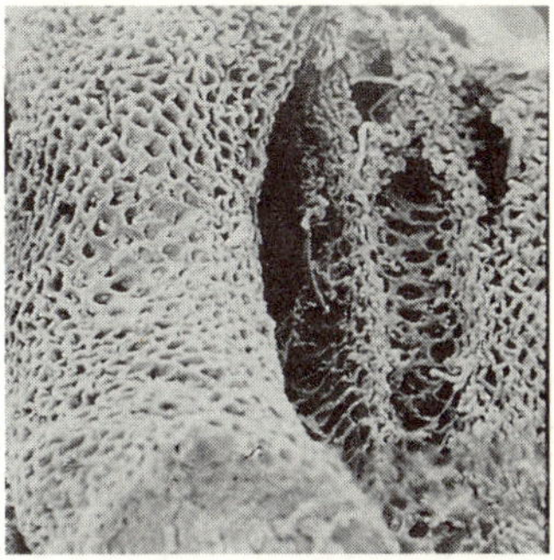

Abb. 9: **Oberfläche der Schleimhaut einer gesunden Darmzotte** (Vergr. 300 : 1)

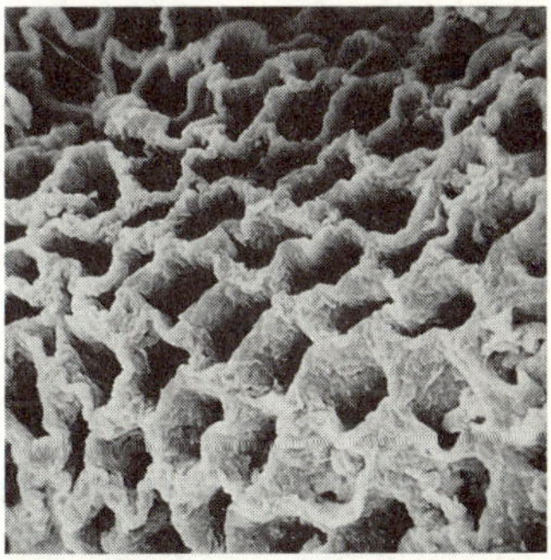

Abb. 10: **Blick auf den geordneten Zellenverband** (Vergr. 800 : 1)

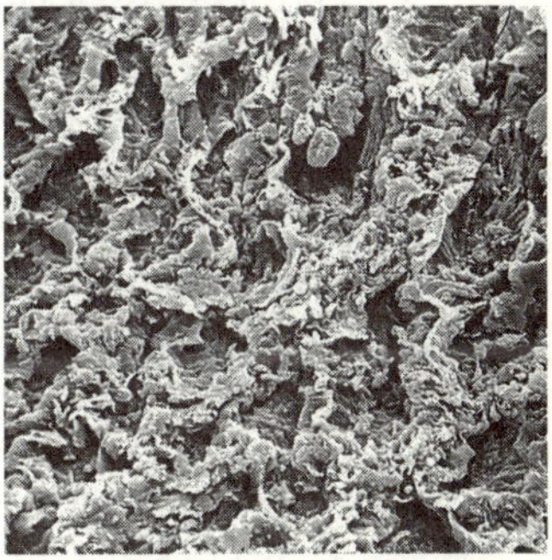

Abb. 11: **Zerstörte Schleimhautstruktur eines angrenzenden, rasch wachsenden Dickdarmkarzinoms** (Vergr. 800 : 1)

bis hin zu der gestörten Beziehung zwischen Mensch und Umwelt, die für das Überleben einer Art wohl die wichtigste Wechselwirkung bedeutet. Hier sind es die Signale der Umwelt als übergeordnetem Organismus, die nicht mehr intuitiv und damit ganzheitlich verstanden, sondern Messgeräten überlassen werden. Statt als System erkannt zu werden, wird sein Muster auf Zahlen reduziert, mit dem Resultat, dass wir uns mit dieser Umwelt immer weniger eins fühlen. Die damit zusammenhängenden Rückwirkungen unseres ökonomischen »Krebswachstums« können also durchaus auch im Sinne einer übergeordneten Regulation der Biosphäre verstanden werden, wie dies der amerikanische Epidemiologe Jonathan MANN an der Rolle der Seuchen festmacht: Sie könnten die Antwort der Natur auf den »Naturschädling Mensch« sein, in dem Sinne, daß Mikroben gleichsam das Immunsystem der Biosphäre bilden, die sich auf diese Weise gegen die unkontrollierte Vermehrung eines Parasiten zur Wehr setzt.

## Wachstum und Dichtestress

Eine weitere Systemgesetzmäßigkeit quer durch alle Lebewesen besteht in der Funktion des Dichtestresses, auf die ich bereits 1976 in meiner ersten UNESCO-Studie hingewiesen habe. So sorgt der Mechanismus des Dichtestresses dafür, dass zu rasch wachsende Populationen sich von einem gewissen Grenzwert ab selbst drastisch wieder auf eine geringere und damit überlebensfähige Dichte reduzieren, und sei es durch Katastrophen – falls sie ihr Verhalten nicht von alleine ändern.
Sobald nämlich bislang isolierte Einzelsysteme – hier angedeutet durch das Symbol kleiner Lebewesen – soweit aneinander rücken, daß sich ihre (durch die Ringe illustrierten) Privatsphären und Interessenkreise überschneiden, beginnt die Funktion des Dichtestresses, der letztlich nur zwei Möglichkeiten zulässt:
Entweder erzeugt er über einen psychosomatischen Mechanismus verstärkte Aggression, nachlassenden Brutpflegeinstinkt und Sterilität, Kreislaufkrankheiten und Epidemien, was alles zur Vernichtung von großen Teilen der Population und damit allmählich wieder zu der früheren Dichte führt, oder aber er zwingt die Populationen zu einem

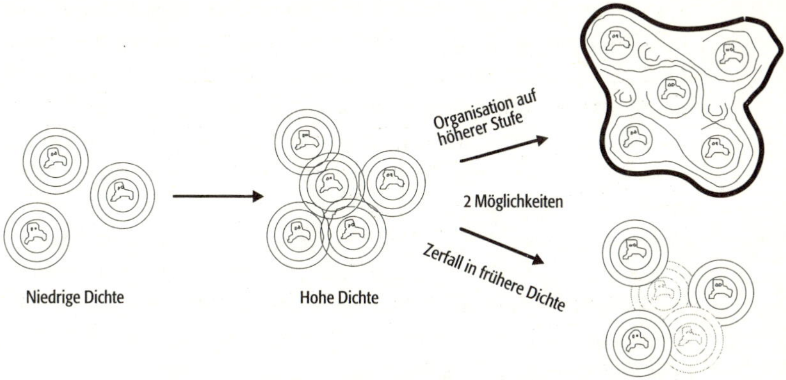


Abb. 12: **Schematische Darstellung der Überschreitung verschiedener Dichteschwellen**

anderen Verhalten, zu einer Organisationsform auf höherer Stufe, die es ihr erlaubt, auch bei höherer Dichte zu überleben. Natürlich existiert auch hier eine obere Grenze für die Dichte, bei der dann nur noch der brutale Weg der Reduzierung der Population funktioniert. Der Verhaltensforscher Wilhelm SCHÄFER spricht vom so genannten kritischen Raum, eine Grenze, deren Überschreitung ein System nicht überlebt, weshalb als einzige Rettung dann nur noch der letztere Weg bleibt.

Wahrscheinlich ist die Menschheit mit einer Weltbevölkerung von heute sechs Milliarden Menschen noch längst nicht an diesem Endpunkt angelangt. Sie hat aber mit Sicherheit eine Dichtestufe erreicht, auf der eine Verhaltensänderung – und das bedeutet auch immer eine Bewusstseinsänderung – geboten ist. Schon das Beispiel ganz einfacher Organismen wie der genannten Amöben, die sich ab einer gewissen Dichte und damit zusammenhängendem mangelnden Nahrungsangebot nicht weiter vermehren, sondern eine grundlegende Metamorphose durchmachen und mit ihrem Aufbau zum Schleimpilz (z. B. *dictiostelium discoideum*) zu einer neuen Organisationsform finden, zeigt, dass auch diese Gesetzmäßigkeit offenbar einem Urprinzip lebender Systeme entspricht, wobei dessen Umsetzung selbstverständlich von Spezies zu Spezies variiert.

Darüber hinaus hat die Natur noch einen übergeordneten Mechanismus parat, der zwar nicht die Spezies, dafür aber das gesamte Ökosystem schützt: Wenn eine dominante Spezies durch ihre große Zahl und die Art ihrer Eingriffe die Umwelt so verändert, dass diese auf einmal für diese Spezies nicht mehr geeignet ist, geht diese Spezies ein – ein natürlicher Vorgang in der Sukzession der Arten. Bei unseren Eingriffen brauchen wir also keine Sorge um die Natur zu haben, um so mehr dafür aber um uns, um die Spezies Mensch; denn die Natur hat auf diese Weise schon manche »unpassende« Art eliminiert.

Unsere anfängliche Frage, ob wir zur Bewältigung des höheren Vernetzungsgrades lediglich einen quantitativen Sprung oder vielmehr eine qualitativ andere Organisation unserer menschlichen Gesellschaft anstreben müssen, die der Struktur in der Abbildung 8 (c) entspricht, dürfte damit beantwortet sein.

## Der Paradigmenwechsel der Jäger und Sammler

Eine Metamorphose unserer Planungs- und Organisationsformen wird allein schon wegen der in den letzten Jahrzehnten exponentiell angewachsenen Dichte zu einer existentiellen Notwendigkeit. Die Frage lautet nur, ob wir das auch schaffen. Es gibt ein Ereignis in der Menschheitsgeschichte, das optimistisch stimmt, weil hier vor etwa 6 000 Jahren eine vergleichbare Metamorphose stattgefunden hat: der Übergang von der Wirtschaftsform des umherstreifenden Jägers und Sammlers zu derjenigen des sesshaften Pflanzers und Hirten. Damals zwang die angestiegene Populationsdichte und die dadurch immer engere Überlappung der Reviere und deren Übernutzung die Menschen schon einmal, radikal umzudenken und ihren Planungshorizont in Richtung größerer »Nachhaltigkeit« zu erweitern.

In der Menschheitsgeschichte haben solche Paradigmenwechsel immer wieder stattgefunden. Jedoch sah sich wohl noch keine Zivilisation mit einer vergleichbar komplexen Aufgabe konfrontiert. Denn diesmal geht es um nichts weniger als um das Überleben der gesamten Zivilisation auf diesem Planeten, und nicht nur, wie etwa vor 6 000 Jahren, als aus den Jägern und Sammlern der Steinzeit Pflanzer und Hirten wurden, um das Überleben einzelner Gruppen in abgegrenzten Regionen. Um mit weniger Lebensraum auszukommen, mussten diese auf eine

sesshafte Wirtschaftsform umschwenken – mit sehr viel weniger Bewegung, aber einem weit größeren Zeithorizont der Vorsorge. Völlig neue Wertvorstellungen wurden notwendig, um von der gewohnten Eintagesplanung auf eine 365-mal längere Jahresplanung überzugehen: Samen in den Boden zu setzen, statt sie gleich zu verspeisen, Tiere leben zu lassen und sogar zu füttern, bis sie wieder Junge bekamen, statt sie gleich zu töten und zu verzehren. Ein gewaltiger Wandel im Denken, der das Verweilen am Ort auf einmal ergiebiger machte als das Umherstreifen – eine gewisse Parallele zu dem, was auch uns heute Not täte, damals aber vielen in den Tag hineinlebenden Zeitgenossen wohl genauso absurd schien wie heute so manchem von uns die Einbeziehung der nächsten Jahrhunderte in den Planungshorizont.
Auch heute stehen wir einer neuen Dichteschwelle und dazu noch einer weltumspannenden Systemvernetzung gegenüber, mit der wir ohne eine Veränderung der bisherigen linearen Sichtweise ebenso wenig fertig werden wie damals die Jäger und Sammler mit ihrer nur auf den täglichen Nahrungsbedarf ausgerichteten Lebensform. Die exponentiell wachsende Menschheit lässt jedenfalls die bisherige kurzsichtige Weise der Wirtschaftsoptimierung, die sich – ungeachtet der Denaturierung des Lebensraums – im Wesentlichen an der Gewinnmaximierung orientiert, nicht mehr zu.

## Kurzsichtiges Wachstum statt Nachhaltigkeit

Und doch leben unsere Entscheidungsträger in Politik und Wirtschaft (vielleicht mit Ausnahme der Forstwirtschaft und der Lebensversicherungen) nach wie vor in trautem Einklang mit der jährlichen Haushaltsplanung der ersten Pflanzer und Hirten, konzentrieren sich auf die kurzfristige Lösung von Einzelproblemen, meiden langfristige Strategien und machen einen großen Bogen um die Einbeziehung vernetzter Zusammenhänge. Denn deren Komplexität macht auch ihnen Angst. Also geht man weiterhin ohne Nebenwirkungsanalyse vor, versucht einzelne Missstände aufzuspüren und sie in einer Art Reparaturdienstverhalten dort zu lösen, wo sie auftreten, ohne die Folgen jener Reparaturen weiter zu beachten.

Explodierende Staatsverschuldung, sich zuspitzende Haushaltsdefizite, sinkende Kaufkraft, eine Epidemie von Pleiten und rapide gestiegene Arbeitslosigkeit, wachsende Umweltprobleme, soziale Verwerfungen, Politikverdrossenheit und vieles andere sind Indizien, die darauf hindeuten, dass wir zur Bewältigung der weltweiten Krise wohl nicht um einen erneuten Organisationssprung, um eine ähnliche Metamorphose wie vor 6000 Jahren herumkommen. Wir brauchen Mut zu einem evolutionären Management, einer langfristigen strategischen Planung.

Ein großes Hindernis für ein kybernetisches Vorgehen ist allerdings genau diese Langfristigkeit der Planung: die Tatsache, dass sie die Einbeziehung größerer Zeiträume verlangt, als wir sie in unserer jährlichen Haushaltsplanung gewohnt sind. Mit unserem verkürzten Zeithorizont wollen wir möglichst sofort Resultate unserer Maßnahmen sehen. Wir weigern uns schlicht mitzuspielen, wenn es darum geht, die gegenwärtige Entwicklung, deren schädliche Auswirkungen ohnehin für die meisten Menschen nicht direkt spürbar sind, in eine andere Richtung zu lenken. Wir wehren uns dagegen, Änderungen, etwa beim Energie- und Wasserverbrauch oder in der Steuergesetzgebung einzuleiten und entsprechende Auflagen in Kauf zu nehmen, deren eigentlicher Nutzen oft erst die nächste oder übernächste Generation zu spüren bekommt.

Wie also den Menschen der Industriegesellschaft klar machen, dass sie etwas tun oder lassen sollen, was erst nach 10 oder 20 Jahren Früchte trägt und viele von ihnen nicht mehr erleben werden? Krebs, Allergien, Ernteeinbußen, Waldbrände, Überschwemmungen, Lawinen- und Murenabgänge sind Dinge, die zwar jetzt schon fassbar sind, aber immer nur Einzelne treffen. Die Allgemeinheit – von den 4 Millionen Arbeitslosen und den 30 000 Unternehmen, die jährlich Pleite machen, einmal abgesehen – lebt so gut wie nie zuvor. Man hört von Aufschwung und Wirtschaftswachstum, die Geschäfte sind einem Paradies gleich mit Waren gefüllt. Doch man lebt mit ungedeckten Schecks. Die meisten Menschen kümmert es immer noch wenig, dass auch nach seriösen Berechnungen eine weitere Steigerung unseres Ressourcenverbrauchs und unserer Emissionen neben vielen lokalen Auswirkungen nicht nur entfernte Meeresströme wie den El Niño verlagern, sondern selbst den Golfstrom zusammenbrechen lassen können, so dass sich trotz der globalen Erderwärmung in Nord- und Westeuropa in einigen Jahrzehnten eine neue Eiszeit einstellen könnte. Aber unsere Ölheizung läuft ja noch.

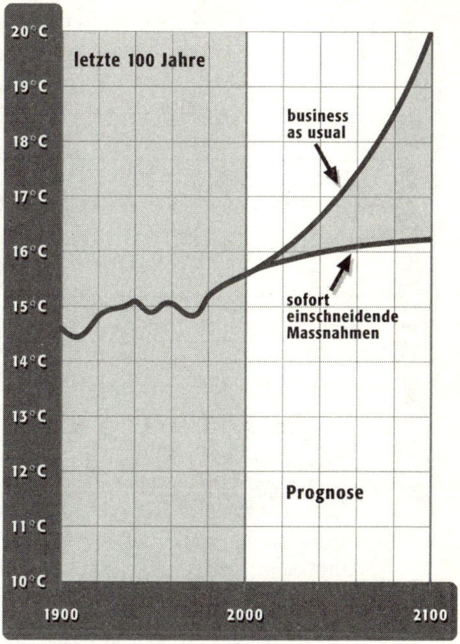


Abb. 13: **Verlauf der globalen Mitteltemperatur und Prognose der Erderwärmung für die nächsten 100 Jahre.** Die nächsten Klimagipfel werden zeigen, ob es gelingt, die Weichen für eine Eindämmung der Klimaänderung zu stellen und das damit verbundene Naturkatastrophenrisiko in den Griff zu bekommen. (Nach Münchner Rück 1999)

Diese Situation macht es selbst einsichtsvollen Politikern schwer, langfristige Strategien durchzusetzen. Von uneinsichtigen bzw. einem kurzsichtigen Profitdenken erliegenden Entscheidungsträgern können solche Vorstöße ohne weiteres abgeblockt werden, ohne dass ein nennenswerter Widerstand aus der Bevölkerung zu erwarten wäre. Bestimmte Industriezweige weiß man ohnehin auf seiner Seite. Die meisten Menschen wünschen gar keine Veränderungen und schon gar nicht solche, die ein Umdenken verlangen oder zur Aufgabe eingespielter Verhaltensmuster zwingen. Eine scheinbar ausweglose Pattsituation: auf der einen Seite die unbekümmerte Losung »Weiter so!«, auf der anderen die Tatsache, dass die ökologische und ökonomische Situation in einigen Teilen der Welt bereits kollabiert und die unvermeidlichen Rückwirkungen uns zum Handeln zwingen.

Obgleich die oben stehende Grafik als Extrapolation eines komplexen Vorgangs nur bedingt zutreffen mag, zeigt sie doch in ihrer Auffächerung als langfristige Wenn-dann-Betrachtung eine starke Abhängigkeit der Erderwärmung mit all ihren Folgen von unserer Wirtschaftsweise. Während die meisten Entscheidungsträger in Politik und Wirt-

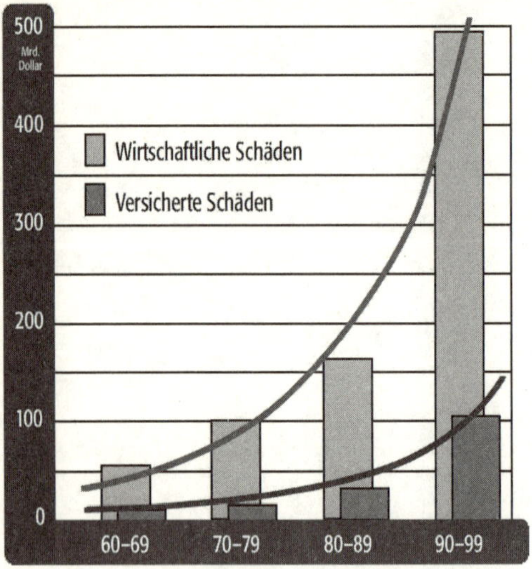


Abb. 14: **Umweltkatastrophen seit 1980**
(nach Münchner Rück)

schaft solchen und anderen Reaktionen der globalen Ökosysteme und des Klimas desinteressiert oder hilflos gegenüberstehen und uns damit in eine zunehmend schwieriger werdende sozioökonomische Situation hineinmanövrieren, gibt es, wie schon angedeutet, zumindest eine Branche, die die Rückschläge dieses Wirtschaftens relativ früh zu spüren bekam: die Versicherungsgesellschaften und unter diesen vor allem die Rückversicherer, deren Schadensbilanzen aus Umweltkatastrophen sich seit den achtziger Jahren vervielfacht haben und denen bewusst ist, dass dies nicht zuletzt auf unsere zunehmenden Eingriffe in den Naturhaushalt zurückzuführen ist: auf den Autoverkehr, die Siedlungsstruktur, die Denaturierung der Böden und Wälder durch Monokulturen und Abholzungen, auf Bachbegradigungen und Staudämme, Chemie- und Reaktorunfälle, Tankerunglücke und vieles andere.

Unter dem Eindruck dieser Zusammenhänge und mit der Überzeugung, diese Problematik nur mit vernetztem Denken angehen zu können, haben mehrere große Versicherungen unter dem Namen NERIS (= Netzwerk Risiko im Sensitivitätsmodell) einen so genannten Risiko-Dialog mit Wirtschaftlern und Politikern begonnen, der inzwischen unter anderem mit Forderungen zur Abkehr vom Wachstumsparadigma und der damit verbundenen Ausbeutungsmentalität an die Öffentlichkeit getreten ist. Wachstum sei jedenfalls kein Ziel, noch weniger ein Mittel, um Probleme zu lösen, heißt es auch in einem Strategiepapier der Münchner Rück.

Das starke Engagement der Versicherungen in dieser Hinsicht ist gerade unter ökonomischen Gesichtspunkten durchaus verständlich. Denn, wie Abbildung 14 zeigt, wachsen ihre Schadensbilanzen für Umweltschäden seit Jahren exponentiell an, was zu einem Substanzverlust von vielen hundert Milliarden Dollar geführt hat. Lediglich durch die Zunahme der Sturmschäden aufgrund des Treibhauseffekts betrugen diese Verluste nach Angaben der Münchner Rück in einem einzigen Jahr 17 Milliarden Dollar. Das sind völlig neue Dimensionen! Allein 1998 (dem mit Abstand wärmsten Jahr seit Beginn der Messungen um 1850) zählte die Münchner Rückversicherung 707 große Naturkatastrophen mit Millionen- bis Milliardenschäden, die überregionale bzw. internationale Hilfe erforderlich machten – eine bislang nie dagewesene Zahl. Nach Auswertungen der Forschungsgruppe Geowissenschaften der Münchner Rück stieg im Vergleich zu den sechziger Jahren die Anzahl der großen Katastrophen um das Dreifache, die volkswirtschaftlichen Schäden um das Neunfache und die Kosten für die versicherten Schäden um das Fünfzehnfache. Eine weitere Steigerung – und damit verbunden natürlich auch ein Anstieg der Prämien – ist zu erwarten.

Dabei werden jedoch die mittelbaren Verursacher, wie zum Beispiel Autoverkehr und Ölheizungen, mit ihrem Beitrag zum Treibhauseffekt und seinen Folgen nicht einmal in die Haftpflicht einbezogen, sondern die entstehenden Kosten – je nach Berechnung 200 bis 600 Mrd. pro Jahr – werden externalisiert, also auf die Volkswirtschaft übertragen. Die umstrittenen fünf Mark pro Liter Benzin zahlen wir im Grunde indirekt schon längst – auch alle diejenigen, die kein Auto fahren.

Um unsere Existenz langfristig zu sichern, ist in der Tat eine Reduktion des derzeitigen Ressourcenverbrauchs kurzfristig um den Faktor 4, langfristig aber um den Faktor 10 (!) erforderlich. Wie man im Laufe der Zeit dieses Ziel auch ohne Beschneidung unseres Wohlstands erreichen könnte, hat neben Ernst Ulrich von Weizsäcker unter anderem auch Friedrich Schmidt-Bleek, bis vor kurzem Vizepräsident des Wuppertaler Klima-Institutes und Gründer des Faktor-Zehn-Clubs, in einem Buch zu diesem Thema dargelegt. Es heißt *Das MIPS-Konzept*, eine Abkürzung für Material-Input pro Service-Einheit, also Aufwand im Verhältnis zum Nutzen.

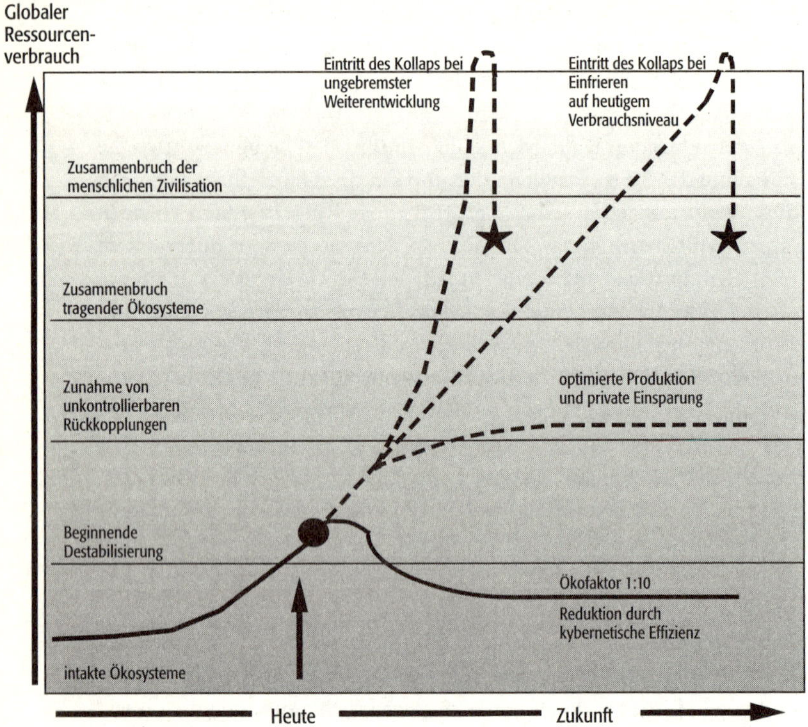


Abb. 15: **Ökonomische Effizienz für eine nachhaltige Zukunft.** Um eine weitere ökologische Destabilisierung zu vermeiden, müssen die globalen Stoffströme erheblich reduziert werden – in den Industrieländern um den Faktor 10. Die Länder, die dabei vorangehen, werden in Zukunft zu den führenden zählen (in Anlehnung an Schmidt-Bleek).

Dieses Verhältnis auf ein Zehntel zu senken, ist durchaus kein utopisches Ziel, wenn wir bedenken, dass gut 90 Prozent der heute eingesetzten Stoff- und Energieströme glatt verschwendet sind. So zeigt SCHMIDT-BLEEK an konkreten Beispielen auf, dass eine ökologisch optimierte Volkswirtschaft durchaus ohne Einbuße an Lebensqualität mit einem Bruchteil des derzeitigen Rohstoff- und Energieverbrauchs auskommt – und natürlich auch entsprechend finanzielle Ressourcen einspart. Im Verkehrsbereich könne man diesen Verbrauch gar auf ein Zwanzigstel bis Dreißigstel reduzieren. Der Weg von der Produkt-Ökonomie zur Wissens-Ökonomie, von der der Futurologe Matthias HORX spricht, wäre damit beschritten.

Für die Strategie einer ökologisch optimierten Volkswirtschaft muss dies bedeuten, in Zukunft alles zu fördern, was den Aufwand – bei gleich bleibendem Nutzen – herunterschraubt, und nicht ausgerechnet denjenigen Branchen Finanzhilfen zu gewähren, die den Trend des steigenden Aufwandes auf Biegen und Brechen beibehalten wollen. Kurz: Wünschenswertes gilt es finanziell zu entlasten, alles, was in dieser Hinsicht kontraproduktiv ist, zu belasten.

Jede Subventionierung der dem ansteigenden Kurvenast entsprechenden Entwicklung bedeutet in der Tat eine Zementierung des krankhaften Zustandes, bringt unsere Gesellschaft dem Zusammenbruch näher und ist daher im Grunde destruktiv. Wenn wir nicht zügig und unterstützt durch ein dynamisches Kreislauf-Wirtschaftsgesetz und einen progressiven Energiepreis von unserer kurzsichtigen, auf Produktionswachstum und *shareholder value* fixierten Wirtschaftsweise zu einem *sustainable development,* einer nachhaltigen Entwicklung, kommen, drohen uns nicht nur ökonomische, sondern auch soziale Verwerfungen gefährlichen Ausmaßes.

Statt weiterhin Hochrechnungen zu folgen, Flexibilität wegzurationalisieren, das Produktionswachstum anzukurbeln und dann am Markt vorbei zu produzieren, wäre es klüger, die Kybernetik des eigenen Systems, der Region, des Unternehmens endlich kennen zu lernen und diese zu verbessern. Erfreulicherweise versteht eine steigende Zahl von Unternehmern unter Wachstum längst nicht mehr reines Größenwachstum, sondern auch ein Wachstum der unternehmensinternen Werte, der Struktur- bzw. der Lebensqualität: ein qualitatives Wachstum, das sich im Informationsbereich und nicht in dem von Materie oder Energie abspielt.

Wir sollten uns viel öfter die Gesetzmäßigkeit der auf der folgenden Seite abgebildeten Wachstumskurve vor Augen führen, deren logistischer Verlauf für alle lebenden Systeme, ja selbst schon für Bakterien der gleiche ist: Wird durch alle möglichen Tricks der kritische Punkt der Rückkopplung einer normalen Wachstumsregulierung überschritten, ist der Kollaps praktisch vorprogrammiert. Die Meinung, man könne Wachstum *schaffen,* herrscht in der Öffentlichkeit immer noch

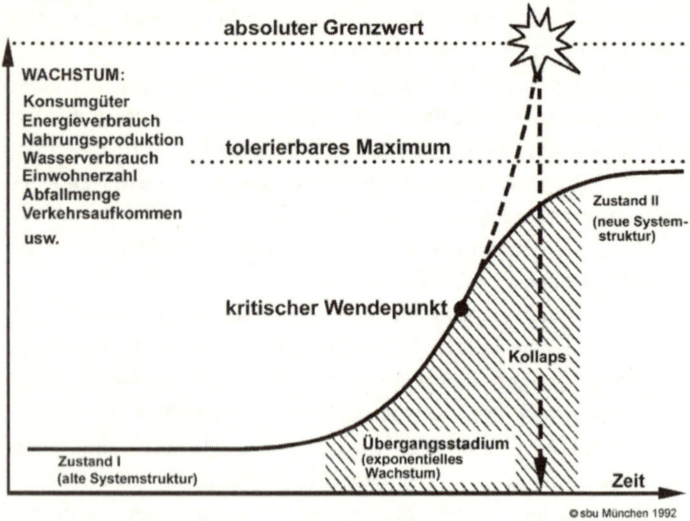


---- typischer Verlauf unkybernetischer, durch Eingriffe forcierter Entwicklungen
—— logistische Wachstumskurve selbstregulierender überlebensfähiger Systeme

Abb. 16: **Exponentielle Wachstumskurve und Grenzwertüberschreitung**

vor. Systemverträgliches Wachstum kann jedoch nur aus einer Systemkonstellation heraus *entstehen.* Wie die logistische Kurve zeigt, ist gesundes Wachstum daher immer nur eine vorübergehende Phase als Übergang zu einem neuen stationären Zustand. Vor dem nächsten Wachstumsschub benötigt ein lebendes System dann erst mal eine Phase innerer Umstrukturierung. Doch weil in der Wachstumsphase alles so schön einfach war, würde man natürlich gerne auf der gestrichelten Kurve in unserer Grafik weitermarschieren.

Dabei wäre es eminent wichtig, im Wachstum gelegentlich innezuhalten und entsprechend umzustrukturieren, zu reifen, eine Metamorphose durchzumachen. Regulierende Rückkopplungen, die eben dies ermöglichen würden, werden jedoch überhört, überspielt, man hält nicht inne, nimmt vielmehr Kredite auf, arbeitet mit Dumpingpreisen, und wenn auch das nichts mehr nutzt, ruft man nach Subventionen der öffentlichen Hand. So stößt man irgendwann an einen Grenzwert, bei dem ein Abbiegen in die Waagerechte nicht mehr möglich ist.

Plötzlich gibt es Überkapazitäten, die Zinslast erlaubt keine Investitionen mehr und die Pleite ist besiegelt.
So sind auch im Bereich der Beschäftigungspolitik immer noch Plädoyers für quantitatives Wachstum zu hören, obwohl in vielen Fällen gerade durch Produktionswachstum Tausende von Arbeitsplätzen verloren gingen oder in Billiglohnländer verlagert wurden. Daher ist quantitatives Wachstum längst keine Garantie mehr gegen Arbeitslosigkeit. Dass Wachstum und Arbeitsbeschaffung seit 20 Jahren voneinander entkoppelt sind, müssten wir mittlerweile eigentlich verstanden haben und die Lösung des Problems nicht in mehr Wachstum und »Deficit Spending«, sondern in neuen Strukturen suchen. Das alte Patentrezept von John Maynard KEYNES funktioniert schon lange nicht mehr. Diese Feststellung wird auch von anderen Seiten, etwa von Philippe SÉGUIN oder Horst AFHELDT, geteilt.
Nach Philippe SÉGUIN, dem Präsidenten der französischen Nationalversammlung und alles andere als ein Linker, »kranken wir in Wirklichkeit am Ungenügen des Denkens über die Arbeitslosigkeit«, und er kommt zu dem Schluss, »dass die Modelle der ökonomischen Theorie daran leiden, dass sie von der Wirklichkeit von heute keine Notiz nehmen«. Eine Aussage, die Horst AFHELDT vom Starnberger Institut zur Erforschung globaler Strukturen und Krisen in einer Besprechung von SÉGUINS Buch *En attendant l'emploi* (Warten auf Arbeitsplätze) besonders hervorhob. Denn nicht die Politik dürfe den Ratschlägen der »Weisen« der Ökonomie von heute folgen, die alle ihr Fachwissen in der – wirtschaftlich und technologisch – grauen Steinzeit der fünfziger und sechziger Jahre lernten, sondern die Ökonomen müssen endlich beginnen, die Realität von heute zur Grundlage neuer Theorien zu machen, um die Probleme von heute wieder mit Sachverstand angehen zu können. So ist nach Ansicht SÉGUINS die Abkopplung zwischen dem Finanzmarkt und der Arbeit eines der großen Übel. In AFHELDTS Rezension heißt es: »Diese Abkopplung nimmt dramatische Dimensionen an. Es ist seit langem klar, dass der Finanzwelt die Beschäftigung Wurst ist. Aber heute gibt es Schlimmeres. Der Finanzwelt ist auch die Ökonomie egal. Die Baisse der New Yorker Börse bei der Ankündigung eines Rückgangs der Arbeitslosigkeit in den USA beleuchtet den Gründungsakt dieser verkehrten Welt.«

All das soll nicht heißen, daß Wachstum als solches zu verdammen wäre. Die S-förmige logistische Wachstumskurve zeigt, dass Wachstum vorübergehend und unter entsprechenden Umständen durchaus akzeptabel, ja in gewissen Entwicklungsphasen sogar notwendig ist, solange es lediglich der logistischen Wachstumskurve entspricht. Zu warnen ist vor allem vor der Abhängigkeit vom Wachstum. Ein Unternehmen muss in der Lage sein, auch ohne permanentes Wachstum zu prosperieren. Ist das Unternehmen dagegen so strukturiert, dass es auf ständiges Wachstum angewiesen ist oder um jeden Preis auf der gestrichelten Linie weitermarschieren muss, ist der Kollaps nur eine Frage der Zeit. Das Gleiche betrifft auch die Rückwirkungen sozialer und wirtschaftlicher Kurzsichtigkeit auf den Staat selbst. Dem Irrglauben verhaftet, durch Wachstum und Größe mit den Problemen besser fertig zu werden, wachsen die Schulden von Staaten und Kommunen immer rascher an. Ein Blick auf die Grafik links zeigt, dass sich in Deutschland die Schulden der öffentlichen Hand in weniger als 10 Jahren mehr als verdoppelt haben. Daß dabei die Sachinvestitionen zwangsweise zurückgehen, weil die verfügbaren Mittel immer mehr für die Zinslast draufgehen, konnte vorausgesehen werden, hindert aber viele Politiker nicht daran, weitere finanzielle Abenteuer ins Auge zu fassen, statt sinnvoll mit dem Rest zu wirtschaften. Eine drastische Sparpolitik ist deshalb nicht mehr zu umgehen. Sie würde jedoch vom Bürger weit besser akzeptiert werden, wenn sie auch bei den Reichen ansetzte und statt im

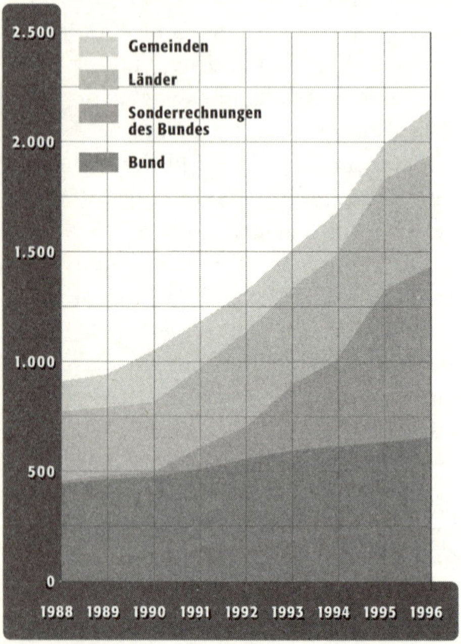

Abb. 17: **Verschuldung der öffentlichen Haushalte in Mrd. DM** (2001: 2312 Mrd.)

Bildungswesen und bei den Sozialleistungen die Subventionen eher bei den großen Konzernen gekürzt würden.

Die engstirnige Subventionierung längst obsoleter Industriezweige auf Kosten zukunftsträchtiger Technologien und Serviceformen sehe nicht nur ich als eine höchst unsinnige Praxis. Denn dabei wird völlig außer Acht gelassen, welche heilsamen Steuerungsmöglichkeiten allein von einer Streichung solcher Subventionen ausgehen könnten – vom Zwang zur Innovation bis zur raschen Umstellung auf umweltfreundliche Produktionsformen oder zu ihrem Ersatz durch Dienstleistung, im Sinne des oben erwähnten MIPS-Konzepts sicherlich die interessanteste Alternative. Die spektakuläre Gesundung Neuseelands durch eine solche Radikalkur war ein erstes fulminantes Beispiel und auch ein Hoffnungsschimmer dafür, dass man sich am eigenen Schopf aus dem Sumpf ziehen kann, auch wenn die Asienkrise das Land dann anschließend wieder ziemlich gebeutelt hat. Auch das Beispiel Taiwan zeigt, dass ein Land ohne »Deficit Spending« und hohe Verschuldung prosperieren kann und auf diese Weise weit stabilere Bedingungen schafft. Die Taiwanesen hatten aufgrund ihres politischen Status keinen Zugang zum Internationalen Währungsfond oder zur Weltbank und waren dadurch vor dem Missbrauch der »Droge Wachstumskredit« bewahrt. An solchen Beispielen werden unsere eigenen strategischen Defizite jedenfalls recht deutlich.

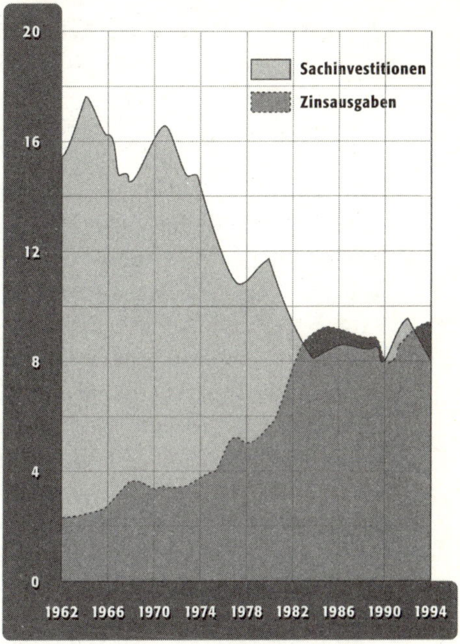


Abb. 18: **Zinsausgaben und Sachinvestitionen als Anteil am öffentlichen Gesamthaushalt, 1962 bis 1994, in Prozent** (bis 2000 etwa gleich geblieben)

# 5 • Die Fallen der Hochrechnung

Wie wir gesehen haben, spricht vieles dafür, dass – einem Entwicklungsprinzip lebender Systeme zufolge – eine permanente Wachstumsorientierung Metamorphose und Innovation behindert. Weiterhin haben wir gesehen, dass auch die so genannten Fortschrittskriterien (größer, schneller, weiter, höher) sich vielfach als Rückschritt entpuppt und für viele Systeme ein *sustainable development* verhindert haben. Auch Technology Assessment und Umweltverträglichkeitsprüfungen greifen im Hinblick auf die erforderliche Systemverträglichkeit offenbar zu kurz. So wird vielfach in Entwicklungen investiert, die trotz gründlicher Expertisen im Systemzusammenhang gesehen langfristig keine Zukunft haben. Der Glaube an die prognostische Aussagekraft von Hochrechnungen hat ebenfalls – neben den bereits behandelten unsystemischen Methoden – einen nicht unbeträchtlichen Anteil an den vielfältigen Problemen, mit denen wir heute konfrontiert sind. Im Folgenden soll daher das brisante Feld der Wirtschaftsprognosen etwas genauer unter die Lupe genommen werden.

Allzu gerne lässt man sich dazu verführen, zurückliegende Entwicklungen in die Zukunft zu extrapolieren und das Ergebnis als Entscheidungshilfe zu nutzen. Der Grund dafür ist nicht nur, dass Hochrechnungen für statistische Phänomene durchaus tauglich sind, sondern dass sie auch für komplexe Systeme unter bestimmten Umständen und für bestimmte Zeiträume aussagekräftig sein können. Warum? Weil sich komplexe Systeme in zwei Fällen wie eine Maschine verhalten. Erstens in Wachstumsphasen und zweitens auch innerhalb eines kurzen Zeithorizonts. In beiden Fällen ist ihre Entwicklung in der Tat durch Extrapolation determinierbar.

## Hochrechnungen von Wachstumsphasen

Aufgrund dieser Erfahrung geht man fälschlicherweise jedoch davon aus, dass deterministische Hochrechnungen, wenn sie in Zeiten des Wachstums zu richtigen Entscheidungen führten, auch noch nach solchen Phasen funktionieren müssen – und bedenkt dabei nicht, dass die lineare konstruktivistische Methode im Grunde für die Steuerung eines komplexen Systems völlig ungeeignet ist; denn außer in den beiden genannten Fällen verhält ein solches sich grundsätzlich akausal. Sobald die Wechselwirkungen mit der Außenwelt dominieren, Grenz- oder Schwellenwerte überschritten werden, ist das Systemverhalten nicht mehr durch lineare Ursache-Wirkungs-Beziehungen vorhersehbar. So können beispielsweise positive Rückkopplungen bereits durch geringste Anstöße das gesamte System oder Teile davon sowohl nach oben als auch nach unten zum Aufschaukeln oder zum Zusammenfallen bringen. Zeitverzögerungen mögen zudem eine latente, aber längst erfolgte Einleitung solcher Entwicklungen kaschieren.
Vielfach aus Nichtwissen und in dem Irrtum befangen, dass frühere positive Erfahrungen auch weiterhin gelten müssen, hat sich schon mancher Top-Manager aufgrund von simplen Hochrechnungen in gravierende Fehlentscheidungen hineinmanövriert. In einer Phase des wirtschaftlichen Wachstums, wie er dem steilen Abschnitt der S-Kurve in der Abbildung 16 (S. 82) entspricht, war das eben anders. Da wusste man: Im Vorjahr hatte das Unternehmen diesen Umsatz, im laufenden Jahr ist er so hoch und im nächsten Jahr wird er mit ziemlicher Sicherheit diesen und jenen Betrag erreichen. Kurz, man konnte deterministisch planen. In solchen Zeiten konnte auch eine im Systemdenken völlig ungeschulte Führungskraft eine große Firma leiten. Die Hochrechnungen funktionierten, und wenn die Experten sich einmal verrechneten, fing ein beinahe automatisches Wachstum das wieder auf. Einige der Führungskräfte, die dieses Vorgehen erfolgreich praktizierten, sitzen auch heute noch in Vorstandsetagen und Aufsichtsräten und wundern sich, dass auf einmal nichts mehr wie gewohnt verläuft. Angesichts der Akausalität des Systemverhaltens sind sie verloren und produzieren – oft in Panik – eine Fehlentscheidung nach der anderen.
Daraus mag sich auch der notorische Ruf nach Wachstum sowohl auf

Seiten der Politik als auch der Wirtschaft erklären; denn mit Wachstum hat man Erfahrung. Also ruft man weiterhin danach, versucht es durch Firmenzukäufe künstlich zu schaffen, um über den kritischen Punkt der logistischen Wachstumskurve hinaus weitermarschieren zu können, statt die Denkweise den realen Erfordernissen anzupassen.

Fehlentwicklungen, die unter Ignorierung der Systemgesetze durch simple Extrapolation von Wachstumsphasen zustande kommen, sind in der Tat zahlreich. Um das Prinzip zu verdeutlichen, greife ich nur drei Bereiche heraus: den Tourismus, die Energiewirtschaft und den Straßenverkehr. Bei der Entwicklung von Touristengebieten sind Hochrechnungen vor allem für falsche Marketing-Prognosen und daraus entstandene Investitionsruinen verantwortlich. So gibt es genügend Fälle – in Bayern, Spanien, Gran Canaria, Lanzarote, Österreich, der Schweiz oder der Türkei –, in denen der Aufbau neuer oder der Ausbau bestehender Touristengebiete nach Beendigung der Wachstumsphase bald nur noch unbezahlbare Folgelasten mit sich brachte. Beispielsweise musste im Schweizer Ferienort Leukerbad die Gemeinde aufgrund überzogener Investitionen 1999 ihre gesamten Vermögenswerte inklusive Sportarena, Tiefgarage, Alpentherme und Gemeindezentrum veräußern, um dem Konkurs zu entgehen. Gerade Beziehungen, die auf den ersten Blick einen linearen Verlauf zeigen, ein proportionales Anwachsen, erreichen allein schon durch das Hineinspielen von neuen Verhaltensweisen oder Wertvorstellungen und durch ihre Verflechtungen im Gesamtsystem oft jene unbemerkten Schwellen- und Grenzwerte, durch die sich eine zunächst gleichförmige Entwicklung schlagartig ändern und in einem unerwarteten ökologischen und ökonomischen Desaster enden kann.

Der Mechanismus solcher Fehlplanungen ist immer der gleiche. Wenn auf der X-Achse in der folgenden Grafik (Abb. 19) die Erreichbarkeit einer Gegend aufgetragen ist und auf der Y-Achse die Attraktivität für den Fremdenverkehr – um nur zwei Faktoren von vielen herauszugreifen –, so steigt die Attraktivität zunächst einmal mit der Erreichbarkeit. Je besser die Infrastruktur, desto mehr Leute wollen dorthin. Erst wenn das Optimum schon überschritten ist, kommen die Rückwirkungen durch steigenden Verkehr, Verunstaltung, Lärmbelästigung und Verlust von Ursprünglichkeit ins Spiel. Weiterer Straßenbau zur Erhöhung

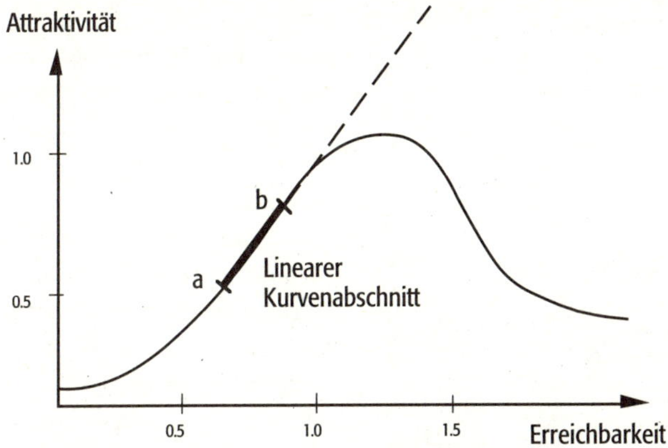


Abb. 19: **Attraktivität einer Landschaft durch Erreichbarkeit**

der Erreichbarkeit und größere Hotelbauten, um Massentourismus zu ermöglichen, werden diese Situation nur verschlimmern. Die Attraktivität und damit das Image sinken – auch ohne Terrorakte.

In meinem Buch ›Crashtest Mobilität‹ habe ich gezeigt, daß die auf simpler Hochrechnung basierende Relation »Bessere Erreichbarkeit erhöht Attraktivität« nur für einen kleinen Kurvenabschnitt gilt. Es wäre verhängnisvoll, diesen Abschnitt zu extrapolieren und die Erreichbarkeit durch weitere Straßen, Parkplätze und Hubschrauberlandeplätze zu steigern, um die Attrakivität zu erhöhen. Genau das geschieht aber häufig. So sind in vielen Fällen politische oder wirtschaftliche Vorgaben und Richtwerte aus beobachteten Datenbewegungen zustande gekommen, die im Grunde aber nur kleine Teilstücke von sehr viel komplizierteren nichtlinearen Kurven oder gar Netzwerken von Kurven sind, was man jedoch – schielt man lediglich auf den erfreulichen Anstieg – erst merkt, wenn Irreversibilitäten auftreten, Rückwirkungen und Grenzwerte ins Spiel kommen.

Auf diese Weise werden auch in vielen anderen Bereichen statt brauchbarer Policy-Tests (Wenn-dann-Prognosen), die als strategische Hinweise dienen können, Entwicklungsprognosen erstellt, die vielfach in die Irre führen. Das Resultat sind Überkapazitäten, Rationalisierung an der falschen Stelle, Kollaps durch Abhängigkeit von Wachstum, das plötzlich in Rezession übergeht, mit der Folge, dass dann so genannte

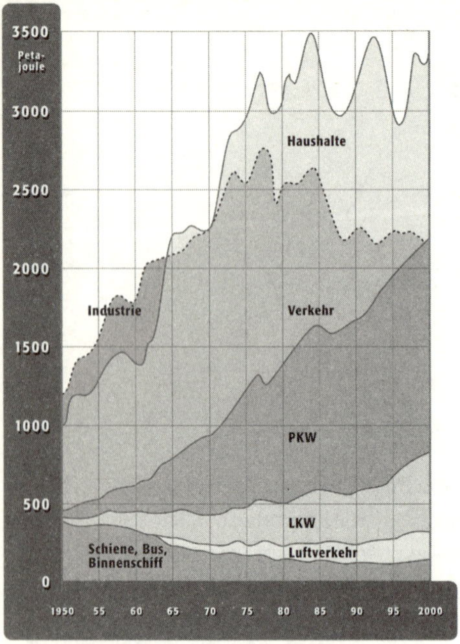


Abb. 20: **Energieverbrauch in Westdeutschland nach Wirtschafts- und Verkehrsbereichen**
(Quelle: Arbeitsgemeinschaft Energiebilanzen, Berechnungen des DIW)

Erhaltungs-Subventionen als letztes Mittel zur Rettung kranker Unternehmen und Branchen das falsche Produkt und damit den maroden Zustand zementieren.

Ein weiteres typisches Beispiel für falsche Weichenstellungen durch deterministische Prognosen ist die Entwicklung des Energieverbrauchs. So haben sich seit den sechziger Jahren die von der Wirklichkeit losgelösten, mithilfe linear-kausaler Extrapolationen entstandenen Prognosen über den zukünftigen Energiebedarf immer wieder als überzogen herausgestellt und sind bis heute der Hinderungsgrund dafür, eine zukunftsträchtige Energiewirtschaft aufzubauen. Zur Zeit dürften in Deutschland rund 25 Prozent des vorhandenen Stroms als Überkapazität gelten, weitere 25 Prozent nicht genutzter Kapazität ergeben sich aus unterlassener Kraft-Wärme-Kopplung. Bei ohnehin ca. 100 000 MW Überkapazität würde ein Ausstieg aus der Kernenergie zum Beispiel nicht die geringste Versorgungslücke hinterlassen. Ich behaupte, dass es eher die Verführung, um nicht zu sagen Irreführung der Öffentlichkeit (und der Politiker) anhand solcher Fehlprognosen war, die zu dem ständig steigenden Energieappetit geführt hat und die Welt in letzter Konsequenz irgendwann in eine echte Energieknappheit hineinmanövrieren dürfte. Irreführung auf der einen, Ignoranz auf der anderen Seite: Neueren geologischen Expertisen zufolge stoßen unsere Ölvorräte allmählich an echte Grenzen. Neue Felder werden kaum noch entdeckt, während der Verbrauch – verführt durch Dumpingpreise – ständig steigt. In

Expertenkreisen rechnet man daher damit, dass ab dem Jahr 2010 die Ölpreise explodieren.
Während in der Industrie und den privaten Haushalten die Zeichen der Zeit zunehmend erkannt wurden, bleibt der Verkehrsbereich weiterhin auf Wachstumskurs, wie die Gegenüberstellung der deutschen Verbrauchskurven von privaten Haushalten, Industrie und Verkehr von 1950 bis 2000 (Abb. 20) zeigen.
Die unterschiedliche Entwicklung der drei Verbrauchssektoren hängt eng mit der Tatsache zusammen, dass gerade im Verkehrsgeschehen, und dort besonders bei der Entwicklung des Individualverkehrs, Hochrechnungen die Realität vorwegzunehmen scheinen. Die extrapolierte Entwicklung wurde als gegeben hingenommen und aus den beobachteten Verkehrsströmen die in Zukunft nötigen Straßenerweiterungen berechnet. Wie in meinen Büchern ›Ausfahrt Zukunft‹ und ›Crashtest Mobilität‹ sowie in vielen unserer Untersuchungen mit dem Sensitivitätsmodell dokumentiert, bestimmt beim Verkehrsgeschehen – anders als in den meisten anderen Branchen – nicht die Nachfrage das Angebot, sondern das Angebot die Nachfrage. So kommt es, dass man der Entwicklung grundsätzlich hinterherläuft und jede Entlastung des Individualverkehrs weiteren Verkehr nach sich zieht – genauso wie jede Verbesserung des Angebots im öffentlichen Verkehr, etwa durch kürzere Taktzeiten, zum Umstieg vom Auto auf Bahn oder Bus animiert (in manchen Fällen mit einer Steigerungsrate von mehreren hundert Prozent). Wollen wir eine weitere Zunahme des Mensch und Umwelt belastenden Straßenverkehrs vermeiden, genügt es eben nicht, die Verkehrsströme und ihre Verteilung auf die konkurrierenden Verkehrsträger zu messen und zu extrapolieren.
Bei der üblichen Vorgehensweise erstreckt sich das vernetzte Denken lediglich auf den Raum selbst und auf die Zahlen des Verkehrsaufkommens, wie sie etwa durch Verkehrskarten wie der auf der nächsten Seite ausschnittweise abgebildeten dargestellt werden (Abb. 21). Wie die unterschiedlichen Ströme zustande kommmen, was die Menschen zu den Fahrten veranlasst, was sie oder andere dabei stört, wie dies Landwirtschaft und Einzelhandel beeinflusst, wird damit nicht erfasst. So misst man zwar mit aufwändigen Zählungen die unterschiedlichsten Verkehrsströme eines Einzugsgebiets und leitet daraus die notwendi-

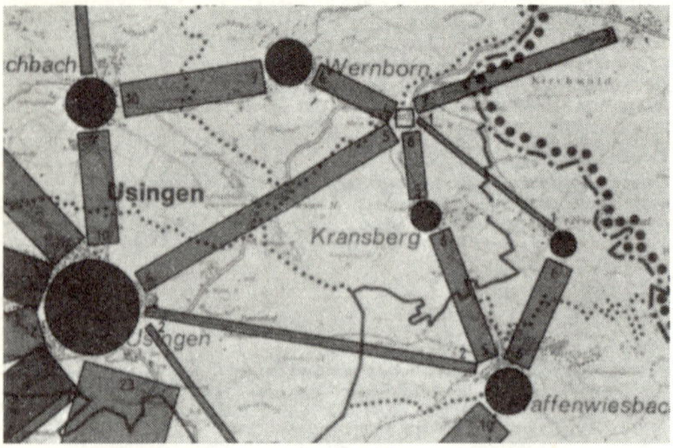


Abb. 21: **Verkehrskarte der hessischen Regionalplanung** (Ausschnitt)

gen Maßnahmen ab, hinterfragt aber nicht, warum die Leute fahren oder was sie daran hindert, andere Verkehrsmittel zu benutzen. Durch bessere Straßenführung und verbreiterte Trassen wird dann das Angebot auf den überlasteten Strecken erhöht, was kurzzeitig zu deren Entlastung führt, aber anschließend noch mehr Verkehr anzieht, so dass die Verteiler am Eingang der Ortschaften noch stärker belastet sind als vorher. Als einer der Ersten ist hier der Umlandverband Frankfurt mit seinem Generalverkehrsplan einen neuen Weg gegangen, indem er auch »weiche Daten« – soweit sie für das Verkehrsverhalten bestimmend waren – mit einbezog. Vernetzte Szenarien wurden aufgebaut, die auch Kriterien wie die Proteste der Landwirte und ähnliches beinhalteten. Mit den Bürgern der Region fanden insgesamt 300 Anhörungen statt, die unter Anwendung des Sensitivitätsmodells zu einem allgemein akzeptierten Flächennutzungsplan für das Frankfurter Umland führten (Abb. 22).

In solchen vernetzten Darstellungen kamen außer den Verkehrsbewegungen erstmals auch politische Entscheidungen, Bürgerakzeptanz und Wahrnehmungen der Umweltsituation, also qualitative Daten – teilweise mit bislang ganz ungewohnten Faktoren –, ins Spiel. Erst aus deren Zusammenspiel lässt sich jedoch ersehen, wo sich Umkippeffekte und Zeitverzögerungen ergeben, wo Verbesserungen nur vorgespiegelt werden und Rückkopplungen vielleicht ins Gegenteil dessen umschlagen, was beabsichtigt war. Die komplexe Vernetzung der Faktoren und Daten lässt sich vom Gehirn nicht unmittelbar bearbeiten; deshalb sind hier neue computergestützte Denkhilfen wie die im dritten und vierten Teil dieses Buches vorgestellten Werkzeuge unseres Planungsinstrumentariums von großem Nutzen.

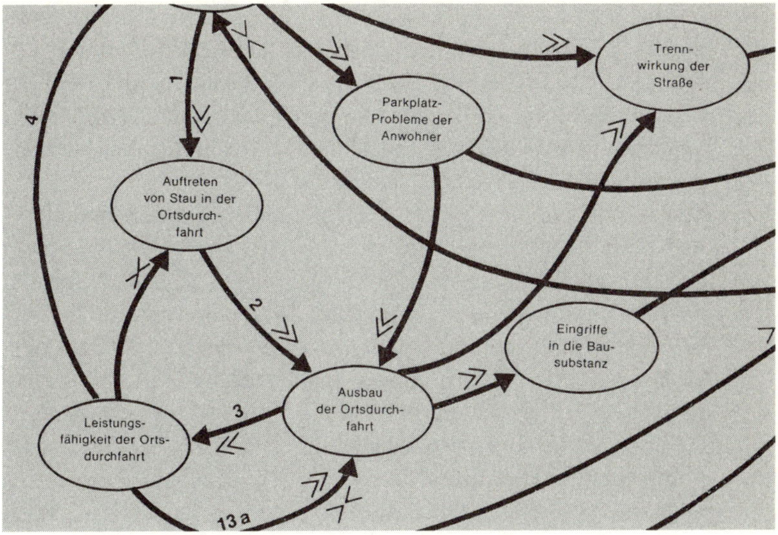


Abb. 22: **Generalverkehrsplan des Umlandverbandes Frankfurt** (Ausschnitt)

## Hochrechnungen und Zeithorizont

Die zweite Ausnahme von der Regel der Akausalität – dass sich komplexe Systeme innerhalb eines kurzen Zeitraums wie eine Maschine verhalten können – ist für weitere Fehlentwicklungen verantwortlich. So funktionieren Hochrechnungen komplexer Systeme innerhalb dieses Zeithorizonts meistens recht gut. Daraus entnimmt man aber fälschlicherweise, dass für eine längerfristige Prognose lediglich mehr und genauere Daten nötig sind.

Dass man damit einem grundsätzlichen Irrtum unterliegt, haben wir etwa beim Wetter längst erfahren müssen. Die heute zur Verfügung stehende Datenfülle – seit den sechziger Jahren hat sich die weltweite Anzahl der Wettermessstationen etwa vertausendfacht – konnte zwar die Prognosen für einen Zeitraum von einigen Stunden sehr viel sicherer machen, wovon heute vor allem die Luftfahrt profitiert. Das Verblüffende ist jedoch, dass selbst ein noch so großer Aufwand an Satellitenbildern, Abertausende von Messstationen und eine präzise computergestützte Analyse der von ihnen gelieferten Daten nichts daran ändern konnten, dass Wettervorhersagen über einen Zeitraum von 24 Stunden hinaus nach wie vor Zufallstreffer geblieben sind. Der Zeithorizont der Prognose konnte also durch die Datenfülle um keinen Deut erweitert werden. Langzeitplanung ist eben nicht einfach verlängerte oder genauere Kurzzeitplanung.

So hat jedes komplexe System einen bestimmten Zeithorizont, innerhalb dessen sich einigermaßen exakte Vorhersagen über die Entwicklung des Systems machen lassen. Darüber hinausgehende Prognosen sind jedoch nur bedingt aussagekräftig. Dieser deterministische Zeithorizont ist von System zu System sehr verschieden. Beim System Wetter liegt er im Bereich von Stunden. In der Ökonomie sind konkretere Entwicklungen, je nach Branche, nur für Tage oder Wochen prognostizierbar, aber keinesfalls für Jahre. Beim System Fußball beträgt der Zeithorizont nur Sekunden. Hier würde es keinem Sportreporter einfallen, aus einer genauen Datenerfassung wie der Stellung der Spieler, ihrer Laufgeschwindigkeit und Schrittlänge, der Windgeschwindigkeit und der Rasenbeschaffenheit zu prognostizieren, dass viereinhalb Minuten später in der linken Torecke ein Tor fällt.

In Politik und Unternehmensführung glaubt man jedoch nach wie vor weitgehend an die Gültigkeit solcher Voraussagen, sofern nur genügend Daten vorliegen – und verschwendet Jahr für Jahr Millionen für Wachstumsprognosen, Marktentwicklungen oder globale Energieprognosen etc. Man will wissen, welche Ereignisse eintreten, schaut dabei aber nach außen, statt sich auf das System selbst und sein Verhalten zu konzentrieren. Auf die dazu nötige Umstülpung der Sichtweise soll im folgenden Kapitel näher eingegangen werden; denn solange wir den Irrglauben an Hochrechnungen nicht aufgeben, werden wir auch weiterhin falschen Zielvorstellungen folgen und die enge Verflechtung unserer Existenz mit den uns umgebenden Ökosystemen in unseren Planungen vernachlässigen.

Gerade um die langfristige Entwicklung eines Systems beurteilen zu können, ist weniger dessen Ist-Zustand zugrunde zu legen als vielmehr das übergeordnete Gesamtmuster des Systems, das je nach seiner inneren Struktur auch bei sehr unterschiedlichen Konstellationen der Einzelelemente eine Aussage erlaubt.

In der Tat bin ich der Überzeugung, dass mit mehr systemischem Denken vieles von dem vermeidbar wäre, was uns zur Zeit Sorgen bereitet: die zurückgehenden Exportchancen wegen fehlender Innovationen, die zunehmenden Umweltbelastungen bei knapper werdenden Ressourcen oder die oft kompletten Fehlinvestitionen aufgrund stupider Trendprognosen. Vielleicht darf ich an dieser Stelle an ein paar typische Fälle erinnern, die sich in den Ruin hochgerechnet haben. Etwa die Softwarefirma BROKAT, ein Star des Neuen Marktes, die sich von dem Slogan »Nur die global players werden überleben« faszinieren ließ und ein aggressives Wachstum vorantrieb, bis ihr Börsenkurs schlagartig von 200 auf Null fiel. Noch spektakulärer die Softwarefirma THINK TOOLS, die lediglich mit heißer Luft – ohne taugliches Produkt, aber mit tollen Prognosen – ihren Börsenwert auf 1,2 Milliarden Schweizer Franken puschte und, nachdem sogar erfahrene Leute wie Klaus SCHWAB (Forum Davos), Thomas SCHMIDHEINY (Holderbank) und die seriöse Vontobelbank auf die Hochrechnungen des Newcomers reingefallen waren, wenige Monate später ins Nichts stürzte – und mit ihr die Hoffnungen tausender geprellter Anleger. Auch der in seiner Maßlosigkeit einmalige Höhenflug des Medienkonzerns E.M.-TV mit seinem drastischen Absturz gehört in die gleiche Kategorie. Auch die SWISSAIR hatte in einer Art Größenwahnsinn – wieder in dem irrigen Glauben, man könne nur als global player überleben – durch immer weitere Beteiligungen und Zukäufe ihren Absturz vorprogrammiert und andere Fluggesellschaften mitgerissen, das Ganze begleitet von den Beratergurus von MCKINSEY. Nach der Jahrtausendwende war es vor allem der Zusammenbruch des Neuen Marktes aufgrund seines exponentiellen Wachstums – und hier besonders der schockierende Einbruch auf dem Mobilfunk-Markt – die deutlich machten, dass die shareholder values, an denen man sich orientiert, weder die Leistungsfähigkeit noch die Zukunftsaussichten einer Firma widerspiegeln. So könnten sich auch die Milliardenbeträge, die in das wahrscheinlich sinnlose und in der Anwendung noch völlig undurchdachte UMTS-Geschäft gesteckt wurden, eines Tages – wenn es kein Geschäft wird – als Milliardenverluste entpuppen.

Begünstigt worden sind solche auf Wachstum setzenden Investitionen nicht zuletzt durch die perverse Dominanz virtueller Börsenwerte im

Verein mit der modernen Computervernetzung, die es ermöglicht, Riesensummen in Sekunden um den Erdball zu jagen. Dass auf diese Weise ganze Volkswirtschaften ins Wanken kommen können, haben wir etwa in Asien erlebt. Selbst der Oberspekulant Soros, nicht ganz unschuldig an dem Geschehen, beklagte kürzlich, dass eine wirksame Kontrolle fehlt und sieht in dieser Art Globalisierung eine Gefahr für das kapitalistische System als solches. Er ruft nach neuen Regeln für die Weltwirtschaft.

Kein Wunder, dass sich auch in Deutschland die in den 80er Jahren noch rund 8000 jährlichen Konkurse auf 40 000 im Jahr 2000 verfünffacht haben. All diese Fälle zeigen, dass sich machbare Strategien für ein nachhaltiges Wirtschaften weder Hochrechnungen noch einfachen Wirtschaftsszenarien entnehmen lassen, sondern nur einem vernetzten Systemmodell, das alle beteiligten Interessen und Lebensbereiche mit einbezieht. Dazu gehören selbstverständlich auch qualitative Faktoren, etwa bezüglich Lebensqualität, Konsens und Funktionsmischung, die allesamt genauen Messwerten nicht zugänglich sind.

Mit der Berücksichtigung der Systemkybernetik ändert sich auch die Art der Vorhersage. Es sind »Wenn-dann-Prognosen«, die auf einer Art »Systemverträglichkeitsprüfung« beruhen – ganz im Sinne eines »Total Quality Management« für das betreffende System. Die Voraussage bezieht sich also weniger darauf, welche Ereignisse wann eintreten, als darauf, wie sich das System verhält und wie es auf bestimmte Eingriffe reagiert.

Zweiter Teil

# Was unsere Situation verlangt

## Einführung

Angesichts immer höherer Komplexität und wachsender Informationsflut gelingt unserer Zivilisation eine Evolution nur mit einer weit größeren Kenntnis von Systemzusammenhängen und kybernetischen Gesetzmäßigkeiten, als es uns die monokausale Sicht unserer bisherigen Ausbildung vermitteln kann. Da die gängigen Planungsmethoden als Entscheidungshilfen für ein nachhaltiges Wirtschaften überfordert sind, benötigen wir eine Schulung in Mustererkennung, um komplexe Systeme schon mit wenigen Ordnungsparametern zwar unscharf, aber gleichwohl richtig erfassen zu können. Die folgenden Kapitel führen in die neue systemische Sichtweise ein, zeigen mit der Interpretation einer Checkliste von acht Grundregeln die praktische Umsetzung der organisatorischen Bionik für ein strategisches Management und stellen anhand eines Diagnose-Therapie-Schemas Forderungen für weitere instrumentelle Hilfen zum Umgang mit Komplexität auf. Es wird dargelegt, dass die Theorie der »Fuzzy Logic« (Logik der Unschärfe) es ermöglicht, die Defizite der ›technokratisch-konstruktivistischen‹ Denkweise zu überwinden und hochkomplexe Systeme und ihr Verhalten durch Aufstellung von Wirkungsgefügen mit wenigen Schlüsseldaten zu erkennen, womit der Weg vom »Klassifizierungs-Universum« zum »Relations-Universum« geebnet wird. Die sich daraus ergebenden Arbeitsschritte zur Erfassung, Interpretation und Bewertung eines vernetzten Systems werden zunächst in einer Übersicht vorgestellt und die Notwendigkeit einer rekursiven Arbeitsweise erläutert. So entwickelt sich aus dem biokybernetischen Ansatz fast automatisch der Leitfaden eines neuen Weges, der dann im dritten Teil des Buches anhand der praktischen Erfahrungen mit den computergestützten Werkzeugen des Sensitivitätsmodells, den »System-Tools«, ausführlich dargestellt wird.

# 6 • Eine neue Sicht der Wirklichkeit

Wenn es unser Ziel ist, ein komplexes System – handle es sich um ein Unternehmen, eine Stadt, eine Region, ein Verkehrs- oder Energiesystem – in seinem Verhalten und seiner Lebensfähigkeit so zu verstehen, dass sich daraus sinnvolle Strategien entwickeln lassen, dann verlangt dies in zweierlei Hinsicht ein Umsteuern in unserer Entscheidungsfindung: Erstens sollten wir damit aufhören, mit Trendhochrechnungen und Expertenbefragungen, die auf Vorgänge außerhalb des Systems gerichtet sind, die Zukunft voraussagen zu wollen, und zweitens sollten wir davon Abstand nehmen, bestimmte Probleme isoliert anzugehen und uns dadurch eine Untersuchung des dazugehörigen Systems zu sparen. Vielmehr sollten wir versuchen, in diesem System Konstellationen zu schaffen, unter denen die betreffenden Probleme möglichst gar nicht erst auftreten. Um den dazu nötigen Einstieg in das Wesen eines Systems zu finden, müssen wir zunächst einmal unsere Sichtweise »umstülpen«. Die Kunst des vernetzten Denkens beginnt sozusagen bereits mit dem Blickwinkel, aus dem wir die Welt betrachten.

Normalerweise steht man im Inneren des betreffenden Systems und blickt nach draußen. Man richtet sich nach dem, was dort geschieht. Was macht der Nachbar, was macht die Konkurrenz, wie steht der Dollar, was tun die Japaner, wie wird sich der Markt entwickeln usw. Die Antwort auf diese Fragen beschafft man sich durch Expertenbefragungen, Marktanalysen und Hochrechnungen. Über sein eigenes System erfährt man dadurch nichts (über die anderen Dinge, nebenbei gesagt, meist auch nichts Verlässliches, man denke nur an die jährlichen Wachstums- und Wirtschaftsprognosen der »großen« Wirtschaftsforschungsinstitute).

Bei einer systemischen Sichtweise dagegen steigt man aus dem System heraus, schaut von außen nach innen und untersucht vor allem einmal das eigene System und dessen Verhalten. Dabei stellt man ganz andere Fragen: Wo sind die kritischen, wo die puffernden Bereiche, mit welchen Hebeln lässt sich das System steuern, mit welchen nicht, wie ist

## Übliche un-systemische Sichtweise

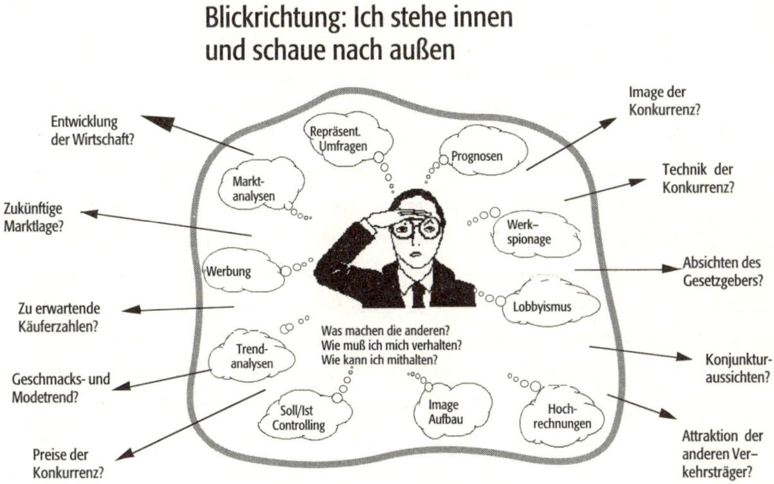


So erfahre ich nichts über mein System.
(Über die anderen Dinge nebenbei auch nichts !)
Also sollte ich meine Betrachtungsweise umstülpen.

### Lineares Unternehmensleitbild

**Denkweise:**
konstruktivistisch
deterministisch
produktorientiert
technokratisch

**Ziel:**
Umsatzsteigerung, kurzfristige Gewinnmaximierung, Produktionswachstum, größerer Marktanteil.

Man versucht die Zukunft vorauszusehen und strebt bestimmte Zustände an.

**Orientierung:**
Vorwiegend an der Konkurrenz. So entsteht ein nach außen fixiertes Unternehmen, das nach innen nur noch fragt:
Wie hoch ist mein Marktanteil?
Welches Image soll ich aufbauen?
Welche Budgetierung ist nötig?
Wo liegen noch Rationalisierungsmöglichkeiten?

Die Kybernetik des Systems bleibt unbekannt.

seine Flexibilität, seine Selbstregulation, seine Innovationskraft, wo liegen Symbiosemöglichkeiten, wo drohen Umkippeffekte usw. Auch dafür gibt es Analyse-Werkzeuge: Wirkungsgefüge, Einflussmatrizen, Policy-Tests, Simulationsmodelle. Schon die Art der Vorhersagen, an denen man sich orientiert, fällt dann völlig anders aus. Die Prognosen richten sich endlich nicht mehr spekulativ nach außen – auf das Eintreten von erhofften oder befürchteten Ereignissen (auf das also, was für ein offenes komplexes System ohnehin nicht vorhersagbar ist) –, sondern nach innen auf das Verhaltensmuster des betrachteten Systems selbst: Wie reagiert es bei entsprechenden Ereignissen, wie robust und wie flexibel ist es, wie lässt sich sein Verhalten verbessern? Daraus ergibt sich dann eine systemische, nachhaltige Strategie, die nicht ausgedacht wirkt, sondern aus dem System heraus gefunden wurde. Weder Dogmen noch Parteiprogramme, sondern das System selbst gibt sie vor.

Damit die Unterschiede der beiden Sichtweisen auch visuell und haptisch demonstriert werden können, wurde von der Studiengruppe für Biologie und Umwelt ein »Umstülpwürfel« auf der Basis eines Escherschen Modells konzipiert, der sich mit einigen wenigen Handgriffen zusammenbauen lässt.

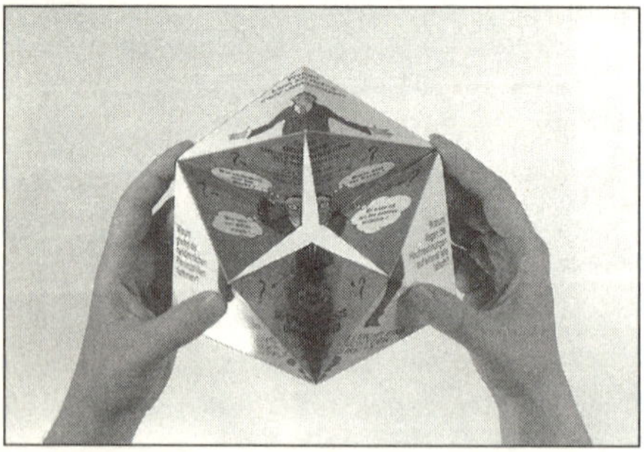

Abb. 23 (a), (b): Umstülpwürfel nach einem Modell von M. C. Escher

Mit dem Umstülpen der Blickrichtung und den dabei erlangten Kenntnissen ergibt sich fast automatisch eine Fülle neuer Entscheidungshilfen und strategischer Hinweise. Denn die Strategie selbst richtet sich jetzt nicht mehr auf strategische Unterziele wie etwa jährliche Umsatzsteigerung, möglichst raschen *return on investment* oder darauf, einen möglichst hohen Gewinn aus einem gegenwärti-

## Neue systemische Sichtweise

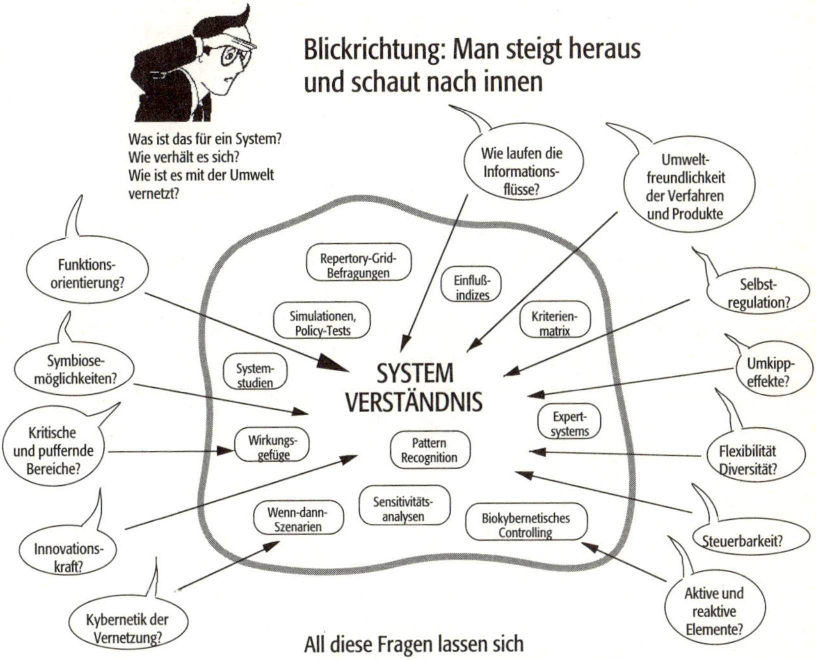


All diese Fragen lassen sich
durch geeignete Instrumente beantworten.
Nun kenne ich mein System und kann sinnvoll handeln.

## Vernetztes Unternehmensleitbild

**Denkweise:**
evolutionär
ganzheitlich
funktionsorientiert
kybernetisch

**Ziel:**
Stärkung der Überlebensfähigkeit und Steuerbarkeit des Unternehmens. Man versucht, sich »die Zukunft geneigt zu machen«. Man strebt keine Zustände an, sondern Fähigkeiten.

**Orientierung:**
Am Vorbild lebender Systeme. Das eigene Unternehmen wird als Organismus in einem größeren System erkannt.

Man schaut daher auf Folgendes:
Welche gesamtökologischen Auswirkungen hat das Unternehmen?
Welche sozialpsychologischen Wirkungen haben seine Produkte?
Wie wirken sie auf Umwelt und Lebensraum?

gen (oder erwarteten) Ereignis herauszuholen, sondern darauf, das Systemverhalten möglichst störungsstabil und fehlertolerant zu machen, was zwangsläufig auch wirtschaftliche Stabilität bedeutet – gesteigerte Lebensfähigkeit durch höhere »kybernetische Reife«. Mit einem vernetzten Denken verlassen wir uns von vornherein nicht mehr auf isolierte Lösungen, sondern versuchen durch einen ganzheitlichen Ansatz möglichst »mehrere Fliegen mit einer Klappe zu schlagen«.

Leider bestimmen das lineare Denken und die daraus resultierenden Fortschrittskriterien vielfach noch die Zielsetzungen der Entwicklungsabteilungen der Industrie. Im Sinne einer langfristigen Überlebensfähigkeit kann aber Fortschritt heute unmöglich noch länger identisch sein mit Eigenschaften wie »mehr«, »schneller«, »größer«, »weiter«, die man mit dem Blick auf die Konkurrenz oder das andere Land und unabhängig von ihrer Wirkung auf das eigene System mit Fortschritt gleichsetzt. Mit dem Blick nach innen sind längst andere Eigenschaften – etwa »schöner«, »kleiner«, »lustiger«, »umweltschonend«, »gesünder«, »flexibler«, »transparenter«, »selbstregulierend« – zu Anzeichen wirklichen Fortschritts im Sinne eines nachhaltigen Wirtschaftens geworden. Einer Produktinnovation muss daher eine Innovation der Kriterien – zum Beispiel »kleiner und handlicher«, »leiser«, »gemütlicher«, »entstressend«, »dezentral«, »durchschaubarer« oder »selbstregulierend« – vorausgehen, damit jene neuen Produkte einen wirklichen Fortschritt gegenüber den bisherigen darstellen. So dürfte mittlerweile klar sein, dass nach dem Ölschock von 1973 der Zwang zum Energiesparen – also das Kriterium »weniger« – zu weit zukunftsträchtigeren Innovationen geführt hat als das Streben nach immer mehr Energieerzeugung. Hier ist natürlich auch der Gesetzgeber aufgefordert, in Zukunft die gleiche flexible, über den Tellerrand hinausschauende Haltung wie Unternehmer einzunehmen und sich durch mutige Entscheidungen hervorzutun. Dass dies hier und da bereits erkannt wird, stimmt hoffnungsvoll. So präsentierte sich der Verband Kommunaler Unternehmen (VKU) in einer ganzseitigen Annonce mit dem Slogan »Wir sind die einzigen Unternehmen, die sich über weniger Konsum freuen.«

Hier lautet die klare Aussage: »Der günstigste Strom ist derjenige, der gar nicht gebraucht wird.« So entsprechen mehr und mehr Entwick-

**Wir sind die einzigen Unternehmen,**
die sich über weniger Konsum freuen. Denn wir sind kein Konzern, der mit dem Verkauf von immer mehr Strom seinen Aktionären nur eine schöne Dividende auszahlt. Wir sind Dienstleistungspartner der Bürger, denn wir, die »Stadtwerke«, gehören den Bürgern der betreffenden Stadt. Hohe Wirtschaftlichkeit ist eines unserer Unternehmensziele – aber vor dem Blick auf die Einnahmen steht bei uns die Verantwortung für die Umwelt. Deshalb fördern wir das Energiesparen, setzen auf modernste Technik, z. B. Kraft-Wärme-Kopplung, und fördern erneuerbare Energien, die Nutzung von Sonne, Wasser und Wind. Die Zukunft liegt nicht in immer mehr Größe und Macht – die verantwortbare Zukunft wird vor Ort entschieden. Verantwortbare Zukunft ist dezentral.
**Verband Kommunaler Unternehmen (VKU)**

lungen – nicht nur im kommunalen Bereich, sondern auch in Konzernen – einer ganzheitlichen Philosophie und dem kybernetischen Denkansatz. Das Vertrauen wächst, dass wir die oft unüberwindlich erscheinenden ökonomischen, ökologischen und sozialen Probleme unserer Industriegesellschaft und diejenigen der Dritten Welt (die wir leider immer tiefer in unser ökologisches Dilemma mit hineinziehen) mithilfe vernetzter Strategien durchaus lösen können. Auch diesen Vorreitern ist klar geworden, dass wir dazu von unserer monokausalen Denkweise abkommen müssen. In einer von Michael Steinbrecher verfassten Systemstudie der Daimler Chrysler AG Forschung, Gesellschaft und Technik heißt es dazu: »Angesichts der ausufernden Komplexität und des permanenten Wandels der gesellschaftlichen und ökonomischen Rahmenbedingungen sind Unternehmen aufgefordert, nach neuen Denk- und Handlungsansätzen zu suchen, um auch in Zukunft erfolgreich am Markt agieren zu können. Denn es ist offensichtlich, dass mit der herkömmlichen, technokratisch geprägten Art der Unternehmensführung, die eine kurzfristige Gewinnmaximierung als Hauptziel hat, die Herausforderungen der Zukunft nicht zu meistern sind.« Zu den Anforderungen, die daraus an unternehmerisches Handeln erwachsen, heißt es weiter: »Anstatt kurzlebigen Entwicklungen oder Modetrends hinterherzulaufen, versucht ein systemisch geführtes

Unternehmen, die Zusammenhänge und Abhängigkeiten des Gesamtsystems zu verstehen und bei seinen Entscheidungen zu berücksichtigen, um so eine langfristig orientierte und folgenbewusste Handlungsstrategie zu entwickeln.«

## Was ist eigentlich ökologisches Denken?

In der Tat befinden sich ja nicht nur die sich auflösenden sozialistischen Strukturen, sondern auch die in den kapitalistischen Industriegesellschaften bislang vorherrschenden Denk- und Organisationsstrukturen in einer Phase des technischen und sozialen Wandels und stehen damit unter einem wachsenden Druck. Die äußere Metamorphose, die hier stattfindet, verlangt notgedrungen einen inneren Wandel unseres Denkens und Planens, wenn wir der veränderten Situation gerecht werden wollen, die aus der drastisch zugenommenen Dichte der Menschen und ihrer technischen und kommunikativen Versorgung resultiert: aus den immer komplexeren Wechselwirkungen unserer Aktivitäten und Eingriffe und dem sich damit multiplizierenden Durchsatz an Rohstoffen und Energie.
Daran ändert auch der Trend zur Globalisierung der Wirtschaft nichts, von der der Ökonomie-Nobelpreisträger Maurice ALLAIS meint, dass sie zwar für einige privilegierte Gruppen profitabel sei, deren Interessen aber nicht mit den Interessen der gesamten Menschheit gleichgesetzt werden können. Seine Warnung lautet: »Eine überstürzte und ungeordnete Globalisierung kann überall nur Arbeitslosigkeit, Ungerechtigkeit und Instabilität bewirken.« Ein *Spiegel*-Beitrag zur Globalisierung (aus einer Serie von Artikeln zum ›Jahrhundert des Kapitalismus‹ kommt zu einem ganz ähnlichen Schluss: »Der Siegeszug des Kapitalismus scheint alle Grenzen niederzureißen. Die Magie des Marktes verspricht der Welt mehr Wohlstand und Sicherheit. Gleichzeitig wachsen die sozialen Spannungen, der Graben zwischen Gewinnern und Verlierern wird tiefer.«
So begrüßenswert die zunehmende Kritik an dieser Entwicklung auch ist – es fällt doch auf, dass in all diesen Analysen unsere gleichzeitig bedrohten, weil zunehmend denaturierten ökologischen Lebensgrund-

lagen, die schließlich auch die Grundlagen des gesamten Wirtschaftens sind, erst gar nicht erwähnt werden. In der Tat findet ökologisches Denken in der »höheren« Wirtschafts- und Finanzwelt und den auf dieser Ebene agierenden Verbänden – anders als in vielen Unternehmen selbst – praktisch nicht statt – trotz ständig wiederholter Warnungen von einzelnen Autoren (zu denen auch ich mich zähle) sowie seriösen Umweltorganisationen wie dem World-Watch Institute, Greenpeace oder dem World Wildlife Fund. Selbst das Internationale Rote Kreuz in Genf warnte im Sommer 1999 in einem öffentlichen Aufruf an die Regierungen vor einem »Zeitalter der Superkatastrophen«. Doch mündete der Aufruf lediglich in den Appell, »den Entwicklungsländern mehr Kapital für die Vorbeugung vermeidbarer Katastrophen zur Verfügung zu stellen« – als ob die dazu nötige Metamorphose unseres Wirtschaftens eine reine Geldfrage wäre! Ein an den realen ökologischen Erfordernissen orientiertes Denken fehlt offensichtlich auch hier.

Was genau ist eigentlich ökologisch orientiertes Denken? Ist es die bloße Einsicht in verstärkten Umweltschutz? Ist es das Bekenntnis einer neuen Hinwendung zur Natur? Ist es die Absage an die Kernenergie, an zunehmende Fremdstoffe in der Nahrung und die Hinwendung zu biologischen Produkten? Ich glaube, dass die Wandlung zu einem solchen Denken viel tiefer ansetzen muss. Denn die Ökologie als die Lehre vom Haushalten befasst sich weniger mit Zahlen, Messdaten und Definitionen der Dinge selbst als vielmehr mit deren Beziehungen zueinander, mit der Art und Weise, wie die einzelnen Komponenten eines Ökosystems miteinander verbunden sind, sich gegenseitig regulieren, gelegentlich ausschalten oder verstärken. Und da die Realität immer interdisziplinär ist, muss die Betrachtung eines Ökosystems als komplexes System von vornherein alle Fachgrenzen überschreiten. Richtig verstandene Ökologie ist somit vielleicht die einzige Wissenschaft, die nicht die Dinge selbst innerhalb ihrer eigenen Kategorie, sondern das Beziehungsnetz zwischen ihnen – und zwar fachübergreifend – untersucht. In diesem Moment gewinnt nicht der Mensch, aber auch nicht die Natur, sondern die Beziehung *zwischen* ihnen die ausschlaggebende Bedeutung.

Auch aus dieser Perspektive schließt die nötige Weichenstellung die

Forderung mit ein, das kurzfristige Denken in unvernetzten Ursache-Wirkungs-Beziehungen zu überwinden und, statt uns auf das genaue Studium von Einzelaspekten zu konzentrieren, das Gehirn darin zu schulen, das Spiel der Zusammenhänge zu erfassen. Nur so können wir Neben- und Rückwirkungen in unser Planen und Handeln einbeziehen und nachhaltige, also evolutionär sinnvolle Entwicklungen statt ephemerer Scheinblüten erreichen. Der englische Ausdruck *sustainable* im Sinne von »sich selbst erhaltend« trifft übrigens den Kern dieser Anstrengung weit besser als das etwas schwammige Wort »nachhaltig«.
Bevor wir uns in späteren Kapiteln mit der Vorgehensweise des Sensitivitätsmodells befassen, die für unsere eingefahrene Denkstruktur recht ungewohnt erscheinen mag, müssen wir uns also mit einer neuen Sichtweise vertraut machen. Sie weicht nicht nur von dem in der Schule vermittelten Bild einer zerstückelten Wirklichkeit, sondern auch von der gängigen ökonomischen Theorie ab, von der Peter Sloterdijk im Schweizer Wirtschaftsmagazin *Cash* sagt: »Die organisierte Idiotie namens Wirtschaft hält uns in ihrem Wachstumswahn gefangen. Die Art, wie produziert wird, schadet oft mehr, als das Produkt nützt.«
Für die dringende Abkehr vom »Wachtumswahn« brauchen wir offenbar ganz neue Orientierungshilfen. Wo wir diese finden können, nämlich weniger in »erdachten« Theorien als in den Organisationsformen der Lebensvorgänge und der uns umgebenden Biosphäre, wird Gegenstand der folgenden Kapitel sein. Das »Unternehmen« Biosphäre hat es seit vier Milliarden Jahren geschafft, sich allen Widernissen zum Trotz auf diesem Planeten zu behaupten und sogar noch weiterzuentwickeln. Heute wissen wir, dass das nur möglich war und ist, weil alles Leben auf der Erde bis zu den kleinsten Mikrodimensionen hinunter miteinander verzahnt und aufeinander eingespielt ist. Kein Lebewesen kann für sich allein existieren. Nur die enge Vernetzung zwischen allen Lebewesen macht ein Überleben möglich. Das gilt auch für den Menschen: Mit Haut und Haar ist er in dieses Wechselspiel eingebettet. Jeder Bissen Brot, jeder Zug sauerstoffhaltiger Luft, jede Erkrankung durch Bakterien oder Viren erinnert daran. Erst allmählich beginnen wir das Geheimnis der meist noch unbekannten Vernetzungen zu lüften; denn in ihrer Mehrzahl sind sie unsichtbar. Kaum sind wir uns etwa der ständigen Hilfe von Mikroben bewusst. Ohne sie aber könn-

ten wir nicht verdauen, fehlten uns lebenswichtige Vitamine und Haut und Schleimhäute wären nicht geschützt. Ähnlich verhält es sich mit vielen Kräutern und Samen, Insekten und Würmern, Vögeln und Wildtieren, deren Existenz und deren Vernetzung sowohl miteinander als auch mit Boden, Wasser, Luft und Klima für unser Leben so nötig ist wie das tägliche Brot. Die Freude am Erleben der unberührten Natur ist nur ein Hinweis darauf. Vielleicht sind wir ja deshalb darauf programmiert, sie schön zu finden, weil wir sonst nicht wissen würden, wie sehr wir sie brauchen. Sie ist die Basis unseres Daseins, die wir im Begriff sind, aufgrund einiger weniger kurzsichtiger, egoistischer Wünsche und Ansprüche zu unserem eigenen Nachteil zu zerstören. Naturschutz muss in der Tat aus einer neuen Perspektive gesehen werden: *Wir* brauchen die Natur. Nicht sie uns!

# 7 • Der biokybernetische Denkansatz

Die neue Sichtweise verlangt ein Modell, aufgrund dessen die Erkennung, Steuerung und selbsttätige Regelung ineinander greifender vernetzter Abläufe transparent wird. Wie in der belebten Natur sollte weder eine deterministische Vorprogrammierung noch eine zentrale Steuerung notwendig sein. Der Steuermann ist Teil des Systems und beschränkt sich auf die Impulsvorgabe zur Selbstregulation und das »Antippen« von Wechselwirkungen. Die langfristige Stabilisierung der Systemdynamik sollte durch Flexibilität, Nutzung vorhandener Kräfte und Symbiosen unterstützt werden, wobei nicht gegen, sondern mit dem System gehandelt wird. Probleme werden möglichst nicht direkt, sondern auf dem Umweg über die Systemkonstellation gelöst; dabei sind flankierende Maßnahmen oft wirksamer als manche Hauptmaßnahme.

Unter diesem Aspekt schält sich aus biokybernetischer Sicht sowohl für die Unternehmensplanung als auch für eine zukünftige Stadt- und Regionalpolitik als Zielvorgabe heraus, weniger einen bestimmten Zustand, eine exakt zu beschreibende Konstellation anzustreben oder gar zu konstruieren – das wäre noch deterministisch –, sondern die Lebensfähigkeit an sich mit all ihren Sub-Fähigkeiten zu fördern, indem man Möglichkeiten schafft, die Grundregeln der Kybernetik, der Selbststeuerung einzuhalten und damit das Überleben zu verbessern.

Damit will ich deutlich machen, dass wir in unserer komplexen Welt heute kein Problem – in welchem Bereich auch immer – mehr angehen sollten, ohne zuvor eine eingehende Folgenabschätzung durchgeführt zu haben. Diese ist aber nur möglich, wenn wir die Komplexität, also die Vernetzungen unterschiedlicher Bereiche, in der Erfassung der Wirklichkeit berücksichtigen. Wie im voranstehenden Kapitel betont, bedeutet das vor allem, das System, in dem das Problem auftritt, zu untersuchen und nicht nur das Problem selbst.

Offenbar stehen wir also vor einer grundsätzlichen Herausforderung an die Methoden, ja an das Grundverständnis des Wirtschaftens überhaupt. Immer deutlicher zeichnet sich ab, dass wir durch Bevölkerungsexplosion, rapide Rohstoffverknappung und eine galoppierende Verseuchung unserer Umwelt, mit der wir in Symbiose leben, zunehmend rascher in eine globale Wirtschafts- und Überlebenskrise steuern. Welche Instanz steht uns aber zur Verfügung, an der wir uns guten Gewissens orientieren könnten? In meinen Veröffentlichungen versuche ich an vielen Beispielen aufzuzeigen, dass wir bei der Suche nach Vorbildern als einziges System, das eine vernünftige Garantiezeit des Überlebens aufzuweisen hat, das biologische finden. Gerade das, was sich dort abspielt, hat ja eine ungeheure Zeit von Versuch und Irrtum auf dem harten Prüfstand der Evolution hinter sich. Und lange bevor wir unsere Techniken und Werkzeuge entwickelten, hatte die Natur ihre bereits hervorgebracht.

Durch meine experimentelle Beschäftigung als Molekularbiologe mit lebenden Zellen, Krebszellen und normalen Zellen, mit der Informationsweitergabe im Organismus sowie der genetischen und kybernetischen Steuerung in Tieren und Pflanzen erkannte ich sehr bald, dass es sich dabei immer wieder um Organisationsformen handelt, die nicht nur innerhalb einer Zelle, sondern genauso außerhalb einzelner Organismen zu beobachten sind, das heißt im Wechselspiel zwischen diesen und ihrem Umfeld. In der Tat finden sich bei dem, was sich zwischen verschiedenen Lebewesen in einem Biotop, einem Ökosystem oder einer Volkswirtschaft abspielt, ganz ähnliche Kommunikationsvorgänge, Steuerungsmechanismen, Austausch- und Regulationsprozesse wie schon zwischen den einzelnen Zellen oder den Organen eines Organismus.

In einem Aufsatz von Fredmund Malik und Gilbert Probst in der Schweizerischen Zeitschrift für Betriebswirtschaft ›Die Unternehmung‹ findet sich dazu der bemerkenswerte Satz: »Die Öko-Systemforschung, die die Entstehung, die Struktur und die Dynamik von Wirkungsgefügen untersucht, ist für die Unternehmensführung in Zukunft möglicherweise wichtiger als die Nationalökonomie.« Mittlerweile neigen immer mehr Informatiker, Physiker, Biologen und Wirtschaftler zu der Auffassung, dass das besondere Verhalten komplexer natürlicher Systeme allgemeingültige Antworten gibt und über die empirische Beobachtung hinaus auch auf theoretisch begründbaren Gesetzmäßigkeiten basiert, die sich offenbar aus den Eigenschaften der Materie selbst ergeben und sich vom Aufbau eines Atoms bis hinein in die Selbstorganisation kognitiver Prozesse erstrecken.

So ergab sich aus meiner zwanzigjährigen experimentellen Forschung der Entschluss, die biologische Wissenschaft nicht immer weiter mit neuen Ergebnissen anzureichern, sondern sie einmal danach zu durchforsten, was von den dort vorhandenen Erkenntnissen nicht nur für das Fach selbst, sondern darüber hinaus auch für unser Leben, für das Verständnis der Welt und die Bewältigung unserer Probleme von Nutzen sein könnte. Dabei mußte ich entdecken, wie durch das »Umrühren« und »Garkochen« innerhalb eines Faches und die Abschottung gegenüber anderen Disziplinen viele für andere Bereiche vermutlich sehr fruchtbare Erkenntnisse diesen verschlossen blieben. Ich erkannte aber auch, dass das Anwenden und Nachvollziehen von Techniken und Organisationsformen dieses großartigen Unternehmens namens Biosphäre wiederum jenes vernetzte Denken verlangt, das in Schule und Universität gerade nicht gelehrt wird.

Zu einem ähnlichen Schluss sind ungefähr zur selben Zeit auch eine Vielzahl anderer Wissenschaftler gekommen – so der Biologe Joël de ROSNAY vom Institut Pasteur in Paris, der Ökologe Edward GOLDSMITH in England, der Synergetiker Hermann HAKEN in Deutschland, die Kybernetiker Heinz von FÖRSTER und Stafford BEER in den USA und der österreichische Biologe Rupert RIEDL, aber auch Wirtschaftswissenschaftler, darunter Friedrich August von HAYEK, Hans ULRICH, Hans-Christoph BINSWANGER, Fredmund MALIK und Peter GOMEZ von der Wirtschaftshochschule St. Gallen oder Gilbert PROBST in Genf. Ganz zu schweigen von einem wachsenden Kreis von Menschen aus allen Berufsgruppen, die dieselbe Intuition teilten: dass wir ein Denken in offenen komplexen Systemen und ein Verständnis der Wirklichkeit als System benötigen, das sich nicht aus getrennten Fächern zusammensetzt, sondern als ein Gefüge fächerübergreifender Beziehungen zu sehen ist.

Vieles funktioniert in unserer Industriegesellschaft schon deshalb nicht mehr – oder nur noch mit dem Effekt zusätzlicher Belastungen –, weil die kybernetischen Gesetzmäßigkeiten unserer Welt weitgehend ignoriert werden. Das einzige System, das gewissermaßen noch treu und brav seine Arbeit tut, ist die Biosphäre, sind Blätter und Bäume, Vögel, Würmer, Gräser und die Vielfalt der aufeinander abgestimmten Insekten und Mikroorganismen. Und ausgerechnet diese unerschütterlichen Helfer greifen wir laufend an, entziehen ihnen die Lebensgrundlagen, vergiften und zerstören sie. Grund dafür ist nicht zuletzt unser Unwissen; in der Tat haben wir kaum Ahnung, wie dieses System funktioniert und was es wirklich leistet, weil wir es nicht für nötig befunden haben, uns seine Organisation einmal näher anzuschauen.

Mit ihrem gewaltigen jährlichen Umsatz von vielen hundert Milliarden Tonnen Material weist die Biosphäre dennoch ein Nullwachstum an Biomasse auf und kommt damit seit Äonen über die Runden. Und dies mit einem beneidenswerten Ertrag, einem Höchstmaß an kreativer Entfaltung und einer Fülle von Lebensformen. Wie kommt es dazu?

Die Antwortet lautet: Weil das Management der Natur eine Handvoll kybernetischer Grundregeln befolgt – uralte Prinzipien, die gleichzeitig hochaktuell sind.

Eine nähere Beschäftigung mit Biosystemen fördert beispielsweise zutage, dass auf irgendeine Weise alle unsere technischen Apparate und Verfahren gewissermaßen Projektionen, Veräußerlichungen in uns vorgezeichneter biologischer Technologien sind, die man heute bis in die kleinste Einheit alles Lebendigen, bis in die lebende Zelle hinein verfolgen kann: Molekularbiologie als der Beginn einer neuen Kommunikation mit uns selbst!

Lange bevor wir unsere Techniken und Werkzeuge entwickelten, hatte die Natur sie schon hervorgebracht und dies nicht nur in vergleichbarer Größenordnung – das Herz als Pumpe, das Auge als Videokamera, die Niere als Dialysegerät –, sondern auch schon in viel kleineren Dimensionen, wie Vergleiche mit der Insektenwelt zeigen.

So wie die auf den nächsten Seiten abgebildeten gibt es unzählige Beispiele für die erstaunliche Ähnlichkeit zwischen natürlichen und künstlichen Techniken – allerdings nur, was die Form und Funktion, nicht jedoch, was die Organisation betrifft, also die Art und Weise, wie die Natur ihre Strukturen und Techniken handhabt. Hier sind die Unterschiede noch gewaltig; denn während wir mit unserer Technik zwar in Struktur und Funktion einigermaßen gleichziehen, haben wir bisher

Der Saarbrücker Bioniker Werner Nachtigall hat mithilfe von Elektronenrasteraufnahmen Hunderte von Beispielen für eine erstaunliche Ähnlichkeit natürlicher und künstlicher Techniken aufgezeigt und in seinem wunderschönen Buch *Konstruktionen in Biologie und Technik* veröffentlicht. Daraus nur vier Beispiele aus der Insektenwelt.

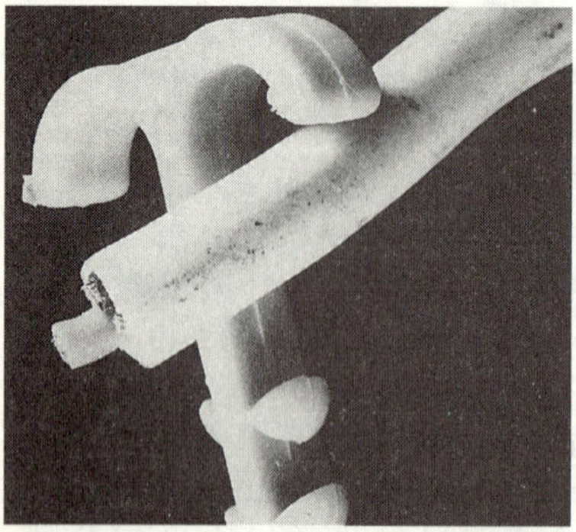

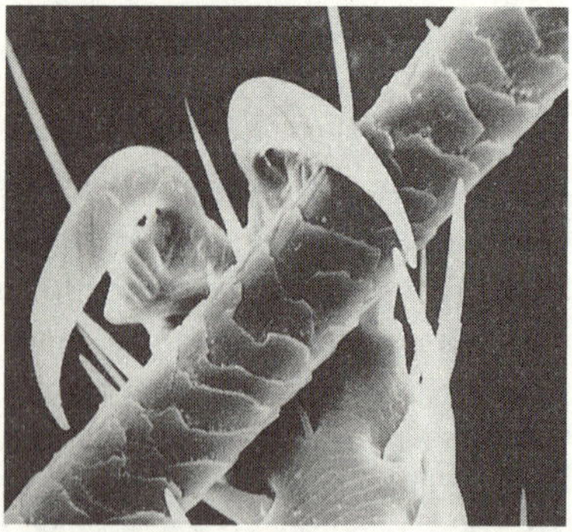

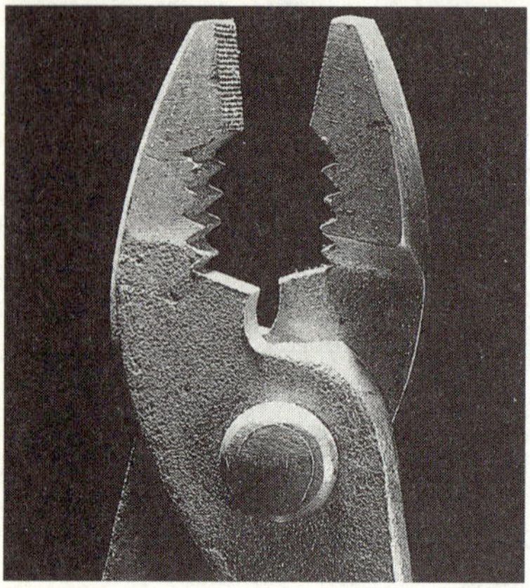

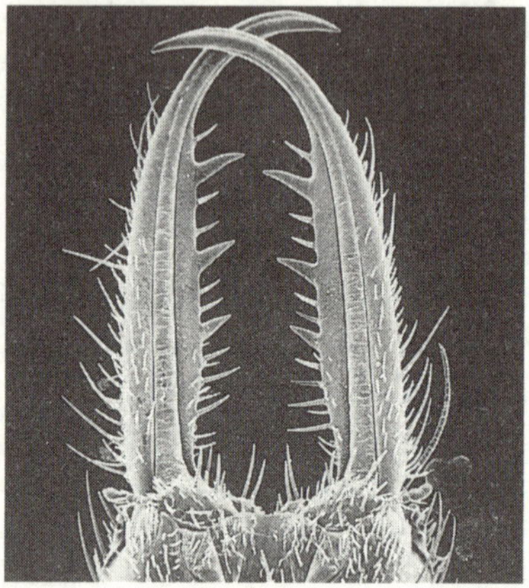

Abb. 24 (*links oben*): ein üblicher Spezialklemmdübel zum Festklemmen von Elektroleitungen
Abb. 25 (*rechts oben*): Klammerhaken am Vorderbein des Hundeflohs
Abb. 26 (*links unten*): Vorderteil einer Kombizange
Abb. 27 (*rechts unten*): Oberkiefer des Ameisenlöwen, einer Libellenlarve

weder die Effizienz der Produktionsverfahren noch die Qualität der Produkte noch die systemische Art der Planung, wie sie die Natur uns »vormacht«, auch nur annähernd erreicht. Man muss sich nur vergegenwärtigen, dass in jeder einzelnen menschlichen Körperzelle etwa

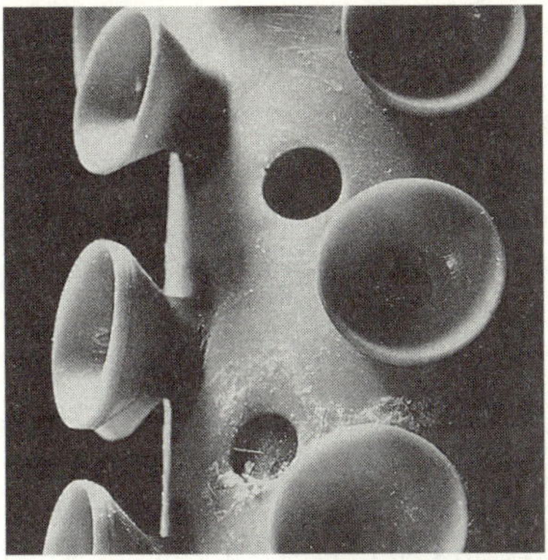

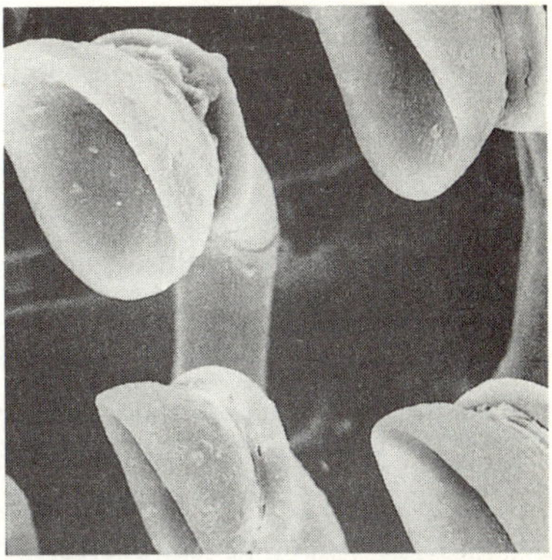

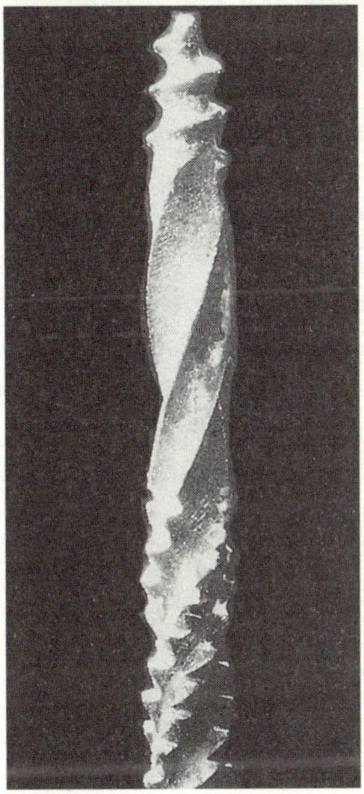

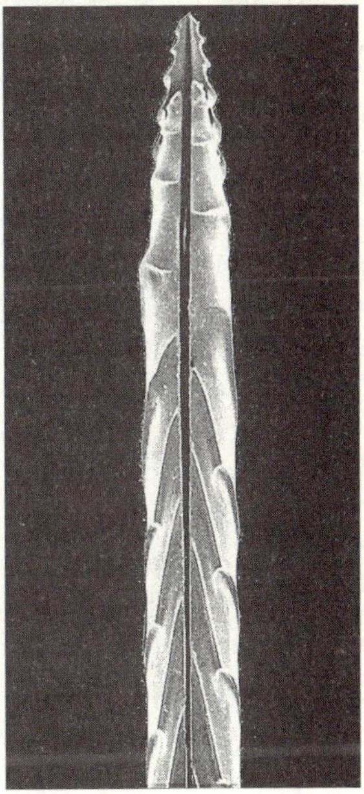

Abb. 28 (*links oben*): Saugnäpfe einer Seifenhalterung
Abb. 29 (*rechts oben*): Saugnäpfe am Vorderfuß des Gelbrandkäfers
Abb. 30 (*links unten*): Technische Holz-Bohrraspel
Abb. 31 (*rechts unten*): Legebohrer der Holzwespe

10 000 verschiedene Abläufe über ebenso viele chemische Verbindungen und »Maschinen« allein durch die Impulsgebung der genetischen Information gesteuert werden – und dies mit einer raffinierten Logistik, durch die ein ausgewogenes »Sortiment« von Produkten mit ähnlichen Strukturen und Funktionen wie in der Technik entsteht, aber ganz anders als in unseren Fabriken, was den Produktionsvorgang betrifft.

Man mache sich nur einmal bewusst, dass die natürlichen Werkzeuge und Techniken – handle es sich um Elefantenzähne, Hummerscheren, gewaltige Korallenbauten auf dem Meeresboden, Sonar-Antennen von Fledermäusen, Schildkrötenpanzer und Sprunggelenke oder die zahllosen Pipelines, Ventile, Hebel und Pumpen in unserem eigenen Körper – sämtlich bei Temperaturen von maximal 37 Grad Celsius hergestellt werden! Sie alle sind zudem voll rezyklierbar und verlangen nur einen minimalen Rohstoff- und Energieverbrauch – während wir allein schon den Stahl für eine Zange bei über 1 000 Grad schmelzen müssen, wobei zudem noch Abwärme und Abgase entstehen, genauso wie beim späteren Gießen, Härten, Schweißen.

Selbst komplizierteste chemische Ringverbindungen oder polymere Stoffe, für deren Herstellung unsere Technik mehrmals über hohe Temperaturen, Destillations- und Lösungsvorgänge gehen muss, werden mit Biomaschinen wie den Mitochondrien oder den Ribosomen auf höchst elegante Weise mithilfe spezieller Katalysatoren bei Körpertemperatur gebildet. Auch die Nutzung der Solarenergie in den Chloroplasten, den Solarmodulen der grünen Pflanzenzelle, verläuft entsprechend clever. Durch die interne Anordnung so genannter photosynthetischer Antennen, eine Art Lichtsammler, wird die Zahl der auf ein photoaktives Zentrum eintreffenden Photonen multipliziert. Die Stromgewinnung zur Wasserzersetzung erfolgt dann, verglichen mit der noch recht groben Photovoltaik unserer technischen Solarzellen, mit einer gut hundertfach höheren Effizienz.

Ein weiterer interessanter Unterschied liegt im Vertrieb: In der biologischen Zelle gibt es praktisch keine Überkapazitäten noch Knappheit noch Umstellungsschwierigkeiten. Sobald nämlich der »Markt«, in diesem Fall das Zellplasma, ein Produkt nicht mehr aufnehmen kann, wird dieser Überschuss sofort nach dem Entstehen wieder in seine Ausgangsstoffe zurückverwandelt – und dies durch die gleichen Maschinen, die zur Produktion dienten.

Auf der nebenstehenden Abbildung weisen die Reaktionswege immer zwei Pfeilspitzen auf: denn ein und dasselbe Enzym katalysiert den Stoffwechsel in beide Richtungen. Die auf diese Weise zurückgebildeten Ausgangsstoffe lassen sich dann wieder anderweitig verwenden. Selbst im Transportwesen gilt die Umkehrung der bei uns üblichen Verhältnisse. Relativ riesige Lasten werden beim Stoffwechsel mit einem Bruchteil an Transportgerät transportiert – durch Gleiten, Vibrieren, Saugen –, während wir bei unserem modernen Autoverkehr, wie schon erwähnt, einen Menschen mit einem tonnenschweren Gerät und einer den Lebensraum vergewaltigenden Infrastruktur transportieren.

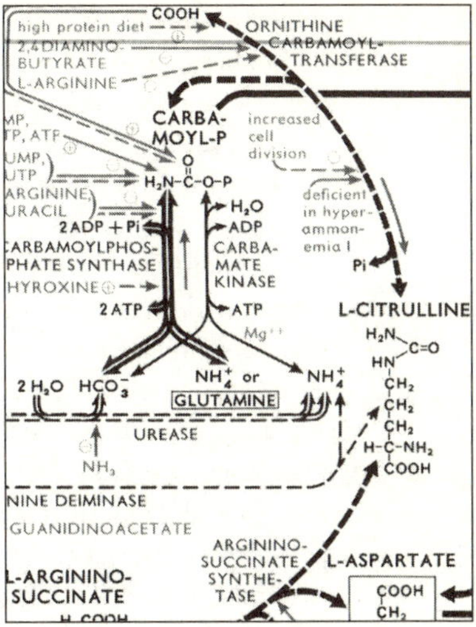


Abb. 32: **Stoffwechselkarte** (Ausschnitt)

Im Laufe eines kurzsichtigen Technikbooms haben wir Verfahren und Technologien entwickelt, die gegenüber den ausgereiften Biotechnologien der Natur nur mit einem enormen Energieaufwand, mit ebenso großen Energieverlusten und einer primitiven Organisation funktionieren und die für das, was sie leisten, einen viel zu hohen Input an Kapital, Material, Energie, Sicherheit und Rohstoffen verlangen, gleichzeitig aber einen viel zu hohen Output an Abfällen, Abwärme, Streß, Umweltschäden und sozialen Belastungen erzeugen.

Warum unsere eigene, offenbar dem biologischen Vorbild entlehnte Technik mit diesem Vorbild überhaupt in Kollision geraten konnte, hat mehrere Gründe. Einer dürfte darin liegen, dass wir in der Überheblichkeit des aufkommenden Industriezeitalters von dieser Vorbildfunktion der subtilen Natur einfach nichts mehr wissen wollten. In der Tat war es lange Zeit verpönt – und ist es zum Teil heute noch –, die Natur als Vorbild für die von uns zu schaffenden künstlichen Systeme heranzuziehen. Man war der Meinung, dass die Natur primitiv und der menschliche Geist ihr überlegen sei und folglich auch das von diesem Geist Produzierte weit über der Natur stehe. Erst die sich häufenden Rückschläge der jüngsten Zeit – sei es auf technischem, wirtschaftlichem oder medizinischem Gebiet –, führten zu der Frage, wie es die lebende Natur wohl geschafft hat, über so viele Jahrmillionen nicht nur fortzubestehen, sondern sich zudem noch permanent zu immer höheren Formen weiterzuentwickeln – und das bei praktisch gleich bleibender Menge an Biomasse von seit jeher rund 2000 Milliarden Tonnen. Man sah auf einmal, dass dabei trotz Nullwachstum Jahr für Jahr mehrere hundert Milliarden Tonnen an Sauerstoff und Kohlenstoffverbindungen umgesetzt und weitere Milliarden Tonnen an Schwer- und Leichtmetallen wie Eisen, Vanadium und Kobalt, Magnesium, Natrium, Kalium und Kalzium verarbeitet werden – zum großen Teil extensiv, gelegentlich aber auch intensiv, in größter Dichte, auf engstem Raum, aber grundsätzlich dezentral, in winzigen Fabrikationseinheiten, in denen subtilste Technologien am Werk sind.

So haben wir es in der Natur mit einem Energie- und Stoffumsatz gewaltigen Ausmaßes zu tun – mit einem technologischen Supersystem, das darüber hinaus noch mit einem traumhaften Wirkungsgrad arbeitet: mit einer Organisationsform, einem Management und einer Logistik, denen die unseren nicht im Entferntesten nahekommen. Inzwischen wissen wir auch, wie das geschieht: durch eine clevere Nutzung von Wirkungskopplungen, Energiekaskaden und Energieketten, Symbiosen und Selbstregulationsprozessen, aus deren Zusammenspiel sich, wo wir auch hinschauen, ein höchster Nutzeffekt ergibt – sei es in den winzigen Sonnenkraftwerken, den erwähnten Chloroplasten eines grünen Blättchens, oder in den energieliefernden Mitochondrien, den bakteriengroßen »Kraftwerken« im Inneren einer jeden Säugetierzelle. Es handelt sich um ein System ohne Rohstoffsorgen und Arbeitslose, ohne Absatzprobleme und Schulden, das eine wahre Fundgrube an technischer Raffinesse, energiesparenden Tricks und eleganten Kombinationen hoch entwickelter Technologien darstellt. All das hat diesem einzigartigen »Unternehmen« dazu verholfen, dass es seit vier Milliarden Jahren nicht Pleite gemacht hat. Dieses System zu studieren und auf kluge Weise nachzuahmen, könnte für die Menschheit zur eigentlichen Überlebensfrage werden.

Dabei liegt diese Nachahmung weniger im Bereich der Strukturen und Funktionen im Argen – die moderne Bionik hat hier schon viel geleistet – als in dem der Organisationsweise lebender Systeme, kurz im Bereich der Biokybernetik und der Evolutionsvorgänge, wie sie etwa Ingo Rechenberg für die Umsetzung in der Industrie studiert hat. Denn ob ein System überlebensfähig ist oder nicht, liegt vor allem an der Art der Kommunikation zwischen seinen Teilen, anders gesagt, an der kybernetischen Rücksteuerung, die das Funktionieren des gesamten irdischen Lebens seit seinen Anfängen garantiert hat.

Man braucht nur einen Blick auf die »Metabolic Pathways«, auf das Wirkungsgefüge des Stoffwechselgeschehens einer menschlichen Körperzelle mit ihren 10 000 Funktionen zu werfen, von dem die Abbildung auf der folgenden Seite nur einen kleinen Ausschnitt zeigt, um einen Eindruck von der Komplexität dieses Fabrikationsbetriebs zu bekommen, von dessen Informatik, Energiewirtschaft, Logistik und Marketing jedes produzierende Unternehmen im Sinne eines »Total Quality Management« noch viel lernen könnte. Damit berühre ich mein Hauptarbeitsgebiet, die organisatorische Bionik – ein viel zu wenig beachtetes Teilgebiet der Informatik, mit dem wir nicht nur von Strukturen und Techniken der lebenden Natur lernen, sondern auch davon, wie die Natur diese Strukturen und Techniken managt.

Organisatorische Bionik bedeutet daher vor allem auch: Logik durch Analogik zu ergänzen. Für ein Erkennen von Zusammenhängen ist es äußerst hilfreich, Analogien zu lebenden Systemen aufzuspüren, was natürlich ebenfalls nur fachübergreifend geschehen kann. Dadurch eröffnen sich aber sowohl für die Entwicklung unserer eigenen Technologien als auch für die Art unserer Organisationsformen und damit unseres Managements höchst interessante neue Erkenntnisse. Was wir über den »Fabrikationsbetrieb« Zelle und die dort hergestellten Produkte in Erfahrung bringen können, hat, wie bereits betont, eine enorm lange Test- und Entwicklungsphase hinter sich, von der wir profitieren sollten. Hier liegt ein gewaltiges Feld für Innovationen brach (weshalb der Aspekt der Bionik unbedingt in jede Fachausbildung gehört).

Eine bionische und kybernetische Betrachtung der Vorgänge in der Natur offenbart vor allem auch die gewaltigen Risiken, die eine undurchdachte Technik mit sich bringt. Aus bionischer Sicht kommen

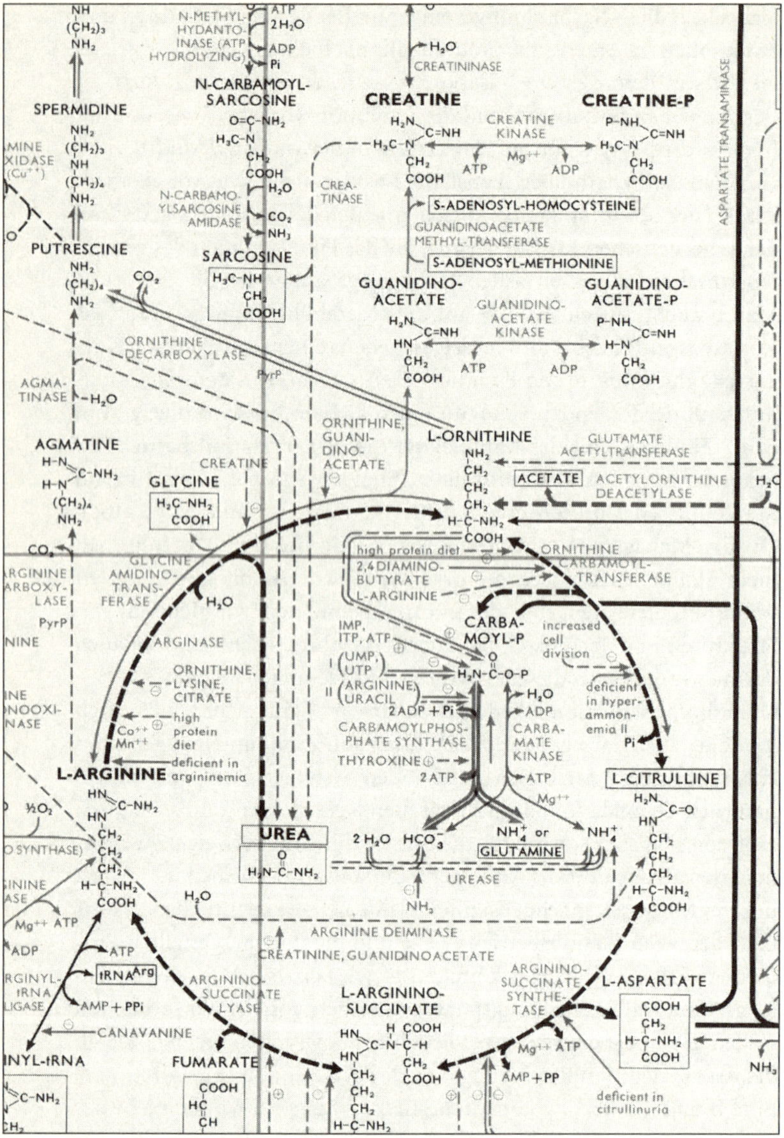


Abb. 33: **Stoffwechselkarte** (Der Ausschnitt gibt etwa ein Achtzigstel der Gesamtkarte wieder.) Aus »Biochemical Pathways«, Boehringer, Mannheim.

zwar die Mikroelektronik und seit neuestem auch die Mikromechanik der Natur noch am nächsten: Schalter in Bakteriengröße, beinahe unendliche Speicherkapazität durch Kombination und Permutation wie in unseren Chromosomen, kaum noch Materialbedarf, minimaler Energieverbrauch, geringste Raumbeanspruchung. Und dennoch sind auch hier die Unterschiede gewaltig. So enthält im Gegensatz zum Mikrochip eines Elektronengehirns jede unserer Gehirnzellen in ihrem Chromosomensatz im Grunde den Bauplan des gesamten Organismus. Bionische Erkenntnisse belegen aber auch, welche ungeahnten Möglichkeiten in der Biosphäre als der ältesten Firma der Welt stecken, die bis heute ungenutzt blieben. Folgen wir ihren Regeln, so wird die dominierende Spezies Mensch durchaus zum eigenen Vorteil weiter am allgemeinen Spiel des Lebens der Natur teilhaben. Claus-Dieter Vöhringer, Forschungsvorstand von DaimlerChrysler, hat sich in ›Bild der Wissenschaft‹ deutlich für diese Option ausgesprochen: »Ziel ist es«, sagt er, »Technologien zu schaffen, die dem menschlichen Erkennen, Denken, Handeln und Kommunizieren besser als bisher entsprechen, also mehr am Vorbild Natur ausgerichtet sind. Wer als Techniker längerfristig denkt, für den muss die Natur das absolute Vorbild sein.«
Es könnte ein unschätzbarer Gewinn darin liegen die Bionik zu intensivieren, sprich: der Natur ihre Tricks abzuschauen, und damit dem Informationsfluss zwischen Mensch und Umwelt eine neue Richtung zu geben: von der Natur zu uns statt umgekehrt – wie etwa derzeit in der Gentechnik. Dort hält man sich nämlich genau an die entgegengesetzte Richtung: mithilfe von Genmanipulationen der Natur unsere spärlichen Kenntnisse aufzuzwingen, verbunden mit unabsehbaren Folgen, die angesichts unseres derzeitigen Wissensstands und mit den uns zur Verfügung stehenden technologischen Mitteln abschätzen zu wollen mehr als vermessen ist.
Leider hat uns die zivilisatorische Überheblichkeit lange Zeit in dem Glauben gewogen, die Gesetze der Biokybernetik durch von uns gewollte, scheinbar profitablere, aber systembelastende Mechanismen ablösen zu können. Die Bionik lehrt uns, auf technischem und organisatorischem Gebiet Hinweise und »Winke« der belebten Natur zu beachten und Vorbilder nachzuahmen, die auch bei uns zu systemverträglichen Resultaten führen können.

Wollen wir die Biosphäre als unsere unersetzbare Lebensbasis nicht allmählich zerstören, kommen wir nicht umhin, auch bei unserem Wirtschaften gewisse grundlegende Systemgesetzmäßigkeiten zu beachten. Resultat ihrer bislang praktizierten Missachtung ist jedenfalls, dass wir keine lebensfähige »Ökosysteme der Wirtschaft« (*corporate ecosystems*) geschaffen haben, sondern zunehmend kranke Systeme, solche, die im Koma liegen. Zwar lassen sich diese noch eine Zeitlang auf »Intensivstationen« künstlich am Leben erhalten, aber wir besitzen die sehr viel bessere Möglichkeit, schon die Entstehung solcher Fälle durch eine systemgerechte Planung zu vermeiden, und dazu sind nicht einmal Opfer und Verzicht nötig. Vieles gelingt bereits durch Umdisponieren, Umorientieren, Umorganisieren, durch Ersetzen und durch Umstellung von Verfahren, kurz durch einen technisch-ökonomischen Wandel, wie er in der Tat allmählich in Gang kommt.
Zur Zeit durchläuft dieser Wandel mehrere Stadien gleichzeitig. In vielen Bereichen ist die bisherige Phase einer aggressiven Technologie und Wirtschaftsweise bereits durch eine reparierende Phase abgelöst worden, wie es etwa Klärwerke, Entschwefelungsanlagen oder Katalysatoren belegen. Doch diese Reparaturphase kann auch wiederum nur ein Übergangsstadium in Richtung einer biokybernetischen Technologie und Wirtschaftsweise darstellen, die den Gesamtzusammenhang unter Einschluss aller Bedingungen berücksichtigt, denen wir Lebewesen und die von uns geschaffenen künstlichen Systeme nun einmal unterliegen. Dazu müssen wir überprüfen, inwieweit unsere Technik und Gestaltungsprinzipien noch mit ihrem »Urgrund« übereinstimmen, der, wie ich zu zeigen versucht habe, in der lebenden Natur wurzelt – und nicht in der toten Materie, die von Haus aus gar keine Technik kennt. Natur und Technik sind nicht etwa zwei Welten, wie es so oft heißt, sondern auch die Natur und damit unser eigener Organismus stecken voller Technologien.
Das unbewusste Nachahmen der Strukturen und Funktionen der Natur geschah bislang in der irrigen Meinung, dass dies für ein voll funktionsfähiges Gesamtsystem genüge. Wir vergaßen dabei, uns auch um die Organisationsformen der Natur zu kümmern, um ihre Wirtschaftsweise und die Grundregeln, nach denen sie diese Techniken einsetzt. Nur alle drei, Struktur, Funktion *und* kybernetische Organisa-

tionsform, garantieren eine auf Dauer lebensfähige Integration in das System Biosphäre. Genau daran könnte unsere Industriegesellschaft eines Tages jedoch scheitern; denn die Organisationsregeln werden wichtig, sobald wir es nicht mehr mit einzelnen »Maschinen«, sondern mit vernetzten Systemen zu tun haben.

Der biokybernetische Denkansatz macht in praktisch allen Bereichen unserer Zivilisationsgesellschaft neue Wertmaßstäbe nötig. Das reicht vom Maschinen- und Fahrzeugbau über die Architektur und die industrialisierte Landwirtschaft bis zu unseren Verkehrssystemen und den übertechnisierten Waffensystemen unserer Verteidigungskonzepte. Haben wir jedoch erst einmal einen systembezogenen Denkansatz angenommen, dann ergeben sich daraus selbst für einen dicht besiedelten Planeten ungeahnte Entwicklungsmöglichkeiten.

Als naturwissenschaftlich orientierter Systemanalytiker, der sich intensiv mit den kybernetischen Strukturen der lebendigen Welt und der Bionik ihrer genialen Organisationsformen beschäftigt hat, wage ich zu behaupten, dass wir nicht am Ende einer Ära der technischen und wirtschaftlichen Innovation stehen, sondern, eine rasche und mutige Herangehensweise vorausgesetzt, erst an deren Anfang. Bedingung dafür ist allerdings, dass wir lernen, von den »Fortschrittskriterien« Abschied zu nehmen, die seit Beginn des Industriezeitalters als Basis für wirtschaftliche Prosperität angesehen wurden.

# 8 • Komplexität erkennen

Vordergründige Lösunge sind bestechend. Man ist begeistert eine Lösung gefunden zu haben, ein Problem beseitigen zu können, und man schirmt sich, um diese Lösung nicht zu gefährden, gegenüber Hinweisen auf die reale Komplexität ab, obwohl man die Zusammenhänge mit dem übrigen System erkennen (und natürlich auch nutzen) könnte, wenn man wollte. Denn schon in einem einfachen Simulationsmodell würde man rasch feststellen, dass man ein Problem nicht unbedingt da anpacken muss, wo es auftritt, sondern dass es oft viel mehr bringt, die ohnehin vorhandenen Systemzusammenhänge spielen zu lassen, also kybernetisch vorzugehen.
Besonders einige neue, durch die Bevölkerungsexplosion entstandene Probleme der Menschheit wie der überdimensionierte Energiedurchsatz, der intensivierte Nahrungsanbau und die drohende Ressourcenknappheit, aber auch die Häufung von die Volksgesundheit belastenden »Systemkrankheiten« (wie Krebs, Aids, Allergien, Kreislaufschäden) sind hochkomplex und aufgrund ihrer unerkannten Verflechtungen mit einem unvernetzten Denken nicht in den Griff zu bekommen. Ich möchte hier beispielhaft drei Gebiete streifen, die sich völlig anders darstellen, je nachdem ob man sie »linear« oder »vernetzt« betrachtet: das Abenteuer mit der Kernenergie, die Aussichten der Genomforschung und die Versuche, mit Genfood den Hunger der Welt zu besiegen.

## Abenteuer Kerntechnik

Als ich 1978 – 8 Jahre vor Tschernobyl – bei der Eröffnung meiner Wanderausstellung ›Unsere Welt – ein vernetztes System‹ in einem 12-seitigen Energie-Bilderbuch mit dem Titel ›Das (faule) Ei des Kolumbus‹ den vernetzten Zusammenhang der Kernenergie mit den übrigen Lebensbereichen unserer Zivilisation aufzeigte (siehe Grafik) und – auf

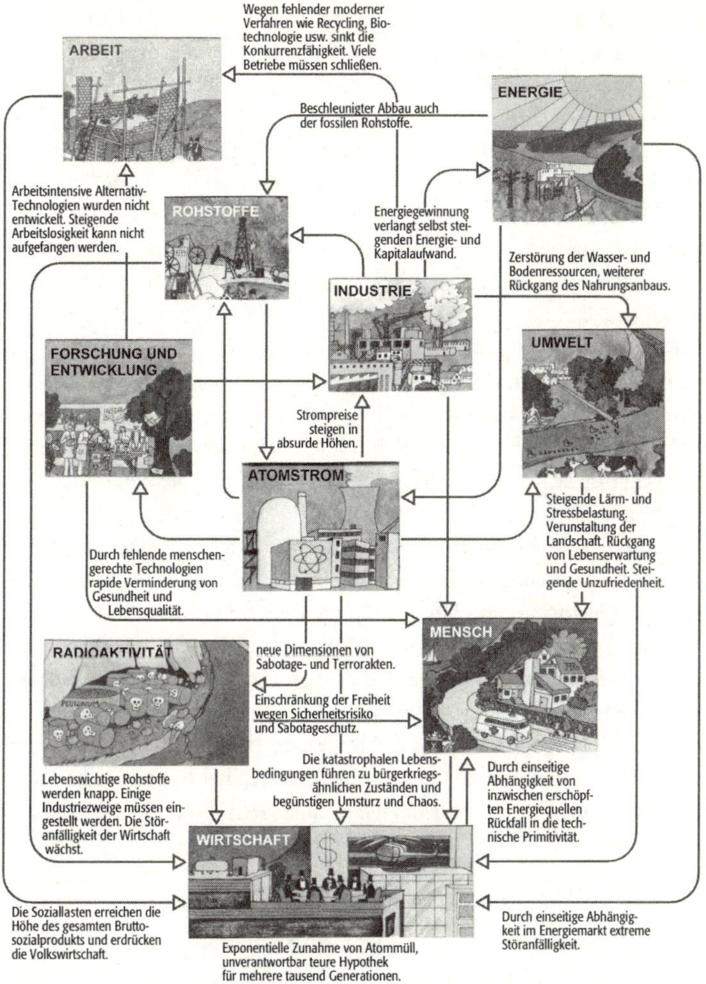


Abb. 34: Gesamtnetz der Implikationen der Atomenergie, wie sie 1978 in dem Fensterbilderbuch des Autors ›Das (faule) Ei des Kolumbus‹ schrittweise aus der damals schon abzusehenden Vernetzung aufgebaut wurde.

Grund der komplexen Zusammenhänge – die Möglichkeit eines GAU (größten anzunehmenden Unfalls) als sehr viel wahrscheinlicher als nur »einmal in 10 Millionen Jahren« einschätzte, erhob sich ein Sturm der Entrüstung im Lager der Kernenergielobby und den ihr hörigen Ministerien. Er gipfelte in einer doppelt so langen Schmähschrift der »Gesellschaft für Reaktorsicherheit« mit dem Titel ›Das faule Ei des Dr. Vester‹, die in 10 000 Exemplaren verteilt wurde. Inzwischen sind einschließlich des damals noch als unmöglich eingestuften GAU hinaus die meisten Entwicklungen so eingetroffen, wie ich sie dargestellt hatte

Dass man sich angesichts jener so »idealen« Energielösung gegen störende Einwände wie das exponentiell ansteigende Atommüllproblem ebenso abschirmte wie nach Tschernobyl gegen die tiefgreifende Wirkung inkorporierter Strahlenquellen (die eben keineswegs mit der Wirkung etwa der normalen Höhenstrahlung vergleichbar ist), war Ausdruck eines »Fundamentalismus«, der keinen wissenschaftlichen Argumenten mehr zugänglich ist. Aufgrund meiner Forschungstätigkeit in der Atomstadt Oak Ridge in den 50er Jahren und später als jahrelanger Gastdozent am Kernforschungszentrum Karlsruhe, wo ich die radiobiochemischen Kurse mit aufbaute, waren mir diese Dinge natürlich vertraut. Das Ausplaudern dieser störenden »Nebenwirkungen« wurde mir sehr übel genommen, und ich war in dieser Zeit den wildesten öffentlichen Diffamierungen ausgesetzt. Da die direkten und indirekten Vernetzungen der Kernenergie auch heute noch nicht Allgemeingut sind, seien sie hier noch einmal in zehn Punkten kurz zusammengefasst.

### 1. Die Verkennung der Komplexität des Atommüllproblems

In der ersten Begeisterung über die friedliche Anwendung der Kernspaltung in clen 60er Jahren war von radioaktiven Abfällen nie die Rede. Und wenn, dann hieß es, sie seien minimal, da der jährliche Brennstoff für einen Kernreaktor in einen kleinen Handkoffer ginge. Schon 1968 wies ich in meinem Buch ›Bausteine der Zukunft‹ und zwei Jahre darauf in der Studie ›Das Überlebensprogramm‹ auf diese doppelte Selbsttäuschung hin: erstens, dass man radioaktive Abfälle nie »beseitigen« kann, da sie – ganz gleich in welche Form sie chemisch umgewandelt werden – ihre an die Atome gebundene Strahlung nie verlieren. Weiterhin, dass auch die Menge – zunächst zwar lächerlich gering gegenüber dem Brennstoff eines Kohlekraftwerks – dennoch exponentiell ansteigen würde. Ein Problem, mit dem die Menschheit nun auf alle Zeiten konfrontiert ist (in Russland ist die radioaktive Verseuchung inzwischen nicht mehr beherrschbar und sowohl die Wiederaufbereitungszentren La Hague wie auch Sellafield sind zu permanenten »Lieferanten« verseuchter Abwässer an die Umwelt geworden).

### 2. Rückwirkung auf die Gesetzeslage

Die Genehmigung zum Betrieb eines Kernkraftwerks war – und ist – immer noch gebunden an den Nachweis der endgültigen Beseitigung der radioaktiven Abfälle. Sie wird jedoch aus den oben erwähnten naturgesetzlichen Gründen nie möglich sein. Also musste man, um das Gesetz zu umgehen, so tun, als ob dies dennoch eines Tages möglich sei. Deshalb gab es im Hinblick auf die laufenden (in Wirklichkeit nutzlosen) Bemühungen in dieser Richtung vorläufige Genehmigungen, damit das Geschäft weiterlaufen konnte. Eigentlich besitzt somit kein einziges Kernkraftwerk in der Welt eine rechtlich zulässige Betriebsgenehmigung. Diesen Umstand umgeht man, indem immer weiter an der Endlagerung bzw. der Umwandlung der Abfälle gearbeitet wird. Dazu überbrückt man mit Zwischenlagern und stellt die Wiederaufbereitung mit ihren Plutoniumproblemen fälschlicherweise als Beseitigung hin.

### 3. Irritation der Versicherungen

Einen weiteren Punkt, der diese Ungesetzlichkeit noch unterstreicht, bietet die Versicherungssituation. So haben die großen Versicherer und Rückversicherer zwar die Schäden eines Unfalls für die Kraftwerke selbst gedeckt, aber nicht im Mindesten die Folgeschäden einer Katastrophe wie in Tschernobyl auf die dadurch radioaktiv verseuchten Gebiete. Vor Tschernobyl konnte man sich auf die Unwahrscheinlichkeit eines GAU herausreden und eine große Anzahl geringer Deckungskosten (Häufigkeit kleiner Pannen) gegen die einmaligen, aber extrem hohen Kosten eines einzelnen (dafür eben höchst unwahrscheinlichen) GAU gegeneinander abwägen. Das ist nun vorbei. Da die Versicherungen jedoch nach wie vor für einen GAU nicht geradestehen, dürfte im Grunde kein einziges Kernkraftwerk mehr in Betrieb sein. Doch nach wie vor wird dies verdrängt. In Frankreich ist erst im Jahr 2001, also 15 Jahre nach Tschernobyl, eine Klage von Strahlenopfern in Gang gekommen, die sich erstmals erfolgreich gegenüber der seinerzeitigen offiziellen »Aufklärung« zur Wehr setzten, dass nämlich – durch gefälschte Wetterberichte gestützt – die radioaktive Wolke an den Grenzen der Grande Nation Halt machte.

### 4. Ein Ausweg aus dem $CO_2$-Dilemma?

Nachdem sowohl die USA als auch andere Länder wie Österreich und Schweden keine neuen Genehmigungen für Kernkraftwerke mehr erteilen – zum Leidwesen der Kraftwerksbauer – und Deutschland den Ausstieg beschlossen hat, wird als letzter Strohhalm ein erhöhter Einsatz der Kernkraft als (unverzichtbare) Lösung des Treibhausproblems in die Debatte geworfen. Auch hier wird wieder unvernetzt gedacht und die Komplexität des Problems nicht erkannt. Dazu nur zwei Punkte: Beim Gesamtprozess der Atomstromerzeugung entsteht angefangen von den Uran-Tailing bis zur Zementherstellung für die Sicherheitsbehälter des Reaktors – auf die Kilowattstunde umgelegt – mindestens soviel $CO_2$ wie bei modernen gasbetriebenen Blockheizkraftwerken, abgesehen davon, dass das frei werdende Krypton 85 selber ein hochwirksames Treibhausgas ist. Zweitens sollte man sich klar machen, dass die derzeit rund 434 Atomreaktoren auf der Welt nur 5 Prozent der Energie liefern. Wenn Atomkraftwerke auch nur die Hälfte unseres Energiebedarfs decken sollten, müsste man bereits über 4000 (!) weitere errichten. Wo sollen die gebaut werden? Wer soll sie bezahlen? Wohin dann mit dem exponentiell ansteigenden Atommüll? Von dem multiplizierten Risiko – auch was Sabotageakte betrifft – gar nicht zu reden. Schade, es wäre halt doch zu schön, eine so lukrative Quelle wie die »saubere« Kernenergie für eine zukünftige Energieversorgung ohne Treibhauseffekt zur Hand zu haben.

### 5. Der nie eintretende GAU

Eine ähnliche Einengung komplexer Sachverhalte zeigte sich in dem jahrelang als extrem unwahrscheinlich eingestuften Eintreten eines

GAU. Schon die Pannen in Harrisburg 1979 hätten zeigen können, welche Gefahr besteht, wenn bei den Berechnungen von Störfällen der Betrieb eines Kernkraftwerks als geschlossenes System betrachtet wird. Wie alle realen Systeme ist aber auch dieses trotz aller redundanten Absicherung nach außen immer offen. Und das heißt, dass ein solches System fehlerfreundlich sein muss. Es darf also nicht darauf angelegt sein, dass alles funktioniert, sondern es muss auch gegenüber unerwarteten Fehlern und Ausfällen robust sein, etwa gegenüber der Bedienungsmannschaft, gegenüber Computerstörungen, falschen Einschätzungen, Reparatureingriffen (wie in Tschernobyl) und anderen Einwirkungen von außen – von Erdbeben, Flugzeugabstürzen und Terroranschlägen ganz zu schweigen. In der Abwägung zwischen der Seltenheit eines Vorfalls und der enormen Größe des dann zu erwartenden Schadens wird jede Versicherung sich weigern, hier die Haftpflicht zu übernehmen (was auch tatsächlich der Fall ist).

## 6. Die Besonderheit inkorporierter Strahlung

Eine weitere falsche Beurteilung entlang linearer Denkpfade betrifft die Strahlengefahr selbst. So spukt immer noch die Meinung in manchen Köpfen, dass der Fallout aus Wiederaufbereitungsanlagen oder seinerzeit nach Tschernobyl für die Bevölkerung vernachlässigbar sei, da die empfangenen Becquerel etwa dem entsprächen, was wir beim Besteigen eines Berges oder bei einem Transatlantikflug an Höhenstrahlung mitbekämen. Selbst die Reaktorsicherheitskommission – offenbar um jeden Preis um Beschwichtigung bemüht – verbreitete diesen gefährlichen Unsinn, was mich skeptisch gegenüber deren Objektivität machte. In Wirklichkeit existiert hier ein fundamentaler Unterschied. In einem Artikel der »Süddeutschen Zeitung« schrieb ich wenige Tage nach Tschernobyl dazu (und belegte dies mit einer Reihe von Tabellen): »Strahlende Materie aus einem Reaktorunfall kann ohne Ausnahme prinzipiell vom Organismus aufgenommen werden, wobei die Strahlenquelle selber im Körper sitzt und dort weiterstrahlt, auch wenn sie von außen nicht mehr messbar ist. Die Strahlung wirkt zudem noch konzentriert auf das umliegende Gewebe (und die darin enthaltene DNA), dessen Reparaturvermögen dafür nicht mehr ausreichen mag. Die Anreicherung über die Nahrungskette kann im Laufe der Zeit ein Mehrtausend- bis Millionenfaches gegenüber der Umwelt betragen.« (Der Artikel wurde wegen der ansonsten sehr mangelhaften Informationspolitik hundertfach nachgedruckt und schließlich in meinem Taschenbuch ›Die Bilanz einer Verwirrung‹ detailliert behandelt.) Wie erschreckend allein diese Bilanz in Russland ist – nicht nur durch Tschernobyl, auch durch die zunehmende Verseuchung des normalen Betriebs und die unverantwortliche Deponie des zum Teil aus dem Ausland gegen Barzahlung angelieferten Strahlenmülls – wurde in der Presse und in Fernsehberichten inzwischen genügend dargestellt.

### 7. Kanalisierung der Energieversorgung

Ein Nebeneffekt der ignorierten Komplexität ist die einseitige Förderung dieser für den Laien faszinierenden Energiequelle (im Grunde ist es »low tech«, da wie in einer Dampfmaschine lediglich durch die – allerdings unnötig hohe – Erhitzung von Wasser eine Turbine und ein Stromgenerator angetrieben werden). Durch die über Jahrzehnte fast ausschließliche Kanalisierung der für die Entwicklung der Energieversorgung zur Verfügung stehenden öffentlichen Mittel in die Kernenergie liegt der einzig zukunftsträchtige Ausbau regenerativer Energien, in deren Entwicklung bis zum Jahr 2000 nur etwa 1 Prozent dieser Gelder flossen, immer noch völlig im Argen. Selbst im sonnigen Südfrankreich, wo ich die Verhältnisse persönlich kenne, herrscht eine völlige Ignoranz darüber, welche Möglichkeiten gerade hier die Solarenergie bietet. Die Meinung, dass das alles nicht funktioniert, sehr teuer und anfällig sei, sich nie amortisiert und im Winter sowieso nichts bringt, wird von den herrschenden Energiekonzernen wie EDF und FRAMATOM und ihren Experten eifrig aufrechterhalten. Hier spielt nicht zuletzt die Tatsache eine Rolle, dass Frankreich – das anders als Deutschland laut Atomvertrag auch Atomwaffen herstellt – alles, was mit Atomenergie zu tun hat, als streng geheim deklarieren konnte und somit der Staat und der ihm gehörende Konzern EDF ungestört durch öffentliche Diskussion und Einmischung alles Unangenehme vertuschen und die Weichen nach Belieben stellen konnten. Wenn man dazu noch bedenkt, dass über Jahrzehnte hinweg enorme Summen in den zukunftslosen Schnellen Brüter (den erst 1995 aufgegebenen Superphenix) gesteckt wurden, und immer noch weitere Mittel in die ebenso zukunftslose – scheinbar saubere – Fusionsenergie fließen, fragt man sich, wie die dafür verantwortlichen wissenschaftlichen Berater mit ihrem Gewissen fertig werden.

## 8. Das heiße Ei des Kolumbus

Dass angesichts der allmählich auch der Kernenergielobby dämmernden Nachteile der Kernenergie – insbesondere der aussichtslosen Entsorgung – zunächst die Flucht in den »schnellen Brüter« (der das Abfallproblem lösen sollte) und in die »saubere« Fusionsenergie (das ›heiße Ei des Kolumbus‹) erfolgte, ist typisch für den dritten unserer weiter vorne erläuterten sechs Fehler: die irreversible Schwerpunktbildung. Waren doch diese »Alternativen« wieder sämtlich auf der Atomforschung aufgebaut – das Atom durfte als Ideallösung nicht verlassen werden –, so dass wiederum Milliarden statt in wirkliche Alternativen, wie etwa regenerative Energien, erneut in letztlich aussichtslose Projekte mit neuen Nachteilen gesteckt wurden.
In der Tat hat es bei der Fusionsforschung genauso angefangen wie bei den Spaltreaktoren. Auch hier wurde einfach ignoriert, dass dabei im Endeffekt ein gewaltiger Berg an Atommüll entstehen wird. Aber bis heute sieht man – ohne über die Nasenspitze hinaus zu blicken – nur die Fusionsreaktion selber, wo in der Tat anders als bei der Spaltreaktion beim Prozess selbst keine radioaktiven Abfälle entstehen. Dass man die Energie der erzeugten Neutronen aber nur nutzbar machen kann, wenn man diese mit entsprechendem Targetmaterial einfängt (das dadurch noch weit mehr radioaktiven Abfall ergibt als bei der Spaltreaktion), soweit zu denken wird geflissentlich vermieden. Hätte man dies die Geldgeber wissen lassen, wären wohl auch niemals die enormen Summen für die längst unsinnig gewordene Entwicklung der Fusionsenergie locker gemacht worden. Dabei hat der Teilchenphysiker Jochen Benecke vom Münchner Max Planck Institut für Physik schon 1980 außer in der Fachliteratur auch in ›Bild der Wissenschaft‹ genau diesen Punkt in der Titelgeschichte des Oktoberheftes klar herausgestellt. Ein sofortiger Stopp der Forschungsmittel hätte eigentlich die Folge sein müssen.

## 9. Die Vernetzung mit der Gesamtwirtschaft

Ganz abgesehen von den Neben- und Wechselwirkungen der Kernenergie-Entwicklung würden sich für das davon berührte Gesamtsystems unserer Zivilisation außer den geschilderten Folgen, ökonomische Auswirkungen und Rückwirkungen ergeben, die nicht gerade im Sinne einer zukunftsorientierten Wirtschaft lägen. Denn was wäre damit gewonnen, wenn uns tatsächlich einmal eine sichere künstliche Energiequelle unbegrenzt zur Verfügung stünde? Wie würde die Ökonomie laufen, wie unsere Ressourcenmanagement? Wäre der Hunger in der Welt beseitigt, der Treibhauseffekt gebannt?

Zunächst einmal würde ja etwas mit dem Strom gemacht werden müssen (dass man mit Kernenergie nur Strom machen kann, wird oft vergessen). Man kann aber Strom nicht in die Tasche stecken oder auf die Bank legen. Also würde eine überdimensionierte Produktion einsetzen und daran anknüpfend ein ebenso überbordender Konsum angekurbelt werden. Ein materieller Konsum auf der Basis von zu Ende gehenden Ressourcen! Die Grenzen des Wachstums wären weit schneller erreicht als es die Studie des Club of Rome seinerzeit simuliert hatte. Das globale Gleichgewicht würde noch schneller gestört und unser Planet noch schneller ausgebeutet werden als bisher.

## 10. Der klassische Reinfall der Potentaten

Das Herauskitzeln staatlicher Fördermittel für unvernünftige, aber spektakuläre Forschungszweige, wie es beispielsweise der Lobby einer von vorneherein so aussichtslosen Technologie wie der Fusionsenergie gelungen ist, erinnert mich in verblüffendem Maße an die »Geschäftspolitik« einiger mittelalterlicher Alchimisten, die mit Riesenversprechungen und unter Hinweis auf einen immer kurz bevorstehenden Durchbruch in der künstlichen Herstellung von Gold aus unedlen Metallen den hoch verschuldeten Fürsten immer neue Mittel abknöpften.

Über die Aussichten der Fusionsforschung sagte mir übrigens schon in den 50er Jahren mein Mentor und Freund Henry Margenau, damals renommierter theoretischer Physiker an der Yale Universität (der meine Forschungen über die Entstehung der biologischen Rechts-links-Asymmetrie auf der Basis des asymmetrischen Beta-Zerfalls unterstützte), dass ich mich nicht wundern soll, wenn die Nutzung der Fusionsenergie auch noch nach 50 Jahren immer »kurz vor dem Durchbruch« stünde. Es könne nämlich gar nicht funktionieren. Er war es, der mich damals auf die Parallele mit den (falschen) Alchimisten hinwies (die wahren Alchimisten beschäftigten sich mit der Wandlung von Stoffen, um sich selbst zu erkennen und nicht um Geld zu scheffeln), und meinte, genauso würden sich die Fusionsforscher wohl noch lange immer großartigere Institute und kostspieligere Anlagen finanzieren lassen und dafür den Regierungen das Blaue vom Himmel versprechen. Ein Mechanismus, dem wir in der folgenden Diskussion zur Genomforschung erneut begegnen werden. Damit kommen wir zum zweiten Beispiel nicht erkannter Komplexität.

## Das menschliche Genom – vernetzt gesehen

Schlagzeilen wie »Der Mensch ist entschlüsselt«, »Mit Gentechnik Krebs und Aids beseitigen«, »Menschen nach Maß«, »Goldgräber im Genlabor«, »Buch des Lebens liegt offen«, »Evolution in eigener Regie« oder »Schlüssel zur Menschwerdung« klingen nach einer Jahrtausendentdeckung. Doch erstens sind sie irreführend und simplifizieren dazu einen im Grunde hochkomplexen Vorgang. Mit nunmehr einigem Abstand zu der im Frühjahr 2000 in den Medien proklamierten »Entschlüsselung« des menschlichen Genoms erscheinen die Dinge nicht mehr ganz so sensationell. Entgegen den von den Medien hochgespielten Mitteilungen der Bioinformatiker sind in den mit den neuen Methoden erfassten Datenbanken zwar inzwischen viele der über 3 Milliarden Buchstaben (Basenpaare) des genetischen Code in ihrer Reihenfolge kartiert, das menschliche Genom ist damit jedoch keineswegs entschlüsselt. Sein Code ist zwar bekannt, man weiß wie er aussieht, kennt seine lineare Anordnung, aber man versteht ihn nicht. Es ist so, als ob man die Buchstaben einer Schrift entziffert hätte, was noch lange nicht heißt, dass man nun automatisch den Text lesen oder ihn gar – was eine weitere Dimension verlangt – verstehen könnte. So wie wir die Buchstaben des menschlichen Genoms jetzt sehen – linear aneinander gereiht –, führt die Intepretation des Code in die Irre.

Aber selbst die jetzt mitgeteilte Kartierung wird von manchen Forschern angezweifelt. Der Biomathematiker Samuel KARLIN (Stanford University) zeigte zudem durch Vergleich mit bereits gesicherten Codesequenzen, dass bei der von Craig VENTER, dem »Bill GATES der Genforschung«, angewandten Sequentierungstechnik höchstens ein Drittel der Genomkartierung in Ordnung sein dürfte, ein Drittel mit Fehlern behaftet, den Rest hält er für Datenschrott. Also ein noch unübersichtliches Durcheinander – so, als wenn man ein Puzzle zusammensetzen müsste, dessen Teile mit denen anderer Puzzles vermischt sind.

## Kartieren heißt noch nicht verstehen

Abgesehen davon, dass also die Gesamtkartierung selbst noch nicht zweifelsfrei ist, liegen – und das ist die eigentliche Crux – die komplexen Funktionen auch der korrekt kartierten Gene nach wie vor völlig im Dunkeln. Das Zusammenspiel der von den Genen abgelesenen Proteine und ihrer Wechselwirkungen im Organismus wird bis heute nicht verstanden. Viele seriöse Wissenschaftler distanzieren sich daher inzwischen von dem Aufhebens, das um die vermeintliche Entschlüsselung der genetischen Information gemacht wird. In den heißen Diskussionen auf der Lindauer Tagung der Nobelpreisträger vom Sommer 2000 kam dies auch deutlich zum Ausdruck.

Was derzeit als große Entdeckung propagiert wird, ist zudem nicht einmal so neu. Schon 1969, basierend auf den Entdeckungen von CHARGAFF, LEVINE, CRICK, WATSON und anderen konnte ich in der zweiteiligen Folge des NDR »Ein Code wird entschlüsselt« mit den Untertiteln »Vorstoß in die lebende Materie« und »Geheimnis des Lebendigen« die Struktur der spiraligen DNS und die Vorgänge bei der Ablesung des Codes in elektronenmikroskopischen und Trickaufnahmen darstellen. Was neu ist, sind die für die Sequenzierung der Genabschnitte eingesetzten – in der Tat beeindruckenden – Techniken. An neuen *Erkenntnissen* über die komplexen Vorgänge der genetischen Steuerung der Lebensvorgänge haben jedoch gerade diese praktisch nichts hervorgebracht. Der Zellbiologe Günter BLOBEL (Medizin-Nobelpreis 1999) sieht denn auch in der propagierten »Entschlüsselung« lediglich einen – allerdings atemberaubenden – technischen

Fortschritt, weil nunmehr die Sequenzierung der DNS in fabrikmäßigen Roboteranlagen mit einem kontinuierlichen Durchsatz von 1000 Basenpaaren pro Sekunde (!) von Computern übernommen wird, die bisher mühsam »von Hand« erfolgen musste. Ähnlich kritisch sieht Sir James BLACK (Medizinnobelpreis 1988) die »aufgebauschte Berichterstattung« und die »voreiligen Versprechungen« für eine zukünftige medizinische Anwendung dieser Ergebnisse.

Um es deutlich zu sagen: So enorm dieser Fortschritt in den computergesteuerten Techniken zur Gen-Kartierung auch ist, so ist der dadurch entstandene Zugewinn an Erkenntnissen über die Lebensvorgänge doch praktisch null. Schließlich kommt man durch einen auch noch so intelligenten Umgang mit den Sequenzier-Automaten noch lange nicht dem komplexem Spiel der Lebensvorgänge auf die Spur. Die Mär von der »Entschlüsselung des Erbguts«, mit der nur ein verstümmeltes Alphabet entziffert wurde, aber noch längst nicht die vernetzte Bedeutung der Worte, die Satzzeichen oder gar die Grammatik, vom Sinn dieses Textes ganz zu schweigen, verleitet leider nur allzu leicht zu dem Glauben, dass dieser kleine Blick hinter die Kulissen genügt, um Lebensvorgänge besser als die Natur steuern zu können. Dabei ist es eher so, als ob hier Analphabeten versuchten Texte zu verbessern, die sie überhaupt nicht lesen können – und dafür sogar noch Bewunderung und Forschungsmittel in Milliarden Höhe einheimsen. Eine Einschätzung, die auch von dem genialen Nukleinsäureforscher Erwin CHARGAFF geteilt wird, der schließlich wesentliche Impulse zu der 50-jährigen Entwicklungsgeschichte dieses Forschungssektors beigetragen hat.

## Bisher keine Anzeichen für die Heilung von Krankheiten

Für die Heilung der typischen Volkskrankheiten wie Herz-Kreislaufschäden, Diabetes, Schlaganfall oder Asthma haben die Kartierungserfolge der Genforscher zunächst keine Bedeutung. Auch Alzheimer, Krebs und das Altern selbst sind Vorgänge, deren Entstehung immer ein komplexer Vorgang ist, der aus dem gestörten Zusammenspiel zahlreicher Gene resultiert und in den zudem noch Einflüsse von Umwelt und Lebensweise hineinspielen. Selbst durch die vollständige Erfassung des Erbguts sind all diese Krankheiten weder besser vorhersagbar noch besser zu behandeln. Und selbst wenn sich ein verändertes Gen einer Krankheit zuordnen lässt, weiß man weder, welche Abweichung genau zu der Krankheit führt, noch ob diese allein oder ob auch noch andere Gene daran beteiligt sind. So wurde bei Brustkrebs zunächst ein Genfehler auf Chromosom 17, später aber auch auf Chromosom 13 entdeckt. Dann stellte man fest, dass überhaupt nur 5 Prozent der Brustkrebsfälle mit genetischen Fehlern zu tun haben, aber man weiß nicht einmal, welche davon zu Krebs führen und welche nicht. Mit den bisher erfassten Genom-Daten eine Therapie anzusteuern, ist daher eher unsinnig, wenn nicht sogar gefährlich.

Diese Vorsicht gilt erst recht, wenn man auf der Basis der Gen-Kartierung versucht, mit Hilfe von Viren (als Transporter) Gene einzuschleusen und damit Menschen zu heilen. Eine Gen-Behandlung wird dann zum russischen Roulette. Nachdem hier auch schon die ersten Todesfälle zu beklagen sind, halten Kritiker die Gentherapie zur Reparatur von defektem Erbgut oder den Ersatz durch ein intaktes Gen einstweilen für zu riskant, bestenfalls für wirkungslos. Die Aussicht wirksamer Gentherapien als Druckmittel für die Förderung der Stammzellenforschung einzusetzen, ist daher in höchsten Maße unmoralisch.

## Gezielte Verbesserung des Genmaterials ist nicht möglich

Durch die Fixierung auf die reine Kartierung sind Fragen nach der Kybernetik und damit der Komplexität der genetischen Abläufe weiterhin unbeantwortet geblieben. Dass man dennoch mit Hilfe von Genmanipulationen die vorhandenen spärlichen Kenntnisse auch zu Eingriffen in die natürliche Evolution des Menschen einsetzen könnte, ist eine Befürchtung, die auch bei dem erwähnten Treffen der Nobelpreisträger in Lindau deutlich zum Ausdruck kam.

Auch Werner Bartens beklagt in seinem hervorragenden Buch ›Die Tyrannei der Gene‹ die mangelnde Kenntnis der Gentechniker über das Zusammenspiel molekularbiologischer Vorgänge, etwa über die komplexe Wirkung beim An- und Abschalten der Gene durch Repression und Induktion, weshalb sie immer noch hoffen, auch die massiven Fehler beim Klonen eines Tages überwinden zu können. Es scheint ihnen nicht klar zu sein, dass sich mit der Veränderung eines Gens nicht nur eine bestimmte Funktion verändert, sondern die Beziehung

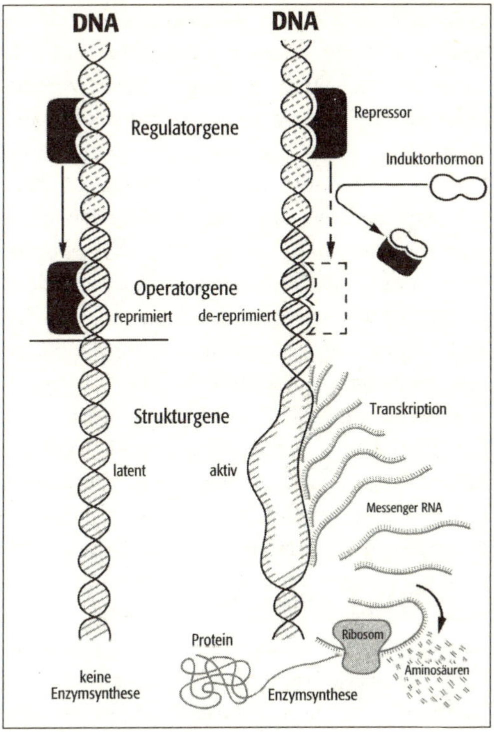


Abb. 35 **Übertragung der Gen-Information auf den ›Betrieb‹ der Zelle**

Das Schema zeigt den komplizierten und einer mehrfachen Kontrolle unterworfenen Übergang vom Ruhezustand einer bestimmten Zellfunktion auf deren Aktivierung. Das ständige komplexe Spiel zwischen Transkriptionshemmung und ihrer Aufhebung ist hier noch stark vereinfacht dargestellt.

**Links:** Ein DNA-Strang enthält Abschnitte mit sehr unterschiedlichen Aufgaben. Zum Beispiel *Regulatorgene*, die zur Regulierung der Protein- oder Enzymsynthese so genannte Repressoren (meist basische Proteine, z.B. Histone) an bestimmte *Operatorgene* schicken, um dort zu verhindern, dass diese ohne Auftrag den Befehl zur Enzymsynthese an die ihnen untergeordneten *Strukturgene* weitergeben. Die Synthese findet nicht statt – es sei denn, ein Induktor, meist ein Hormon, entfernt diesen Repressor so wie im rechten Teil der Abbildung..

**Rechts:** Der nicht mehr unterdrückte Abschnitt des *Operatorgens* kann den Befehl zur Transkription (Informationsübertragung) des ihm zugeordneten *Strukturgens* weitergeben. Mit Hilfe einer Boten-Nukleinsäure, der Messenger RNA, die den abgelesenen Code übernimmt, wird nun an den Ribosomen, einer Art Knüpfmaschinen, aus einzelnen Aminosäure das dem Code entsprechende Proteinmolekül aufgebaut, das als Endprodukt häufig in negativer Rückkopplung für den erneuten Stopp des ganzen Vorgangs, das heißt für erneute Repression, sorgt.

aller Gene zu allen. So wie in einem Text schon ein anderes Wort, ja schon ein neuer Buchstabe den ganzen Sinn verändern kann. Aber wenn ein Text einmal dasteht und man die Buchstaben kennt, kann man ihn wenigstens ablesen – selbst wenn man die Sprache nicht versteht. Mit der Informationsweitergabe in der Zelle ist es dagegen weit komplizierter. Auch wenn die einzelnen Buchstaben (Basenpaare) der DNS linear aneinander gereiht und die davon übersetzten Worte (Aminosäuren) und Sätze (Proteine) exakt bestimmt wären, könnte noch keine Aussage darüber gemacht werden, welche davon wann gelesen und befolgt werden, noch wie sie wiederum andere »Worte« und »Sätze« beeinflussen, zumal bei jedem Teilungsschritt wieder Variationen in diesem Spiel auftreten.
Hinzu kommt, dass die DNS, so wie die Sequenzforscher sie beschreiben, nämlich als lineare Kette, in ihrer aktiven Form so nie vorliegt. Ähnlich wie schon der Chromosomensatz, der nur während der Zellteilung vorübergehend sichtbar wird, ist auch die DNS normalerweise verknäult. Damit treten Nachbarschaften und somit auch Wechselwirkungen mit weit entfernten Genabschnitten der Kette auf. Aus der linear auseinander gezogenen Kette kann man daher keinerlei Schlüsse ziehen, welche Gene über welche Proteine mit welchen anderen Genen kooperieren, warum und wann welche Gene sich zum Ablesevorgang auseinander falten oder nicht. Nicht im Gen selbst und auch nicht in einem noch so genauen Studium seines Aufbaus oder seiner unmittelbaren Nachbarschaft, sondern im Muster seiner Wechselwirkung mit allen anderen Genen und dem übrigen Geschehen im Zellkern liegt das Geheimnis seiner Rolle. Neuere Arbeiten zur Simulation der vernetzten Abläufe in einer einzelnen Zelle, wie sie aus der Stoffwechselkarte auf Seite 120 hervorgehen, kämpfen mit der hohen Komplexität des Geschehens, etwa dass jedes der Tausende von Enzymen nicht nur von seinem Produkt, sondern von vielen anderen Substanzen des zellulären Netzwerks beeinflusst wird. Das An- und Abschalten durch eingeschleuste Substanzen geht, wie wir im letzten Kapitel sahen, zudem in beide Richtungen. Nach Wolfgang Wiechert von der Universität Siegen ist daher die Komplexität solcher Simulationsmodelle nur zu meistern durch eine ausgewogene Balance zwischen der Fülle unbekannter Parameter und den wenigen verfügbaren Messdaten – zumal jede Ein-

zelzelle in ihrem Verhalten wieder von ihrer Anordnung im Zellverband abhängt. All dies steht in Wechselwirkung mit einem nur bruchstückhaft bekannten genetischen Regulationsnetzwerk.

### Nicht die Reihenfolge der Gene – ihre Muster gilt es zu verstehen

Die bloße Sequenzierung der Gene wird uns also wenig helfen, um das im Erbgut einer Zelle angelegte komplexe Geschehen je zu verstehen – auch wenn an der restlichen Aufdeckung der Buchstabenkette dieses im Grunde grandiosen Textes weiterhin weltweit an die hundert Institute mit ihren oft 20 Mann starken Teams und einem beeindruckenden apparativen und finanziellen Aufwand arbeiten. Der Anspruch, der aus dem derzeitigen Erkenntnisstand abgeleitet wird, ist auf jeden Fall zu hoch gegriffen.

Ein Gen sinnvoll zu manipulieren und den dadurch ausgelösten Gesamteffekt zielgerichtet zu steuern, ist allein schon deshalb nicht möglich, weil sich das Leben nicht in der DNS, sondern in Zigtausenden von Proteinen abspielt, die in einem komplizierten Übersetzungsvorgang nach dem Bauplan der DNS entstehen. Von ihnen enthalten unsere Chromosomen einen mindestens genauso großen Anteil, wie an der DNS selbst. Regulatorgene, Operatorgene und Strukturgene – im Zusammenspiel mit der RNS (die den Code übersetzt), den Histonen (Proteine, die das verhindern) und aktivierenden Hormonen (die latente Texte aufdecken) – haben beim An- und Abschalten von Informationen ganz unterschiedliche, miteinander verwobene Funktionen, wonach sich die Proteine in bestimmter Weise falten und wiederum miteinander und mit den Genen in Wechselwirkung stehen. Die Komplexität der Lebensvorgänge kann daher weit eher über das Muster der Transkriptionsabläufe, also der Übersetzung von der DNS-Sprache in die Protein-Sprache und deren Steuerung erfasst werden als durch das simple Zählen der Gene. In diesem Zusammenhang empfiehlt der Budapester Evolutionsbiologe Eörs Szathmary den Genom-Zählern, endlich in den komplexen Netzwerken der Gen-Regulation zu denken und Gleichungen einzusetzen, wie sie die Ökologen für die multiplen Interaktionen in Nahrungsnetzen anwenden.

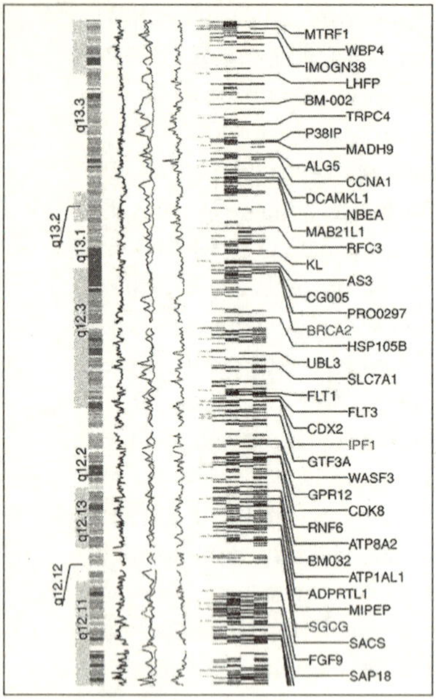


Abb. 36 **Chromosom 13**
Ausschnitt aus der Genomsequenz eines der kleineren menschlichen Chromosomen. Die ca. 8 Millionen Basenpaare dieses winzigen DNA-Stücks enthalten die Information zur Synthese von über 40 verschiedenen Proteinen. Das gesamte Genmaterial einer Zelle, das etwa 12.000 Proteine steuert, hätte in diesem Maßstab eine Länge von über 20 Metern.

## Klonen gleich Inzest hoch zwei

Noch ein Wort zum Klonen »vorprogrammierter« Lebewesen. Da das Kopieren von Genabschnitten als Rekombinationsverfahren bei der Entzifferung des Codes eine wichtige Rolle spielt, gehören solche Versuche schon seit langem zum Repertoire der Genforscher. Das Klonen in Zellkulturen und die Herstellung von Schimären, etwa zwischen Maus und Mensch, das Erwecken schlafender Informationen (etwa beim Axolotl, einem Wasserlurch, der sich durch Hormonzugabe zu einem Landtier entwickelte, das es gar nicht gibt) waren Dinge, über die ich schon in meinem 1974 erschienenen Buch ›Das kybernetische Zeitalter‹ unter Überschriften wie »Genetisches Babylon« oder »Der zwielichtige Homunkulus« berichtete.

Aus der hier schon angedeuteten Universalität des genetischen Code für die gesamte lebende Welt (wodurch wir nicht nur mit Affe und Maus, sondern auch mit Wurm, Gras und Bakterium verwandt sind) erklärt sich auch die große Zahl nicht benutzter und vielfach wiederholter Sequenzen in unserem heutigen Genom. Denn irgendwie scheint, zumindest bruchstückhaft, die ganze Evolution, die wir durchlaufen haben, latent darin enthalten zu sein, also auch die genetische Information vergangener und wahrscheinlich auch zukünftiger Lebensformen. Ein unverzeihlicher Fehltritt wäre es, wenn wir die Artenbarriere, mit der die Natur bisher – trotz dieser universellen Verwandtschaft – die Eigenheit aller Lebensformen geschützt hat, durch ein reproduktives, und damit irreversibles Klonen durchbrechen würden.

Da man über die schon lange bekannten Schritte der Transkription, der Steuerung an den Regulator-, Operator- und Strukturgenen hinaus bis heute nicht weiß, wie und warum die Gene im Zusammenspiel mit den übrigen Zellbestandteilen wie der RNS, den Ribosomen und Enzymen zu einem lebenden Organismus und dessen sich selbst regulierenden Funktionen führen (und darin wird man auch durch noch so genaues Notieren der Genabschnitte und ihrer Reihenfolge nicht weiterkommen), wird das Klonen von Lebewesen nur mit schwerwiegenden Fehlerquoten durchzuführen sein. Derzeit jedenfalls sind Missbildungen beim Klonen die Regel. Fast alle bislang kopierten Tiere weisen Fehler in ihrem Erbgut auf. Die meisten sterben schon vor ihrer Geburt, viele werden zu Krüppeln. Man sollte sich darüber im Klaren sein, dass das 1996 mit riesigem PR-Aufwand präsentierte Klon-Schaf Dolly erst nach 277 Miss- und Totgeburten zustande gekommen war. Rudolf Jaenisch wies in seinen Arbeiten am MIT (Massachussetts Institute of Technology) darauf hin, dass viele geklonte Mäuseembryonen falsche Prägemuster ihrer Gene aufweisen, von denen manche bei überlebenden Mäusen erst später zum Vorschein kommen. Solche Fehler würden auch beim Klonen von Menschen auftreten und eben nicht nur zum Absterben des Embryos, sondern später zu gravierenden Schäden des Kindes oder des Erwachsenen führen können.
Die Gründe liegen auf der Hand: Bei allen Versuchen, Lebewesen zu duplizieren, kommt unvermeidbar der evolutionäre Zufallsgenerator ins Spiel. So entstehen bei jedem Kopieren sprunghafte Erbänderungen (Mutationen) auf den Regulator- und Operatorgenen. Die Folge ist, dass sich diese Defekte beim Klonen multiplizieren.
Ein weiteres Manko liegt darin, dass die für jede Körperzelle lebenswichtige Symbiose mit den Mitochondrien (den Atmungspartikeln der Zellen) nach dem Klonen nicht in Gang kommt, denn Mitochondrien und deren eigenes Erbgut werden beim Klonprozess nicht mit übertragen. Der Klonvorgang wird somit zum Freibrief für jegliches Krebswachstum, dessen Hauptkontrolleur die Atmungskette der Mitochondrien (in Konkurrenz zur Glykolyse der Krebszellen) ist. Selbst Hubert Markl ist sich – obgleich Befürworter der Gentechnik – keineswegs sicher, »ob embryonale Stammzellen nicht ihrerseits zu krankhaften Entwicklungen, etwa zu cancerogener Entartung führen

können«, und hält den deutsch-französischen Antrag an die Vereinten Nationen, das reproduktive Klonen weltweit zu verbieten für äußerst dringlich (in Analogie zum Klonen von Lebewesen nennt er den Medienrummel über dieses Thema spöttisch »ein unerschöpfliches Klonen von Nachrichten«). Aber selbst wenn Klonen zu einem lebensfähigen Wesen in der ersten Generation gelingen würde, so dürften sich in den Folgegenerationen die vielen Fehler eines jeden Chromosomensatzes, die durch die Kreuzung mit anderem Erbmaterial und die heterosexuelle Fortpflanzung normalerweise immer wieder »ausgemendelt« werden, perpetuieren und mit jedem weiteren Schritt verstärken. Schon Kinder von nahen Verwandten zeigen genetische Schäden (daher das Tabu vom Inzest in allen Kulturen), erst recht würde dies für geklonte Kinder von ein und demselben Individuum zutreffen, so dass statt einer positiven Auswahl von Erbgut dessen rasche Denaturierung einträte.

Die Vision von geklonten Supermenschen schreckt mich auf Grund der Kompliziertheit des Vorgangs jedoch im Grunde weit weniger als der Einsatz genmanipulierter Tomaten, Mais- oder Rapssorten, die schließlich ganze Boden- und Ökosysteme umkippen lassen können. Sind sie einmal freigesetzt, dann haben wir die Weiterentwicklung nicht mehr in der Hand. Das Klonen eines Menschen dagegen bleibt wohl eher ein Einzelvorgang, der – wenn er je gelänge – sehr rasch die Imponderabilien dieser Entwicklung zeigen und als Weg nicht lange verfolgt werden dürfte.

## Transplantierbare Organe aus E-Stammzellen sind ein Unding

Embryonale Stammzellen entstehen in den ersten Teilungsschritten, nachdem Samen und Eizelle verschmolzen sind. Sie stellen das erste noch undifferenzierte Leben dar. Wenn wir damit also schon nicht über den Klonvorgang einen ganzen Menschen designen können, lassen sich daraus aber vielleicht wenigstens transplantationsfähige Organe entwickeln? Konglomerate von Leber-, Nieren oder Hirnzellen aus der Petrischale, für die kein Spender mehr gefunden werden muss? Der Australier Peter Mountford (bekannt geworden durch das 1994 an ihn erteilte erste Patent für die Isolierung embryonaler Stammzellen zur Herstellung genetisch veränderter Tiere) hält jedenfalls viel vom therapeutischen Klonen »zur Linderung menschlichen Leids«. Er verschweigt, dass diese noch undifferenzierten Zellen in einem Körper aus den erwähnten Gründen wohl eher Krebs als den von ihm erhofften »segensreichen Effekt« entfalten dürften, wenn sie nicht ohnehin abgestoßen würden. Denn Gewebe und Organe will man ja gerade deshalb aus den Stammzellen züchten, weil sie Alleskönner sind. Aber genau darin liegt die Gefahr.

Denn auch Krebszellen sind ja gewissermaßen undifferenzierte Alleskönner, die als vielleicht ehemals differenzierte Haut- oder Darmzellen in den Embryonalzustand zurückgefallen sind und den Signalen des Organismus nicht mehr gehorchen. Da sie ursprünglich zum Organismus gehörten, werden sie auch immunologisch zunächst nicht als Fremdzellen erkannt.

Wieder einmal sind also die Versprechungen der Gentechniker überzogen. Bisher jedenfalls ist noch keine einzige Krankheit mit embryonalen Stammzellen geheilt worden. Wissenschaftler mehrerer Fachgebiete der Universität Bonn lehnen daher auch in einem eigenen Manifest Forschungspläne mit menschlichen embryonalen Stammzellen zur Herstellung von Ersatzgewebe für die Behandlung von Gehirn- und anderen Erbkrankheiten ab. Die Fördermittel könnten anderweitig mit weit größeren Aussichten in der Medizin eingesetzt werden.

Ich kann mich dieser Meinung nur anschließen. Denn mit dem Klonen von Organen wird das Potential einer Keimzelle, die ja die Entwicklung eines ganzen Menschen in sich trägt, in Richtung auf ein einziges Organ kanalisiert, sozusagen der Impetus eines kompletten menschlichen Wesens beschnitten und zur Ausbildung eines bloßen Leber-, Nieren- oder Hirn»monsters« gebracht. Eine weitere Horrorvorstellung, abgesehen davon, dass damit, wie gesagt, eine spätere canceröse Entwicklung des eingesetzten Organs vorgegeben ist. Die Absage an den Einsatz embryonaler Stammzellen wäre demnach nicht nur aus ethischen Betrachtungen heraus zu begrüßen.

Warum also nicht statt undifferenzierter Keimzellen adulte Stammzellen verwenden? Weil diese schon zu sehr differenziert sind? Genau dies scheint mir irrelevant, ja, eher ein Pluspunkt zu sein. Denn gesundes Lebergewebe wurde bereits mit Leberstammzellen, Blut mit Knochenmarkzellen aufgebaut und kürzlich offenbar auch Muskelgewebe des

Herzens durch Injektion von Stammzellen des gleichen Patienten neu aufgebaut. Zellkulturen aller möglichen gesunden und kranken Gewebe gehören ohnehin seit Jahrzehnten zum Werkzeug der Forschung. Über die Neuzüchtung von Geweben hinaus, also mit der Züchtung ganzer Organe sieht es allerdings wieder schlecht aus. Komplette innere Organe sind zu komplex, um sie aus Zellen und Gefäßen nachzubauen. Die Transplantation mittels Organspende wird daher noch lange Zeit einfacher sein als die Züchtung funktionierender innerer Organe.

## Des Kaisers neue Kleider

Wir stehen vor dem Phänomen, dass durch die Lancierung übertriebener Hoffnungen auf einmal ein Spezialgebiet der Wissenschaft, auf dem schon über 50 Jahre erfolgreich gearbeitet wird, auf ein Podest gehoben wurde, als ob es in der Lage sei, Geißeln der Menschheit wie Krebs, Alzheimer, Genschäden zu beseitigen. Die Förderung der Gentechnik wird mit einem Appell an die Menschlichkeit verbunden, dem sich keiner unserer Politiker entziehen zu dürfen glaubt. Wieder muss ich hier den Vergleich mit den Alchimisten des Mittelalters heranziehen, die als Experten im Schmelzen und Auflösen von Metallen den Herrschern vorgaukelten, aus Blei Gold machen zu können.
Ähnlich wie hier und in den genannten Fällen im Energiebereich (Fusionsenergie, Schneller Brüter) geht es wohl auch bei der Genforschung vor allem um die Zuteilung von Fördermitteln. Wie man sieht, mit Erfolg. Bundeskanzler SCHRÖDER will die Biotechnik großzügig fördern (allein 1,5 Milliarden DM für die Genforschung), »weil es Wohlstand und Arbeitsplätze garantiert« (!). Es ist das alte Lied von des Kaisers neuen Kleidern. Und je komplizierter man im akademischen Jargon die Dinge ausdrückt, umso eher kann man die Schwächen solcher Vorhaben überspielen.
Der australische Biotechnologe Maxime PARIS spricht vielen ernsthaften Wissenschaftlern aus der Seele, wenn er sich scharf gegen das »Bubble blowing«, das Windmachen der Genforscher wendet, deren »dominierendes Anliegen die Geschäftemacherei und nicht die Wissenschaft ist. Man behauptet, über wichtige Entdeckungen zu verfügen, redet über zehnmal mehr Datendurchsatz, als man hat, und kündigt jede Menge Patente an.« Auch die vorsichtigen Aussagen von Prä-

sident Hubert Markl auf dem letzten Max-Planck-Forum zur Genomforschung in München können daher als eine Art »Gewinnwarnung« für die biotechnologische Forschung verstanden werden, die nun zeigen muss, was sie der Menschheit für die zugesagten 1,5 Milliarden DM bringt. Und da wurde es jetzt ratsam, die Erwartungen wieder etwas herunterzuschrauben – vor allem, da die Ankündigungen über die Möglichkeiten der Genforschung zum Teil so unseriös waren, dass die Genforschung selber in Verruf zu geraten drohte.

Zurück zur Kybernetik der normalen Lebensvorgänge. Warum einen Patienten bei einer für ihn ungesunden Lebensweise belassen und die Schäden durch immer neue Medikamente oder gar Eingriffe in sein Erbgut, unsere genetische Basis bekämpfen – ein Aufwand, der ohnehin nicht mehr bezahlbar ist –, anstatt ihn frühzeitig auf dem Weg einer Verhütung und Vorbeugung zu unterstützen, der unter Mobilisierung der körpereigenen Selbstheilungskräfte nicht nur nichts kostet, sondern durch aktive Mithilfe bei der Aufrechterhaltung der physischen auch die psychische Gesundheit stärkt. Die Notwendigkeit einer kybernetischen Medizin – notwendig nicht nur aus therapeutischen, auch aus sozialen und Kostengründen – wird im Schlusskapitel dieses Buches noch einmal als wichtige Zukunftsorientierung unserer Gesellschaft aufgegriffen.

Noch allzu oft werden jedoch kybernetische Lösungen, wenn sie von der Meinung der gerade herrschenden Forschungspäpste abweichen, von den gleichen Institutionen unterdrückt, die andererseits haltlosen Versprechungen auf den Leim gehen. Eine Praxis, die ich selbst durch das Abwürgen meiner eigenen immunologischen Untersuchungen durch die DFG und die Max Planck Gesellschaft auf Betreiben des Heidelberger Krebsforschungszentrums (damals herrschte noch »Krebspapst« K. H. Bauer mit seiner dogmatischen, jegliche Immunwirkung abstreitenden »Stahl- und Strahltherapie«) zu spüren bekam. Dass der Krebs nur mit Operation und Bestrahlung bekämpft werden kann und mit dem Immunstatus des Menschen nichts zu tun hat, mag für einige spezielle Tumoren gelten. Die Tatsache, dass aber die meisten Krebsarten, insbesondere die Bildung von Metastasen, sehr wohl eine starke immunologische und psychosomatische Komponente haben und entsprechenden Therapien zugänglich sind, war seinerzeit ein Tabu.

Es hat 30 Jahre gedauert, bis die Untersuchung der 1969 von meinem Team erstmals aus der Mistel isolierten krebshemmenden basischen Proteine, die die immunologische Aktivität des Thymusdrüse und damit die körpereigene Abwehr gegen Tumorzellen stimulieren, durch deutsche und amerikanische Forschungen wieder aufgegriffen wurden, da nunmehr auch eine solche steuernde Wirkung mit der inzwischen allgemein anerkannten immunologischen Seite des Krebsgeschehens vereinbar ist.
Genauso wie für den menschlichen Organismus gilt der gleiche kybernetische Ansatz auch für die Gesunderhaltung unserer Nahrungsquellen, den Schutz unserer Pflanzen und Tierwelt gegen Schädlinge und Krankheitsbefall. Ich brauche hier nicht das Hohelied der nach der BSE-Krise so medienwirksam proklamierten Agrarwende zu ökologischem Anbau und artgerechter Tierhaltung zu singen. Nur so viel, dass sich unsere Nahrungsversorgung auf der Basis eines lebendigen Bodens, der als komplexes Biotop Pflanzen und Tieren eine gesunde Entwicklung bietet, und damit unter Nutzung der natürlichen Regelkreise durchaus im gewünschten Sinne steuern lässt. Dies ist, weiß Gott, billiger und für einen hochwertigen Ertrag nachhaltiger als die im Grunde blinde Manipulation mit genetischen Eingriffen und die damit verknüpfte Störung, wenn nicht Zerstörung des restlichen Ökosystems mit noch stärkeren Herbiziden und Dopingmitteln als bisher. Damit komme ich zu meinem dritten Beispiel zum Erkennen komplexer Zusammenhänge.

## Mit Genfood gegen den Hunger in der Welt

Eines der umstrittensten aktuellen Themen ist die bereits im Gange befindliche Genmanipulation im Nahrungsanbau. Auch hier gilt, dass man bei noch so gründlicher wissenschaftlicher Abwägung der Einzeleinflüsse und -wirkungen, wie sie durch gentechnische Veränderungen entstehen, den Gesamtzusammenhang meiner Meinung nach auch nicht annähernd zu erfassen imstande ist: also indirekte Wirkungen, Wirkungsketten, Wirkungsnetze und Rückwirkungen. Und dies nicht nur in den ursächlich betroffenen Bereichen, etwa einer genetisch veränderten Nahrungspflanze und ihres Biotops, sondern auch in deren

Interdependenz mit den übrigen Lebensbereichen einschließlich der menschlichen Gesundheit.

Eine derartige Systemuntersuchung ist trotz der Tragweite dieser erstmals von Menschen unternommenen und deshalb äußerst heiklen Eingriffe in das natürliche Gefüge unserer Ökosysteme nie gemacht worden. Ohne die größeren, über den Fachbereich hinausgehenden Zusammenhänge zu kennen – sowohl im Negativen wie im Positiven –, sind angesichts der Komplexität der betroffenen Systeme genetische Eingriffe in das natürliches Gefüge letztlich nicht zulässig. Denn ein verändertes Erbgut löst – sobald einmal in die Natur entlassen – über Reproduktionsprozesse oder andere sich multiplizierende Vorgänge über die erste Generation hinaus eine selbstständige Weitergabe und Perpetuierung aus und kann dadurch nicht mehr in den Griff zu bekommende Kettenreaktionen oder Aufschaukelungsvorgänge nach sich ziehen. Eine Freisetzung gentechnisch manipulierter Pflanzen, die nie mehr rückgängig zu machen ist, mag daher in Anbetracht der unüberschaubaren Langzeitrisiken Probleme schaffen, die vielleicht erst kommende Generationen auszubaden haben. Die Parallelen zur »Freisetzung« der niemals mehr rückverwandelbaren radioaktiven Abfälle durch die Segnungen der Atomindustrie sind offensichtlich.

Umso erstaunlicher ist die nur in einer verblüffenden Uninformiertheit zu begründende Leichtsinnigkeit, mit der neuartige Genmuster unbekümmert in bestehende Biotope eingebracht werden. Nach Angaben der Deutschen Industrievereinigung Biotechnologie sind weltweit bereits 90 gentechnisch veränderte Pflanzensorten zugelassen. Darunter fand sich jedoch keine Sorte, die etwa bessere Erträge als ihre natürliche Ausgangsform liefert. Das dahinter stehende Ziel dieser Manipulationen ist eindeutig die erhöhte (vor allem Herbizid-) Resistenz der Pflanzen, was diese durch den nun möglichen gesteigerten Einsatz von Pflanzenschutzmitteln für die Agrarindustrie interessant macht. So werden neue Genmuster in die Umwelt gesetzt, zu denen aber weder die Mikroorganismen des Bodens noch die begleitenden Pflanzen, Algen, Flechten und Pilze, noch die Würmer, Käfer und Spinnentiere und was nicht alles zum unmittelbaren Umfeld einer jeden Pflanze zählt, eine Beziehung und damit voraussehbare Reaktionen aufgebaut haben: unerwartete Resistenzen gegen neue Krankheitserreger, Ver-

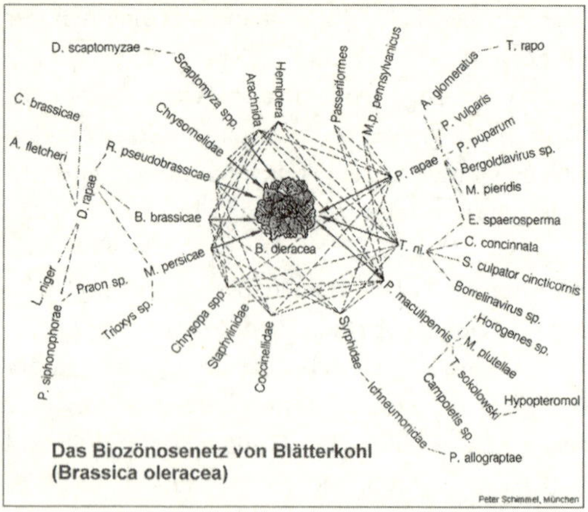


Abb. 37 Selbst ein einfacher Kohlkopf ist mit vielen anderen Spezies zu einem unsichtbaren Netz, einem Systemkomplex verwoben. Für den Blätterkohl *Brassica oleracea* wurden alleine 38 verschiedene Spezies ermittelt: Insekten, Sporen, Pilze, symbiontische Samen und Flechten, Blattkäfer, Schwebfliegen, Falter und Spinnentiere, die durch eine Reihe verschachtelter Rückkopplungen aufeinander und auf die Entwicklung des Kohlkopfes einwirken und neben Unkräutern, Bodenlebewesen und Mikroorganismen in diesem System mitspielen. Auch die »schädliche« Raupe eines Kohlweißlings hat wichtige Funktionen für das Ganze, sie dient der Schlupfwespe als Speise, auf die wieder andere Glieder des Netzes angewiesen sind. Vielleicht schadet so mancher »Schädling« und so manches »Unkraut« der Landwirtschaft mehr dadurch, dass sie zur Besprühung mit Insektiziden und Herbiziden herausfordern, was dann eine solche Biozönose mitsamt ihrer Schutzfunktion zusammenbrechen lässt. Ab dann kann die von ihrem Umfeld isolierte Nutzpflanze nur noch mit »harten Bandagen« geschützt werden. Wenn dann in Zukunft noch gentechnisch veränderte Insekten auf die restlichen funktionierenden Biozönosen losgelassen werden und sie in Chaos verwandeln, dürfte der Aufwand für eine solche destabilisierte Landwirtschaft nicht mehr bezahlbar sein.

schiebungen im Schädlingsspektrum und neue Anfälligkeiten, die weitere Genmanipulation nach sich ziehen werden.

Ein einheitliches Genmuster bedeutet neben der zweifellos höheren Produktivität (und gleichzeitig höheren Anfälligkeit, wie bei allen Monokulturen) auch immer eine Ausschaltung des biologischen Zufallsgenerators, dessen Rolle – etwa in der Steuerung der Evolution – noch gar nicht durchschaut ist. Das Scheitern der Grünen Revolution in manchen Entwicklungsländern (die zum Beispiel Kenia in kurzer Zeit vom Getreideexportland zum Importland gemacht hat) sollte ein warnendes Beispiel sein. Darüber hinaus bedeutet aber jede genetische Einengung auch eine Verringerung der für das Überleben so wichtigen Streubreite einer Art. Und das gilt natürlich auch für die menschliche Spezies, wenn man deren Genreservoir auf momentan vielleicht wünschenswerte Eigenschaften einengt, wovon weiter oben schon die Rede war.

## Gesundheitliche Rückwirkungen

Aber nicht nur die Komplexität der Wechselwirkungen zwischen Pflanze, Boden, Kleinlebewesen und Mikroorganismen, auch die Reaktionen des menschlichen Organismus auf den veränderten Stoffwechsel und die neuartigen Inhaltsstoffe der genmanipulierten Pflanzen ist noch nicht im Mindesten durchschaut. Ganz abgesehen von dem schon erwähnten stärkeren Herbizideinsatz, gegen den zwar die genetisch veränderte Kulturpflanze, aber gewiss nicht unser Organismus resistenter geworden ist, muss man sich fragen, ob sich mit der Einschleusung isolierter artfremder Gene – abgesehen von den erwünschten Effekten – beim Konsumenten nicht auch neuartige Allergien, also immunologische Reaktionen des Organismus einstellen. In zunehmenden Fällen sind daher Stoffwechselstörungen, Veränderungen der Darmflora und Unverträglichkeiten in der Verdauung zu erwarten, von tiefer gehenden Langzeitschäden ganz zu schweigen. Die Übertragung der Antibiotika-Resistenz des Gen-Mais auf Tier und Mensch zum Beispiel wurde inzwischen vom Pariser Pasteur-Institut eindeutig nachgewiesen. Nicht ohne Grund bereitet also Genfood allgemeines Unbehagen.

Vielleicht mag vieles davon gar nicht eintreten. Das Risiko jedoch ist mit Sicherheit vorhanden. Ich selbst habe vor vielen Jahren zusammen mit dem Zoologen Fritz Anders mit genspezifischen Kreuzungen von Pflanzen (Nicotiana) wie auch von bestimmten Fischarten (*Xiphophorus, Platipoecilus* etc.) gearbeitet, biochemische Untersuchungen angestellt und über Induktor- und Repressormechanismen der auf die Gene wirkenden Proteine geforscht. Schon damals trat klar zutage, dass mit der Übertragung eines Gens nicht nur ein bestimmtes Erbmerkmal übertragen wird, das wir zufällig gerade erkennen, sondern dass sich damit das Gesamtmuster des genetischen Textes verändert, sozusagen die Beziehung aller Gene zu allen, und eine Reihe von latenten, zum Teil rezessiven Kombinationswirkungen (unter anderem Tumoren) auftreten, die überhaupt nichts mit dem erwünschten Effekt zu tun zu haben brauchen. Die Untersuchung solcher Kopplungen war damals nicht einmal unser Ziel. Ich erwähne dies nur, um auf die Komplexität eines genetischen Eingriffs hinzuweisen, erst recht, wenn dieser nicht durch »normale« Kreuzungen zustande kommt.

## Biotech ist nicht gleich Biotech

Bedauerlich bei der ganzen Diskussion wäre hier allerdings, wenn das Kind mit dem Bade ausgeschüttet würde. Leider wird derzeit alles, was mit Kreuzungen, Neuzüchtungen, Biotechnik usw. zu tun hat, mit Genmanipulationen in einen Topf geworfen (nicht zuletzt von den Protagonisten der Gentechnik selber, um mit solchen Vergleichen deren Harmlosigkeit herauszustellen). Gerade die industrielle Mikrobiologie aber und die gewaltigen Hilfen, die wir von Seiten der Biotechnologie im Hinblick auf ökologische Produktionsprozesse nutzen können (was bisher viel zu wenig angegangen wird), bekommt so den gleichen Stempel aufgedrückt. Weder Bier noch Joghurt, weder Käse noch Hefekuchen könnten wir ohne Biotechnologie genießen. Und so zukunftsträchtige Verfahren der industriellen Mikrobiologie wie die Gewinnung von Biogas, die energielose Aufbereitung von Erzen (wie zum Beispiel schon weitgehend bei der bakteriellen Kupfergewinnung der Fall) und andere umweltfreundliche Biotechniken würden gar nicht erst aufkommen können. Um hier nichts zu verbauen, scheint mir eine strikte Trennung solcher mit der Umwelt kompatibler Biotechnologien mit ihren äußerst profitablen Möglichkeiten von jenen inkompatiblen, den universellen genetischen Code irreversibel verändernden Biotechnologien dringend notwendig.

Was Letztere betrifft, so wundert mich der fast schon fanatische Durchsetzungswillen dieser nicht einmal im Ansatz verstandenen Manipulationen. Warum das alles? Schließlich haben wir auf der Welt an die 400 000 Pflanzenarten, von denen nur ein Bruchteil überhaupt je auf ihre mögliche Rolle für die Ernährung wie auch als »grüne Apotheke« untersucht sind und von denen vielleicht ganze zehn Arten 99 Prozent der pflanzlichen Welternährung bestreiten! Hier liegt noch ein ungeheures natürliches Potenzial brach, welches im Einklang mit den umgebenden Ökosystemen und Biotopen genutzt werden könnte.

## Wissenschaft braucht den öffentlichen Konsens

Es ist zu hoffen, dass sich allmählich die Erkenntnis durchsetzt, dass nicht jede Erfindung oder Entwicklung weiterverfolgt beziehungsweise angewandt werden darf, wenn sich schädliche oder auch nur unbekannte Folgen der Anwendung wie etwa bei der Gen-Manipulation von Saatgut oder bei den bisherigen Pannen der Gentherapie abzeichnen. So löst man vielleicht ein Problem, schafft aber damit schon gleich wieder eine Reihe neuer.

Nicht nur Übertreibungen und Fälschungen, auch Behinderungen gehen die Öffentlichkeit etwas an. Das ist der Januskopf in der Wissenschaftsförderung, dass zwar einerseits haltlose Versprechen gestützt und Fälschungen gedeckt, aber andererseits nur allzu oft Forschungen, die vielleicht dem momentan herrschenden Dogma widersprechen (wie im Fall unserer krebshemmenden Proteine), durch die gleichen Institutionen und ihre Gutachter behindert werden. »Die Wissenschaft muss sich legitimieren, sie hat keine Lizenz zur Weltverbesserung«, schrieb der Bundestagsabgeordnete Michael Müller einmal in der ›ZEIT‹. Für wissenschaftliche Weichenstellungen werden daher in Zukunft übergeordnete Entscheidungen nötig sein, die öffentlich diskutiert werden müssen und weder dem Zufall überlassen noch von den wissenschaftlichen Gremien alleine getroffen werden können. Denn kein Spezialfach kann aus sich selbst heraus beurteilen, welche Bedeutung es für die Wissenschaft oder die Gesellschaft wirklich hat. Mit anderen Worten: Normale Bürger und damit auch die Politik werden in Zukunft ein immer gewichtigeres Wörtchen mitreden müssen. Als Konsumenten tun sie es bereits. Denn das Unbehagen an genmanipulierter Nahrung und der Ekel, den viele mit Genfood verbinden, ist – berechtigt oder nicht – jedenfalls real und hat bereits bei Firmen wie Monsanto den Trend zu einem – zwar noch zögerlichen – Rückzug aus diesem heiklen Geschäft veranlasst.

Ich sehe es daher als eine gesellschaftliche Aufgabe der Forscher an, das durch den Genom-Rummel gestörte Verhältnis zur Öffentlichkeit zu beenden und den Leuten nahe zu bringen, was in den Labors eigentlich

passiert, statt sich auf ihren Fachjargon zurückzuziehen, um ihre Ergebnisse mehr scheinen zu lassen als sie es in Wahrheit sind.
Als ernüchterndes Fazit bleibt, dass mit der Entschlüsselung des genetischen Codes seit der Entdeckung der Doppelhelix als Träger des Erbguts durch Chargaff, Crick und Watson an Erkenntnissen über die komplexen Ablesevorgänge vom Genom und das dadurch ausgelöste Geschehen im Organismus nicht viel Neues hinzugekommen ist. Neu bei dem Ganzen ist vor allem das Marketing, nämlich dass man einerseits mit aufgebauschten (aber durch nichts gestützten) Heilungsaussichten für die leidende Menschheit, andererseits mit Sciencefiction – gepaart mit einigen Horror- und Frankensteinvisionen – auf einmal Milliarden Zuschüsse vom Staat und anderen Geldgebern locker machte. Eine geschickte PR-Mischung, die die Aufmerksamkeit explodieren ließ, doch mit allen drei Aussichten, der Beseitigung des Hungers in der Welt, der Gentherapie und dem Klonen des zukünftigen Supermenschen ist es nicht weit her. Dazu passt eine bekannte Aussage von Manfred Eigen (Chemie-Nobelpreis 1967): »Die Zustände in der Welt werden sich nicht durch Genveränderungen verbessern, sondern nur durch mehr Hirn.«

## Komplexität erkennen

Nach all dem Gesagten erhebt sich die Frage: Wie kann sich unser Gehirn für das Erkennen komplexer Vorgänge öffnen? Wie bei allem, was man lernen kann: durch Übung. Im folgenden Kapitel über »Systemgerechtes Planen und Handeln« werde ich daher auf eine Reihe von kybernetischen Hilfen und Regeln näher eingehen, welche die durch das uns anerzogene lineare Denken entwickelte Scheu im Umgang mit komplexen Informationen ablegen helfen und Wege aufzeigen, um Einzelinformationen in ein Muster zu bringen, und die darin waltende Kybernetik aufzuspüren und verstehen zu lernen.
Zuvor möchte ich jedoch, um unsere drei Beispiele und das Manko im Erkennen ihrer Komplexität besser zu verstehen, noch einmal zu unserem Computerbild von Abraham Lincoln auf Seite 54 zurückkommen. So wie es bei dieser Darstellung keinen Sinn macht, die einzelnen

Quadrate, ihren Grauwert und ihre Reihenfolge genau zu untersuchen, so wenig macht es Sinn – um beim Beispiel Gentechnik zu bleiben –, die in den Chromosen aufgereihten Gen-Sequenzen immer genauer zu beschreiben zu wollen, zumal ohnehin bei jedem Teilungsschritt einer Zelle neue Variationen auftreten. Denn wie bei den Quadraten des LINCOLN-Bildes ist es auch hier das Muster der Wechselwirkung eines Gens mit allen anderen Genen, worin das Geheimnis der speziellen Rolle dieses Gens zu suchen ist, und nicht in einem noch so genauen Studium seines Aufbaus oder seiner unmittelbaren Nachbarschaft. Komplexe Vorgänge spielen sich nun mal in einer ganz anderen Betrachtungsebene ab, in einer anderen Dimension als aus dem Einzelfaktor eines Systems hervorgeht. Hinzu kommt, dass so, wie die »Sequenzkartierer« sie entschlüsseln, die DNS in ihrer aktiven Form ohnehin nie vorliegt. Wie Werner BARTENS es beschreibt, ist sie – anders als im Labor – in ihrer realen Aktion »zu einem Gen-Salat aus Milliarden Basenpaaren verknäult, so dass Wechselwirkungen mit auf der Kette weit entfernten Abschnitten zustande kommen.« Allein schon deshalb könne man aus der linear auseinander gezogenen Kette überhaupt keine Schlüsse darüber ziehen, welche Gene mit welchen kooperieren oder welche Gene sich beim Ablesevorgang auseinander falten und welche nicht. Genauso wenig wie man beim LINCOLN-Bild auch durch noch so genaue tabellarische Auflistung nach steigenden Grauwerten in aufwendigen Tabellen erfahren wird, dass das Muster einen menschlichen Kopf darstellt. Erst im Zusammenspiel bilden sich Kurven, kommen Proportionen heraus, so dass Augen, Mund und Nase erkennbar werden. Um diese »Message« zu erfassen, ist das Studium der einzelnen Quadrate die falsche wissenschaftliche Methode. Sie kann nur durch Zufall dem einen oder anderen »glimpse of truth« begegnen. Für das Umgehen mit der Komplexität der Lebensvorgänge ist daher gewiss die Darstellung der in dem Ausschnitt auf Seite 120 abgebildeten Regelkreise und ihre Steuerung durch das Wechselspiel der Enzyme ein weit besserer Zugang als das, was – so muss man leider sagen – derzeit mit ungeheurem Aufwand betrieben wird. Mit dieser Tatsache müssen auch die an der Genforschung beteiligten Forschungsteams zurecht kommen, wenn sie an der Aufklärung und Sequenzierung jener Milliarden von Textabschnitten des universellen Codes arbeiten.

# 9 • Systemgerechtes Planen und Handeln

## Was ist Kybernetik?

In diesem Kapitel soll etwas ausführlicher von der Kybernetik selbst die Rede sein. Unter Kybernetik (vom griechischen *kybernetes*, der Steuermann) versteht man die Erkennung, Steuerung und selbsttätige Regelung ineinander greifender, vernetzter Abläufe bei minimalem Energieaufwand. So treffend sich dieser Begriff für neue Denkmodelle eignet, so wurde er doch oft mit Regeltechnik und Computersteuerung (nichts ist unkybernetischer als die Rechenweise eines Computers) gleichgesetzt und dadurch vielfach missverstanden. Deshalb sollte eigentlich besser von Biokybernetik gesprochen werden. Auch nach ihrem Begründer, dem Mathematiker Norbert WIENER, hat die Kybernetik ihren eigentlichen Ursprung im Bereich des Lebendigen und nicht etwa in der Welt der Computer. Ihrem Wesen nach hat sie nicht das Geringste mit Maschinen, Robotern oder Elektronenrechnern zu tun, sondern mit der genetischen Steuerung in unseren Zellen, mit Enzym- und Hormonregulation, mit der Photosynthese in jedem grünen Blättchen, mit den ersten Gehversuchen eines Babys.

Dort, wo Kybernetik seit jeher funktioniert, im biologischen Geschehen, bedeutet sie keineswegs detaillierte Vorprogrammierung oder zentrale Steuerung (wir erinnern uns: Der Steuermann ist Teil des Systems), sondern lediglich Impulsvorgabe zur Selbstregulation, »Antippen« von Wechselwirkungen zwischen Individuum und Umwelt, Stabilisierung von Systemen und Organismen durch Flexibilität, Nutzung vorhandener Kräfte und Energien sowie ständiges Wechselspiel mit ihnen. Durch Fluktuation, nicht durch Starrheit wurde dieses Vorgehen zum Garant des Lebens, gewann die Natur ihre nie erlahmende Stabilität und Stärke.

Diese besondere Organisation aller lebenden Systeme ermöglicht ihnen, die Abläufe zwischen ihren einzelnen Teilen so aufzubauen, dass sie sich automatisch in Gang halten und steuern. Dazu gehört vor allem die stabilisierende Dynamik eines Regelkreises, der, verflochten mit anderen Regelkreisen und unterteilt in Teilregelkreise, im Grunde jeden Organismus aufrechterhält – von der einzelnen Mikrobe über den Menschen und einen Teil der von ihm geschaffenen künstlichen Systeme bis hinauf zur Biosphäre als Ganzes.

Jeder Regelkreis (vgl. dazu Abb. 4 auf S. 43) besteht im engeren Sinne nur aus zwei Dingen: zum einen aus der zu regelnden Größe – man nennt sie Regelgröße –, zum anderen aus dem Regler, der sie verändern kann. Dieser Regler misst über einen Messfühler den Zustand der Regelgröße. Ist dieser Zustand durch einen Störfaktor verändert, gibt der Regler eine entsprechende Anweisung (den Stellwert) an ein Stellglied weiter, das daraufhin die Störung über eine angemessene Stellgröße unter Zufuhr oder Abfuhr einer entsprechenden Austauschgröße behebt. Auf diese Weise ist das zu regelnde System mit sich selbst rückgekoppelt. Über die Störgröße und die Austauschgröße steht es allerdings mit der Außenwelt in Verbindung.

## Positive und negative Rückkopplung

Stellt der Messfühler einen zu hohen Wert fest, so wird dieser durch das Stellglied verringert. Ist der Wert zu niedrig, so wird er erhöht. Deshalb spricht man bei einer solchen Selbstregulation von negativer (gegenläufiger) Rückkopplung. Liefe die Rückkopplung in die gleiche Richtung, würde also ein nach oben veränderter Wert über den Regler noch weiter erhöht, dann hätten wir eine positive (gleich gerichtete) Rückkopplung – und damit nicht mehr lange einen Regelkreis. Das System würde sich in die eingeschlagene Richtung aufschaukeln, d. h. entweder explodieren oder völlig zufrieren. Dennoch sind positive Rückkopplungen nötig, sie stellen die »Motoren« eines Systems dar, um überhaupt Dinge zum Laufen zu bringen oder gänzlich abzuwürgen.

Auch Metamorphosen wie die von der Raupe zum Schmetterling und andere Evolutionsvorgänge benötigen vorübergehend eine positive Rückkopplung, um von einem alten Gleichgewichtszustand zu einem neuen gelangen zu können. Letztlich muss sie jedoch immer der ihr übergeordneten negativen Rückkopplung gehorchen. Tut sie es nicht, so können wahre Teufelskreise – nach oben oder unten – entstehen, die nicht mehr unter Kontrolle zu bringen sind. Aus diesem Grunde gibt es kein lebensfähiges System, das ohne negative Rückkopplung arbeitet.

## Verschachtelte Regelkreise

Nun richtet sich aber auch der Regler selbst – sei es, dass wir ihn vorher einstellen, sei es, dass er anderen Systemen angeschlossen ist – außerdem noch nach einer Führungsgröße, die über ihm steht und den Sollwert für die Regelgröße vorgibt. Der Sollwert mag seinerseits veränderlich sein, weil er zum Beispiel selbst wieder die Regelgröße eines anderes Regelkreises ist. Diese Regelgröße mag ihrerseits wiederum der Stellwert eines dritten Regelkreises sein und dieser insgesamt vielleicht die Störgröße eines weiteren. So gibt es in Wirklichkeit nie isolierte, abgeschlossene Regelkreise, sondern immer nur miteinander in Wechselbeziehung stehende, offene Systeme mit mehreren vernetzten Regelkreisen, deren Sollwerte voneinander abhängen.

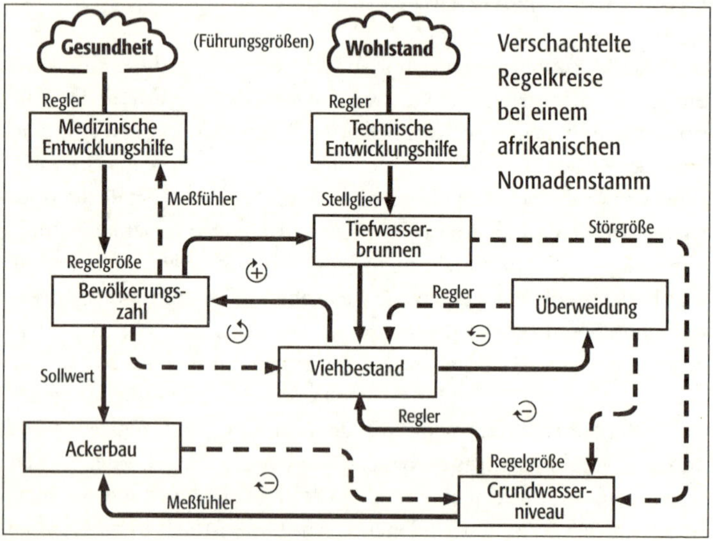


Abb. 38: Beispiel aus der Entwicklungshilfe für das Ineinandergreifen mehrerer Regelkreise

Leider ist damit, dass man die Vernetzung eines Systems kennt, noch nicht alles gewonnen. Denn entscheidend ist nicht nur, *was mit wem* verbunden ist, sondern auch, *wie* es damit verbunden ist, also die Kenntnis der Stärke, der Art und der Richtung der Wechselwirkungen zwischen den Teilen. Diese Wechselwirkungen sind nicht nur sehr unterschiedlich, nicht nur positiv oder negativ, stark oder schwach, sondern sogar meistens nichtlinear, das heißt, sie können mit der Zeit auch ihre Stärke und sogar ihren Charakter ändern, vom Unterstützen zum Zerstören umschlagen und im Verbund mit anderen Wirkungen ganz neue Konstellationen ergeben. Jede Wirkung zwischen zwei Systemen hat auf diese Weise ihre eigene Dynamik, die sich in mathematischen Funktionen ausdrücken lässt. Es gibt Beziehungen mit linearen wie auch mit nichtlinearen Wirkungen, Beziehungen höherer Ordnung, etwa mit Schwellen- und Grenzwerten, Schwingungs- und Umkippeffekten und solche mit Zeitverzögerung, ferner komplexe Beziehungen wie verschachtelte Regelkreise, in denen mal negative, mal positive Rückkopplungen dominieren.
Diese kurze Betrachtung und der Ausflug in die Bionik im vorausgegangenen Kapitel sollen zeigen, wie sehr sich auch für unser eigenes Wirtschaften statt einer linearen Weiterentwicklung bestehender Produktpaletten gelegentlich eine Besinnung auf die zugrunde liegenden biokybernetischen Prinzipien lohnen würde. Wenn wir unsere Prioritäten für ein systemgerechtes Planen und Handeln neu setzen wollen, müssen wir den biokybernetischen Status komplexer Systeme im Auge behalten. Eine Bewertung anhand der nachfolgenden biokybernetischen Grundregeln ist daher zum Beispiel auch der erste und gleichzeitig wieder der letzte Schritt eines mithilfe des Sensitivitätsmodells durchgeführten Planungsverfahrens: eine Bewertung nach dem Kriterium der Lebensfähigkeit, die damit Zielausrichtung und Überprüfung zugleich ist.

## Die acht Grundregeln der Biokybernetik

Dem Kriterium der Lebensfähigkeit liegen acht Regeln zugrunde, deren Befolgung, verbunden mit einem vernetzten Denken, bereits die gröbsten Planungsfehler vermeiden hilft. Allein ihre Berücksichtigung lässt schon neue Ideen aufkommen und versetzt einen in die Lage, ein System im Hinblick auf Problemlösungen neu zu beurteilen. Ihre Umsetzung hilft dann jedem Projekt, eine höhere »kybernetische Reife« zu erlangen, und bietet handfeste Argumentationshilfen zur Durchsetzung dessen, was systemverträglich und daher der Vernunft des Menschen angemessen ist. Vor nunmehr 25 Jahren im Rahmen einer UNESCO-Studie erstmals von mir formuliert, sind diese Grundregeln nicht etwa erfunden, sondern der Natur abgeschaut. Sie sind weniger als Verbote, denn als Innovationsanreize zu verstehen und stellen sozusagen eine Art Checkliste für die Strategie eines erfolgreichen Managements dar. Obwohl in einigen meiner Veröffentlichungen bereits behandelt, ist ihre Darstellung als Baustein der noch zu besprechenden Arbeitshilfen unverzichtbar.

### Regel 1

## Negative Rückkopplung muss über positive Rückkopplung dominieren.

Positive Rückkopplung bringt die Dinge durch Selbstverstärkung zum Laufen. Negative Rückkopplung sorgt dann für Stabilität gegen Störungen und Grenzüberschreitungen.

Negative Rückkopplung bedeutet Selbstregulation durch Kreisprozesse. Beispiele dafür sind die Steuerung der Hormonkonzentration durch unser vegetatives Nervensystem, die Regelung der Benzinzufuhr durch den Vergaserschwimmer, die Arbeitsweise des Fliehkraftreglers, die Wechselwirkung zwischen Angebot und Nachfrage, etwa der bekannte »Schweinezyklus« oder »Kartoffelzyklus« durch Übersteuerung und zyklisches Wachstum oder die Aufrechterhaltung ökologischer Gleichgewichte zwischen Tier- und Pflanzenarten.
Zur Erklärung ziehe ich immer gerne das einfache Beispiel von Raubtier (Wolf) und Beute (Hase) heran, deren Körpergewicht, Laufgeschwindigkeit und Fanghäufigkeit einen Regelkreis bilden: Je schneller ein Wolf läuft, desto mehr Hasen kann er fangen. Je mehr Hasen er

fängt, desto dicker wird er, desto langsamer kann er laufen, desto weniger Hasen fängt er, desto dünner wird er wieder, und desto schneller kann er wieder laufen, desto mehr Hasen fängt er wieder, desto dicker wird er wieder, und so weiter und so fort. Dieser Regelkreis ist selbst wiederum mit anderen verschachtelt, etwa dem zwischen der Größe der Hasenpopulation und deren Ressourcen, sprich der zur Verfügung stehenden Pflanzennahrung.

Selbststeuerung ist das wichtigste Organisationsprinzip eines Teilsystems, sobald es innerhalb des Gesamtsystems überleben will. Damit spreche ich die reale Komplexität offener Systeme an und die Tatsache, dass auch der Steuermann in diese eingebunden ist; denn auch sein Regelkreis ist ja wieder nur ein Teil eines größeren verschachtelten Wirkungsgefüges.

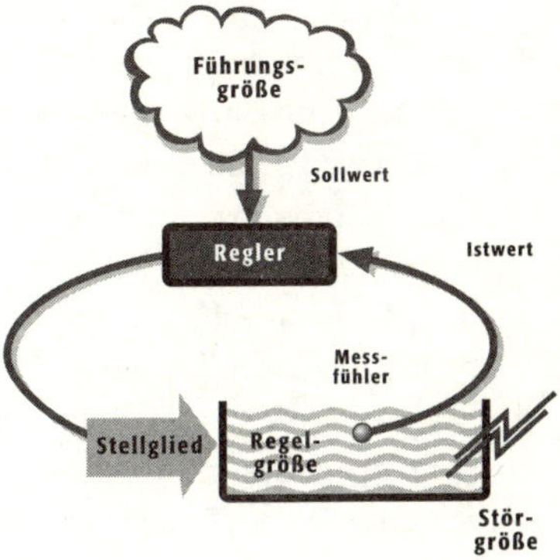


Macht man sich mit Regelkreisen näher vertraut, beginnt sich unsere »umgestülpte« Sicht der Realität noch um ein weiteres Element zu verändern: Die Kausalität verliert ihre festgelegte Richtung, weil Ursache und Wirkung verschmelzen, im Kreisprozess ihre Rollen vertauschen. Jede Ursache ist dann auch wieder Wirkung und jede Wirkung wieder eine neue Ursache. Solange wir uns dessen nicht bewusst sind, wird es immer Schuldzuweisungen geben – in der Ehe, zwischen Eltern und Kindern, in politischen Konflikten wie zwischen Türken und Kurden, im Kosovo oder wie in Israel. Eine nachhaltige Lösung hingegen lässt sich nur auf der Systemebene finden.

Aber nicht nur Ursache und Wirkung werden relativiert, auch normalerweise feststehende Bewertungen wie die erwähnten Fortschrittskriterien bekommen durch ihre Vernetzung im Systemzusammenhang eine neue Bedeutung, die sich dann gar ins Gegenteil verkehren kann. Nehmen wir die bekannte Darwin'sche These vom *survival of the fittest*, dem Überleben des Tüchtigsten. Danach wäre »schneller«, »größer«, »stärker« für jedes Lebewesen ein Vorteil. Dies mag bei einigen stimmen, bei anderen hingegen trifft es nicht zu, oder jedenfalls nur für den

Augenblick, so wie ein hochgepuschter *shareholder value* keine Garantie für das Überleben sein muss, ja dieses sogar langfristig gefährden kann.

Auch dazu wieder ein Beispiel aus der Systemdynamik zwischen Räuber und Beute: Ein Löwe läuft mit etwa 50, für einige Sekunden auch einmal mit 70 Stundenkilometern, sein Beutetier, eine Antilope oder Gazelle, bringt es dagegen minutenlang auf 80 Stundenkilometer. Schlecht für die Löwen? Im Gegenteil, deshalb gibt es noch Löwen! Wären die Löwen schneller als ihre Beute oder müssten sie nicht wegen Energieknappheit bei längeren Verfolgungsjagden aufgeben, dann hätten sie längst ihre Ressourcen aufgefressen und wären ausgestorben. So muss es dem Säbelzahntiger ergangen sein, der nur kurz auf dieser Erde weilte, weil seine gewaltigen Fangzähne keine Beute mehr losließen, seine Population entsprechend anstieg und sich der Bestand seiner Ressourcen immer weniger erholen konnte. Da der unmittelbare Regelkreis unterbrochen wurde, kam dann der übergeordnete Regelkreis ins Spiel und eliminierte die Art.

DARWINS These wird also meistens falsch verstanden: Es überlebt nicht der in bestimmten Leistungen Tüchtigste, sondern der im Wechselspiel mit dem System Tüchtigste. Es lohnt sich, einmal Parallelen zu unserem eigenen Planen und Handeln, etwa auf dem Energiesektor, dem Verkehrssektor oder im Konkurrenzverhalten zu durchdenken und vielleicht selber den einen oder anderen schützenden Regelkreis *bewusst* aufzubauen.

### Regel 2

## Die Systemfunktion muss vom quantitativen Wachstum unabhängig sein.

Der Durchfluss an Energie und Materie in lebensfähigen Systemen ist langfristig konstant. Das verringert den Einfluss von Irreversibilitäten und das unkontrollierte Überschreiten von Grenzwerten.

Wenn ein System wachsen und gleichzeitig überleben will, muss es Metamorphosen durchmachen. Eine Raupe wäre ab einer gewissen

Größe nicht mehr lebensfähig. Und auch als noch so große Raupe könnte diese Spezies weder ihre Funktion erfüllen noch sich fortpflanzen. So schaltet sie rechtzeitig auf Nullwachstum um, wird innovativ, verpuppt sich und wird zum Schmetterling – ein Beispiel dafür, dass bloßes Wachstum Metamorphose und Umstrukturierung nicht ersetzen kann. Das gilt analog für alle komplexen Systeme.

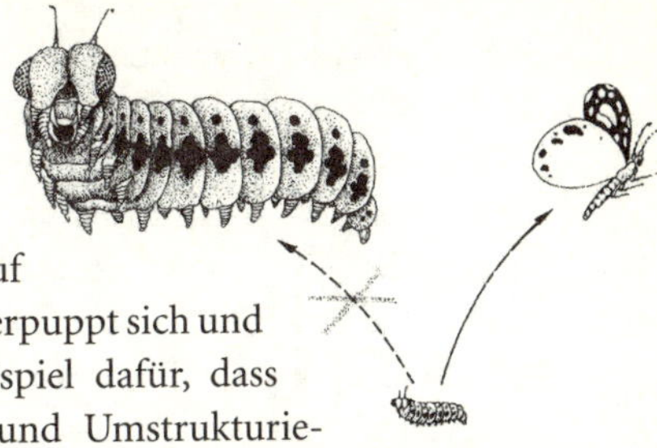

Wie schon bei der Behandlung des Wachstumsparadigmas gezeigt, ist der Vernetzungsgrad für die Stabilität und Überlebensfähigkeit eines Systems von ausschlaggebender Bedeutung. So ist aus empirischen Untersuchungen bekannt, dass komplexe Ökosysteme stabiler sind als einfache. Bei weiterem ununterbrochenem Wachstum mit immer höherem Vernetzunggrad, der bereits zum Chaos überleitet (alles ist mit allem verknüpft), nimmt dagegen die Stabilität wieder ab. Deshalb bildet sich in lebenden Systemen statt eines chaotischen Netzes meist eine übergeordnete Struktur aus, die zwar in kleineren Bereichen die Vernetzung zunehmen lässt, doch zwischen diesen Bereichen nur aus wenigen ausgewählten Relationen besteht und dort deutliche »Minima bereichsüberschreitender Wirkungsflüsse« aufweist (vgl. Abb. 8, S. 69). Das überzeugendste Beispiel für die Unvereinbarkeit von permanentem Wachstum mit qualitativer Strukturierung und Funktion ist unser eigenes Gehirn, dessen Hardware – die Neuronen und ihre Verdrahtungen – schon wenige Monate nach der Geburt praktisch »ausgewachsen« ist. Denn hier, wo höchste Funktionserfüllung in Form von Informationsspeicherung und -verarbeitung verlangt wird, kann Wachstum nur stören, da es den Aufbau unseres Biocomputers durch ständigen Einbau neuer Chips unterbrechen und immer wieder von Null starten lassen würde. Deshalb kann seine steuernde Funktion, das Denken, erst beginnen, wenn sein Wachstum abgeschlossen ist.

Entsprechend der logistischen Wachstumskurve (Abb. 16, S. 82) spricht die zweite Regel nicht gegen Wachstum als solches, sondern warnt vor der Abhängigkeit davon. Denn damit heben wir die Selbstregulation und damit das Prinzip der ersten Grundregel auf, die uns normalerweise, das heißt vor Erreichen des kritischen Inflexionspunktes, über die logistische exponentielle Wachstumskurve in eine neue stationäre Phase führen würde. Durch ungebremstes Wachstum verlagern wir diesen Vorgang nur auf eine höhere Stufe der Rückkopplung, die lediglich später, dafür aber um so brutaler zurückschlägt: Ein weit härterer Regulationsmechanismus tritt in Kraft, der dann statt zur Metamorphose zur Katastrophe führt. Ein zunehmend größerer Aufwand an Energie und Kapital und schließlich der Kollaps sind die in solchen Fällen zumeist unausweichlichen Folgen. Beispiele dafür können wir jeden Tag in der Wirtschaftspresse nachlesen.

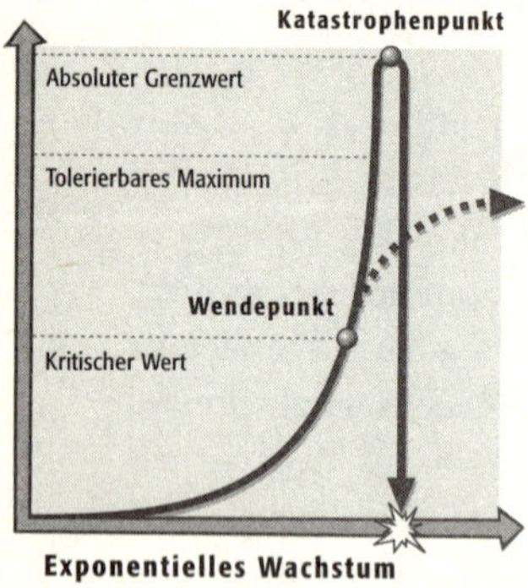


Regel 3

## Das System muss funktionsorientiert und nicht produktorientiert arbeiten.

Eine entsprechende Austauschbarkeit des Angebots erhöht Flexibilität und Anpassung. Das System überlebt auch bei veränderter Nachfrage.

Überlebensfähige Systeme sind funktions-, nicht produktorientiert. Nur dies ermöglicht die nötige Flexibilität einer Unternehmung oder eines regionalen Wirtschaftsraums in Zeiten des technischen und sozialen Wandels und einer sich laufend verändernden Umwelt. Denn Produkte ändern sich oft rasch, Funktionen aber bleiben lange erhalten. Immer ist es die Erfüllung eines Bedürfnisses und damit der Funktion, die langfristig profitabel ist, nicht das Produkt, mit dem man bei einseitiger Festlegung sehr leicht am Markt vorbeiproduzieren kann. Als Fazit unserer Systemuntersuchung für Ford Deutschland ergab sich, dass sich die Funktion eines Unternehmens dieser Branche nicht im Autobau erschöpfen darf, sondern eigentlich das Verkehrsgeschäft ist – im Grunde eine viel interessantere Branche, deren Aufgabe sich sowohl auf die Entwicklung unterschiedlichster Fahrzeuge und neuer

Transportarten erstreckt als auch auf Ent- und Versorgungseinrichtungen (Abfallbeseitigungssysteme, Energieboxen) bis hin zu einer besseren Städteplanung und dem Design einer Siedlungsstruktur, die vielleicht generell weniger Verkehrsaufkommen benötigt – eine Neuorientierung, die mittlerweile wenigstens in Ansätzen bei einigen Automobilfirmen zu beobachten ist. Gerade die dritte Regel verdeutlicht die Grenzen einer reinen Umweltbilanz: Mit den EMAS-Empfehlungen und den ISO-Normen haben wir, ähnlich wie schon mit dem DIN-Katalog, zwar ein umfangreiches Regelwerk geschaffen, dessen Schwäche aber, vor allem bei ISO 9000, in der Produktorientierung liegt. Dieser Bewertungsmaßstab zielt in erster Linie auf bestehende Produkte und ihre Optimierung in Herstellung, Vertrieb, Transport, Betrieb sowie Entsorgung – nicht aber auf die Funktion, die dieses Produkt erfüllt oder auf die Befriedigung des zugrunde liegenden Bedürfnisses. Das Produkt als solches wird erst gar nicht in Frage gestellt. Die allgemein vorherrschende Produktfixierung führt dazu, dass selbst die großen Unternehmensberater oft nur davon reden, wie man die Herstellung des betreffenden Produkts oder der jeweiligen Dienstleistung rationalisieren und so das bestehende Produkt billiger anbieten, in neue Märkte drücken und gegen die Konkurrenz abschirmen kann, um bei zunehmender Globalisierung weiter erfolgreich zu sein. Kaum einer hinterfragt, ob man vielleicht die falschen Produkte herstellt, längst am Markt vorbeiproduziert, sie falsch und mit schlechtem Service anbietet. VW hat bekanntlich seinen damaligen grandiosen Durchbruch mit dem Käfer auf dem Weltmarkt nicht in erster Linie durch das Produkt, sondern den einmaligen flächendeckenden Service erreicht. Rationalisierung und Standortvorteil nützen nichts, wenn man nicht auch das Produkt selbst in Frage zu stellen wagt. Subventionen sind bei am Markt gescheiterten Produkten häufig das letzte Mittel zur Rettung, wodurch aber der kranke Zustand

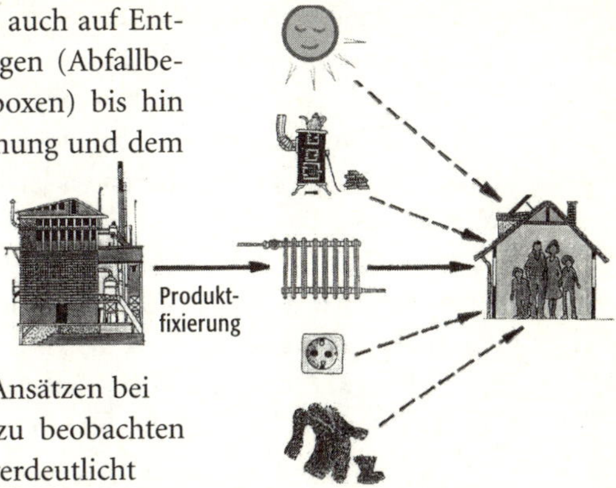

nur noch zementiert wird – anstatt sich die Frage zu stellen, was man mit den vorhandenen Mitarbeitern und ihrem Know-how sonst noch anfangen und wie man mit ihnen mehr Erfolg auf dem Markt haben könnte als bisher. In diesem Moment würde die vielleicht längst fällige Metamorphose eines Unternehmens einsetzen und Wachstum durch Evolution ersetzt werden.

Um beim Beispiel der Automobilindustrie zu bleiben: Mit ihrem umfassenden Know-how in der Konstruktion von Motoren und Generatoren könnte sie in der Aerodynamik und Kraftumwandlung, in Lagern, Rollen, Federn, Pumpen, Katalysatoren, Kunststoff- und Metallrecycling, in der Herstellung von Kraft-Wärme-Boxen für eine integrierte Hausenergie, in Steuerungsautomatik und Elektronik weit bessere Betätigungsfelder finden als im bloßen Bau von immer leistungsfähigeren Tourenwagen, die im Grunde einen Rückschritt innerhalb der Evolution darstellen und in eine Sackgasse laufen.

### Regel 4

## Nutzung vorhandener Kräfte nach dem Jiu-Jitsu-Prinzip statt Bekämpfung nach der Boxer-Methode.

Fremdenergie wird genutzt (Energiekaskaden, Energieketten), während eigene Energie vorwiegend als Steuerenergie dient. Die Nutzung vorhandener Kräfte profitiert von vorliegenden Konstellationen und fördert die Selbstregulation.

Bekanntlich kommen asiatische Sportarten wie Judo oder Aikido durch ihre trickreichen Hebelwirkungen mit einer gegenüber dem Energieaufwand der Kraftsportarten sehr geringen Steuerenergie aus. Natürliche Systeme arbeiten generell nach dem Prinzip der asiatischen Selbstverteidigung, also durch Ausnutzung bereits existierender (auch scheinbar behindernder) Kräfte und deren Umlenkung im gewünschten Sinne mit geringfügigen Steuerenergien – anstatt vorhandene Kräfte nach Boxermanier erst mit gleich hoher Gegenkraft zu bekämpfen und dann noch ein zweites Mal Kraft für das aufzuwenden, was man eigentlich erreichen will. Das Prinzip der Prophylaxe statt nachträglicher Reparatur zielt in die gleiche Richtung: die rechtzeitige Erhaltung und Nutzung der Selbstreinigungskraft der Gewässer statt des teuren Baus von Klärwerken, die Nutzung der Auwälder und der Schwammfunktion noch nicht versiegelter Böden statt Flussbegradigung und Bachverbauung.

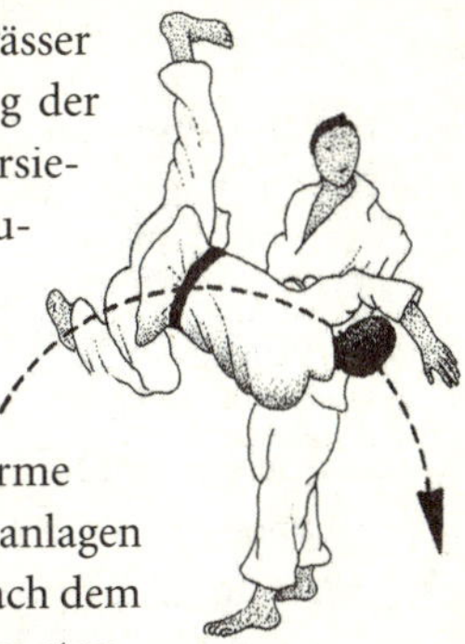

Ähnlich wie die Sonnen- und Windenergie könnten wir darüber hinaus mit einem simplen STIRLING-Motor jedes Temperaturgefälle und jede Abwärme zur Stromerzeugung nutzen, statt sie durch Klimaanlagen mit zusätzlichem Energieaufwand zu bekämpfen. Nach dem gleichen Jiu-Jitsu-Prinzip könnten neben Wärmeaustauschern kleine 15 kW Energieboxen, wie sie jede Autofabrik herstellen kann, oder kleine Blockheizkraftwerke für Nahwärmeinseln die Kraft-Wärme-Kopplung ohnehin vorhandener Energien weitaus besser nutzen als jedes Großkraftwerk. Dass auch sonst das Jiu-Jitsu-Prinzip durch Senkung von Betriebskosten gerade für den Umweltschutz eine wirksame Motivation liefert, zeigen die vielen Fälle, in denen durch Umweltschutzmaßnahmen Kosten gespart und die Rendite erhöht wurde.

Schon vor Jahren haben zum Beispiel ELKINGTON und BURKE in dem Buch ›Umweltkrise als Chance‹ an neuen intelligenten Produkten und vor allem auch Thomas DYLLIK an ökologischen Lernprozessen in Unternehmen aufgezeigt, dass die Industrie durch radikale ökologische Orientierung leistungs- und konkurrenzfähiger wird. Auch der Unternehmerverband B.A.U.M. (Bundesdeutscher Arbeitskreis für umweltbewusstes Management) propagiert gezielt die Vielzahl der auf diesem Gebiet schon bestehenden Möglichkeiten, mit deren offensiver Nutzung die Phase der eigentlichen Wirtschaftsökologie beginnen würde. Denn auch die Natur erreicht mit ihren Energiekopplungen, Energieketten und Energiekaskaden, mit Photosynthese und Katalyse, mit der Nutzung statt Zerstörung vorhandener Strukturen und Materialien ihren beneidenswerten Wirkungsgrad, von dem unsere Ingenieure nicht einmal zu träumen wagen.

Regel 5

## Mehrfachnutzung von Produkten, Funktionen und Organisationsstrukturen.

Mehrfachnutzung reduziert den Durchsatz, erhöht den Vernetzungsgrad und verringert den Energie-, Material- und Informationsaufwand.

Überlebensfähige Systeme bevorzugen Produkte und Vorgänge, bei denen mehrere Fliegen mit einer Klappe geschlagen werden – im Grunde eine Spielart des Jiu-Jitsu-Prinzips. Möglichst nichts, was wir schaffen oder tun, möglichst kein Produkt und Verfahren sollte isoliert eingesetzt werden, sondern gemeinsam mit anderen ein multifunktionales System bilden. Das verlangt natürlich fachüberschreitendes Denken von der Forschung über die Entwicklung bis zum Endprodukt. Ein Beispiel der Mehrfachnutzung aus einer unserer Verkehrsstudien soll dies verdeutlichen. Die Skizze zeigt einen Verbund der Haustechnik für Wärme, Strom und Fahrzeugantrieb mit stationärem Stirlingmotor in Kombination mit Biogas, Dachbegrünung, Solarenergie oder Windgeneratoren. Man kann sich nämlich fragen, warum ein Stadtmobil, das nur einen begrenzten Radius haben muss, überhaupt noch Aggregate wie Motor und Getriebe beinhalten, gewissermaßen ein eigenes Kraftwerk mitschleppen soll, wodurch das Fahrzeug schwer und damit energiewirtschaftlich ineffektiv wird. Die kybernetische Lösung wäre: Motor in den Keller, Abwärme nutzen und mit dem erzeugten Strom gleichzeitig Batterien aufladen.

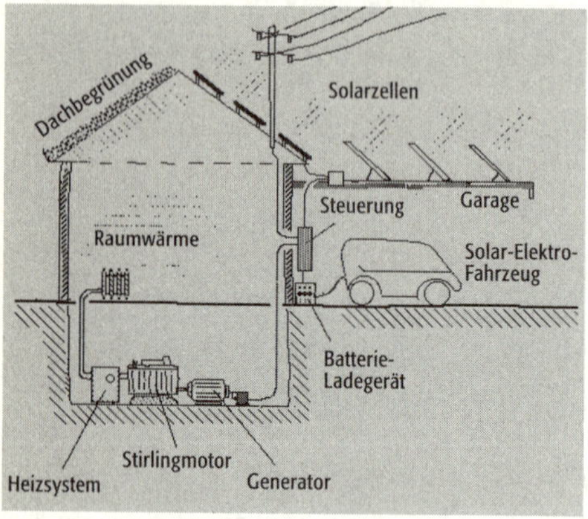


Abb. 39: **Fahrzeugantrieb im Verbund mit neuer Haustechnik** (aus: F. Vester, *Crashtest Mobilität*)

Eine dezentrale und damit effizientere Energieversorgung ist durchaus auch für Großstädte geeignet: als Verbund aus Kraft-Wärme-Kopplung, Energieboxen, Biogasnutzung, Dämmstoffen und Treibstoffen aus Naturfasern, aktiver und passiver Solarenergienutzung, Dachbegrünung, Windpumpen, Energiefassaden, Wärmerückgewinnung etc. In den Kommunen, in denen erste Verbundtechniken dieser Art schon funktionieren – etwa in Saarbrücken, Heidenheim, Freiburg, Erlangen und Rottweil, um nur einige deutsche Vorreiter zu nennen –, finden sie bei den Bürgern uneingeschränkten Zuspruch und haben auch die Stadtwerke rasch aus den roten Zahlen gebracht.

Regel 6

### Recycling: Nutzung von Kreisprozessen zur Abfall- und Abwasserverwertung.

Ausgangs- und Endprodukte verschmelzen. Materielle Flüsse laufen kreisförmig. Irreversibilitäten und Abhängigkeiten werden gemildert.

Das Prinzip des Recycling hält besonders für mittelständische Betriebe und das Handwerk hochinteressante Anwendungsbereiche parat. Wir sollten uns immer wieder vergegenwärtigen, dass die belebte Natur überhaupt keine »›Abfälle« als solche kennt. Aus gutem Grund hat sie im Laufe der Äonen einen geschlossenen Materialkreislauf etabliert. Durch das nutzbringende Wiedereingliedern von Abfallprodukten in den lebendigen Kreislauf der beteiligten Systeme – für jedes Produkt steht gleich ein Enzym zu seinem Abbau bereit – ist grundsätzlich nicht zwischen einem Ausgangs- und einem Endprodukt zu unterscheiden.

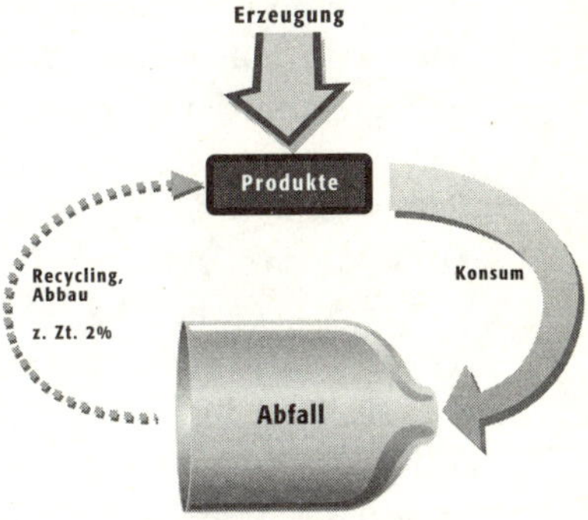


Wir dagegen kennen diesen Unterschied sehr wohl – zur Zeit jedenfalls noch –, indem wir der Produktion gegenüber der Abfallumwandlung einen überdimensionierten Wert zugeteilt haben. Über der Faszination des Produzierens haben wir vergessen, dass die Geschichte eine Fortsetzung hat – der Auslöser für unseren immer bedrohlicheren Abfallstau. Um das Prinzip des Recycling zu verstehen, müssen wir vom eindimensionalen Denken abkommen (das immer nur Anfang und Ende kennt) und stattdessen in kybernetischen Kreisprozessen zu denken beginnen. Dabei dürfen wir uns aber nicht auf die eigene Branche beschränken, sondern müssen über diese hinausschauen, indem wir sie im Verbund mit anderen sehen. Denn profitable Recyclingmöglichkeiten innerhalb eines Industrieunternehmens oder auch einer Branche sind weit seltener zu verwirklichen als solche zwischen verschiedenartigen Branchen, wo die vorliegende Diversität oft überraschende Austauschmöglichkeiten eröffnet. Damit berühren wir bereits die nächste Grundregel.

### Regel 7

## Symbiose. Gegenseitige Nutzung von Verschiedenartigkeit durch Kopplung und Austausch.

Symbiose begünstigt kleine Abläufe und kurze Transportwege.
Sie verringert Energieverbrauch, Durchsatz und externe Dependenz,
erhöht stattdessen interne Dependenz.

Mit Symbiose bezeichnet man das enge Zusammenleben unterschiedlicher Arten zum gegenseitigen Nutzen. Symbiose ist nicht etwa eine exotische Ausnahmeerscheinung, sondern die Grundlage aller lebenden Systeme und hat daher sehr viele Erscheinungsformen. Ja, sie ist die Basis unseres eigenen Lebens. Das beginnt schon bei den Atmungspartikeln, den so genannten Mitochondrien im Innern unserer Zellen, Relikten urzeitlicher Bakterien, die von den Zellen mit Nährstoffen versorgt werden und dafür deren Energiehaushalt besorgen (was übrigens die Vorbedingung für die Entwicklung der Vielzeller war). Von dort reicht das Prinzip über die Darmbakterien, die von der Nahrung des Menschen leben und ihm dafür lebenswichtige Vitamine aufbauen, über die Flechten, die eine Symbiose aus Pilz und Alge sind, die bekannten Tier-Symbiosen, etwa bei den Ameisen, die Blattläuse melken und sie dafür beschützen, bis zur globalen Symbiose zwischen Tier- und Pflanzenwelt, also zwischen Photosynthese und Atmung. Symbiosen sind meistens technisch hochinteressante Lösungen, nach denen auch wir immer wieder suchen sollten, da sie »kurzsichtige Ausbeutung« durch »stabile Kooperation« ersetzen. Auch hier bedarf Darwins »Überleben des Tüchtigsten« noch einmal einer Korrektur. Denn wie konnte Symbiose überhaupt entstehen, wenn doch jedes Lebewesen laut Darwin versucht, sich auf Kosten der anderen Vorteile zu verschaffen? Die »Evolution der Kooperation« ist in der Tat eine interessante Systemfrage, der Robert Axelrod nachgegangen ist, indem er aufgezeigt hat, in welchen Fällen durch gegenseitige Abstimmung oder Nachgeben beide Seiten profitieren, jedoch beim Versuch, sich auf Kosten des anderen durchzusetzen, beide nur verlieren.

Abb. 40: Ameise beim »Melken« von Blattläusen. Eine der typischen Symbiosen in der Natur

Der ökologische und ökonomische Sinn der Symbiose besteht darin, dass sie zu einer beträchtlichen Rohstoff-, Energie- und Transportersparnis aller beteiligten Elemente führt und dadurch auch die Umwelt entlastet. Symbiose verlangt jedoch eine gewisse Kleinräumigkeit, dezentrale Strukturen und Diversität, also Funktionsmischung, sonst kommt sie nicht zustande. Kurz, sie verlangt Vielfalt auf kleinem Raum. Deshalb können Monostrukturen nie von diesem Prinzip profitieren; sie erfordern einen weit höheren Aufwand für Transport und Entsorgung, Überwachung und Kontrolle und sind somit letztlich immer teuer und anfällig.

Die Erklärung dafür liegt auf der Hand: Gleichartige Einheiten, die in einer Monostruktur nebeneinander liegen, können untereinander nichts austauschen. Alle benötigen die gleichen Ressourcen und haben den gleichen Output. Der Bedarf muss also von weit her und der Abfall weit weg transportiert werden. Gegenseitiger Nutzen, also Symbiose, existiert nicht, so dass trotz allem scheinbaren Rationalisierungsgewinns das System größere Abhängigkeit und damit eine geringere Stabilität aufweist.

Regel 8

## Biologisches Design von Produkten, Verfahren und Organisationsformen durch Feedback-Planung.

Biologisches Design berücksichtigt endogene und exogene Rhythmen, nutzt Resonanz und funktionelle Passformen, harmonisiert die Systemdynamik und ermöglicht organische Integration neuer Elemente nach den acht Grundregeln.

Die achte Regel bedeutet, dass jedes Produkt, jede Funktion und Organisation, die zu einem Überleben unserer Spezies und nicht zu deren Aushöhlung und Vernichtung beitragen soll, mit der Biologie des Menschen und der Natur vereinbar sein, also der Struktur überlebensfähiger Systeme entsprechen muss. Das ist nicht nur eine ökologische, sondern immer mehr auch eine psychologische und – über die Akzeptanz von Gütern und Dienstleistungen – eine ökonomische Forderung. Sie erstreckt sich beispielsweise auch auf die Architektur unserer Behausungen, die heute in der Regel keinerlei Resonanz mehr mit unserem eigenen Wesen hervorrufen – Kopfgeburten einer abgehobenen Architektengeneration, die sich damit selbst verwirklichen will, nicht aber an die Menschen denkt, die sich darin wohl fühlen sollen. Mit unbiologischem Design wird – auch in anderen Bereichen – letztlich immer am Bedürfnis und damit am Markt vorbeiproduziert. Die Fehlplanungen aufgrund von Entscheidungsprozessen, die sich über diese Regel hinwegsetzen, sind jedenfalls zahllos.

Abb. 41: Unregelmäßigkeit in der Regelmäßigkeit – ein Grundprinzip des biologischen Designs: vertrauter und wohltuender als geometrische Gleichförmigkeit

So entspricht etwa der Ausbau der globalen Datennetze, um ein anderes Beispiel herauszugreifen, keineswegs einem biologischen Design. Die wirklich zukunftsträchtigen Einsatzmöglichkeiten der modernen elektronischen Kommunikationsformen liegen nicht in einer krebsartigen Wucherung zunehmend vernetzter Informationssysteme, wie sie sich im World Wide Web andeutet. Im Gegenteil, gerade in einer unstrukturierten Vernetzung bauen sich

Gefahren auf. Als Biologe drängt sich mir sofort der Vergleich mit der Natur auf, in der ja eine direkte Verknüpfung verschiedener Organismen gerade nicht stattfindet. Weder Blutkreisläufe noch Nervensysteme sind über den individuellen Organismus hinaus miteinander verbunden, und das aus gutem Grund; denn Störungen und Fehler an einer Stelle sollen möglichst nicht automatisch auf alle anderen übertragen werden. Nicht umsonst hat daher die Natur auf eine internet-ähnliche Infrastruktur verzichtet. Die zunehmende Bedrohung durch Computerviren über Internet und E-Mail, die sich bis in die Bios-Zentrale der Computer einschmuggeln und sozusagen die Erinnerungsstruktur einer Betriebssoftware entkoppeln, zeigen schon jetzt die Gefährlichkeit einer solchen ubiquitären Vernetzung ohne Abgrenzungen.
Zur Einhaltung eines biologischen Designs sollte die Planung und Gestaltung unserer Projekte nie isoliert, sondern immer im Feedback mit der lokalen lebendigen Umwelt geschehen. Schon durch ihre höhere Effizienz führt eine solche Vorgehensweise eher zu überlebensfähigen Systemen als eine abgehobene konstruktivistische Planung.

## Allgemeingültigkeit der acht Grundregeln

In Zukunft sollten wir daher nicht nur Produkte und Verfahrensweisen, sondern auch Organisationsformen vermeiden, die die acht Grundregeln überlebensfähiger Systeme verletzen. Denn es handelt sich um Regeln, die im Prinzip für sämtliche lebende Systeme gelten – von der kleinsten Zelle bis zum regionalen Lebensraum. Diese Allgemeingültigkeit hat ihren Grund darin, dass alle komplexen Systeme unserer Welt durch ihre Verschachtelung Teil der gleichen höheren Ordnung sind und ein Grundmuster besitzen, das sich durch alle Größenordnungen hindurch immer wiederholt. Das wissen wir nicht erst seit der Fraktaltheorie.
Genau das macht aber den Umgang mit komplexen Systemen auch wieder einfach. Statt für jedes Glied eines Systems dessen individuelle Gesetzmäßigkeiten herauszufinden, um es getrennt zu steuern und zu regulieren, sind die acht Grundregeln für das System als Ganzes anwendbar, so dass es auch genügt, es als Ganzes danach auszurichten.

Daher lassen sich die acht Regeln auch als die acht Fähigkeiten zur Selbstorganisation lebensfähiger Systeme bezeichnen. Sie gelten ganz allgemein sowohl für die Ökosphäre als auch für die Technosphäre und somit auch für von Menschen geschaffene Systeme wie Unternehmen, Kommunen, Verkehrs- und Energiesysteme, politische und Ausbildungssysteme. Ihre Nichtbefolgung kann lange Zeit gut gehen, erfordert jedoch einen mehr oder weniger hohen Aufwand an Versorgung, Entsorgung, Schutz und Kontrolle, je nachdem, an welcher Stelle auf der Skala zwischen dem technokratischen und dem kybernetischen Ende man sich in seinem Planen und Handeln bewegt. Durch die Orientierung an der Biokybernetik lässt sich dagegen bei jedem Planungsvorhaben bereits eine multifunktionale Übereinstimmung mit den Systemgesetzmäßigkeiten und damit eine besonders hohe Stabilisierungstendenz und somit Nachhaltigkeit erzielen.

So bietet uns die Natur selbst die beste Orientierungshilfe, um zügig zu neuen energie- und rohstoffsparenden kybernetischen Lösungen zu kommen, die gleichzeitig Umwelt und Volkswirtschaft entlasten. Die Kooperation *mit* der Natur – statt gegen sie zu arbeiten – wird sich letztlich immer rechnen und sogar dazu beitragen, Kosten zu sparen. Aus diesem Grund sind die acht Grundregeln inzwischen auch fester Bestandteil eines biokybernetischen Controlling geworden, wie es Elmar Mayer, der Herausgeber des ›Controlling Beraters‹ als Ergänzung eines umweltbewussten Managements dargelegt hat. Im Sinne eines Umwelt-Audit oder besser noch System-Audit sollte ein solches Controlling über den Soll-Ist-Vergleich hinaus integraler Bestandteil jeder zukunftsgerichteten Managementstrategie sein. Eine ganze Reihe von Unternehmen und Institutionen haben die acht Regeln inzwischen bewusst und mit Erfolg in ihre Unternehmenspolitik eingebaut und verstehen sie als Checkliste für eine erste, natürlich noch grobe »Systemverträglichkeitsprüfung«.

# 10 • Vom Klassifizierungs-Universum zum Relations-Universum

In seiner Abhandlung ›Meta-Organization of Information‹ beschreibt der Kybernetiker Masao MARUYAMA sehr plastisch drei Möglichkeiten, das uns umgebende Universum wahrzunehmen:

- als Klassifizierungs-Universum
- als Relations-Universum
- als Relevanz-Universum

Entsprechend diesen drei Arten, die Wirklichkeit zu erfassen, würde man die jeweils dazugehörende Information als

- Klassifizierungs-Information
- Relations-Information und
- Relevanz-Information bezeichnen.

Das *Klassifizierungs-Universum* ist dasjenige unserer abendländischen Tradition. Es besteht aus materiellen, geistigen und anderen Inhalten, die in Kategorien klassifizierbar sind, welche sich gegenseitig ausschließen. Seine Struktur ist hierarchisch und durch Unterteilungen gekennzeichnet. Die Beziehungen sind statisch. Die entsprechende Information basiert darauf, dass alle Objekte, Situationen, Verbindungen und Strukturen ebenfalls in Kategorien aufgeteilt sind. Die Teile innerhalb einer Kategorie sind vergleichbar, teilweise sogar nicht unterscheidbar. Teile innerhalb verschiedener Kategorien sind dagegen nicht vergleichbar. Die Klassifizierung ist objektiv, wobei übergeordnete Kategorien allgemeineren und Unterkategorien spezifischeren Charakter haben. Der Sinn der Klassifizierungs-Information liegt darin, die Kategorien so genau wie möglich zu spezifizieren. Alle Teile des Universums werden dabei mit eindeutigen Begriffen benannt. Das Wissen über dieses Universum ist ein Wissen über »etwas«. Es kommt darauf an, »was« man studiert, »worüber« Bücher geschrieben werden, nicht »wie« oder aus welchen Konstellationen heraus.

Das *Relations-Universum* hingegen ist nicht gegenstands-, sondern ereignisorientiert. Nach MARUYAMA trennten die alten Chinesen, wenn sie in bestimmten Ereignissen den Willen des Himmels manifestiert sahen, nicht den Himmel von dem Willen des Himmels. Es gab für sie nicht erst den Himmel und nachher die Manifestation seines Willens, sondern beide waren identisch. Die Frage: »Was ist der Wille des Himmels« konnte daher in dieser Form gar nicht aufkommen. Ähnliches lässt sich über das Wirklichkeitskonzept all jener Kulturen sagen (etwa bei den Navajo-Indianern), in denen die Wechselseitigkeit der Wirkungen dominiert und Zuordnungen nicht durch Begriffe, sondern durch Beziehungen und Wirkungen ausgedrückt werden.
Das *Relevanz-Universum* besteht nach MARUYAMA in Vorstellungen davon, wie man sich um die Welt kümmert und sie subjektiv bewertet. Verantwortung, Sorge und Streben sind dabei von Individuum zu Individuum verschieden, können egozentrisch sein oder altruistisch, beherrschend oder aus Pflichtgefühl entstanden. Dieses Konzept der Wirklichkeit organisiert sich in Form von Bewertungen, Forderungen und Strategien. Sich um etwas zu kümmern, erzeugt Fragen wie: Leiste ich etwas Sinnvolles? Bewirke ich damit etwas? Ist dies gut oder schlecht? Glaubt man mir, dass ich helfen will? Auf der Ebene der Systembetrachtung wären dies Fragen nach der Stabilität des Systems, nach seiner Überlebensfähigkeit, der Vereinbarkeit mit kybernetischen Gesetzmäßigkeiten, der Bewertung mit dem Kriterium der Lebensqualität oder dem der Entwicklung selbstregulierender Strategien.
Die Antworten auf diese Fragen gehören zur Relevanz-Information. MARUYAMA sagt mit Recht, dass unsere Bibliotheken mit solcher Information äußerst ärmlich bestückt sind, obgleich dies für das Wohlbefinden der Menschheit von vitalerer Bedeutung wäre als der Inhalt aller Enzyklopädien zusammengenommen. Ein großer Teil der Relevanz-Information kommt daher aus dem persönlichen Umkreis, von Freunden und Verwandten. Sie kommt weniger von Personen, die auf dem befragten Gebiet Spezialisten sind, als von solchen, die zu dem Fragenden in einem gewissen Vertrauensverhältnis stehen.
Obwohl im klassifizierenden Denken erzogen, ist auch uns »Abendländern« relationales Denken *a priori* nicht fremder als etwa den Navajo-Indianern. Wir alle praktizierten es, bevor wir in die Schule kamen. Als

Kind sahen wir die Dinge nicht als isolierte Begriffe. Wir sahen sie in ihrer Rolle, in ihrer Funktion innerhalb des Ganzen. In einer Testreihe mit Vorschulkindern erhielten wir auf die Frage: »Was ist ein Stuhl?« die Antwort: Ein Stuhl ist, »wenn ich mich drauf setzen kann«. Und so ging es weiter: Was ist ein Haus? »Wo ich schlafe und die Mama ist«, Sommer ist, »wenn es warm ist und nach Heu riecht«. Sobald wir zur Schule gingen, war Schluss damit – der Stuhl wurde zum Möbelstück, das Haus zum Gebäude und der Sommer zur Jahreszeit. Dinge wurden durch Begriffe und diese wieder durch andere Begriffe erklärt und nicht mehr durch ihre Beziehung zur dynamischen Wirklichkeit.
So entstand aus dem Beziehungsbild der Umwelt, aus dem Relationsuniversum der Kinder ein Klassifizierungsuniversum. Ein fachspezifisches, linear-kausales, ja oft punktuelles Denken wurde zementiert und ließ damit auch unsere Wertvorstellungen zu einem mechanistischen Weltbild erstarren, das zwar vielleicht in sich exakt, aber keineswegs ganzheitlich ist. Bereits vor über zweihundert Jahren hat sich Friedrich von Schiller sehr treffend mit den unterschiedlichen Sichtweisen befasst und dabei auch die Bedeutung der Unschärfe für die Erkennung von Mustern hervorgehoben, als er 1793 einen Aufsatz Wilhelm von Humboldts über die unterschiedlichen Erfahrungsebenen kommentierte:

> *Sollte nicht von dem Fortschritt der menschlichen Kultur ungefähr das gelten, was wir bei jeder Erfahrung zu bemerken Gelegenheit haben? Hier aber bemerkt man drei Momente:*
> 1. *Der Gegenstand steht ganz vor uns, aber verworren und ineinanderfließend.*
> 2. *Wir trennen einzelne Merkmale und unterscheiden. Unsere Erkenntnis ist deutlich, aber vereinzelt und borniert.*
> 3. *Wir verbinden das Getrennte, und das Ganze steht abermals vor uns, aber jetzt nicht mehr verworren, sondern von allen Seiten beleuchtet.*
>
> *In der ersten Periode waren die Griechen. In der zweiten stehen wir. Die dritte ist also noch zu hoffen, und dann wird man die Griechen auch nicht mehr zurückwünschen.*

Der letzte Satz klingt wie eine Vision unserer derzeitigen Bemühungen um eine neue systemgerechte Sicht der Wirklichkeit und deckt sich auf verblüffende Weise mit dem, was MARUYAMA beschreibt und von mir am Computerbild von Abraham Lincoln zur unterschiedlichen Erfassung von Systemen illustriert wurde.

## Innovation der Software-Entwicklung

Unsere Diskussion über eine systemgerechte Innovation der elektronischen Datenverarbeitung betrifft nicht nur den Sprung zur Relations-Information, zu Mustern von Wirkungsgefügen, sie betrifft auch die Frage nach einer »Bibliothek« von Relevanz-Informationen. Da Relevanz-Informationen aber immer an eine bestimmte Situation, einen bestimmten Standort und eine bestimmte Zeit gebunden sind, würde dies für eine solche Bibliothek bedeuten, dass sie ständig ergänzt und erneuert werden müsste. Dies mag der Grund dafür sein, dass sich bis heute nichts dergleichen in Datenbanken finden lässt. Ein weiterer Hinderungsgrund ist wohl darin zu suchen, dass auch ebenso wenig eine Strategie als fertiges Rezept abgespeichert werden kann, sondern laufend angepasst werden muss – eine Anforderung, die erst mit der Möglichkeit einer rekursiven Arbeitsweise mit permanenter Gelegenheit zur Korrektur erfüllt wäre, wie sie unser Sensitivitätsmodell vorsieht.
Obwohl viele Menschen mittlerweile ein Gespür für die Nachteile unserer Fixierung auf die Klassifizierungsinformation entwickelt haben und viele Lehrer und Ausbilder versuchen, die einseitige Gewichtung zugunsten der Relations- und Relevanzinformation zu verschieben, herrscht die traditionelle Denkform noch in fast allen Lebensbereichen vor. Die nach wie vor gängige Einteilung unserer mit isolierten Daten erfassten und gemessenen Erfahrungen in Fächer, Ressorts, Referate und Profit Center lässt die in unserem Gehirn eintreffende Information kaum woanders landen als in dem dort dominierenden Klassifizierungsuniversum. Diese Dominanz wird bis in die betriebliche Aus- und Weiterbildung hinein durch Abfragetests nach dem Multiple-Choice-Verfahren unterstützt.
Für diesen Anachronimus nun auch noch »Computer Based Training«

(CBT), also computergestütztes Lernen, einzusetzen erscheint mir absolut kontraproduktiv, da auf diese Weise das unvernetzte Weltbild nur noch mehr gefestigt wird. Ein solches Lernen wird zum bloßen Merken und das Verstehen der Wirklichkeit zum bloßen Einordnen und Hochrechnen – unter Verzicht auf die Mitwirkung wesentlicher Gehirnpartien, die zum Erfassen von Zusammenhängen, zur Analogiebildung sowie zum Herausfiltern von Mustern bereitstehen.
Wenn eine computergestützte Informationsverarbeitung zu den in der heutigen Situation geforderten intellektuellen Fähigkeiten hinführen soll, dann nur über eine Innovation der Softwareentwicklung, die sich an dem Schritt vom konstruktivistischen zum evolutionären Management orientieren könnte, der bereits vor vielen Jahren an der Hochschule St. Gallen von Ulrich, Malik, Probst und anderen eingeschlagen wurde. Auf dem gleichen ganzheitlichen Ansatz beruhen auch neuartige Frühwarnsysteme, wie sie, ebenfalls in St. Gallen, Peter Gomez entwickelt hat, oder etwa das bereits erwähnte biokybernetische Controlling von Elmar Mayer.
Theoretisch besteht der Unterschied zwischen konstruktivistischem und evolutionärem Management darin, dass in der bisherigen Managementtheorie den Zielen des unternehmerischen Handelns große Bedeutung beigemessen wird, während die Regeln, die dieses Handeln bestimmen (zum Beispiel die Regel der Selbststeuerung), weitgehend unbeachtet bleiben. Innerhalb des deterministischen Paradigmas regiert die Vorstellung, dass sich bei ausreichend großer Anstrengung und reibungsloser Unterstützung durch moderne Technologien und EDV alles im Detail so regeln lässt, dass die Zielvorgaben hundertprozentig erreicht werden. Da das aber bekanntlich nie der Fall ist, führt die mehr oder weniger starke Verfehlung der Zielvorgabe durchweg zu der Reaktion, die deterministische Kontrolle noch zu verstärken. Fredmund Malik hat aufgezeigt, dass einem Versagen der Reglementierung in der Praxis mit noch mehr Reglementierungen begegnet wird, einem Davonlaufen der Kosten mit noch mehr Budgetierung und Kostenkontrolle und dass auf Planungsfehler mit noch mehr deterministischer Planung reagiert wird usw. Kurz, dass der nötige qualitative Sprung ausbleibt und stattdessen nur auf Quantität gesetzt wird.
Das Gleiche galt und gilt aber auch für die Computerentwicklung. Kri-

terien wie die Erhöhung der Kapazität, der Rechengeschwindigkeit und des Automatisierungsgrads führen zu der Formulierung von äußerst fragwürdigen Entwicklungszielen, hinter denen weit wichtigere Dinge wie einfache Bedienung, Kompatibilität, geringe Störanfälligkeit und angenehme Benutzerführung zurückbleiben, obwohl deren Vernachlässigung zu Zeitverlusten, Abstürzen und Speicherplatzproblemen führt, die durch keinen quantitativen »Fortschritt« wettgemacht werden können.

Aus unseren Systemuntersuchungen geht hervor, dass die wirklich zukunftsträchtigen Entwicklungsmöglichkeiten der modernen elektronischen Kommunikationsformen keinesfalls in einer krebsartigen Wucherung zunehmend vernetzter und immer schnellerer Informationssysteme liegen, sondern in einem qualitativen Quantensprung der Software selber, deren Entwicklung derzeit noch weit hinter dem Design der Hardware zurücksteht. Einen sinnvollen Weg sehe ich zum Beispiel in der Entwicklung dynamischer Datenbanken, die in der Lage sind, aus dem Wust der unter einem oder mehreren Oberbegriffen angesammelten Daten wesentliche Informationen auszuwählen. Computer sollten es unserem Gehirn gleichtun und den Berg an Informationen nicht erhöhen, sondern dabei helfen, ihn zu reduzieren, und zwar dadurch, dass sich Beziehungen zwischen den Daten bilden lassen. Erst dadurch wäre ein erster Schritt von der Klassifizierungs-Information herkömmlicher zur Relations-Information zukünftiger Datenbanken vollzogen. Erst die Relations-Information gibt Antworten auf Fragen der Art: »Wie hängen die Dinge zusammen?«, »Was entsteht daraus?«, »Gibt es hier Kreisläufe, Aufschaukelungsprozesse, kritische Konstellationen?« Ein weiterer Schritt bestünde in der Entwicklung von Software, die Zusammenhänge bewerten kann, etwa im Hinblick auf die Erfüllung der biokybernetischen Grundregeln, und ihrem Nutzer sagt, was für die Lebensfähigkeit eines Systems gut oder schlecht ist.

Da wir es mit komplexen Systemen zu tun haben, muss auch die Software entsprechende Anforderungen erfüllen. Wenn es um die reale Welt geht, ist das Datenmaterial zwangsläufig unvollständig, eine Fehlertoleranz also unabdingbar. Gerade hier hilft die Relations-Information. Mit ihr werden viele Verfälschungen schon dadurch aufgefangen,

dass man lediglich »ungenauer« programmiert, nicht definierte Punkte, sondern Bereiche eingibt und mit ihnen rechnet. Denn zum Verständnis komplexer Systeme ist keineswegs eine noch größere Genauigkeit oder Datendichte von Belang, sondern die Erfassung der richtigen Vernetzung, vergleichbar dem »Ablesen« der Gene über ihre Relations-Information während der Ausprägung eines Organismus.
Wir alle, die wir mit den Kategorien und Kriterien des »abendländischen« Ausbildungssystems groß geworden sind, verspüren bei der Beschreibung eines Systems – zumal wenn damit die ökonomische Realität beschrieben wird – zunächst eine gewisse Scheu davor, rein qualitative Begriffe mit einzubeziehen, weil sie unscharf sind und sich nicht durch Zahlen ausdrücken lassen. Man verlässt sich gerne auf »harte« Zahlen, Messwerte, statistische Fakten. Entfernt man aber alle unscharfen oder nur mit Worten ausdrückbaren Faktoren wie Wohlgefühl, Lebensqualität, mangelnden Konsens, kritische Haltung usw., dann kann das Bild des tatsächlichen Systems und seiner entscheidenden Einflussgrößen nur schief sein.

## Der Siegeszug der »Fuzzy logic«

Es war absehbar, dass irgendwann einmal jemand auf den Gedanken kommen musste, dem nicht messbaren, aber nicht weniger relevanten »unexakten« Teil der Wirklichkeit eine eigene Theorie zu widmen. So entwickelte Lotfi Zadeh Anfang der siebziger Jahre erstmals die Theorie der »Fuzzy logic«, der unscharfen Logik, und der Anwendung von »Fuzzy sets«, verschwommenen Gruppen von Systemelementen. Diese Begriffe wurden für jene besondere Art von Unexaktheit oder Schwankungsbreite eingeführt, die sich nicht statistisch erfassen lässt: für Unklarheit, Zweideutigkeit, Verallgemeinerung und Zwiespältigkeit – Kriterien, die allerdings gerade für Umweltsysteme und soziale Systeme typisch sind.
Viele Jahre lang in ihrer Tragweite unterschätzt, hat die »Fuzzy logic« zunächst in der japanischen Produktionstechnik Einzug gehalten und von der Roboterprogrammierung im Fahrzeugbau über die Prozesssteuerung chemischer Verfahren bis zum Autofocus in Fotoapparaten

zu den japanischen Erfolgen in der Elektronik beigetragen. Erst sehr viel später – das erste Deutsche »Fuzzy logic«-Symposium fand 1991 statt – begann sie auch bei uns Fuß zu fassen. In einer Anwendungsbroschüre zur Prozesssteuerung von Herbert FURUMOTO heisst es: »Die Aktionsregeln können verbal formuliert werden. Angaben über genau definierte Grenzen sind nicht erforderlich. Die Aussagen können ›unscharf‹ sein und Begriffe ›wie etwas größer‹, ›etwas niedriger‹ enthalten. Selbst große Mengen technologischer Aktionsregeln lassen sich schnell und einfach in ein Automatisierungssystem umsetzen.« In der Praxis hat die »Fuzzy logic« inzwischen einen wahren Siegeszug angetreten. Greifen wir ein konkretes Anwendungsbespiel heraus: So steuert ein von Herbert FURUMOTO, Siemens AG, Bereich Anlagetechnik, entwickeltes »Fuzzy logic«-Programm die Produktionsabläufe einer Zellstofffabrik mit dem Ergebnis weit höherer Wirtschaftlichkeit und geringerer Umweltbelastung. Pro Jahr werden 3 000 Bäume eingespart, die Festigkeit des Zellstoffs steigt um 50 Prozent. Im Vergleich zu herkömmlicher »exakter« Planung erfordert die gleiche Produktionsmenge 14 Prozent weniger Energie und der Ausschuss wird um 75 Prozent reduziert. In der Wissenschaft dagegen tut man sich mit »Fuzzy logic« immer noch schwer. In den Programmen unserer Aus- und Weiterbildung sucht man den Begriff vergeblich, was nicht zuletzt mit dem negativen Image zu tun haben dürfte, mit dem unsere »exakte Wissenschaft« den Begriff »Unschärfe« belegt. Das Besondere bei der »Fuzzy logic« ist in der Tat, dass sie das unscharfe Wissen der realen Erfahrung nutzt, bei sich widersprechenden Informationen einen Kompromiss bildet und diesen umsetzt. Die Werte bleiben beweglich und berücksichtigen zudem die individuellen Randbedingungen. Damit ermöglicht »Fuzzy logic« ähnlich flexible Steuerungsprozesse, wie sie in natürlichen Ökosystemen stattfinden. Nicht genaue Messwerte sind dabei von Bedeutung, sondern Aktionsregeln. Diese können mit Worten, also im Klartext formuliert werden. Die Aussagen können unscharf sein und werden sogar unscharf miteinander verknüpft. So entstehen vernetzte Strukturen mit Wenn-dann-Beziehungen, deren Aussagen zutreffend sind, weil sie die Realität richtig wiedergeben. Einer der großen Vorteile dabei ist, dass auf diese Weise auch die zur Beschreibung eines Systems benötigte Datenmenge drastisch reduziert wird.

Autoren wie Hans Werner GOTTINGER, Joseph A. GOGUEN, Hans-Jürgen ZIMMERMANN und – für den Laien etwas verständlicher – Bart KOSKO haben den einzigartigen Nutzen dieses Ansatzes als ideales Werkzeug, um qualitative oder stark aggregierte Größen in ihren Wechselwirkungen »unscharf, aber wahr« abzuschätzen, ausführlich beschrieben.

Bereits 1975, als wir mit der Entwicklung des Sensitivitätsmodells begannen, war mir klar, dass mit der damals noch kaum beachteten »Fuzzy logic« die schwierige Erfassung komplexer Systeme praktikabel werden müsste, weil man mit wenigen Daten auskommt und damit zwar mehr oder weniger unexakte, dafür aber immer richtig liegende Konzepte der Wirklichkeit mathematisieren und programmieren kann. Mit der Erfassung weicher Daten auf der einen und der Beschränkung auf wenige Systemparameter auf der anderen Seite waren jedenfalls wichtige Grundvoraussetzungen geschaffen, um auch hochkomplexe Systeme mit wenigen Schlüsselvariablen repräsentativ abzubilden.

Um zu verstehen, dass dazu vor allem die Betrachtungsweise geändert werden muss, sollten wir uns noch einmal vor Augen halten, dass unser Gehirn in der Lage ist, die Wirklichkeit sowohl linear-kausal als auch vernetzt zu interpretieren – je nachdem, ob wir uns auf die Details oder das Ganze konzentrieren. Zur Veranschaulichung hatten wir das Computerbild von Abraham LINCOLN (Abb. S. 54) herangezogen, mit dessen Hilfe sich diese beiden Arten der Wahrnehmung demonstrieren lassen. Damit jedoch bereits eine grobe Darstellung der Wirklichkeit anhand weniger Komponenten das fragliche System auch richtig wiedergeben, müssen diese Komponenten drei Bedingungen erfüllen:

- Man muss ihre Auswahl richtig treffen,
- die Beziehungen zwischen ihnen erfassen und
- sie zu einem Muster (»Fuzzy set«) miteinander vernetzen.

Wie sehr es auf die Auswahl der Systemkomponenten und auf ihre Position, also ihr Verhältnis zueinander ankommt und wie wichtig das »Unscharfstellen« und dafür geeignete instrumentelle Hilfen sind, wenn das Muster unseres Systems stimmen soll, lässt sich ebenfalls an dem Lincoln-Bild demonstrieren. Selbst die genaueste Darstellung eines Systemteils allein (beim LINCOLN-Bild zum Beispiel nur der

Mundpartie) gibt gegenüber einer noch so groben Darstellung des Systemganzen ein völlig unzulängliches Bild.

Diese Gefahr kennen wir auch von der lückenhaften Interpretation persönlicher Daten. Dazu ein frappierendes Beispiel aus einer realen Datenerfassung Schweizer Bürger. Man vergleiche die folgenden »groben Muster« von Personalien:

| **Person A** | **Person B** |
| --- | --- |
| Vorsitzender eines linken Soldatenkomitees | Gefreiter in der Schweizer Armee |
| Studium am Technikum Winterthur nach dem 3. Semester abgebrochen | Stadtpräsident von Schaffhausen |
| bisher über 10 Wohnadressen | Opernrezensent |
| Ideale: Lenin, Trotzki | Ideale: Rodin und Beethoven |
| Mitglied des Vorstandes der Kommunistischen Partei | Mitglied des Verwaltungsrats der neuen Schauspiel AG |

Die Merkmale von Person A sprechen für eine eher zwielichtige Gestalt, aufsässig, unstet, ein unzuverlässiger, vielleicht sogar staatsgefährdender Zeitgenosse, der nicht weiß, was er will, und sicher nicht kreditwürdig ist. Person B dagegen scheint ein etablierter Kulturschaffender zu sein, den man als konservativen Bürger bezeichnen würde, mit nützlichen Begabungen, verantwortungsvoll und konventionell. Nun, diese Schlussfolgerungen sind grundfalsch. In Wirklichkeit handelt es sich um ein und dieselbe Person, nämlich um den ehemaligen Schweizer Nationalrat Walther Bringolf. Die Angaben sind authentisch und stammen in beiden Fällen aus dem Jahr 1938 (also nicht etwa einerseits aus der Sturm- und Drang-Periode der Jugend und andererseits aus dem reiferen Alter). Sie wurden mir von Prof. Zehnder, Zürich, als Beispiel für die Manipulationsmöglichkeiten durch selektive Erfassung von Personendaten zur Verfügung gestellt. Eine zufällige (oder absichtlich manipulierte) Auswahl aus dem Datenmaterial kann also, auch wenn es sich um wesentliche Schlüsseldaten handelt, falsch sein. Um den Systemcharakter auch schon mit wenigen Einflussgrößen »zwar grob, aber richtig« zu erfassen, ist daher eine zusätzliche methodische Hilfe unerlässlich, wie sie der in Kapitel 11 beschriebenen Kriterienmatrix entspricht.

Ziehen wir einmal mehr ein Fazit: Wenn wir den Sprung auf eine neue Organisationsstufe schaffen wollen, auf der wir mit der Komplexität unserer Welt wieder besser zurechtkommen, brauchen wir nicht nur eine Umstülpung unserer Sichtweise. Wir müssen auch von dem in unserem Kopf bestehenden Klassifizierungs-Universum zu einem Relations-Universum übergehen, das sich aus Wirkungsbeziehungen aufbaut. Andernfalls wird es schwierig sein, vernetztes Denken zu praktizieren. Die Forderung nach Ganzheitlichkeit bei der Systembetrachtung verlangt weiterhin, dass nicht nur »weiche« Daten in ein Systemmodell einfließen können, wozu die »Fuzzy logic« als lange verkannte Theorie einen praktikablen Weg weist, sie verlangt auch eine Garantie dafür, dass auch dann, wenn die unübersehbare Zahl der beteiligten Komponenten lediglich durch wenige Schlüsselvariabeln des Systems repräsentiert ist, sich das Systemverhalten ohne Verfälschung interpretieren lässt.

Soll unser Planen und Handeln im Sinne der organisatorischen Bionik zu nachhaltigen Entwicklungen führen, ergeben sich somit eine Reihe von Forderungen an neue Instrumente, die die Anwendung der kybernetisch-systemischen Sichtweise erleichtern, wenn nicht überhaupt erst möglich machen. Die Strukturierung der Arbeitshilfen in drei Ebenen im dritten Teil des Buches wird zeigen, wie schon erste Wirkungszusammenhänge die Systemerkenntnis erweitern. Die darauf angewandte kybernetische Interpretation ändert die Art der Voraussagen von deterministischen Prognosen über den Systemzustand in Wenn-dann-Prognosen über das systemische Verhaltensmuster. Eine sich daran orientierende systemverträgliche Strategie ergibt sich dann statt aus Programmen oder Dogmen immer aus dem System selbst, dessen Steuermann als Teil des Systems agiert. Hier liegt die Basis für eine neuartige Argumentation zur Überwindung der vor allem im ökonomisch-politischen Dialog zu beobachtenden Defizite der »technokratisch-konstruktivistischen« Denkweise.

# Dritter Teil
# **Das Sensitivitätsmodell**

## Einführung

Noch als ich im »Wissenschaftsbetrieb« tätig war, beschäftigte mich bereits die mangelnde Interdisziplinarität und das daraus resultierende zerrissene Bild der Wirklichkeit. Schon während dieser Zeit entstanden meine ersten Fernsehfilme und Sachbücher, die alle um dieses Grundthema kreisten. Mit der Gründung meiner unabhängigen Studiengruppe für Biologie und Umwelt GmbH im Jahre 1970 konnte ich mich nunmehr ganz der Systemforschung und der Verbreitung des Systemdenkens widmen. Ein offizielles Papier, das ›Umweltgutachten‹ 1974, herausgegeben vom Rat der Sachverständigen für Umweltfragen, spiegelte das Manko des unvernetzten Denkens besonders deutlich wider. Wichtige Zusammenhänge wie die der Umweltbelastung mit energiewirtschaftlichen Fragen oder mit den Problemen von Boden und Landwirtschaft wurden einfach übergangen und die Schlüsse des Gutachtens erschienen mir dadurch schlicht falsch. Dies war der Anlass für mich, in ›Bild der Wissenschaft‹ unter der Überschrift: »Status quo der Umweltproblematik – Es fehlt die kybernetische Denkweise« einen scharfen Artikel gegen die »haarsträubende Ignoranz« bei Behörden und »gewissen branchenblinden Zweigen der Wirtschaft« zu verfassen. Mit dem Artikel machte ich mir in etablierten Kreisen nicht gerade Freunde, er gab aber meiner Arbeit vor nunmehr genau einem Vierteljahrhundert einen entscheidenden Impuls. Es war Alexander von HESLER, damals Chefplaner der Regionalen Planungsgemeinschaft Untermain, dem ich mit meiner Kritik am Umweltgutachten offenbar aus der Seele sprach und der, unzufrieden mit den gängigen Planungsmethoden, nach einem neuen Ansatz suchte.

Als Mitglied des Deutschen Nationalkommitees der UNESCO beauftragte er mich mit der zweisprachigen Studie ›Ballungsgebiete in der Krise – eine Anleitung zum Verstehen und Planen menschlicher Lebensräume mithilfe der Biokybernetik‹. Diese Studie war der Grundstein und zugleich der Anstoß für die Weiterentwicklung zum Sensitivitätsmodell als »Anleitung« zu einem neuen Umgang mit Komplexität. Das schon 1980 auf dem Forum Davos von mir vorgestellte und 1984 mit dem Philip-Morris-Forschungspreis ausgezeichnete Verfahren wurde dann im Dialog mit den unterschiedlichsten Anwendern ständig methodisch verbessert und schließlich über einen Zeitraum von 25 Jahren zu dem umfassenden Know-how-Paket »Sensitivitätsmodell Prof. Vester ®« mit seinen computergestützten Tools entwickelt.

Da beispielsweise die Deutsche Forschungsgemeinschaft oder vergleichbare europäische Institutionen eine Förderung des Projekts ablehnten, waren es schließlich die ersten Anwender selbst, die als Partner die finanziellen Grundlagen zur Entwicklung des computerisierten Sensitivitätsmodells legten. Hier sind in erster Linie die Frankfurter Aufbau AG, die Urban System Consult GmbH und der Umlandverband Frankfurt zu nennen, weiterhin das St. Gallener Institut für Versicherungswirtschaft mit seiner Arbeitsgruppe NERIS (Netzwerk Risiko im Sensitivitätsmodell), das Ingenieurbüro Dr. FRIEDL und Dr. RINDERER in Graz, die Gesellschaft für Konsumforschung (GfK) in Nürnberg und die Bayerische Hypotheken- und Wechselbank, München.

Im Gegensatz zu den damals von verschiedenen Autoren gerade aufgestellten allgemeinen »Weltmodellen« sollte hier ein Instrumentarium entwickelt werden, das konkrete, unmittelbar anstehende Probleme auf gleich welcher Ebene lösen hilft. Es war klar, dass dazu eine grundlegend neue Betrachtungsweise nötig war, die sich von linearen Ursache-Wirkungs-Theorien lösen und sich stattdessen der »biokybernetischen Vorgehensweise« bedienen musste.

»Sensitivität« bezeichnet eine über »Sensibilität« hinausgehende Empfindsamkeit eines Organismus, also bereits die geringsten Regungen eines komplexen Systems auf innere oder äußere Einflüsse. Ein Sensitivitätsmodell gibt nicht nur, wie es die Modelle der *Systems Dynamics* tun, die Dynamik wieder, die eine Systementwicklung bestimmen, es ist auch der registrierende Seismograph, der in der Lage ist, die darin herrschende Kybernetik zu beschreiben. Dadurch, dass das Verfahren die Wirkungsflüsse sichtbar werden lässt, ist es dem Anwender möglich, sie durch neue Weichenstellungen zu beeinflussen, die Systemkonstellation durch Selbstregulation zu verbessern und mithilfe von Simulatio-

nen das entsprechende Verhalten des Systems zu hinterfragen – inklusive der Rückwirkungen, die etwa schon die Kenntnis dieser Beeinflussungsmöglichkeiten auf seine Entwicklung hat.
In den folgenden Kapiteln wollen wir versuchen, die bisherigen Ideen zum Umgang mit Komplexität mit den passenden Werkzeugen zu verbinden. Sie bauen auf den im zweiten Teil dargelegten Aufgabenstellungen auf und demonstrieren, wie die systemrelevanten Forderungen an die planerische Praxis mit einer vernetzten Vorgehensweise erfüllt werden können. In Anlehnung an die Erfahrungen mit den computergestützten »Tools« des Sensitivitätsmodells, den »System-Tools«, entstand so der Leitfaden eines neuen Wegs der Entscheidungsfindung, dessen Stationen anhand unterschiedlichster Beispiele aus der Praxis erläutert werden.

# 11 • Arbeitshilfen für ein vernetztes Vorgehen

Da es sich bei allen Planungsvorhaben letztlich um eine gewollte Veränderung bestehender Systeme handelt, mit dem leider oft verfehlten Ziel, deren Lebensfähigkeit zu verbessern, könnte man die dazu nötige Vorgehensweise auch als Diagnose eines »Patienten« und seine darauf aufbauende Therapie begreifen. Das folgende Schema skizziert sie als eine Art Kreisprozess:

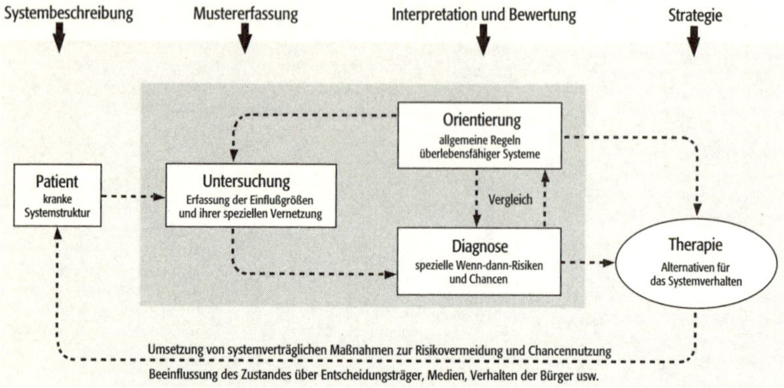


Abb. 42: **Diagnose-Therapie-Schema**

Die Grundlage des Systemansatzes und gleichzeitig auch die erste Ebene des Sensitivitätsverfahrens besteht in Analogie zu diesem Bild in der Reduktion der Komplexität der »Patientendaten« auf einen überschaubaren und trotzdem systemrelevanten Satz von Einflussgrößen. Dazu dienen spezielle Methoden des Datenscreenings zur Aggregation der Einflussgrößen und ihrer Wechselwirkungen. Dies erlaubt dann die Weiterarbeit mit wenigen repräsentativen Schlüsselfaktoren. Eine Besonderheit des Systemmodells ist, dass durch seinen rekursiven Aufbau jede Stufe, selbst die Beschreibung des »Patienten«, bis zum Schluss offen bleibt, so dass das gesamte Modell permanent aktualisierbar ist.

Auf der zweiten Ebene des Verfahrens, die einer »Mustererfassung« entspricht, werden die Wechselbeziehungen in dem vorliegenden System untersucht und die Systemvernetzung grafisch visualisiert. Das Erkennen der unterschiedlichen Rollen der Einflussgrößen innerhalb des Systems und die Charakterisierung des Systemverhaltens sind wesentliche Schritte dieser Ebene. Die dazu verwendeten Interpretations- und Simulationstools unterscheiden sich durch den interaktiven Entstehungsprozess und ihre »Fuzzy logic« grundsätzlich von den eher starren Ansätzen der *System Dynamics.* Anders als bei der klassischen Wirtschaftskybernetik steht hier der »Steuermann« nicht ausserhalb des Systems (was in letzter Konsequenz zum Dirigismus führen würde), sondern er entnimmt die »Sollwerte« dem System selbst, indem er sowohl dessen Steuerungsmöglichkeiten als auch dessen latente Risiken und Chancen erkennt.

Auf der dritten Ebene des Verfahrens findet die biokybernetische Bewertung statt: die Beurteilung des analysierten Systems im Hinblick auf die Optimierung seiner Lebensfähigkeit, unter anderem bezüglich Selbstregulation, Flexibilität und Steuerbarkeit. Das ganzheitliche Vorgehen und die Anwendung der »Fuzzy logic« lassen ein implizites Grobraster entstehen, mit dem das System, also der »Patient«, erfasst und in einem »Diagnose«-Modell interpretiert wird. Aus dem Vergleich mit den Funktionen eines »gesunden« Organismus anhand der acht Grundregeln werden dann aus dem Systemzusammenhang heraus die geeigneten Lösungsstrategien aufgezeigt. Im obigen Schema entspricht diese Phase des Vorgehens der »Therapie«, die über verschiedene Eingriffe wie Maßnahmen, Techniken, Beschlüsse oder politische Entscheidungen auf das System zurückwirken kann. Die gewählte Therapie lässt sich dann wieder im Modell, etwa mit einer Simulation, auf ihre Eignung hin befragen.

Wenn wir komplexe Systeme auf diese Weise angehen, spielt die biokybernetische Bewertung im dargestellten Diagnose-Therapie-Schema gewissermaßen die Rolle des permanenten Orientierungsmodells, ohne das wir für unseren »Patienten«, das System, niemals die passende Therapie finden könnten, weil uns hier nicht wie in der Medizin der »Gesunde« als Vergleichsmodell zur Verfügung steht.

Der an die drei Ebenen angelehnte Aufbau eines kybernetischen Systemmodells lässt sich in neun ineinander greifende Arbeitsschritte zerlegen:

- Systembeschreibung
- Erfassung der Einflussgrößen
- Prüfung auf Systemrelevanz
- Hinterfragung der Wechselwirkungen
- Bestimmung der Rolle im System
- Untersuchung der Gesamtvernetzung
- Kybernetik einzelner Szenarien
- Wenn-dann-Prognosen und Policy-Tests
- Systembewertung und Strategie

In den folgenden Kapiteln wird der Schwerpunkt auf einer Beschreibung der dafür entwickelten Werkzeuge anhand praktischer Beispiele liegen. Zuvor soll in einer zusammenfassenden Übersicht kurz aufgezeigt werden, wo und wie die Forderungen des vernetzten Denkens in den Aufbau des Instrumentariums und seine Arbeitsschritte eingeflossen sind. Ziel ist es, ein beliebiges komplexes System in seiner Ganzheit zu erfassen, um daraus nachhaltige Konzepte für dessen Therapie entwickeln zu können.

### Systembeschreibung

Grundsätzlich geht es darum, das jeweils vorliegende System im Sinne der übergeordneten Zielsetzung »Erhöhung der Lebensfähigkeit« zu beschreiben. Davon ausgehend werden untergeordnete Teilziele definiert und die Grenzen des Systems abgesteckt – ein Vorgang, der nur unter Befragung und Teilnahme aller von späteren Entscheidungen Betroffenen ein brauchbares »Systembild« ergibt. Auf diese Weise werden bereits mehrere Fehler im Umgang mit Komplexität wie die mangelhafte Zielbeschreibung, eine zu frühe Schwerpunktfestsetzung oder das autoritäre Verhalten vermieden. Die Dokumentation dieses Inputs muss offen und ergänzungsfähig bleiben.

### Erfassung der Einflussgrößen

Aus der Systembeschreibung, in die recherchiertes Material und Statistiken, Ergebnisse von Fach- und Finanzgutachten ebenso einfließen wie Schilderungen von Missständen, Wünsche und Meinungen lassen sich nunmehr die wesentlichen Schlüsseldaten und Einflussfaktoren herausfiltern, die für das Systemverhalten eine Rolle spielen. Dabei muss es sich um variable, also bewegliche und nicht etwa feste Größen handeln. Um das System als Ganzes »abzutasten«, werden sie in einem »Brainstorming« mit den Beteiligten erhoben und sofort in eine Datenbank eingegeben. Parallel dazu werden auf einer dahinter liegenden zweiten Dokumentationsebene Bemerkungen, Fragen und Vorschläge zu diesen Variablen als deren nähere Beschreibung festgehalten. Anleitungen zur Mediation helfen, den Wust der Daten zu strukturieren, eine einheitliche Aggregationsebene zu finden und Doubletten zu vermeiden, und sorgen dafür, dass neben quantitativen auch qualitative Komponenten, also die wichtigen »weichen« Daten nicht zu kurz kommen.

### ○ Prüfung auf Systemrelevanz

Bis hierhin befinden wir uns immer noch auf der Stufe der Klassifizierungs-Information, die nach wie vor eine unerlässliche Basis darstellt. Bereits jetzt muss jedoch der Prozess einer systemgerechten Auswahl beginnen, damit – um einmal mehr das Beispiel des Lincoln-Bildes zu bemühen – auch schon mit wenigen »Quadraten« alle Partien des »Gesichts« erfasst werden (wohingegen man ohne die »Quadrate« auch bei schönster »Fuzzyness« nie einen Lincoln finden könnte). Dabei gilt es, die bis dahin gesammelten Variablen systematisch aus verschiedenen Blickwinkeln abzutasten. Die Menschen des Systems und ihr Befinden müssen genauso berücksichtigt werden wie der Bereich der wirtschaftlichen oder anderer Tätigkeiten, dazu die Nutzung des Raumes (wo findet was statt) und die Beziehung des Systems zur Umwelt. Dessen Infrastruktur und Kommunikationswege werden ebenso abgefragt wie seine »innere Ordnung«, etwa die Verwaltung, Gesetze und Verträge. Darüber hinaus wird »gecheckt«, ob die erfassten Variablen wirklich ein reales – und nicht nur ein theoretisches System repräsentieren. Die »drei Entitäten«: Materie, Energie und Information müssen daher ebenso vertreten sein wie Variablen, die das System nach außen hin öffnen. Alle diese Aspekte gehören zu jedem System; deshalb wird jede Variablensammlung mithilfe einer »Kriterienmatrix« gefiltert. So entsteht ein Variablensatz, der keiner Frage an das System ausweicht und gleichzeitig auf eine für den Anwender handhabbare Größe von 20 bis 30 Komponenten reduziert werden kann. (Wie dies erreicht wird und im konkreten Fall aussieht, wird später noch an einem praktischen Beispiel gezeigt.)

### ○ Hinterfragung der Wechselwirkungen

Der erste Schritt von der Klassifizierungs-Information zur Relations-Information wird mit der Aufgabe vollzogen, die Wirkung aller Einflussgrößen auf alle anderen zu hinterfragen, um so auch von möglicherweise verborgenen, zum Zeitpunkt der Untersuchung noch »latenten« Einflüssen und Abhängigkeiten ein Bild zu bekommen. Als Werkzeug dafür eignet sich der in den siebziger Jahren von mir entwickelte so genannte »Papiercomputer« in Form einer Einflussmatrix (Cross-Impact-Matrix). In diese wird eine von mehreren parallelen Arbeitsgruppen durchgeführte Abschätzung der Einflussstärken von Hand eingetragen. Dazu wird die Stärke der Wirkung jeder einzelnen Variable im Falle ihrer Veränderung auf jede andere abgeschätzt.
Dabei ist Objektivität nicht notwendigerweise Bedingung für die Brauchbarkeit der eingetragenen Wirkungsbeziehungen. Besonders für menschliche Beziehungen sind oft subjektive Informationen weit wichtiger als objektive: Die Tatsache, dass A denkt, B sei ihm feindlich gesinnt, hat zum Beispiel einen größeren Einfluss auf A's Verhalten gegenüber B als die »objektive« Tatsache, daß B ihm gar nicht feindlich gesinnt ist. Diese Art der Relations-Information wird später in den Wirkungsgefügen und auf der Simulationsebene vollständig erfasst, indem für solche Vorgänge der Wahrnehmung und der Interpretation neben den »objektiven« Variablen zusätzliche Hilfsvariablen eingeführt werden.

### ○ Bestimmung der Rolle im System

Aus der »Einflußmatrix« lässt sich nun sehr rasch die Position jeder Variablen im System zwischen den vier Eckwerten »aktiv«, »passiv«, »kritisch« und »puffernd« herausfinden. Aus ihrer so ermittelten unterschiedlichen Rolle im System lässt sich ablesen, wo das System seine kritischen Punkte hat, welche Faktoren sich als Hebel eignen und welche

Die anfangs mit dem Begriff **Papiercomputer** bezeichnete Einflussmatrix hat eine lange Geschichte. 1970 als Arbeitshilfe und Ideenprüfstand zum vernetzten Denken innerhalb eines »Pro-Umwelt-Ideenwettbewerbs« der Zeitschrift ›Bild der Wissenschaft‹ zum Thema Verkehr von mir entwickelt, wurde diese Matrix erstmals in dem auf dem Preisausschreiben basierenden Buch ›Unsere Städte sollen leben‹ veröffentlicht. Mit meiner Studie ›Ballungsgebiete in der Krise‹ (1976) wurde sie als Baustein »Einflussmatrix« in das Verfahren zur Systemerfassung eingeführt und schließlich zu einem wesentlichen Arbeitsschritt meines »Sensitivitätsmodells« weiterentwickelt. Der Papiercomputer wird inzwischen auch von vielen anderen als eigenständiges Werkzeug des vernetzten Denkens angwandt – etwa in der Landschaftsökologie, für Leitbilder der Dorferneuerung, in mehreren Projekten des »Man and the Biosphere«-Programms der UNESCO, im strategischen Management, für die ganzheitliche Frühwarnung, bei der Umweltverträglichkeitsprüfung (UVP) der Schweiz, in verschiedenen Planungsstäben der Swissair, in unzähligen Universitätsseminaren und in den Planungsabteilungen einer Reihe von Unternehmen.

eher Messfühler sind, in die man besser nicht eingreift. Dabei zeigt sich, dass nicht nur einzelne Einflußgrößen, sondern auch ganze Systeme beispielsweise sehr aktiv oder sehr träge sein können. Die auf diese Weise zustande kommenden Einsichten geben nicht nur erste Strategiehinweise, sondern werden sowohl die Systembeschreibung als auch die Auswahl und Definition der Variablen rückwirkend korrigieren.
Eine Besonderheit im Aufbau des Sensitivitätsmodells, die auch den Ablauf des Verfahrens selbst gewissermaßen »kybernetisch« macht und vom üblichen konstruktivistischen Vorgehen abweicht, ist die *rekursive* Vorgehensweise. Wenn es in einer späteren Phase darum geht, ein Gesamtnetzwerk aufzubauen und Wirkungsketten, Regelkreise, Wachstumstendenzen, Grenz- und Schwellenwerte abzufragen, setzt dies voraus, dass man jederzeit Zugriff auf das zugrunde liegende Datenmaterial und die vorherigen Arbeitsschritte hat und sich diese darüber hinaus für das ganze in Arbeit befindliche Systemmodell immer wieder automatisch aktualisieren lassen. Deshalb ist für jedes zu

untersuchende System eine diesem zugeordnete eigene relationale Datenbank Bedingung.

Auch in diesem Punkt weicht mein Modell von den akademischen Gepflogenheiten ab; denn üblicherweise geht man erst dann zum nächsten Schritt einer Untersuchung über, wenn der davor liegende abgeschlossen ist. Genau dies führt aber zur Verkrampfung, kostet unnötig Zeit und perpetuiert eventuelle Fehler.

Weil im Laufe der Charakterisierung eines Systems die Erkenntnisse jedes weiteren Schrittes auch auf die davor liegenden zurückwirken, sich gegenseitig beeinflussen und der gesamte Prozess der Erfassung und Interpretation des Systems bis zum Schluss flexibel sein soll, werden im Sensitivitätsverfahren bewusst die einzelnen Schritte nicht gleich bis zur Perfektion ausgearbeitet. Vielmehr wird mit der Bearbeitung des folgenden Schrittes automatisch der vorangegangene korrigiert. Diese Art der Korrektur in mehreren iterativen Schleifen ist einfacher und schneller durchzuführen und erzielt sicherere Resultate als etwa der Versuch einer Perfektionierung des anfänglichen Variablensatzes durch vertiefende langwierige Diskussionen. Die Programmierung des Modellaufbaus muss so gestaltet sein, dass dieses Wechselspiel zwischen den einzelnen Stufen nicht behindert wird. Nur so bleibt die Dynamik des Modells und damit ein kybernetisches Vorgehen gewährleistet. Hier ist der Mut zu einer rekursiven Arbeitsweise gefordert, wie sie weiter unten für das neunstufige Arbeitsprogramm grafisch dargestellt ist.

## ○ Untersuchung der Gesamtvernetzung

Bereits diese ersten Schritte einer Sensitivitätsanalyse – etwa die Einflussmatrix mit ihrer Berechnung der Rollenverteilung der Variablen – geben deutliche Strategiehinweise und vermögen schon durch die Art der Variablenauswahl eine neue Sicht und damit eine neue Beziehung zum behandelten System zu erschließen. Dennoch gibt diese Stufe eher die »genetischen Anlagen« des Systems wieder, ohne etwas darüber auszusagen, was von diesen Anlagen unter den realen Bedingungen zutage tritt bzw. aktiv wird und in welcher Weise sich dies im Systemverhalten äußert.

Erst ein zweidimensionales Wirkungsgefüge wird die aktuelle Systemdynamik sichtbar machen. Dieses muss so leicht aufzubauen sein, dass die in das System involvierten Personen den Aufbau selbst vornehmen können und das entstandene Netzwerk jederzeit in der Diskussion korrigiert und aktualisiert werden kann. Voraussetzung dafür ist natürlich eine entsprechende Computer-Software, die auch Laien diesen Umgang ermöglicht, damit man das, was man tut oder getan hat, immer transparent vor Augen hat. Die gleiche Software kann aus dem Wirkungsgefüge auch die verschachtelten Regelkreise herausfiltern, die Auswirkungen von Veränderungen am Netzwerk registrieren, jeweils eine Analyse der Rückkopplungen vornehmen und Warnungen oder Hinweise geben, etwa wenn es um die Nutzung von Kreisprozessen oder um die Markierung von Zeitverzögerungen oder externen Einwirkungen geht.

### Kybernetik einzelner Szenarien

So werden sich sehr rasch Teilbereiche aus dem Wirkungsgefüge eines Systems herauskristallisieren, die man gesondert auf ihre Kybernetik hin untersuchen möchte. Ein entsprechendes Programm sorgt dafür, dass die Verbindung zum Gesamtsystem dabei nicht verloren geht. Auch dazu ist eine relationale Datenbank unverzichtbar.

Ist man bis zu diesem Punkt immer tiefer in die Entscheidungsebene eingedrungen, so ist jetzt der Zeitpunkt gekommen, Strategien auszuprobieren, Policy-Tests und Regelkreisanalysen durchzuführen. Von solchen Teilszenarien wird man dann dazu übergehen, das Systemverhalten und die Folgen bestimmter Eingriffe zu simulieren. Die auf diese Weise zustande kommenden Voraussagen beziehen sich natürlich nicht auf das Eintreten von bestimmten Ereignissen, sondern auf das Systemverhalten. Es handelt sich um Wenn-dann-Prognosen, um Tendenzen, Grenzwerte und Reaktionen des Systems auf bestimmte Eingriffe hin auszumachen und zu testen. So lassen sich einige weitere typische Planungsfehler wie »irreversible Schwerpunktbildung« oder »Übersteuerung des Systems« frühzeitig erkennen und Wege zu ihrer Vermeidung finden.

### Wenn-dann-Prognosen und Policy-Tests

Um die ganzheitliche Aussage des Systemmodells auch weiterhin zu sichern, sollte der Aufbau entsprechender Simulationen gemeinsam mit den Betroffenen erfolgen, weshalb diese für jeden – auch den mathematischen Laien – vollständig transparent sein müssen. Nur bei voller Transparenz, im Klartext und ohne mathematische Formeln, wird eine Argumentation, die auf einer Simulation basiert, plausibel und anderen gegenüber vertretbar, im Gegensatz zu einer noch so einleuchtenden Aussage etwa auf der Basis von versteckten und nicht nachvollziehbaren Differentialgleichungen. Die Aufgabe bestand demnach darin, auch hierfür ein eigenes brauchbares Werkzeug zu schaffen, was wiederum erst durch die Anwendung der »Fuzzy logic« möglich wurde. Dabei kann auch die Simulation spezieller Szenarien nur Trends im Systemverhalten, aber keine Prognose über das Eintreten von Ereignissen liefern.

### Systembewertung und Strategie

Nach und nach baut sich so über mehrere Stufen ein Modell auf, das schon in den ersten Phasen einen neuen Bezug zu dem untersuchten System entstehen lässt. Fragen tauchen auf, die bis dahin vielleicht noch nie gestellt wurden, und man beginnt, zunächst einmal das betreffende System und vielleicht allmählich auch die Welt mit neuen Augen zu sehen. Schon die Einflussmatrix zeigt dem Planer, dass scheinbar gleichwertige Variablen eine unterschiedliche Rolle spielen können, und gibt diesen eine neue, auf das System bezogene Bedeutung. Die Regelkreisanalyse gibt wieder eigene strategische Hinweise, die sich mit der Checkliste der acht Grundregeln bewerten lassen und dadurch die Fragestellungen und den Aufbau der folgenden Schritte mitbestimmen. Diese durchgängige Offenheit in der Bewertung und der sich anbietenden Strategie wird wiederum durch die rekursive Arbeitsweise unterstützt. So wird die Variablenauswahl die anfängliche Systembeschreibung und ihre Bewertung korrigieren, die Bearbeitung der Einflussmatrix die Definition mancher Variablen in Frage stellen und die Simulation von Policy-Tests auch in der Systembeschreibung neue Aspekte aufdecken, wobei man den biokybernetischen Grundregeln nicht nur als erste und letzte Instanz, sondern auf Schritt und Tritt

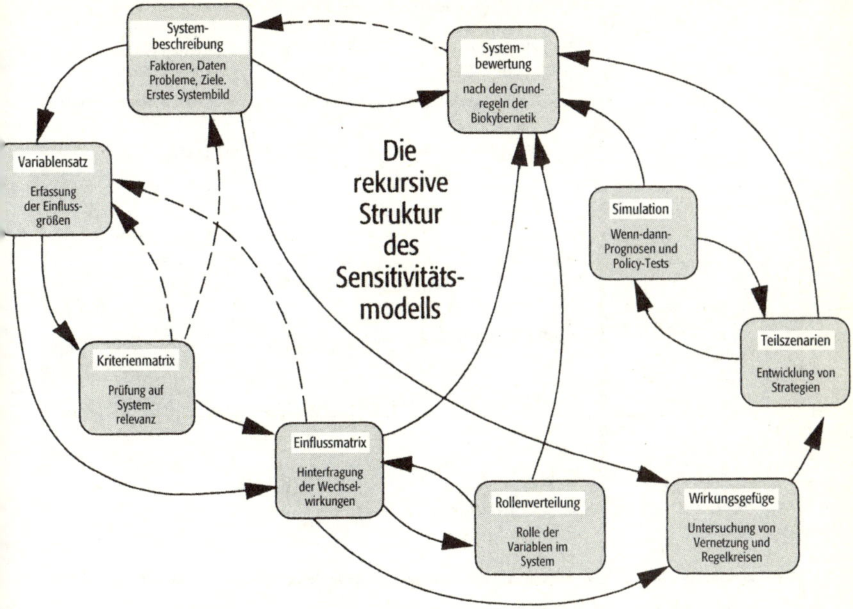


Abb. 43: **Die rekursive Struktur des Sensitivitätsmodells**
Das obige Ablaufdiagramm erlaubt einen Blick auf die rekursive, sprich rückläufige, mehrfach sich selbst korrigierende Arbeitsweise des Vorgehens. So werden insbesondere die Definitionen und Beschreibungen der Einflussgrößen des Variablensatzes immer wieder durch die Erkenntnisse der folgenden Arbeitsschritte ergänzt und überarbeitet. Das Gleiche gilt für die Teilszenarien und ihre Simulation sowie für die Einbindung der biokybernetischen Bewertung, die nicht nur die resultierende Strategie, sondern auch noch einmal die anfängliche Systembeschreibung hinterfragt.

immer wieder begegnet. Auf diese Weise wird das untersuchte System bis zur Erstellung des Modells und selbst noch während dessen Umsetzung in eine systemverträgliche Strategie immer wieder an sich selbst überprüft.

Wo innerhalb der vielschichtigen Informationswelt sind wir nun mit dem skizzierten Instrumentarium und seinen »Tools« »gelandet«, und welche Dimensionen deckt die damit in Angriff genommene »Neue Sicht der Wirklichkeit« ab? Sowohl die drei Arten der wahrgenommenen Wirklichkeit, wie sie Schiller und Humboldt diskutiert haben, als auch die drei von Maruyama mit Klassifizierungs-, Rela-

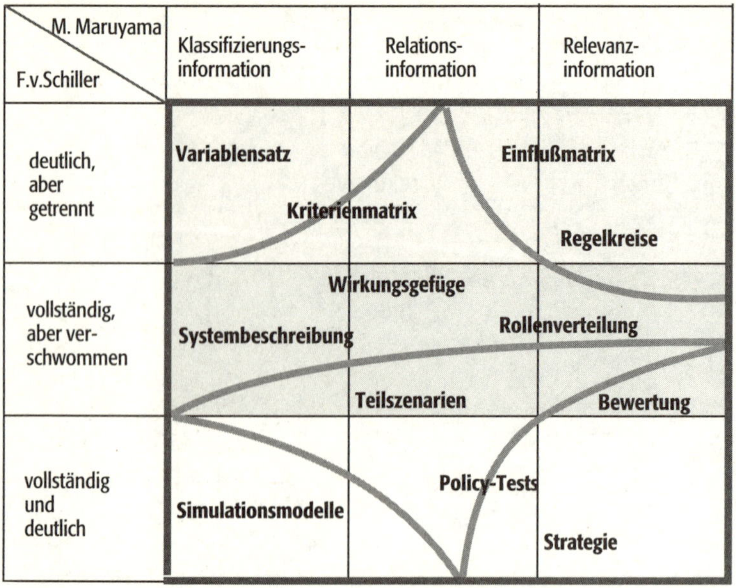


Abb. 44: Einordnung der verschiedenen Instrumente eines Sensitivitätsmodells

tions- und Relevanz-Information bezeichneten Bereiche scheinen erfasst zu sein. Um den kleinen philosophischen Ausflug des letzten Kapitels zu Ende zu führen und das Kriterium der Relevanz-Information auf die Tools des Sensitivitätsmodells selbst anzuwenden, können wir die drei Informationsarten nach Maruyama zu den drei Wahrnehmungsformen Schillers in Beziehung setzen und die besprochenen Instrumente in die entstandene Matrix einordnen.

Wie die oben stehende Grafik zeigt, erstrecken sich die einzelnen Schritte des Sensitivitätsmodells über sämtliche Konzeptionsarten. Die Datenerfassung – »deutlich, aber getrennt« – entspricht hauptsächlich dem klassifizierenden Weltbild, enthält zum Teil aber auch Relations-Information. Die Ausarbeitung der Wechselwirkungen – »vollständig, aber verschwommen« – erstreckt sich von der klassifizierenden Information über die Relations-Information, wo sie zwar deutliche, aber unzusammenhängende Details abdeckt, bis hin zu Fragen der Relevanz. Die Simulation erfasst zwar deutlich die Gesamtheit, liefert jedoch hauptsächlich klassifizierende und nur zum Teil Relations-Informationen. Dementsprechend ist die Relations-Information eher durch die Wirkungsgefüge und die Einflussmatrix dargestellt. Bei dieser Zuordnung müssen sich die einzelnen Kategorien nicht notwendigerweise gegenseitig ausschließen. Auch kann derselbe Arbeitsschritt unter mehrere Kategorien fallen.

## Zur systemgerechten Informatik

Um für alle diese Schritte ein zusammenhängendes computergestütztes Verfahren zum wahlweisen Durchgang durch die beschriebenen Wahrnehmungs- und Informationsebenen zur Verfügung zu haben, gab es keinen anderen Weg, als dieses aus der Praxis heraus selbst zu entwickeln; denn kein Produkt auf dem Softwaremarkt entsprach den hier zu erfüllenden Anforderungen. Dass die moderne Computertechnik jedoch im Grunde in der Lage sein müsste, durchaus auch einem systemrelevanten Vorgehen als Basis zu dienen, wurde schon in einem früheren Kapitel angedeutet. Aufgrund der andersartigen Aufgabenstellungen für die planerische Praxis mussten jedoch für die Entwicklung eines Computerprogramms vor allem diejenigen Programmschwächen überwunden werden, an denen bisher der Einsatz einer geeigneten Software bei der Erfassung und Interpretation komplexer Systeme meistens gescheitert war.
In Josef Müller und Michael Stoltz fanden wir Informatiker, die in der Lage waren, sich von allen gängigen Tools zu befreien und bis in die Ebene der Treiber hinein autarke, d. h. von bestehenden Editoren, Grafikhilfen und Datenbanken unabhängige Programme in Modulbauweise zu erstellen, die möglichst nur das enthalten, was man zu einer Systemanalyse benötigt und die ebenso zuverlässig wie benutzerfreundlich sind. Neben der Garantie eines schnellen Zugriffs führte dieses Vorgehen auch zur Vermeidung der sonst üblichen Kompatibilitätsprobleme.
Ziel war eine Programmgestaltung, die dem Anwender in allen Arbeitsschritten und ohne Umweg über eine EDV-Abteilung einen leichten Zugang ermöglichen sollte. Ebenso wichtig erschien uns, dass die

im Verfahren enthaltene Computersimulation für jeden Benutzer verständlich und in jedem Punkt nachvollziehbar sein musste. Die gängigen Simulationsprogramme wie *System Dynamics* und andere daraus abgeleitete einfachere Programme wie *Stella* erzeugten demgegenüber eher den Eindruck einer Geheimwissenschaft und verschafften der Simulation vernetzter Systeme den Ruf, vom »Durchschnittsbürger« niemals verstanden zu werden. In der Tat ist bei diesen Programmen der Hintergrund, der »Algorithmus«, verborgen; er bleibt dem Laien unverständlich und die Gründe, die zu den verschiedenen Gleichungen, Funktionen und Kurven führen, sind nicht transparent – ganz abgesehen von der generell schwierigen Handhabung. Die ohnehin vorhandene Angst vor dem Umgang mit Komplexität wird – im Widerspruch zu unserer Grundforderung – dem Benutzer dadurch nicht etwa genommen, sondern eher verstärkt. Gerade für die Simulation galt es also, einen neuen Weg einzuschlagen. Eine wesentliche Vorarbeit dafür war die Entwicklung des im Kapitel 20 noch ausführlich diskutierten Simulationsspiels *Ökolopoly*, bei der unsere Informatiker die nötige Didaktik erstmals erproben konnten. Dass und wie in der Tat auch rein qualitative Faktoren und sprachliche statt nur mathematische Elemente in den mathematischen Algorithmus einer Simulation eingebaut werden können, wird im Einzelnen bei der Besprechung des Simulationsschrittes in Kapitel 16 gezeigt.

# 12 • Systembeschreibung

In diesem und den folgenden Kapiteln soll aufgezeigt werden, wie die konkrete Umsetzung des Systemansatzes und seiner neuartigen Arbeitshilfen aussieht. Das im letzten Kapitel skizzierte Vorgehen bei einer Sensitivitätsanalyse mag für viele Planer und Entscheidungssuchende ungewöhnlich sein. Das beginnt schon mit der Art und Weise, mit der das System beschrieben und die darin wirkenden Einflussgrößen gesammelt werden. Dazu werden nicht wie üblich als Erstes vorhandene Gutachten, Bilanzen, Berichte, Datenbögen oder Statistiken von Fachleuten herangezogen, auch wenn diese für die spätere »Fütterung« des Systemmodells noch wichtig sein werden. Die Systemerfassung beginnt vielmehr mit einem Brainstorming möglichst aller Betroffenen, indem deren Meinungen, Wünsche, Vorstellungen und Gedanken hinsichtlich der anstehenden »Sache« erfragt und festgehalten werden.
Bei den mit der Methodik einer Sensitivitätsanalyse noch nicht Vertrauten ist die erste Reaktion meist Skepsis: Was soll das Ganze? Wo bleiben die Fakten? Wie soll dabei etwas Verlässliches herauskommen? Nachdem die ersten Wortmeldungen für alle lesbar auf einer Flip-Chart notiert sind, bekommen die Beteiligten das Gefühl, dass ihre Ansichten ernst genommen werden. Dazu trägt bei, dass auch die anwesenden Fachleute und Entscheidungsträger gezwungen sind, sich verständlich auszudrücken statt mit nicht nachvollziehbaren Zahlenkolonnen zu hantieren, und ihre Stimmen gleichwertig neben denen der übrigen Betroffenen stehen. Da die Aussagen laufend durch Zuruf – interaktiv und für alle sichtbar – verbessert werden können, schwindet schnell die Hemmung, erst einmal »ins Unreine« zu sprechen.
Nachdem sich jeder zur Beschreibung des Systems und dessen Einflussgrößen aus seiner subjektiven Sicht äußern konnte und auch widersprechende Aussagen und Interessen notiert sind – was recht turbulent vor sich gehen kann, aber nicht länger als ein bis zwei Stunden dauert –, überrascht am Ende die Objektivität des im Verlauf der Dokumentie-

rung aller Ideen, Einwände und Vorschläge entstandenen Bildes, über das automatisch Konsens herrscht. Denn niemand fühlt sich überfahren, in seinen Interessen übergangen oder in seiner Sicht der Dinge ignoriert. Auf diese Weise finden alle Argumente Eingang in die Datenbank und damit in den weiteren Aufbau des Systemmodells. Die unterschiedlichen Meinungen bleiben während des gesamten Verfahrens im Spiel, man braucht sie nicht immer wieder neu vorzubringen und die oft endlose Wiederholung von Standpunkten (die so manche Kommission wegen fehlender Instrumentierung der Mediation jahrelang auf der Stelle treten lässt) bleibt aus.

Dieser Vorgang verläuft bei jedem Projekt ähnlich, unabhängig davon, ob es sich nun um die anstehende Entscheidung über die Umgehungsstraße eines Kurorts handelt, für die sich zum Aufbau eines Systemmodells eine große Zahl freiwilliger »Mitarbeiter« aus der Einwohnerschaft und dem Stadtrat rekrutierten, oder ob die Privatisierung eines kommunalen Betriebs der Großviehschlachtung auf der Tagesordnung steht, für die Metzger, Gastronomen, Stadträte und Tierschützer in wenigen Monaten gemeinsam ein alternatives Modell aufbauten; oder ob es um die Risikoanalyse eines Gewerbebetriebes, um die Komplexität des Verlaufs von Bränden in Bauwerken oder um die nachhaltige Entwicklung einer Region in China geht, für die ein internationales Team zusammen mit den örtlichen Behörden die Kybernetik der Investitionspolitik neu definierte. Selbst in ganz anderen Bereichen, in denen Fragen der innerbetrieblichen Weiterbildung, der Vandalismus in Verkehrsträgern oder eine Krankenhausreform zur Debatte stehen, spielt sich der Ablauf stets in gleicher Weise ab.

So konnte zum Beispiel bei einem Projekt zur Stadtentwicklung in Jena schon die Art der Systembeschreibung den Dialog so steuern, dass dadurch nach Ansicht der Stadtväter erstmalig das gemeinsame Bearbeiten eines komplexen Themas möglich wurde, indem Vertreter verschiedener Ämter, der Industrie, des Handwerks, der Verkehrsgesellschaften, der Regionalplanung und des Naturschutzes über die Zukunft der thüringischen Stadt berieten. Auch bei der Konzeption einer neuartigen Ingenieursausbildung an der Schweizer Fachhochschule Oensingen bei Solothurn gab das Sensitivitätsmodell einen bemerkenswerten Anstoß für eine neue Lernkultur. Jedes Projekt wird dort auf der Basis der geschilderten Systembeschreibung von Anfang an interdisziplinär angegangen. Auf die hier angedeuteten Beispiele kommen wir im Schlusskapitel noch einmal zurück.

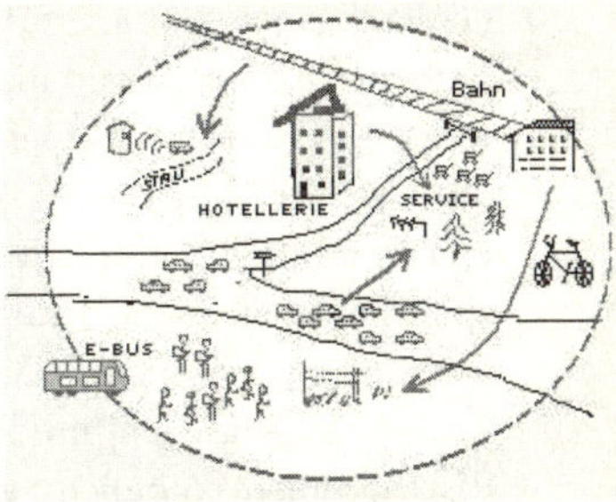

Abb. 45: **System Verkehrsberuhigung**

Viele der mit dem Sensitivitätsmodell durchgeführten Projekte zeigen, dass die Weichen für das richtige Vorgehen bereits bei der Systembeschreibung gestellt werden. Sie bereitet die Grundlage dafür, dass in den nächsten Arbeitsschritten der Konsens über Wirkungszusammenhänge, über die Stärke der Einflussfaktoren und deren Rolle im System von allen getragen wird. Gewohnt, ein fertiges Modell vorgestellt zu bekommen, das Antworten gibt, ist mancher zwar zunächst enttäuscht, ein solches anhand einer Systembeschreibung selbst aufbauen zu müssen, andererseits überwiegt bald schon die Neugierde, wie sich nun der eigene Input bei der weiteren Entwicklung des Modells verhält. Man beginnt zu begreifen, dass das Modell selbst zwar keine Antworten gibt, aber auf neue Weise dabei helfen wird Antworten zu finden.

Abb. 46: **System Weiterbildung**

Die erste Systemerfassung ist dabei weniger auf die genaue Definition des »Problems« selbst gerichtet, als vielmehr darauf, wie das System aussieht, in welches das betreffende Problem eingebettet ist. Die Vorgehensweise beginnt zunächst immer mit der Frage, um welches System es sich überhaupt handelt. Dabei wird bereits versucht, die wichtigsten Lebensbereiche anzusprechen, die bei einer ganzheitlichen vernetzten Planung berücksichtigt werden müssen, und diese Lebensbereiche im Hinblick auf ihre mehr oder weniger gute Erfüllung der acht Grundregeln abzuchecken. Dieser Vorgriff auf die Bewertung verhindert eine zu rasche Einengung auf die vordergründige Problematik und erleichtert eine systemrelevante Beantwortung der Frage, was alles zum System gehört.

Hierzu schreibt Rainer GRÜNIG, Systemanalytiker der Winterthur Versicherungen, aus seiner Erfahrung mit der Systembeschreibung bei der Risikoanalyse eines mittelständischen Unternehmens: »Mit diesem Vorgehen soll eine voreilige Etikettierung des Problems vermieden werden. Aussagen wie ›Die Produktion birgt ein ökologisches Risiko‹ oder ›Der Verkaufschef hat die Marktrisiken nicht im Griff‹ sind stark von einer eindimensionalen Sichtweise geprägt und tragen wenig zu einer konstruktiven Lösung des Problems bei; denn eine solche Problemanalyse schränkt die Menge der gleichwertigen Lösungsalternativen von Anfang an empfindlich ein. Es gilt vielmehr, die Ursachen eines Risikoproblems möglichst ganzheitlich zu ergründen.«
Auch die weitere, dann mehr ins Detail gehende Systembeschreibung und Variablensammlung erfolgt am besten in einem interdisziplinären Workshop mit »Insidern« des Systems, indem man es mit einer Art Kreuzverhör abtastet:

- Wo liegen die Probleme?
- Was könnte man dagegen tun?
- Was hängt damit zusammen?
- Wodurch sind dem Grenzen gesetzt?
- Wer ist dagegen und warum?
- Was muss erhalten werden?
- Wodurch trägt sich das System?
- Was sind seine Besonderheiten?

Auf diese Weise ergibt sich allmählich ein Systembild, das man durchaus auch einmal gegenständlich skizzieren kann, ganz gleich, ob es sich bei dem System um ein Gewerbegebiet, ein Dienstleistungsunternehmen, ein Projekt zur Weiterbildung oder eine politische Konfliktsituation handelt. Alles lässt sich außer durch Worte auch in Bildern und Symbolen ausdrücken. Dabei treten dann oft Beziehungen und Zusammenhänge zutage, an die man sonst gar nicht gedacht hätte. Außerdem schult dieses Vorgehen unsere Vorstellungskraft und bindet unsere Systembeschreibung von Anfang an ganz anders an die Realität an. Schon sehr einfache Systembilder können uns aus dem verbalen Klassifizierungs-Universum lösen. Selbst die kleinste Diskussion anhand solcher Skizzen hilft in Wirkungsnetzen zu denken, weil man auf diese

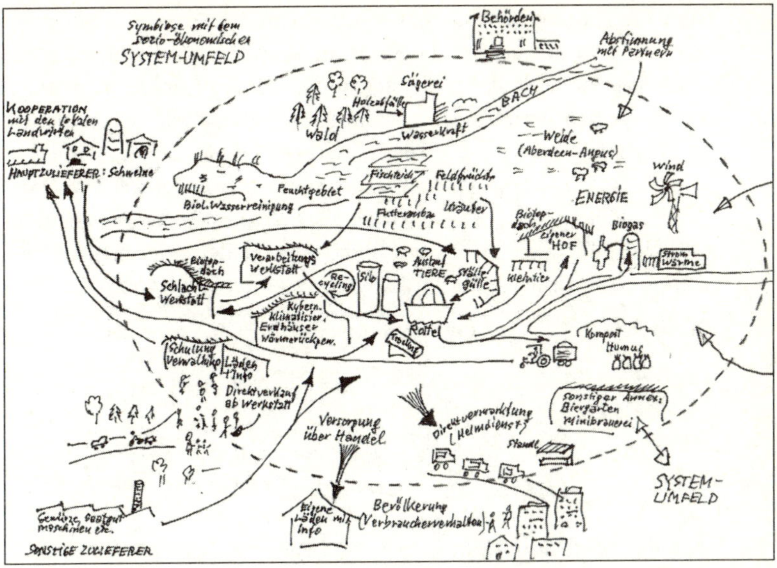


Abb. 47: **System Landwerkstätten, Systembeschreibung**
Schon über ein solches Systembild zu diskutieren, trägt dazu bei, in Wirkungsnetzen zu denken und die Assoziationen in den Köpfen in diese Richtung zu lenken – eine Denkhilfe, die diesem Zweck auch bei den bekannten Methoden des Mind-Mapping dienen soll.

Weise die Dinge nebeneinander sieht, ihre Beziehungen erkennt und anschaulich darstellen kann.

## Verschachtelte Systeme

Eine heikle Frage ist immer diejenige nach der Größe und Begrenzung eines Systems. Da jedes komplexe System wieder Teil eines größeren umfassenden Systems ist, andererseits aber auch selbst aus Subsystemen besteht, muss man darauf achten, dass die Begriffe, die später für die Schlüsselvariablen verwendet werden, einigermaßen gleich dimensioniert sind. Um es in unserer Analogie zu dem Computerbild von LINCOLN auszudrücken: Die Quadrate des Bildes müssen ungefähr gleich groß sein. Auf dieser Stufe kommt die Klassifizierungs-Information zur Geltung. Sehr rasch wird man bemerken, dass einige Begriffe zu einer sehr detaillierten Ebene gehören, andere wiederum stark aggregierte Sammelbegriffe darstellen. Die Ersteren sollte man unter Oberbegriffen zusammenfassen, die Letzteren eventuell weiter auftrennen, so dass für ein System – gleich welcher Größenordnung – zunächst immer rund 100 Begriffe und Beziehungen verwendet werden. Dazu ein typisches Beispiel für verschachtelte Systeme aus der Systemstudie *Ökoland*, die auch die Basis für das Projekt der »Hermannsdorfer Landwerkstätten« von Karl Ludwig Schweisfurth war.

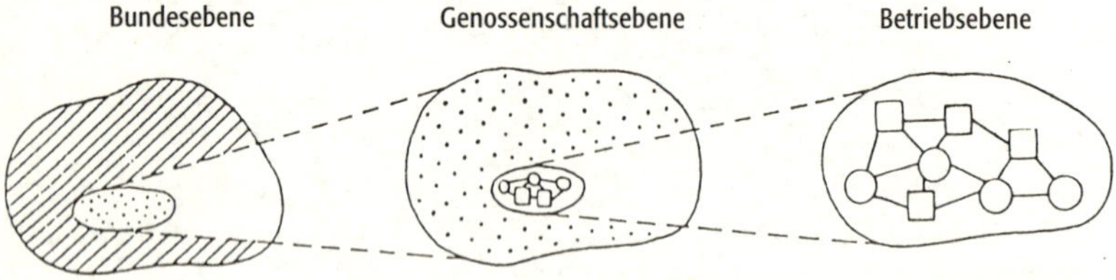


Diese Überarbeitung hilft auch, Subsysteme bzw. Teilsysteme zu erkennen, die man vielleicht als eigenes Systemmodell gesondert untersuchen sollte. Andererseits zeigt einem die Anwesenheit vieler hochaggregierter Begriffe, dass vielleicht zunächst das übergeordnete System anhand eines groben Modells durchleuchtet werden sollte. Für das Projekt Landwerkstätten selber ergab sich auf diese Weise folgende Unterteilung:

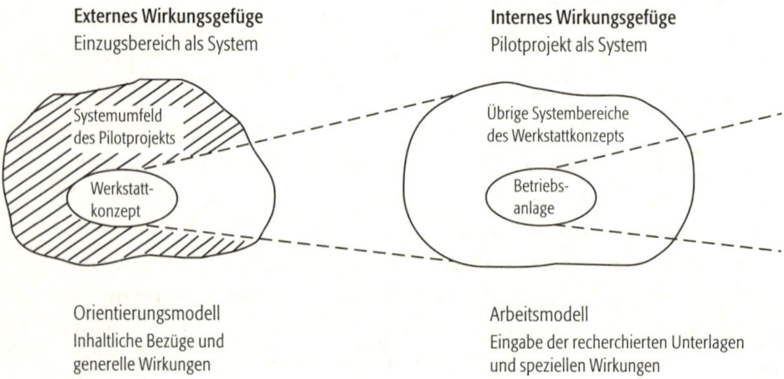

## Die Grenzlinie

Durch ihre Vernetzung und die daraus resultierende Überlappung können die Grenzen zwischen benachbarten Systemen der gleichen Größenordnung natürlich nie scharf sein. Eine brauchbare Grenzlinie verläuft am ehesten entlang der »Minima bereichsüberschreitender Flüsse«; mit anderen Worten, sie sollte diejenigen Bereiche am ehesten trennen, zwischen denen die wenigsten Materie-, Energie- oder Informationsflüsse verlaufen. Um das Gesagte zu veranschaulichen, sei an die drei Vernetzungsstrukturen (Abb. 8, Seite 69) erinnert: Im letzten Bild (c) lässt sich erkennen, dass die Wirkungsflüsse innerhalb der Subsysteme zahlreich, zwischen diesen hingegen spärlich sind. Genauso ließ sich schon bei der Systembeschreibung beinahe bildhaft abtasten, an welchen Stellen die Ein- und Auswirkungen des Systems »dünner« werden. In Gedanken lässt sich eine Linie entlang der Wirkungsminima ziehen, jenseits derer die Beziehungen vielleicht wieder dichter werden und somit zu einem anderen oder benachbarten System gehören.

## Komplexe Systeme als individuelle Organismen

Im Allgemeinen ergibt sich jedoch die genauere Systemabgrenzung durch die Überprüfung des späteren Variablensatzes mithilfe der Kriterienmatrix ohnehin ganz von selbst. Denn in dieser Phase lassen sich Einflussfaktoren, die zum untersuchten System gehören, präzise von außerhalb befindlichen Randbedingungen oder unbedeutenden Wechselwirkungen abgrenzen. Auf diese Weise ist es möglich, dass das System mit seinem unmittelbaren Umfeld als eigener Organismus und damit als ein von anderen Systemen unterscheidbares Individuum dargestellt wird.
Die in der hier geschilderten Art vorgenommene offene Systembeschreibung ist als erster Arbeitsschritt der Sensitivitätsanalyse deshalb besonders wichtig, weil dadurch bereits die Grundlagen für das spätere rekursive, iterative Vorgehen gelegt werden. Dass dieser Arbeitsschritt immer nur unter Mitwirkung der Betroffenen zu brauchbaren Ergebnissen führt und nie – wie bei vielen Beratungen üblich – von Außen-

stehenden alleine angegangen werden sollte, wurde bereits betont. Bedauerlicherweise sind manche Unternehmer und Politiker von einer solchen Kommunikations- und Diskussionsfähigkeit mit der Öffentlichkeit noch weit entfernt. Bei Projekten in Entwicklungsländern, bei denen die Planer des Geberlandes natürlich immer Außenstehende des dortigen komplexen Systems sind, läuft man – wie die Praxis immer wieder zeigt – besonders leicht Gefahr, durch steuernde Eingriffe das Gegenteil dessen herbeizuführen, was erreicht werden soll. Deshalb ist es für die Arbeitsgruppe eines Geberlandes ratsam, niemals in Eigenregie die Studie für ein Entwicklungsprojekt zu erstellen, sondern dieses lediglich methodisch auf der Basis des Systemansatzes zu begleiten und damit schon in der Planungsphase Hilfe zur Selbsthilfe anzubieten.

## Systembeschreibung in der Praxis

Zur Veranschaulichung des ersten Arbeitsschrittes ein praktisches Beispiel: die Planung einer Umgehungsstraße im Kurort Bad Aibling. Die bekannte Moorkur-Stadt im bayerischen Voralpenland (14000 Einwohner) hatte seit geraumer Zeit mit erheblichen Verkehrsproblemen zu kämpfen, weshalb dort seit über 40 Jahren (!) der Bau einer Umgehungsstraße heftig diskutiert wurde.
Das Projekt wurde mit einer multimedialen Präsentation des Systemansatzes eingeleitet, bei der wir unsere Vorstellung einer vernetzten Vorgehensweise darlegten, wie sie uns angesichts der komplexen Situation sinnvoll erschien. Zu dieser Veranstaltung kam die für einen kleinen Ort von 14000 Einwohnern beachtliche Zahl von 500 Bürgern. Nach Diskussion der unterschiedlichsten Stellungnahmen rekrutierte sich daraus ein Kreis von etwa 15 Personen, die die verschiedenen Richtungen und Interessenlagen repräsentierten und zu einer aktiven Mitarbeit an einer Problemlösung bereit waren. In einem anschließenden Workshop kristallisierten sich bei der Sammlung der Argumente zwei grundsätzliche Positionen heraus: einerseits die Befürchtung, dass die Kurgäste und Urlauber, die das wirtschaftliche Rückgrat der Stadt bilden, aufgrund der steigenden Verkehrsbelastung eines Tages wegblie-

ben (der Luftkurort wird zum »Abgaskurort«); einigen erschien deshalb eine Umgehungsstraße als die Lösung schlechthin, wohingegen andere wiederum befürchteten, dass diese möglicherweise noch mehr Verkehr anziehen könnte. Die entgegengesetzte Meinung lautete, dass Bad Aibling im Grunde schon seit Jahren selbst zu einer Umgehungsstraße geworden war, nämlich zur Umgehung von Staus auf der Autobahn München-Salzburg. Die neue Umgehungsstraße – so diese Befürchtung – könnte diesen Landstraßenverkehr noch attraktiver machen und vor allem die zukünftigen Anlieger unerträglich belasten, ohne im Ort selbst für eine spürbare Entlastung zu sorgen, da nicht gesagt sei, dass die innerörtlichen Verkehrsquellen durch die Attraktivität der Umgehungsstraße nicht im gleichen Maße wieder anstiegen. Lieber sollte man im Ort selbst Sperrungen durchführen, wogegen wiederum die Einzelhändler protestierten, die ohnehin ein Einkaufszentrum an der neuen Umgehung befürchteten. Schließlich würde die Trasse der geplanten Umgehungsstraße durch ein Wassereinzugsgebiet führen, womit schwerwiegende Bedenken von Seiten der Naturschützer ins Spiel kamen, und außerdem sei nicht klar, wie die Kosten zwischen Land und Gemeinde aufgeteilt würden.

Kurz und gut, ein typisches komplexes Problem; was damit an Einflussfaktoren, Fakten, Meinungen, Befürchtungen und Hoffnungen, Finanzierungsmodellen und Nebenwirkungen zusammenhing, lag nunmehr vor und musste in ein strukturiertes Systemmodell einfließen. Ausschlaggebend bei diesem Schritt war die computergestützte Moderation der Teilnehmer, die ihnen die Möglichkeit gab, neben Daten, die das Verkehrsaufkommen, Lärm- und Abgasmessungen, Baukosten, den Umsatz der Geschäfte und die Erfassung der Zubringerwege betrafen, auch qualitative Faktoren in die Datenbank mit aufzunehmen – etwa solche, die das Image der Stadt beschrieben, wie »anziehend«, »freundlich«, »abweisend«, aber auch unscharfe Begriffe wie »etwas mehr«, »ziemlich groß«, »viel zu laut« oder »Attraktivität der Landschaft«, »Proteste von Anliegern«, »Konsens des Stadtrats«. Auf diese Weise wurde von Anfang an der Vorteil dieser Vorgehensweise, nämlich Entscheider und Betroffene als Teile des vernetzten Systems interaktiv mit einzubeziehen, voll genutzt.

Bereits mit der Beschreibung und Abgrenzung des Systems und der

Problemdarstellung, die objektive und subjektive Informationen, bisher unbeachtete Bedenken, Wünsche und Lösungsmöglichkeiten umfasste, erfolgte eine Weichenstellung in der Vorgehensweise, die über die folgenden Schritte der Sensitivitätsanalyse dann zügig zu einer von allen getragenen Lösung führte.

Die Schlagzeile »Kompromiss nach 44-jährigem Tauziehen«, mit der die Klärung des Problems einer Umgehungsstraße für Bad Aibling in der Presse kommentiert wurde, ist typisch für die vielen Fälle, in denen eine Mediation durch Visualisierung der Zusammenhänge von der Konfrontation zum Miteinander geführt hat. Das ist nur möglich, wenn man als Hauptziel einer Systemuntersuchung von Anfang an die Erhöhung der Lebensfähigkeit des Systems vor Augen hat. Sie ist das einzige Ziel, das vorgegeben ist. Alle anderen Ziele müssen sich aus der Analyse des Systemmodells ergeben. Genau das war hier der Fall. Da an dem Bad Aiblinger Projekt diese Vorgänge sehr schön nachzuweisen sind, dient es auch in den folgenden Kapiteln gelegentlich als methodisches Beispiel.

# 13 • Der systemrelevante Variablensatz

Um zu dem für ein aussagefähiges kybernetisches Modell notwendigen systemrelevanten Variablensatz zu kommen, muss bei diesem Schritt vor allem eines gelingen: die Datenreduktion auf die wesentlichen systemrelevanten Schlüsselkomponenten. Wie wir am Beispiel des Lincoln-Bildes gesehen haben, gilt dies für die Erfassung kleiner wie auch größerer komplexer Systeme, handle es sich um eine Fabrik, eine Unternehmung, eine Gemeinde oder ein Ökosystem. Auch bei großen Systemen gibt es jeweils ein »Gesicht«. Und auch hier ist es prinzipiell möglich, dieses Gesicht zu erkennen, und zwar selbst dann ohne Verfälschung, wenn die sonst unübersehbare Zahl der beteiligten Komponenten lediglich durch wenige Schlüsselvariablen repräsentiert ist.

## Was sind Variablen?

Variablen sind veränderliche (= variable) Größen, sozusagen die Knotenpunkte eines Systems, aus deren Wechselwirkungen bei der Sensitivitätsanalyse die Kybernetik des Systems ermittelt wird. Sie können objektive Fakten oder auch reine Erfahrungswerte ausdrücken, können sowohl quantitativen als auch qualitativen Charakter haben. Zur Aufstellung eines Variablensatzes werden zunächst nur die in der Systembeschreibung und dem Systembild gesammelten Begriffe herangezogen. Manche können direkt übernommen werden, einige sind Sammelbegriffe und müssen in mehrere Variablen untergliedert werden, während andere Begriffe, soweit sie inhaltlich zusammengehören, zu einer einzigen Variablen zusammengefasst (aggregiert) werden müssen. Damit soll erreicht werden, dass die Variablen, aus denen das Systemmodell aufgebaut wird, möglichst der gleichen Aggregationsebene angehören und sich einzelne Systemteile weder als zu ausladend noch als zu knapp darstellen, so dass die Basis der Sensitivitätsanalyse von einem überschaubaren Satz von 20 bis 40 auf diese Weise ermittel-

ten Variablen gebildet wird. Diese Größenordnung ist keineswegs willkürlich, sondern ergibt sich, wie noch zu zeigen sein wird, aus den Grundeigenschaften komplexer Systeme selbst.
Sowohl die mathematische Gruppentheorie als auch die Arbeiten über Synergetik von Hermann HAKEN belegen, dass es möglich ist, auch sehr komplexe Systeme mit wenigen Variablen grob, aber hinreichend zu beschreiben, sobald man einerseits bestimmte Systemkriterien berücksichtigt und andererseits die Beziehungen zwischen den Variablen, also ihr Wirkungsgefüge, erfasst.

## Die Variablenbeschreibung

Der jeweilige Variablenname ist immer nur der Kurzbegriff für eine Systemkomponente. Deshalb gehört zu jeder Variable eine Beschreibung der Indikatoren, mit denen sie näher bestimmt wird und die beim Arbeiten mit ihr immer im Gedächtnis behalten werden sollten, um ihren Gesamtcharakter (der aus dem Kurzbegriff nie genau hervorgehen kann) nicht aus den Augen zu verlieren. Die Indikatoren eignen sich außerdem dazu, die betreffende Variable (gegebenenfalls unter einem speziellen Aspekt) in späteren Teilszenarien stellvertretend zu repräsentieren. Anders als die meist qualitative Hauptvariable sind Indikatoren weit eher quantifizierbar. So ist zum Beispiel die »Zahl der Mitgliedschaften in alternativen Verkehrsclubs« ein Indikator für die qualitative Hauptvariable »Technikkritik«.
Auf diese Weise werden die gesammelten Einflussgrößen und Beziehungen materieller, energetischer und kommunikativer Art klassifiziert und strukturiert. Das geschieht durch Aufgliedern oder Zusammenfassen, durch Überprüfen auf ähnliche Inhalte und die genaue Beschreibung des Aussagewertes, wodurch Überschneidungen deutlich werden. Die eine oder andere Variable erweist sich dabei für die Charakterisierung des Systems als entbehrlich oder es stellt sich heraus, dass sie in der Beschreibung anderer Variablen bereits enthalten ist. Auch bei diesem zweiten Arbeitsschritt ist wie schon bei der Systembeschreibung der Erkenntnisgewinn über das zu untersuchende System erheblich – nicht zuletzt durch die Einsicht, dass durch das vorher

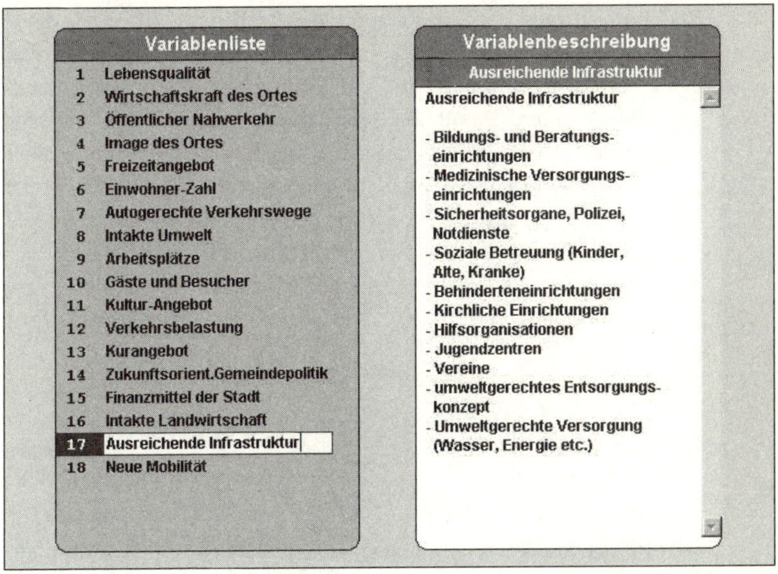


Abb. 48: Variablensatz mit einer angeklickten Beschreibung (Systemmodell Bad Aibling)

zumeist eingeschränkte Blickfeld nur einige wenige Variablen Beachtung fanden. Auch wenn das Modell nicht weiter verfolgt würde, würde sich eine Verkehrsmaßnahme oder Unternehmensstrategie aufgrund des so gewonnenen Überblicks bereits an diesem Punkt weit besser beurteilen lassen als vorher.

## Qualitative Ausrichtung

Einige Variablen fallen dadurch auf, dass in ihre Formulierung bereits eine Wertung eingegangen ist. Diese »Wertung« beeinflußt die Aussagen der anschließenden Wirkungsgefüge oder Einflussmatrizen jedoch in keiner Weise, sondern dient lediglich dazu, der Variablen eine bestimmte Richtung zu geben, die sich genauso gut umkehren ließe. Eine solche qualitative Ausrichtung ist eine wichtige Voraussetzung für die Aufstellung eines Wirkungsgefüges; denn eine Variable ist eben immer etwas »Variables«, also Bewegliches. Wenn wir die Wirkungsbeziehungen zwischen Variablen erfassen wollen, die für die Systemkybernetik entscheidend sind, müssen wir die Bewegungsrichtung einer Variablen (z.B. aufgrund der Einwirkung einer anderen) beschreiben können. Damit man aber fragen kann, ob eine Variable »abnimmt« oder »zunimmt«, muss die Variable qualitativ ausgerichtet sein. So genügt beispielsweise nicht die Bezeichnung »Management«; denn dieses kann nicht zu- oder abnehmen, sondern höchstens gut oder schlecht sein. Die Variable müsste also »Effizienz des Managements« oder »Zukunftsorientierung des Managements« heißen. Diese kann dann in der Tat durch die Wirkung einer anderen Variablen zu- oder abnehmen.

## Zur Variablenart

Durch die Anwendung der »Fuzzy logic« ist es möglich, durch alle Schritte der Systemerfassung und -interpretation hindurch mit dem gleichen aus »harten« und »weichen« Einflussgrößen bestehenden Variablensatz zu arbeiten. Mit entsprechenden Tabellenfunktionen sind auch unscharfe, rein qualitative Wirkungen mathematisch beschreibbar, so dass dieselben Variablen auch in der späteren Simulation eingesetzt werden können. Andererseits dürfen selbst bei den quantitativen Einflussgrößen wie Haushaltsetat, Anzahl der Mitarbeiter, Energieverbrauch usw. die Quantitäten selbst nicht im Variablensatz erscheinen – dies würde ja eine Konstante vortäuschen –, sondern nur in der Variablenbeschreibung. Um weiterhin »variabel« zu sein und das Gesamtbild nicht zu verkomplizieren, stehen die veränderlichen quantitativen Angaben zunächst gewissermaßen als zweite Datenebene im Hintergrund.*

---

* Hierzu ein typisches Beispiel aus der Systemuntersuchung ›Entwicklungsmöglichkeiten eines Unternehmens der Automobilindustrie unter einer funktionsorientierten Unternehmensstrategie‹ (*FORD-Systemstudie*; Studiengruppe 1988): Für die Variable »Stoff- und Energiedurchsatz« (eine der 22 Variablen des Systems »Automobilindustrie«) bilden die Daten aus dem Jahresausstoß von 4,3 Millionen Personenwagen und Kombis – d.h. der Energieverbrauch von 35 Mio. Megawatt-

## Sukzessiver Aufbau

Auf diese Weise fließt das erfasste Material in eine überschaubare Anzahl von qualitativen und quantitativen Schlüsselvariablen ein, mit denen sich dann ein handliches kybernetisches Modell aufbauen lässt. Da in allen folgenden Schritten mit diesem Variablensatz gearbeitet wird, ist im Sinne der erwähnten rekursiven Arbeitsweise eine gelegentliche Überprüfung der Variablendefinition angebracht. Diese ist unseren Erfahrungen nach desto zutreffender, je mehr unterschiedliche Auffassungen mit dieser Definition abgeklärt werden können. Ein von den Anwendern häufig beobachteter Nebeneffekt ist der, dass die Projektgruppe auf diese Weise zu einer gemeinsamen Sprache findet und eine genauere Vorstellung davon bekommt, was die anderen mit den von ihnen verwendeten Begriffen sagen wollen.

Die aus der Systembeschreibung erfolgte Auswahl »tauglicher« Variablen richtet sich einerseits nach den jeweiligen konkreten Fragestellungen des Projekts, andererseits nach systemischen Gesichtspunkten. Damit ist zwischen denjenigen Variablen, die im Zentrum des Interesses stehen, und solchen, die das genauso wichtige Umfeld charakterisieren, eine gute Verknüpfung gewährleistet. Eine wirklich systemrelevante Beschreibung hängt jedenfalls weniger von der Anzahl der Variablen als von ihrer richtigen Zusammenstellung ab.

Der nächste Abschnitt zeigt, dass der Variablensatz, um seine Systemrelevanz sicher zu stellen, eine Fülle von Kriterien durchlaufen muss, wobei er gleichzeitig auf das Wesentliche reduziert werden kann. Dubletten werden vereint, Subvariablen als Beschreibung übernommen und so der Satz auf eine etwa gleiche Aggregationsstufe gebracht.

---

stunden für deren Fertigung (und noch einmal dem Doppelten für die verwendeten Werkstoffe, berechnet aus der Menge aus verbrauchtem Rohstoff von 1,2 t pro Auto), die dabei entstehenden ca. 100 kg brennbaren Abfälle, 20 kg Kunststoffabfälle, 65 kg Asche und Bauschutt, 40 kg Schlämme und 75 kg Abwässer, die für die Überführung der Fahrzeuge nötigen ca. 400 000 Güterwagen (bzw. eine Million LKW) und der Anteil der Materialkosten am Kaufpreis von 37 % – sozusagen den veränderbaren quantitativen »Hintergrund« der Variablen »Stoff- und Energiedurchsatz«. Dieser Hintergrund kann jederzeit abgerufen und aktualisiert und auch in späteren Teilmodellen auf mehrere Variablen aufgeteilt werden.

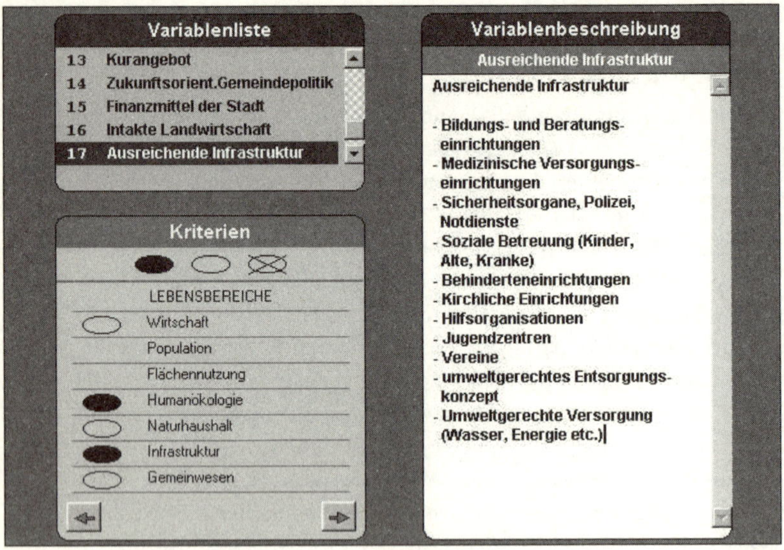


Abb. 49: **Eintrag der Systemkriterien in der Kategorie ›Lebensbereiche‹** (Systemmodell Bad Aibling)

## Die Kriterienmatrix

Für die Handlichkeit eines Systemmodells ist die Beschränkung der Variablen auf eine überschaubare Anzahl unumgänglich. Eine aussagekräftige Zusammenstellung ohne Auslassung wesentlicher Merkmale erhält man aber nur, wenn man den Variablensatz daraufhin überprüft, ob er die wichtigsten Systemkriterien abdeckt. Denn allzu leicht ergibt sich sonst eine einseitige Betrachtungsweise, etwa mit dem Schwerpunkt auf dem Bereich der Wirtschaft oder dem der Natur, unter Ignorierung des Energieaspekts, oder man lässt gerade diejenigen Faktoren weg, über die sich das System nach außen hin öffnet. Im Sinne des rekursiven Vorgehens wird dieser Schritt den bisherigen Variablensatz daher noch einmal verändern, ergänzen, einseitige Schwerpunkte ausdünnen, begrifflich umdefinieren oder neu beschreiben.
Um gezielt zu überprüfen, ob der Variablensatz alle Grundaspekte des Systems enthält, die zur Abbildung der Realität im Modell notwendig sind, wird jede einzelne Variable daraufhin abgecheckt, welche Kriteri-

en sie erfüllt, und dies in eine Matrix eingetragen. Der Variablensatz wird so lange überarbeitet, bis er sämtliche Aspekte und Kriterien, die zur Abbildung der Realität im Modell notwendig sind, einigermaßen ausgewogcn wiedergibt. Obwohl es sich dabei um Merkmale handelt, die in jedem lebensfähigen System eine Rolle spielen, fallen sie doch bei der normalen Betrachtung der Variablen nicht ohne weiteres ins Auge. Als essenzielle Bestandteile eines Systems zählen dazu die schon in Kapitel 11 erwähnten Lebensbereiche, die mit sieben Betrachtungsebenen abgedeckt werden, weiterhin die drei physikalischen Entitäten Materie, Energie und Information, vier Aspekte der Systemdynamik und vier Arten der Systembeziehung einer Variablen – insgesamt also achtzehn Kriterien, die im Variablensatz eines systemrelevanten Modells vertreten sein sollten.

## Definition der 7 Lebensbereiche am Beispiel zweier unterschiedlicher Systeme

| Lebensbereich und Grundfragen | System Regionalplanung | System Unternehmen |
|---|---|---|
| **Die Beteiligten**<br>Wer ist alles da? | Bevölkerung, Zahl, Struktur und Dynamik, Arbeitskräfte, Altersstruktur | Kunden, Besucher, Aufsichtsrat, Mitarbeiter, Hilfskräfte, Aktionäre, Betriebsrat |
| **Die Tätigkeiten**<br>Was machen die? | Wirtschaft, Struktur, Kapital, Produktion, Steuereinnahmen, Schulden, Shareholder Value | Umsatz und Ertrag, Arbeitsplätze, Dienstleistung, Einkauf / Verkauf, Produktion, Investitionen |
| **Der Raum**<br>Was passiert wo? | Flächennutzung, Orographie, Bebauung, Anbau, Brache, Siedlungsstruktur | Verteilung und Größe der Arbeitsstätten, Lagerhaltung, Entfernungen |
| **Das Befinden**<br>Wie fühlen die sich dabei? | Humanökologie, Sozialstruktur, Lebensqualität, Sicherheit, Ausbildung, Gesundheitszustand | Motivation, Identifikation, Konkurrenzkampf, Ideen, Kreativität, Krankentage |

| | | |
|---|---|---|
| **Die Umweltbeziehung** Wie funktioniert der Ressourcenhaushalt? | Naturhaushalt, Rohstoff-, Energie- und Wasserverbrauch, Bodenversiegelung, Klimabeeinflussung | Rohstoff-, Energie- und Wasserverbrauch, Recycling, Abfälle, Abgase, Produktverträglichkeit |
| **Die inneren Abläufe** Welche Kommunikationswege bestehen? | Infrastruktur, Transport und Zufahrtswege, Telekommunikation, Verkehr und Versorgung | Transport und Zufahrtswege Kommunikation und Informationsverarbeitung |
| **Die innere Ordnung** Wie ist das geregelt? | Gemeinwesen, Steuern, Maßnahmen, Verordnungen und Gesetze, Planungsverfahren | Management, Hierarchie, Firmenart, Hausordnung, Gehälter, Unternehmenskultur, Vereinbarungen |

## Definition der physikalischen Grundkriterien einer Variablen

### Materie

Variablen, die vorwiegend materiellen Charakter haben
(z. B. Gebäude, Rohstoffe, Produktionsmittel, Menschen, Tiere, Pflanzen, Fahrzeuge)

### Energie

Variablen, die vorwiegend Energiecharakter haben
(z. B. Stromverbrauch, Arbeitskräfte, Energieträger, Finanzkraft, Entscheidungsgewalt)

### Information

Variablen, die vorwiegend Informations- und Kommunikationscharakter haben
(z. B. Medien, Entscheidungen, Aufklärung, Informationsaustausch, Anordnungen, Wahrnehmung, Akzeptanz, Attraktivität)

## Definition der dynamischen Grundkriterien einer Variablen

### Flussgröße

Variablen, die vorwiegend Materie-, Energie- oder Informationsflüsse innerhalb des Systems ausdrücken
(z. B. Stromverbrauch, Verkehr, Pendler, Anweisungen, Attraktivität)

### Strukturgröße

Variablen, die mehr struktur- als flussbestimmend sind
(z. B. Grünflächen, Bevölkerungsdichten, Verkehrsnetz, Erreichbarkeit, berufliche Diversität, zentrale oder dezentrale Verteilung, Hierarchie)

### Zeitliche Dynamik

Variablen, die sich am gleichen Standort zu gegebener Zeit verändern oder denen eine zeitliche Dynamik innewohnt
(z. B. Saisonbetrieb, Wahlversammlungen, Klimafaktoren, Fahrpläne, Steuerprüfung)

### Räumliche Dynamik

Variablen, die zu gegebener Zeit von Standort zu Standort verschieden sind
(z. B. Verkehrsaufkommen, Abwässer, Naturschutzgebiet, Strukturförderung)

## Definition der Systembeziehung einer Variablen

### Öffnet das System durch »Input«

Variablen, die das System durch Einwirkungen von außen öffnen
(z. B. Niederschläge, Deponien, Importe, Fremdenverkehr, überregionale Erlasse und Entscheidungen, Subventionen)

### Öffnet das System durch »Output«

Variablen, die in umgebende Systeme hineinwirken
(z. B. Abflüsse, Auspendler, Exporte, überregionale Steuern, Image, Werbung)

### Von innen steuerbar

Variablen, die durch Entscheidungsprozesse steuerbar sind, die innerhalb des betrachteten Systems stattfinden. Sie sind unter anderem ein Maß für die Autarkie des Systems.

### Von außerhalb steuerbar

Variablen, die Entscheidungsprozessen unterliegen, die außerhalb des betrachteten Systems stattfinden. Sie sind unter anderem ein Maß für die Dependenz des Systems.

## Die Auswertung der Systemkriterien

Zur Erfassung eines Systems müssen also 18 Kriterien berücksichtigt werden. Fehlen einige oder auch nur eines davon, bekommen wir ein schiefes, ja falsches Bild, so als ob in der Darstellung des Gesichts von LINCOLN die Mund- oder die rechte Augenpartie fehlen würde. Im Glauben, die Realität erfasst zu haben, werden oft Systemmodelle vorgestellt, die, obgleich äußerst detailliert, doch nur einige wenige Aspekte wiedergeben. Wenn beispielsweise das Ökosystemmodell einer Auenlandschaft sämtliche Energieflüsse aller Tier- und Pflanzenarten genau erfasst und sogar simuliert, berücksichtigt es von den sieben Lebensbereichen im Grunde nur die Ebene der »Beteiligten« und die Ebene der »Umweltbeziehungen«. Aber selbst wenn alle sieben Lebensbereiche einbezogen werden, kann sich immer noch ein falsches Bild ergeben. Dies wäre etwa der Fall, wenn ein ökologisches Systemmodell dabei nur den Energieaspekt berücksichtigte, während zu einer systemrelevanten Erfassung alle drei »Seinsentitäten«, also auch Materie und Information gehören. Bleibt der Informationsaspekt unberücksichtigt, fehlen zum Beispiel alle Entscheidungsprozesse von Behörden, und geschieht dies ohne den Aspekt der Materie, werden die Grenzen des Raumes, des Nahrungsangebots und der Transportwege außer Acht gelassen.

Betrachten wir zur Verdeutlichung den umgekehrten Fall: Zur gleichen Auenlandschaft könnte eine Gruppe von Landschaftsplanern ein völlig

**Kriterien** ⟶

● VOLL zutreffend
○ TEILWEISE zutreffend

| | | LEBENSBEREICHE | | | | | | | PHYS. KATEG. | | | DYN. KATEGORIE | | | | SYSTEMBEZIEHG. | | | |
|---|---|---|---|---|---|---|---|---|---|---|---|---|---|---|---|---|---|---|---|
| | | Wirtschaft | Population | Flächennutzung | Humanökologie | Naturhaushalt | Infrastruktur | Gemeinwesen | Materie | Energie | Information | Flußgröße | Strukturgröße | zeitliche Dynamik | räumliche Dynamik | öffnet Sys. d. Input | öffnet Sys. d. Output | von Innen beeinflb. | von Außen beeinflb. |
| 1 | Lebensqualität | | | | ● | ○ | ○ | | ○ | | ● | | ○ | ○ | ○ | | ● | ● | ○ |
| 2 | Wirtschaftskaft des Ortes | ● | ○ | | | | | | ○ | ● | ○ | ○ | ○ | ○ | | ● | ○ | ○ | ○ |
| 3 | Öffentlicher Nahverkehr | | | ● | | | ● | ○ | ● | | ○ | ○ | ○ | ○ | ○ | ○ | ○ | ○ | ○ |
| 4 | Image des Ortes | | | | ● | | | | | | ● | ● | | ● | | | ● | ○ | ○ |
| 5 | Freizeitangebot | ○ | | ○ | | | ● | | ● | | ● | | ● | ○ | ● | | ● | ● | |
| 6 | Einwohner-Zahl | | ● | | | | | | ● | | | ○ | ● | ○ | ○ | ○ | ○ | ○ | ○ |
| 7 | Autogerechte Verkehrswege | | | ● | | | ● | ○ | ● | | ○ | | ● | | ○ | ● | ○ | ● | ○ |
| 8 | Intakte Umwelt | | | ● | | ● | ○ | | ● | ● | | ○ | ○ | ○ | ○ | ○ | ○ | ● | ○ |
| 9 | Arbeitsplätze | ● | ● | | ○ | | | ○ | ● | ○ | | ○ | ○ | ● | ○ | ○ | ○ | ● | ○ |
| 10 | Gäste und Besucher | | ● | | | | | | ● | | | ● | ○ | ○ | ○ | ● | | ● | ● |
| 11 | Kultur-Angebot | ○ | | ○ | ● | | ● | | ● | | ● | | ● | ○ | ○ | ○ | ● | ● | |
| 12 | Verkehrsbelastung | | ○ | ● | ● | ● | ● | | ● | ○ | ○ | ● | ● | ● | ● | ● | ○ | ● | ● |
| 13 | Kurangebot | | | ○ | ● | ○ | ● | | ● | | ● | | ● | | ● | | ● | ● | |
| 14 | Zukunftsorient. Gemeindepol | | | | ○ | | | ● | | ● | ● | ● | ○ | ● | | ○ | ○ | ● | ○ |
| 15 | Finanzmittel der Stadt | ● | | | | | | ● | ● | ● | ● | ● | ○ | ● | | ● | ○ | ● | ○ |
| 16 | Intakte Landwirtschaft | ● | | ● | | ● | ○ | | ● | ○ | ○ | | ● | ● | | | ○ | ● | ● |
| 17 | Ausreichende Infrastruktur | ○ | | | ● | ○ | ● | ○ | ● | ● | ○ | ○ | ● | | ● | ○ | ○ | ● | ○ |
| 18 | Neue Mobilität | | | ● | ○ | ○ | ● | ○ | ● | | ● | ○ | ● | ● | ○ | ○ | ○ | ● | ○ |
| | **Summe:** | 5,5 | 4,0 | 7,5 | 7,5 | 5,0 | 9,5 | 4,5 | 15,0 | 6,5 | 11,0 | 8,5 | 13,0 | 11,0 | 8,5 | 9,0 | 11,0 | 16,0 | 9,0 |

Abb. 50: **Kriterienmatrix** (Systemmodell Bad Aibling)

anderes, sicher ebenso detailliertes Systemmodell entwickeln, in welchem der Grundstückswert, die Freizeitaktivitäten, die Verwendung der Einnahmen zur Ausgestaltung eines Trimm-dich-Pfads, die Wechselwirkungen mit einem nahe gelegenen Zeltplatz und die Durchführung einer Trasse im Vordergrund stünden. Im ersten wie im zweiten Fall ergäbe sich ein einseitiges Bild, das weder etwas über die Überlebensfähigkeit des Systems noch über seine Entwicklung und sein Verhalten bei Eingriffen aussagt. Beide Systemmodelle werden sich daher nie »verständigen« können.

So eignet sich die Kriterienmatrix zum einen dazu, den Variablensatz um wichtige Aspekte zu ergänzen, dient aber auch dazu, ihn noch einmal zu reduzieren. Obwohl er alle in der Kriterienmatrix abgefragten Aspekte erfüllen soll, sollte er nicht mehr Variablen enthalten, als für die Beschreibung des Systems und der anstehenden Probleme unbedingt notwendig sind. Als Nebeneffekt gewinnt man durch diese Überprüfung bislang nicht hinterfragte Informationen über die ausgewählten Einflussgrößen, etwa ob eine Variable einer zeitlichen Dynamik unterliegt (etwa »saisonbedingt«), ob sie aus dem System selbst heraus steuerbar ist oder nur von außen beeinflusst werden kann. Aus Unwissen darüber werden oft erhebliche Anstrengungen unternommen, um einen Sachverhalt zu ändern, obwohl er aus dem eigenen Bereich heraus gar nicht veränderbar ist – eine unnötige Vergeudung von Energie und Zeit, wie sie besonders oft bei langwierigen politischen Entscheidungsprozessen zu beobachten ist.

## Die Größe des Variablensatzes

Es wurde schon kurz erwähnt, dass die Anzahl von 20 bis 40 Schlüsselvariablen zur Darstellung eines komplexen Systems nicht willkürlich gewählt ist. Wenn dessen Grundeigenschaften in dem Variablensatz berücksichtigt sein sollen, muss wenigstens jeder der sieben Lebensbereiche mit seinen drei Entitäten vertreten sein, was 7 x 3 = 21 Variablen bedeuten würde. Selbst wenn ein Modell in allen Bereichen Materie-, Energie- und Informationsflüsse aufweist, ist damit noch nichts über die Struktur des Energieflusses ausgesagt – sternförmig von einem Zentrum ausgehend oder dezentral über die Fläche verteilt – oder darüber, ob es sich beim Informationsfluss um bilaterale Beziehungen zwischen »Client« und »Server« oder eine ubiquitäre Verteilung via Internet handelt.
In diesen vier Fällen kann der Energie- oder Informationsfluss gleich groß sein, doch im ersten Fall wird es bei der Energie ein Abwärmeproblem geben, im zweiten nicht; und bei der Information werden in dem einen Fall die Entscheidungsprozesse gegen unbefugten Zugriff abgesichert sein, im anderen nicht. Auch was die Materie betrifft, kommt es beispielsweise darauf an, wie sie gelagert ist – weit verstreut oder an wenigen Zentren – oder wie sie transportiert wird – über wenige lineare Zubringer, über ein Verteilerzentrum oder weit verzweigt. Kurz, die bislang 21 Kriterien sollten ebenso in ihren Aspekten »Fluß« und »Struktur« vertreten sein, was einen Mindestsatz von insgesamt 7 x 3 x 2 = 42 Variablen verlangen würde. Da die Berücksichtigung der übrigen

Kategorien der Kriterienmatrix, also die Aspekte der Systemdynamik und der Systembeziehungen nicht für alle Lebensbereiche bindend sind, sondern sich unterschiedlich verteilen können, vergrößert sich die Anzahl der Variablen dadurch nicht.

Da eine Variable aber oft mehrere Kriterien der gleichen Kategorie abdeckt – zum Beispiel die Variable »Motivierte Mitarbeiter« neben der Ebene der Beteiligten (»wer ist alles da«) auch die Ebene der Tätigkeiten (»was machen die?«) sowie des Befindens (»motiviert«) – kommt man meistens mit weniger als 42 Variablen aus. Je nach »Vielseitigkeit« der verwendeten Variablen wird also die ideale Anzahl zwischen 20 und 40, bei einigen Systemen auch unter 20 liegen. Je »vielseitiger« eine Variable ist, desto stärker ist sie auch aggregiert. Dieses Prinzip konsequent angewendet würde man mit einer noch weit geringeren Gesamtzahl an Variablen auskommen, dadurch jedoch schnell auf einer sehr hohen Betrachtungsebene landen, deren Aussagen über das System dann zu allgemein werden.

Nachdem den einzelnen Variablen die auf sie zutreffenden Systemkriterien zugeordnet wurden, wird in der resultierenden Matrix die Verteilung der Eintragungen auf die 18 Systemkriterien berechnet und damit aufgezeigt, wie diese von dem Variablensatz als ganzem repräsentiert werden. Diese Überprüfung an der Kriterienmatrix kann dann wiederum zu einer Redefinition der Variablen oder auch zu Streichungen oder Ergänzungen des Variablensatzes führen.

Bei einer Systemuntersuchung sollte man also immer im Auge behalten, dass erst die gründliche Überprüfung der Variablen an der Kriterienmatrix das durch sie repräsentierte System als ein besonderes »Individuum« mit eigenem Charakter erkennen lässt. Eine Sensitivitätsanalyse selbst noch so ähnlicher Systeme ist daher immer individuell. Sie ist von Standort zu Standort verschieden und wird dementsprechend immer individuelle Strategien und nicht identische Rezepte ergeben. Gerade dieser individuelle Zuschnitt – wie er sich auch in der Kriterienmatrix widerspiegelt – garantiert angepasste und unter allgemeinem Konsens umsetzbare Lösungen, wie es die Resultate aus dem in Kapitel 19 wiedergegebenen Anwendungsspektrum bestätigen.

# 14 • Die inhärenten Wirkungen des Systems

Im letzten Kapitel war von den Variablen, ihrem Inhalt und ihrer Art die Rede. Wir kennen nun bereits recht genau die einzelnen Systemkomponenten und die durch sie vertretenen Kriterien. Erst jetzt können wir uns dem eigentlichen Ziel der Modellbildung widmen, das heißt der Analyse ihrer Wirkungen im Systemzusammenhang.

Da sich die Rolle einer Variablen niemals aus ihr selbst erkennen lässt – auch wenn man sie noch so genau studiert, misst oder analysiert –, sondern ausschließlich aus der Gesamtheit ihrer Wechselwirkungen mit allen übrigen Komponenten und wieder deren Wechselwirkungen untereinander, besteht der erste Schritt zur kybernetischen Beschreibung ihrer Rolle in einer Abschätzung der Einflüsse jeder Variablen auf jede andere. Das zwingt automatisch dazu, die Aussage der einzelnen Komponenten eines Systems hinter den Beziehungen zwischen ihnen zurücktreten zu lassen, ja diese Aussagen durch die Hinterfragung jener Beziehungen in einem neuen Licht zu sehen.

Diese Hinterfragung geschieht mithilfe einer einfachen Einflussmatrix. Dabei wird sowohl die Dominanz bzw. Beeinflussbarkeit der Variablen als auch ihre Beteiligung am Geschehen im Gesamtsystem grob abgeschätzt. Die Einbeziehung der Wechselwirkungen zwischen den Variablen erweckt den bisher statischen Variablensatz des Systemmodells erstmals zum Leben.

Es ist vorteilhaft, hierzu drei getrennte Gruppen mit jeweils »interdisziplinärer« Zusammensetzung zu bilden, die jede für sich die vorliegenden Variablenbeschreibungen durchgeht und die Wirkungen jeder Variablen auf jede andere hinterfragt. Dabei sollten nur die direkten Wirkungen, also solche, die nicht erst über andere Varia-

| Wirkung von ↓ auf → | | 1 | 2 | 3 | 4 | 5 | 6 | 7 |
|---|---|---|---|---|---|---|---|---|
| 1 | Attraktivität für Erholung | X | 1 | 3 | 0 | 0 | 0 | 2 |
| 2 | Bedürfnis nach Freizeitstätten | 2 | X | 1 | 2 | 2 | 2 | 3 |
| 3 | Frequentierung der Freiflächen | 2 | 3 | X | 3 | 3 | 2 | 2 |
| 4 | Vielfalt der Pflanzenarten | 3 | 0 | 1 | X | 1 | | |
| 5 | Faunendiversität | | | | | X | | |
| 6 | Struktvielfalt der Landschaft | | | | | | X | |
| 7 | Flächenanteil der Kleingärten | | | | | | | X |

Abb. 51: Einflussmatrix (Ausschnitt)

blen laufen, notiert werden. In der Matrix werden die Variablen von oben nach unten und in der gleichen Reihenfolge (mit ihrer Nummer) noch einmal von links nach rechts angeordnet. Da sich die Variablen selber nicht direkt beeinflussen können, werden alle Kästchen, in denen eine Variable auf sich selbst trifft, durchkreuzt.
Die Stärke der Beziehungen wird dabei mit Werten zwischen 0 und 3 bewertet.
Die Fragestellung lautet immer: Wenn ich Element A verändere, wie stark verändert sich dann – ganz gleich in welcher Richtung – durch direkte Einwirkung von A das Element B?

- Verändere ich A nur wenig und B verändert sich daraufhin stark, so ist eine 3 angebracht (starke, überproportionale Beziehung).
- Muss ich A stark verändern, um bei B eine etwa gleich starke Veränderung zu erzielen, trägt man eine 2 ein (mittlere, etwa proportionale Beziehung).
- Ändert sich auf eine starke Veränderung von A hin Element B nur schwach, so gibt es eine 1 (schwache Beziehung).
- Bei gar keiner, sehr schwacher oder mit großer Zeitverzögerung zustande kommender Wirkung wird eine 0 vergeben (keine Beziehung).

Eingetragen wird die Zahl, auf die sich die Gruppe nach einigem Nachdenken und Diskutieren einigt; die Entscheidung wird gegebenenfalls mit Begründungen versehen. Wenn alle Kästchen ausgefüllt sind, ergeben ihre jeweiligen Aktiv- und Passivsummen bereits erste Aussagen. Die so genannte Aktivsumme einer Variablen und damit eine Aussage darüber, wie stark sie auf den Rest des Systems wirkt, erhält man, indem man die Zahlen einer Reihe von links nach rechts addiert. Die Summe der Zahlen einer senkrechten Spalte ergibt hingegen die so genannte Passivsumme, also eine Aussage darüber, wie empfindlich die Variable auf Veränderungen des Systems reagiert.
Das Prinzip lässt sich am besten an einem praktischen Beispiel erklären, hier anhand eines Projektes zur Naherholung (Abb. 52):
Die Variable »Abfallmengen« (Nr. 12) besitzt zum Beispiel eine relativ

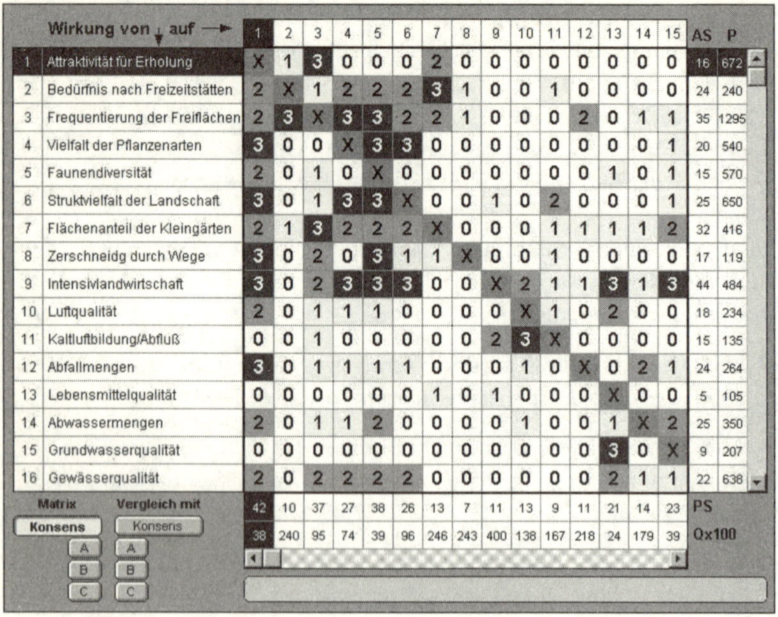

| | Wirkung von ↓ auf → | 1 | 2 | 3 | 4 | 5 | 6 | 7 | 8 | 9 | 10 | 11 | 12 | 13 | 14 | 15 | AS | P |
|---|---|---|---|---|---|---|---|---|---|---|---|---|---|---|---|---|---|---|
| 1 | Attraktivität für Erholung | X | 1 | 3 | 0 | 0 | 0 | 2 | 0 | 0 | 0 | 0 | 0 | 0 | 0 | 0 | 16 | 672 |
| 2 | Bedürfnis nach Freizeitstätten | 2 | X | 1 | 2 | 2 | 2 | 3 | 1 | 0 | 0 | 1 | 0 | 0 | 0 | 0 | 24 | 240 |
| 3 | Frequentierung der Freiflächen | 2 | 3 | X | 3 | 3 | 2 | 2 | 1 | 0 | 0 | 0 | 2 | 0 | 1 | 1 | 35 | 1295 |
| 4 | Vielfalt der Pflanzenarten | 3 | 0 | 0 | X | 3 | 3 | 0 | 0 | 0 | 0 | 0 | 0 | 0 | 0 | 1 | 20 | 540 |
| 5 | Faunendiversität | 2 | 0 | 1 | 0 | X | 0 | 0 | 0 | 0 | 0 | 0 | 0 | 1 | 0 | 1 | 15 | 570 |
| 6 | Struktvielfalt der Landschaft | 3 | 0 | 1 | 3 | 3 | X | 0 | 0 | 1 | 0 | 2 | 0 | 0 | 0 | 1 | 25 | 650 |
| 7 | Flächenanteil der Kleingärten | 2 | 1 | 3 | 2 | 2 | 2 | X | 0 | 0 | 0 | 1 | 1 | 1 | 1 | 2 | 32 | 416 |
| 8 | Zerschneidg durch Wege | 3 | 0 | 2 | 0 | 3 | 1 | 1 | X | 0 | 0 | 1 | 0 | 0 | 0 | 0 | 17 | 119 |
| 9 | Intensivlandwirtschaft | 3 | 0 | 2 | 3 | 3 | 3 | 0 | 0 | X | 2 | 1 | 1 | 3 | 1 | 3 | 44 | 484 |
| 10 | Luftqualität | 2 | 0 | 1 | 1 | 1 | 0 | 0 | 0 | 0 | X | 1 | 0 | 2 | 0 | 0 | 18 | 234 |
| 11 | Kaltluftbildung/Abfluß | 0 | 0 | 1 | 0 | 0 | 0 | 0 | 0 | 2 | 3 | X | 0 | 0 | 0 | 0 | 15 | 135 |
| 12 | Abfallmengen | 3 | 0 | 1 | 1 | 1 | 1 | 0 | 0 | 0 | 1 | 0 | X | 0 | 2 | 1 | 24 | 264 |
| 13 | Lebensmittelqualität | 0 | 0 | 0 | 0 | 0 | 0 | 1 | 0 | 1 | 0 | 0 | 0 | X | 0 | 0 | 5 | 105 |
| 14 | Abwassermengen | 2 | 0 | 1 | 1 | 2 | 0 | 0 | 0 | 0 | 1 | 0 | 0 | 1 | X | 2 | 25 | 350 |
| 15 | Grundwasserqualität | 0 | 0 | 0 | 0 | 0 | 0 | 0 | 0 | 0 | 0 | 0 | 0 | 3 | 0 | X | 9 | 207 |
| 16 | Gewässerqualität | 2 | 0 | 2 | 2 | 2 | 2 | 0 | 0 | 0 | 0 | 0 | 0 | 2 | 1 | 1 | 22 | 638 |
| | PS | 42 | 10 | 37 | 27 | 38 | 26 | 13 | 7 | 11 | 13 | 9 | 11 | 21 | 14 | 23 | | |
| | Qx100 | 38 | 240 | 95 | 74 | 39 | 96 | 246 | 243 | 400 | 138 | 167 | 218 | 24 | 179 | 39 | | |



Abb. 52: **Konsensmatrix** (Systemmodell Naherholung; Ausschnitt)

hohe Aktivsumme (24); das heißt, die Abfallmengen brauchen sich nur wenig zu verändern, und im System mit seinen insgesamt 26 Variablen tut sich daraufhin allerhand. Ist hingegen die Summe relativ klein, wie hier die 5 bei der Variablen 13 »Lebensmittelqualität«, dann muss sich an dieser Variablen eine Menge tun, bevor sich im System etwas ändert. Anders verhält es sich bei der Passivsumme. Mit 37 Punkten hat in unserem Beispiel die Variable 3 »Frequentierung der Freiflächen« eine sehr hohe Passivsumme; sobald irgendetwas im System passiert, ändert sich demnach diese Variable sehr stark. Bei der Variablen 8 »Zerschneidung durch Wege« dagegen, die mit 7 Punkten eine geringe Passivsumme aufweist, bedeutet das, dass im System schon sehr viel geschehen muss, ehe diese Variable beeinflusst wird.

## Tabelle der Einflussstärken

Aus der Bewertung der Einflussmatrix lässt sich zusätzlich eine Tabelle der Einflussstärken erstellen. Auf dieser sind links die Passivsummen und rechts die Aktivsummen der einzelnen Variablen durch entsprechend lange Balken dargestellt. So lässt sich mit einem Blick überschauen, welche Variablen am stärksten auf das System einwirken, welche am

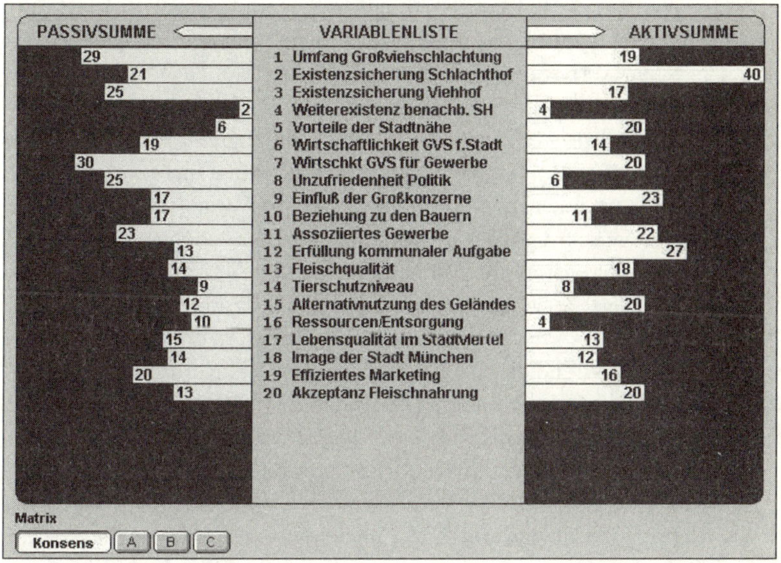


Abb. 53: **Einflussstärken** (Systemmodell Großviehschlachtung München)
Im obigen Beispiel sind die Einflussstärken aus einer Systemuntersuchung über die Münchener Großviehschlachtung zusammengefasst. Interessant sind hier zum einen die sowohl nach rechts (aktiv) als auch nach links (passiv) besonders herausragenden Größen. Zu diesen zählen z. B. die Variablen 1 »Umfang der Großviehschlachtung«, 2 »Existenzsicherung des Schlachthofs«, 7 »Wirtschaftlichkeit der Großviehschlachtung für das Gewerbe« und 11 »Assoziiertes Gewerbe«, die mit jeder Veränderung sowohl das Gesamtsystem stark beeinflussen als auch auf dessen Veränderungen stark reagieren und deshalb kritische Einflussgrößen genannt werden. Der umgekehrte Fall, nämlich sowohl geringe Wirkung auf das System als auch eine gewisse Trägheit bei dessen Veränderung findet sich bei den Variablen 4 »Weiterexistenz benachbarter Schlachthöfe«, 14 »Tierschutzniveau« und 16 »Ressourcen und Entsorgung«.

stärksten reagieren und welche vielleicht beides tun. Diese Tabelle erlaubt einen anderen Blickwinkel auf die Ergebnisse der Einflussmatrix und dient so vor allem als Ergänzung der weiter unten behandelten Skala der Einflussindizes als auch des Tableaus der Rollenverteilung.

## Berechnung des Einflussindex

Um weitergehende Fragen an das zu untersuchende System zu beantworten – etwa: Wo existieren mögliche Steuerungshebel? Welche Komponenten können das System gefährden? Bei welchen Indikatoren gleichen Verbesserungen eher einer Symptombehandlung? Welche Variablen verleihen dem System eine gewisse Trägheit, die unter Umständen auch stärkere Veränderungen auffängt? –, reicht die bloße Kenntnis der Aktiv- und Passivsummen allerdings nicht aus. Wird beispielsweise eine aktive Komponente wie die Variable 11 »Assoziiertes Gewerbe« selbst wiederum von anderen Komponenten stark beeinflusst – ablesbar an ihrer hohen Passivsumme –, ist sie als steuernder Hebel ungeeignet. Andererseits kann die Aktivsumme von 20 bei der Variable Nr. 5 »Vorteile der Stadtnähe« eine stark dominierende Rolle spielen, während dies bei Nr. 7 »Wirtschaftlichkeit für Gewerbe« aufgrund der noch weit höheren Passivsumme von 30 gewiss nicht der Fall ist. Erst das Verhältnis von Aktiv- zu Passivsumme, also der Quotient AS/PS, spiegelt den aktiven oder reaktiven Charakter einer Variablen wider.
Geht es jedoch um die Frage, inwieweit eine Komponente in dem System überhaupt mitspielt, wie stark sie sich am Geschehen beteiligt, ist auch dieser Quotient alleine nicht aussagekräftig genug. Dazu dient eine zweite Skala von Einflussindizes, die das jeweilige Produkt aus Aktiv- und Passivsumme darstellen. Je größer dieses Produkt ist, desto mehr (kritischer Charakter) und je kleiner es ist, desto weniger ist die betreffende Komponente am Systemverhalten beteiligt (puffernder Charakter) – und das völlig unabhängig davon, ob sie nun selbst eher aktiv oder eher passiv ist. Eine bloße Addition aus Aktiv- und Passivsumme wäre im Übrigen dafür kein adäquates Maß; denn auch in der Realität verhält es sich, wie an jeder positiven Rückkopplung abzule-

| AKTIV – – – REAKTIV | Q-Wert |
|---|---|
| **HOCHAKTIV** | |
| 5 Vorteile der Stadtnähe | 3,33 |
| **AKTIV** | |
| 12 Erfüllung kommunaler Aufgabe | 2,08 |
| 4 Weiterexistenz benachb. SH | 2,00 |
| 2 Existenzsicherung Schlachthof | 1,90 |
| 15 Alternativnutzung des Geländes | 1,67 |
| **LEICHT AKTIV** | |
| 20 Akzeptanz Fleischnahrung | 1,54 |
| 9 Einfluß der Großkonzerne | 1,35 |
| **NEUTRAL** | |
| 13 Fleischqualität | 1,29 |
| 11 Assoziiertes Gewerbe | 0,96 |
| 14 Tierschutzniveau | 0,89 |
| 17 Lebensqualität im Stadtviertel | 0,87 |
| 18 Image der Stadt München | 0,86 |
| 19 Effizientes Marketing | 0,80 |
| **LEICHT REAKTIV** | |
| 6 Wirtschaftlichkeit GVS f.Stadt | 0,74 |

| KRITISCH – – – PUFFERND | P-Wert |
|---|---|
| **HOCHKRITISCH** | |
| – | |
| **KRITISCH** | |
| 2 Existenzsicherung Schlachthof | 840 |
| **LEICHT KRITISCH** | |
| 7 Wirtschkt GVS für Gewerbe | 600 |
| 1 Umfang Großviehschlachtung | 551 |
| 11 Assoziiertes Gewerbe | 506 |
| **NEUTRAL** | |
| 3 Existenzsicherung Viehhof | 425 |
| 9 Einfluß der Großkonzerne | 391 |
| 12 Erfüllung kommunaler Aufgabe | 351 |
| 19 Effizientes Marketing | 320 |
| **SCHWACH PUFFERND** | |
| 6 Wirtschaftlichkeit GVS f.Stadt | 266 |
| 20 Akzeptanz Fleischnahrung | 260 |
| 13 Fleischqualität | 252 |
| 15 Alternativnutzung des Geländes | 240 |
| 17 Lebensqualität im Stadtviertel | 195 |

Matrix
Konsens | A | B | C

Abb. 54: **Einflussindex** (Systemmodell Großviehschlachtung München; Ausschnitt)

sen, in der Tat so, dass sich mit jeder weiteren Wirkung auf andere Systemteile und den damit verbundenen Rückwirkungen die Aktionen und Reaktionen nicht bloß addieren, sondern multiplizieren.

Wenn also das Produkt für das Mitspielen einer Variablen so entscheidend ist, wozu dient dann überhaupt der Quotient? Aus dem Quotienten erfahren wir, ob eine Variable in einem System eher etwas zu sagen hat oder ob sie eher gehorcht, und dies völlig unabhängig von ihrer Stärke. Ein hoher Quotient bedeutet selbst bei einem kleinen Produkt, dass diese Variable sich in jedem Fall deutlich, wenn auch »mit zarter Stimme« äußert.

Auf diese Weise bekommen die Variablen nach und nach eine systemrelevante Charakteristik. Sie entpuppen sich als aktiv, kritisch, puffernd oder reaktiv mit allen Zwischenstadien innerhalb dieser vier Eckwerte. Erst ihre Position in beiden Spannungsfeldern – einerseits zwischen aktiv und reaktiv und andererseits zwischen kritisch und puffernd – zeigt, ob und in welcher Weise ein Eingriff in eine Variable im Umgang mit dem betrachteten System eingesetzt werden kann und soll. Genau diese Position innerhalb der beiden Spannungsfelder wird im übernächsten Arbeitsschritt, der »Rollenverteilung«, gesondert untersucht und im Hinblick auf ihre kybernetische Aussage interpretiert. Grundlage dafür ist jedoch der Konsens der beteiligten Arbeitsgruppen über die Bewertungen in der Einflussmatrix.

## Die Konsensmatrix

Wenn ein Projekt oder Planungsvorhaben diskutiert wird, kommen üblicherweise die unterschiedlichsten Probleme auf den Tisch. Fragen und Lösungen, Wünsche, Argumente und Gegenargumente werden genannt und stehen isoliert im Raum. Bei der Kunst des vernetzten Denkens geht es nun keineswegs darum, das eine oder andere Argument durchzusetzen – eine Gefahr, die wir schon ein wenig durch die bisherigen Arbeitsschritte verringern konnten –, sondern darum, alle vorhandenen Argumente gewissermaßen objektiv einzufangen und in ein Beziehungsnetz einzubringen. Nicht wir, sondern das auf diese Weise abgebildete System selbst ist es dann, welches den einzelnen Einflussgrößen ihren jeweiligen Platz zuweist und die richtigen Entscheidungshilfen liefert.

Auch die Aufteilung der Einflussbewertung in drei getrennte Gruppen, wobei in jeder Gruppe möglichst Vertreter unterschiedlicher Interessen gemeinsam die Einflussmatrix ausfüllen, hat daher den Sinn, eine allzu rasche »Einigung« (durch vordergründige Argumente oder bessere Rhetorik) zu vermeiden und divergierende Auffassungen – wie sie von einer Gruppe zur anderen gewöhnlich bestehen bleiben – noch einmal zu hinterfragen. Bewertungsfehler oder missverständliche Definitionen der einen oder anderen Variablen werden dabei gemeinsam aufgedeckt, die fraglichen Variablen genauer redefiniert und zum Teil neu beschrieben. So wird sehr rasch ein echter Konsens über die endgültigen Wirkungszahlen erreicht.

Eine Diskrepanz ergibt sich erfahrungsgemäß immer nur in der Definition bestimmter Variablen und fast nie in der Bewertung ihrer Wirkung. Die erneute Redefinition einer Variablen ist daher ein äußerst wichtiger Schritt, der den Beteiligten oft zu ihrer Überraschung zur

Kenntnis bringt, wie sehr man sich doch, obgleich zum Beispiel in derselben Abteilung tätig, in seinen Vorstellungen bezüglich alltäglich gebrauchter Begriffe voneinander unterscheidet. Hat man sich einmal darauf geeinigt, was man genau unter einer bestimmten Variablen verstehen will, wird man sich auch sehr rasch über die Stärke ihres Einflusses einig werden.

Gerade bei diesem Arbeitsschritt lernt man daher das System und seine Einflussgrößen noch einmal von einer ganz neuen Seite kennen. Und da es dabei weder um Probleme noch um deren Lösungen geht, sondern um einzelne Wirkungen, kommt man selbst bei anfänglich unterschiedlichen Meinungen meistens rasch zu einer einheitlichen Beurteilung. Die so entstandene Konsensmatrix dient dann als Grundlage für die weiteren Arbeitsschritte.

Mithilfe der Einflussmatrix gelingt es auf diese Weise, die vernetzten Wirkungen der Systemelemente aufeinander und damit ihre Rolle sowohl unter dem Aspekt der Dominanz (agierend) bzw. ihrer Beeinflussbarkeit (reagierend) als auch im Hinblick auf ihre Beteiligung am Geschehen (von puffernd bis kritisch) gemeinsam abzuschätzen. Damit wird die Rolle der Variablen im System sichtbar und wir erfahren erstmals aus dem Variablensatz, was an inhärenten Kräften in ihm steckt. Dies umfasst nicht nur offensichtliche und gerade zur Zeit der Erfassung vorhandene Wirkungen, sondern im Grunde alle Fähigkeiten des Systems, soweit sie sich aus der in der Matrix erfassten Vernetzung seiner Komponenten *irgendwann* ergeben könnten. Man könnte sie die genetische Anlage des Systems nennen.

Auch bei diesem Werkzeug liegt die Stärke des Ansatzes gerade nicht in spekulativen Voraussagen, sondern im Aufzeigen von Möglichkeiten, wie wir das untersuchte System gestalten und handhaben müssen, damit es gegenüber auftretenden Ereignissen möglichst flexibel und selbststabilisierend reagiert. So können wir in Kenntnis der Einflussindizes etwa fragen, wie die Beziehungen zwischen den Elementen sein müsste, damit – wie im Beispiel Bad Aibling – die Variable »Mobilität« vom puffernden zum aktiven Element oder die Variable »Lebensqualität« von einem weitgehend reaktiven Element zum kritischen Element wird. Auf diese Weise lässt sich auch die Reaktion des Systems auf unerwartete Entwicklungen antizipieren. Man kann sich, wie Arthur

Köstler einmal sagte, »die Zukunft geneigt machen«, statt, wie bei den Pseudoprognosen der herkömmlichen Art der Fall, die Folgen falsch antizipierter Entwicklungen bestenfalls nachträglich zu »reparieren«.

## Die Rollenverteilung

Die Rolle der Variablen im System lässt sich vorteilhaft in einer zweidimensionalen Grafik darstellen, in der die jeweilige Position einer Variablen zwischen den vier Schlüsselrollen (aktiv, reaktiv, kritisch, puffernd) mit einem Blick zu erkennen ist und entsprechenden Eigenschaften zugeordnet werden kann. Da sich alle Variablen irgendwo auf dem Achsenkreuz zwischen »aktiv-reaktiv« und »puffernd-kri-

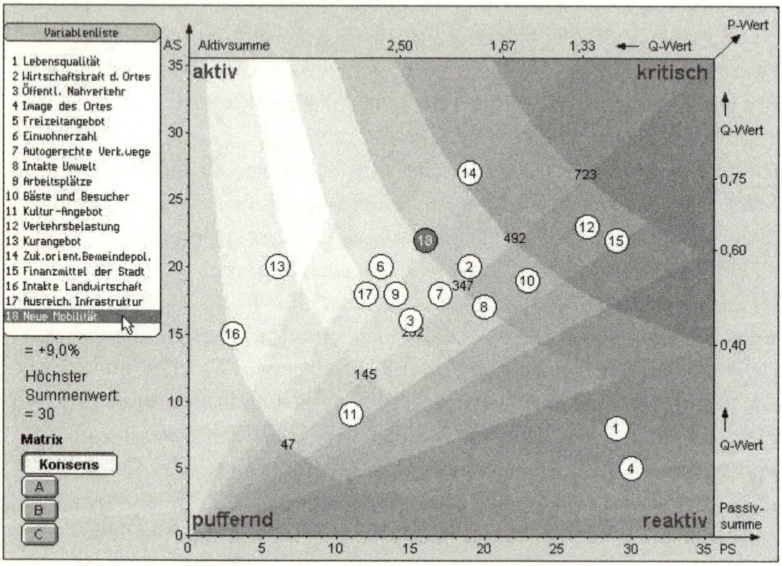


Abb. 55: **Rollenverteilung** (Systemmodell Bad Aibling)
Die strahlenförmigen Trennlinien entsprechen den Übergängen von hoch aktiv bis stark reaktiv, wie sie in der Skala der Einflussindizes errechnet sind, die Hyperbeln den Übergängen von stark puffernd bis hoch kritisch. Die Vierecke in der Mitte entsprechen dem neutralen Bereich.

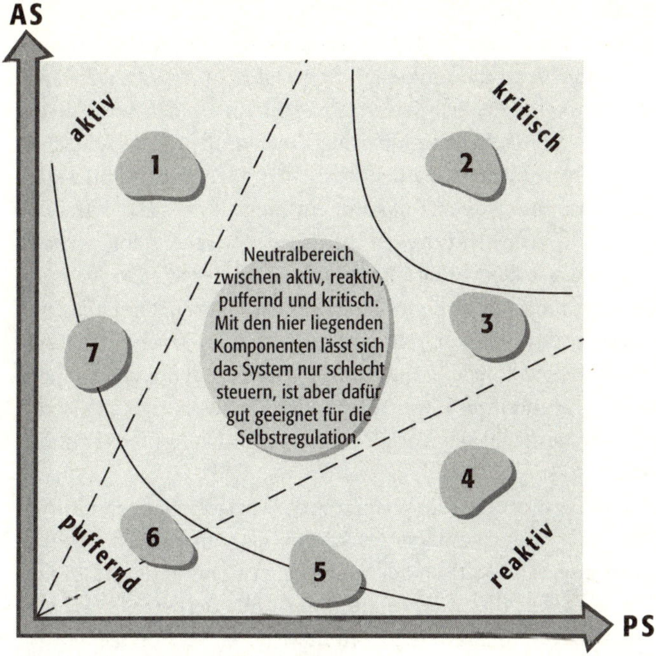


Abb. 56: Zur Interpretation der Rollenverteilung

**1.** Hier finden sich wirksame Schalthebel, die das System nach erfolgter Änderung erneut stabilisieren (plastische Stabilität).

**2.** Hier finden sich Beschleuniger und Katalysatoren, geeignet als Initialzündung, um Dinge überhaupt in Gang zu bringen. Unkontrolliertes Aufschaukeln und Umkippen ist dabei möglich, daher höchste Vorsicht (mit Samthandschuhen anfassen).

**3.** Besonders gefährlich ist es, wenn zusammenhängende Bündel von Variablen im kritisch-reaktiven Bereich liegen.

**4.** Hier steuernd einzugreifen, bringt nur Korrekturen kosmetischer Art (Symptombehandlung). Dafür eignen sich diese Komponenten sehr gut als Indikatoren.

**5.** Etwas träge Indikatoren, die sich aber auch zum Experimentieren eignen.

**6.** Bereich unnützer Eingriffe und Kontrollen. Aber auch »Wolf-im-Schafspelz«-Verhalten ist möglich, wenn man nicht aufpasst oder plötzlich Schwellen- und Grenzwerte überschreitet.

**7.** Hier liegen schwache Schalthebel mit wenig Nebenwirkungen.

tisch« befinden, erlaubt diese Darstellung einen umfassenden, wenn auch groben Gesamtüberblick über die unterschiedliche Rollenverteilung im System; denn die konkrete Interpretation muss selbstverständlich auch die verschiedenen Mischungen in der Rolle einer Variablen berücksichtigen. So macht es zum Beispiel einen großen Unterschied, ob eine aktive Größe zugleich zu den kritischen oder zu den puffernden Elemente zählt. Im ersteren Fall kann ein Eingriff an dieser Variablen destabilisierend wirken, im zweiten Fall dagegen wirkt er stabilisierend.
Das Tableau der Rollenverteilung mit seinem Gitter aus Geraden und Hyperbeln ist zwischen den vier kreuzweise angeordneten Eckwerten von aktiv bis reaktiv und von puffernd bis kritisch in 50 verschiedenfarbige Felder eingeteilt. Jede Variable nimmt in diesem doppelten Spannungsfeld aufgrund ihrer Bewertung in der Einflussmatrix sowie aufgrund der Gesamtzahl der Variablen eine vom Computer ermittelte Position ein.
Auf diese Weise vermittelt die Verteilung der Variablen einen unmittelbaren Eindruck vom Charakter des Systems als Ganzem, das sich zum Beispiel als insgesamt kritisch oder umgekehrt als besonders träge herausstellen kann. Für die Interpretation der Rolle der einzelnen Variablen wird darüber hinaus in der computerisierten Version des Sensitivitätsmodells jedem der 50 farbigen Felder automatisch eine seiner Position entsprechende allgemeine Beschreibung zugeordnet, die bereits als kybernetischer Strategiehinweis dienen kann. Da sich die Position einer Variablen immer aus der Gesamtvernetzung heraus ergibt, handelt es sich dabei um keine vom Bearbeiter, sondern vom bisher erfassten System selbst gelieferte Aussage.
Klickt man auf dem Tableau der Rollenverteilung eine Variable an, so erfährt man unmittelbar, welche Rolle diese jeweils im System spielen. So erscheint etwa im Tableau aus dem Systemmodell »Bad Aibling« (Abb. 55) beim Anklicken der Variablen 4 »Image des Ortes« die Meldung, dass dies eine reaktiv-puffernde Komponente ist, »… in der sich Systemveränderungen widerspiegeln (Messfühler). Man ist daher verführt, direkt steuernd einzugreifen. Dies kann die Situation nur verschleiern und gleichzeitig unerwartete Nebenwirkungen zur Folge haben.«
Wie die folgenden beiden Ausschnitte (Abb. 57 [a] und [b]) aus dem

Bad Aiblinger Projekt zeigen, resultiert aus der Position der mehr im aktiv-puffernden Bereich liegenden Variablen 16 »Intakte Landwirtschaft« bereits eine ganz andere Aussage als bei der etwas höher platzierten Variablen 13 »Kurangebot«. Die jeweiligen Interpretationen beruhen auf unserer langjährigen Erfahrung mit den unterschiedlichsten Systemuntersuchungen. So beinhaltet jedes der Felder eine allgemeingültige kybernetische Erklärung für die dort befindlichen Variablen, die von der Art des untersuchten Systems unabhängig ist. Zugeordnet ist sie nicht der Variablen selbst, sondern – charakteristisch für den vernetzten Ansatz – ihrer Position im speziellen System. Die gleiche Variable würde sich in einem anderen System wahrscheinlich an einer ganz anderen Stelle wieder finden.

Auf besonders eindrucksvolle Weise wirkte sich im Beispiel des Systemmodells Bad Aibling die Hereinnahme der Variablen 18 »Neue Mobilität« als weitere Systemkomponente aus. Das System zeigte nun anhand der strategischen Hinweise der Rollenverteilung vorher nicht erkannte Möglichkeiten zur Systemsteuerung und damit zu einer Änderung des beklagten Zustandes. Dieses Ergebnis wurde dann noch einmal von anderer Seite, nämlich durch die im nächsten Kapitel zu besprechende Regelkreisanalyse bestätigt – und *last but not least* auch durch die Realität in Bad Aibling selbst.

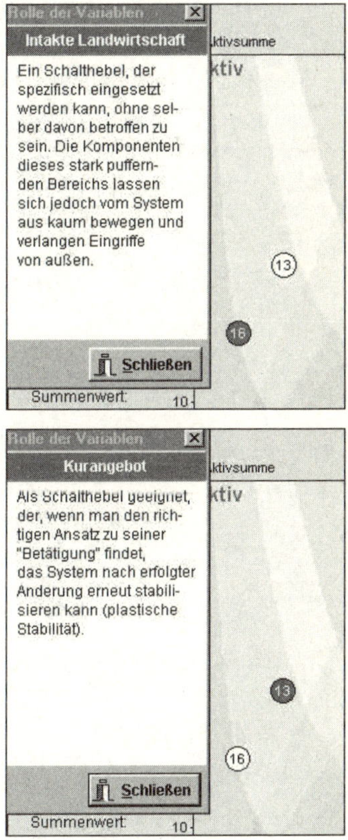


Abb. 57 (a) und (b): Systemmodell Bad Aibling: **Rolle einzelner Variablen**

Mit dem Arbeitsschritt »Rollenverteilung« wird zwar immer noch die einzelne Variable charakterisiert, doch ihre Position im Tableau der »Rollenverteilung« ist bereits eine echte Systemaussage, da sie nur zustande kommt, weil alle anderen Variablen dabei mitspielen. Aus der Verteilung der

Variablen insgesamt ergibt sich zudem eine verbesserte Information über die Sensitivität des Systems als Ganzes.
Während wir mit den Arbeitsschritten »Einflussmatrix« und »Rollenverteilung« die latenten Anlagen eines Systems in Bezug auf die kybernetische Rolle seiner Variablen ermittelt haben, beginnen wir mit dem im nächsten Kapitel vorgestellten Werkzeug »Wirkungsgefüge« die aktuell wirkenden Abläufe, Vernetzungen und Kreisprozesse aufzuspüren.

# 15 • Wirkungsgefüge, Teilszenarien und Regelkreise

Auf dieser Stufe des Verfahren angelangt, sind uns die einzelnen Komponenten und ihre Rolle im System bekannt und vertraut. Noch unbekannt dagegen ist ihr *spezifisches* Zusammenspiel und damit verbunden das komplexe Muster des Systems, seine Stabilisierungstendenz, seine Grenzwerte und Irreversibilitäten. All dies erfährt man erst aus der Vernetzung der Variablen in Form eines Wirkungsgefüges, mit dem wir sozusagen ein »Makroskop« der Wirklichkeit erstellen.
Da diese Wirklichkeit nicht aus heterogenen Einzelkomponenten besteht, sondern ein vernetztes Gefüge von Wirkungen und Rückwirkungen ist, wir aber die verbindenden Fäden nicht sehen, verhält sich dieses Gefüge meist ganz anders als wir aus dem bloßen Studium seiner Komponenten ablesen können. Ein Modell der Wirklichkeit sollte dagegen diesen Umstand berücksichtigen können. Mit den Tools des nächsten Arbeitsschritts können wir jene unsichtbaren Fäden zwischen den Komponenten sichtbar machen und weitere Ebenen hinter dem bisherigen Erkenntnisbild im Modell aufbauen – ein wichtiger Schritt in der Schulung und Anwendung des vernetzten Denkens. Denn, wenn es darum geht, die Wirklichkeit in ihrer Komplexität und die sich dabei überlagernden Ebenen zu erfassen, kommen wir ohne instrumentelle Hilfe nicht mehr zurecht. Die parallele Bearbeitung verschachtelter Vorgänge, das *parallel processing*, bewältigen wir zwar mit unserer rechten Hirnhälfte, mit Intuition, Mustererkennung und Analogien, aber nicht mit der linken, der abstrakt-verbalen Seite. Diese aber benötigen wir, um wiederum die Komplexität zu objektivieren, mit ihr zu arbeiten und sie anderen mitzuteilen.
Während sich die Aussagen der Einflussmatrix aus der Analyse der bilateralen Wirkungsbeziehungen ergeben und eher das grundsätzliche Systemverhalten und die Rolle der Variablen charakterisieren, soll ein Wirkungsgefüge die Wirkungsketten und Rückkopplungen des Systems sichtbar machen und so die gegenwärtige Realität in ihrer mehrdimensionalen Vernetzung abbilden.

## Wirkungsgefüge fragt anders als Einflussmatrix

Für den Aufbau eines Wirkungsgefüges werden die Beziehungen zwischen den Variablen anders abgefragt als bei der Einflußmatrix. Während es dort auf die unterschiedliche Stärke aller *potenziellen* Wirkungen ankam, die durch Veränderung der Ausgangsvariablen ausgelöst werden könnten, werden beim Aufbau des Wirkungsgefüges nicht die irgendwann möglichen, sondern nur die derzeit tatsächlich aktiven Variablenbeziehungen diskutiert und notiert. Dadurch werden teilweise andere und vor allem weit weniger Beziehungen eingetragen als bei der Einflussmatrix. Dies ist auch der Grund, weshalb ein Wirkungsgefüge möglichst eigenständig und nicht einfach als »Abklatsch« der Einflussmatrix aufgebaut werden sollte. Jeder Arbeitsschritt soll ja das System immer wieder von einer anderen Perspektive aus zeigen und möglichst unvoreingenommen erstellt werden, um etwaige zuvor eingeschlichene Fehler wieder zu korrigieren.
In den folgenden Skizzen erkennt man einen weiteren Unterschied zur Einflussmatrix in Form der gestrichelten oder durchgezogenen Wirkungspfeile zwischen den Variablen. Sie zeigen nicht verschiedene Stärken eines Einflusses an, sondern die Art und Weise, wie seine Wirkung gerichtet ist: ob sie beim Anstieg oder Absinken der Ausgangsvariablen die Zielvariable ebenfalls ansteigen oder absinken lässt (gleichsinnige Beziehung: durchgezogener Pfeil) oder ob diese Wirkung gegensinnig verläuft (gestrichelter Pfeil). Stehen zwei oder mehr Variablen in einer wechselseitigen Beziehung, spricht man von Rückkopplung (Feedback).

## Zur Technik der Regelkreisdarstellung

Um auch diejenigen, die mit der vernetzten Darstellungsweise weniger vertraut sind, in die Arbeit damit einzuführen, seien hier noch einmal die grundlegenden Elemente der Regelkreisdarstellung an einem konkreten Beispiel erklärt:

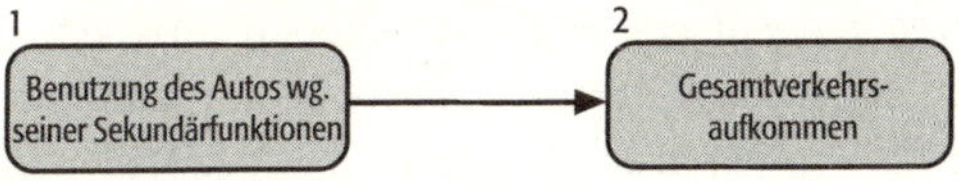


Ein durchgezogener Pfeil – wie hier zwischen den Variablen 1 und 2 – steht für eine *gleich gerichtete* Beziehung: mehr Autos, als Statussymbol eingesetzt, bewirken mehr Verkehr, weniger bewirken weniger.

Ein gestrichelter Pfeil – wie hier zwischen den Variablen 1 und 3 – steht für eine *gegenläufige* Beziehung: Je mehr das Auto als Statussymbol genutzt wird, desto geringer die Attraktivität der Massenverkehrsmittel; je weniger der Status eine Rolle spielt, desto eher steigt man auf den öffentlichen Verkehr um. Weist nun eine Wirkung auch noch in die umgekehrte Richtung, sprechen wir von einer Rückkopplung. Handelt es sich dabei um zwei gleichartige Pfeile, so haben wir es mit einer positiven Rückkopplung zu tun.

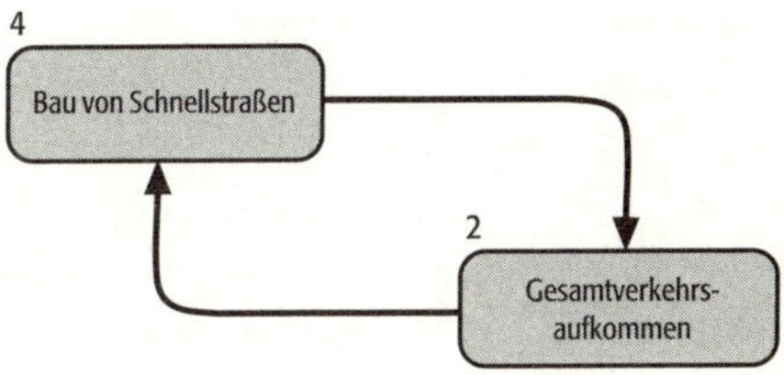


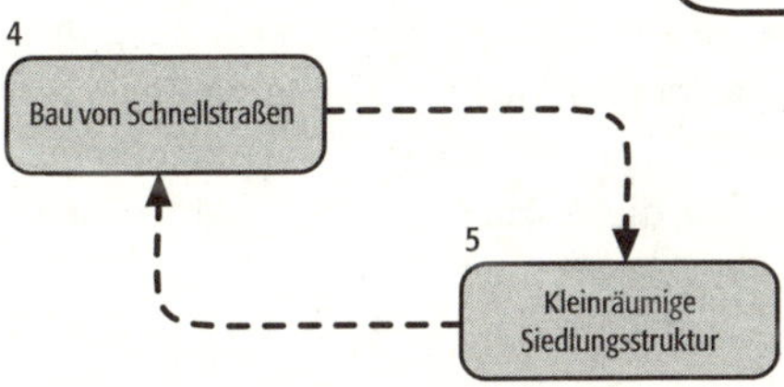


Es gibt zwei Arten von positiver Rückkopplung. Im ersten Fall, wie hier zwischen Variable 4 und 2, symbolisieren zwei durchgezogene Pfeile, dass sich die beiden Variablen gegenseitig in der gleichen Richtung verstärken, und zwar je nach Anfangsimpuls sowohl in der einen (beide schaukeln sich immer mehr auf) als auch in der anderen (beide schrumpfen immer rascher) – jeweils natürlich nur bis zu einem gewissen Grenzwert. Im zweiten Fall, wie hier zwischen den Variablen 4 und 5, sind zwei gegenläufige Beziehungen rückgekoppelt. Auch hier entsteht eine instabile Beziehung, also eine sich selbst verstärkende positive Rückkopplung. Je nach Ausgangslage schaukelt sich die eine Variable auf Kosten der anderen auf. Die Beziehung führt also in unserem Fall entweder zum Bau von immer mehr Schnellstraßen bei gleichzeitiger Zerstückelung der kleinräumigen Siedlungsstruktur, wodurch wiederum weitere Straßen notwendig werden, oder umgekehrt zu einer Verstärkung der kleinräumigen Struktur, bewirkt durch den Rückbau der Schnellstraßen, die Anlegung von Fußgängerzonen und weiteren Straßenrückbau. Die Variablen 4 und 5 driften sozusagen auseinander.

Sind die beiden Wirkungen dagegen unterschiedlicher Natur, so handelt es sich um eine negative Rückkopplung. Wie schon bei den acht Grundregeln erläutert, sind negative Rückkopplungen von besonderem Interesse, da sie auf eine Selbstregulation hinweisen. Sie haben die Eigenschaft, Veränderungen abzufedern oder in eine Pendelbewegung zu überführen, und sollten in einem vernetzten System über die positiven Rückkopplungen dominieren, wenn das System gegenüber Störungen stabil bleiben will. In lebenden Systemen sind positive Rückkopplungen zwar selten, aber dennoch nötig, da sie Entwicklungen in Gang setzen. So stehen sie oft am Beginn von Evolutionsschritten.

Negative Rückkopplungen können andererseits zu logischen Fehlschlüssen führen. In unseren Untersuchungen zur Verkehrssicherheit zeigte sich zum Beispiel, dass technische Sicherheitsmaßnahmen aufgrund negativer Rückkopplung nicht unbedingt zu erhöhter Sicherheit führen müssen, sondern dass die Unfallgefahr praktisch konstant bleibt:

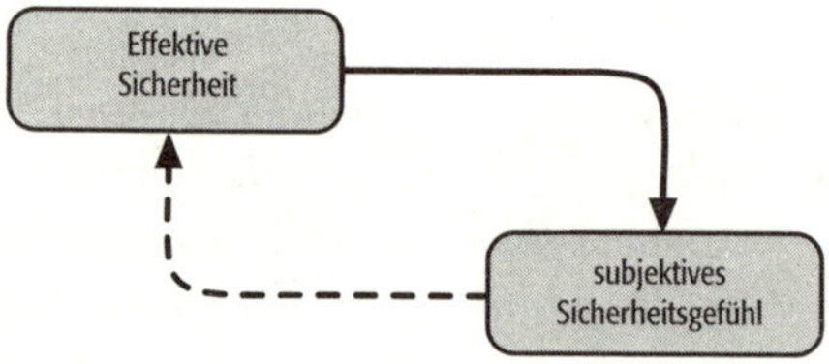

Kurz nach der Einführung von ABS (Antiblockiersystem) hat man deshalb den ursprünglich für die damit ausgestatten Fahrzeuge geplanten Bonus an der Versicherungsprämie wieder zurückgenommen.

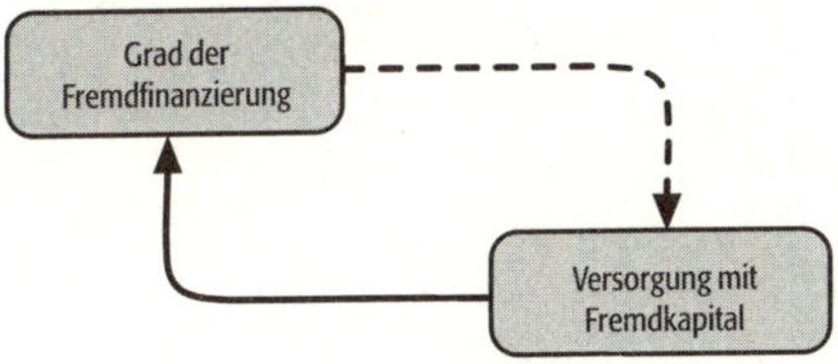


Genauso verhielt es sich in einem anderen Fall aus dem Bereich des Risikomanagements, bei dem ein geringer Grad von Fremdfinanzierung viel Fremdkapital verfügbar macht. Steigt durch dessen Einsatz der Grad der Fremdfinanzierung und damit der Verschuldung, so wird der Kapitalgeber zögern, weiteres Kapital zur Verfügung zu stellen. Eine derart gedämpfte Oszillation führt dann das System einem Gleichgewichtszustand zu.

Beim Aufbau eines Wirkungsgefüges wird man wiederum erst einmal manuell vorgehen und – unabhängig von der bereits existierenden Einflussmatrix – eine Liste der von jeder Variablen ausgehenden gleich gerichteten oder gegenläufigen Beziehungen aufstellen. Mit den computergestützten Grafikhilfen ist der eigentliche Aufbau eines Wirkungsgefüges vollkommen unkompliziert. Das Gefüge kann auch problemlos umgeordnet werden, ohne dass Verknüpfungen verloren gehen. Damit steht dann erstmals ein zusammenhängendes Modell der sichtbaren Variablenvernetzung zur Verfügung, aus dem sich – falls es unter Verwendung einer entsprechenden Software aufgebaut wurde – auch alle bisherigen Informationen per Mausklick aufrufen lassen und das jederzeit ebenso leicht korrigiert oder ergänzt werden kann. Wesentliche Vernetzungen und Schwerpunkte lassen sich an der Zahl der Ein- und Ausgänge der einzelnen Einflussgrößen sofort erkennen, während für die Auswertung der verschachtelten Rückkopplungen, die für das langfristige Verhalten des Systems ausschlaggebend sind, auf ein spezielles Tool zurückgegriffen werden muss. Wie auf den weiter unten dargestellten Regelkreislisten erkennbar, kann eine Fülle sich überlappender positiver und negativer Rückkopplungen auftreten.

Da sich deren Zusammenspiel unmöglich mit dem Auge verfolgen lässt, ist hierbei die Software des Sensitivitätsmodells mit einer eigenen Regelkreisanalyse behilflich: Durch Abrufen der automatisch ermittelten Rückkopplungen lässt sich mit einem Blick erkennen, ob in einem Wirkungsgefüge zum Beispiel die negativen Rückkopplungen und damit eine Selbstregulation vorherrscht oder ob es vielleicht aufgrund der Dominanz positiver Rückkopplungen gefährdet ist.

## Regelkreise als Indikatoren

Bereits die Anzahl der Rückkopplungen, die je nach System stark variieren kann, sagt einiges über das Systemverhalten aus. Eine geringe Zahl von Rückkopplungen lässt eher auf ein von äußeren Faktoren abhängiges »Durchflusssystem« schließen, ein solches mit vielen Rückkopplungen hingegen auf ein autarkes Verhalten. Auch die Länge der Wirkungsketten gibt wichtige Hinweise: »Lange« Rückkopplungen – mit vielen Zwischenstufen – bedeuten Rückwirkungen mit Zeitverzögerung, die, weil sie meist zu spät bemerkt werden, gefährlich sein können, »kurze« Regelkreise zwischen zwei oder drei Variablen deuten dagegen meist auf eine rasche Reaktion hin. Bei negativer Rückkopplung bedeutet das Einstellung auf ein Gleichgewicht, bei positiver Rückkopplung rasches Aufschaukeln. Hier ist es dann entscheidend, wie die »kurzen« oder »langen« Kreisläufe auf negative und positive Rückkopplungen verteilt sind.

Die Regelkreisanalyse lässt darüber hinaus erkennen, welche Variablen mit und welche ohne Rückkopplung in ein Wirkungsgefüge eingebaut sind und ob vielleicht einige Variablen nur untereinander verbunden sind, also ein isoliertes Teilsystem bilden, das dem System anhängt, ohne darauf zurückzuwirken. Weiterhin lassen sich, indem man die Wirkungsströme einzelner Variablen verfolgt (die gegebenenfalls per Mausklick herausgehoben werden können), die wichtigsten Knotenpunkte wie auch die Start- bzw. Zielvariablen des Systems herausfinden sowie solche, die lediglich Durchgangsstationen darstellen. Vernetzungsgrad, Durchfluss und Abhängigkeit sind dabei grundlegende kybernetische Kenngrößen, die bei der Bewertung mit den acht bioky-

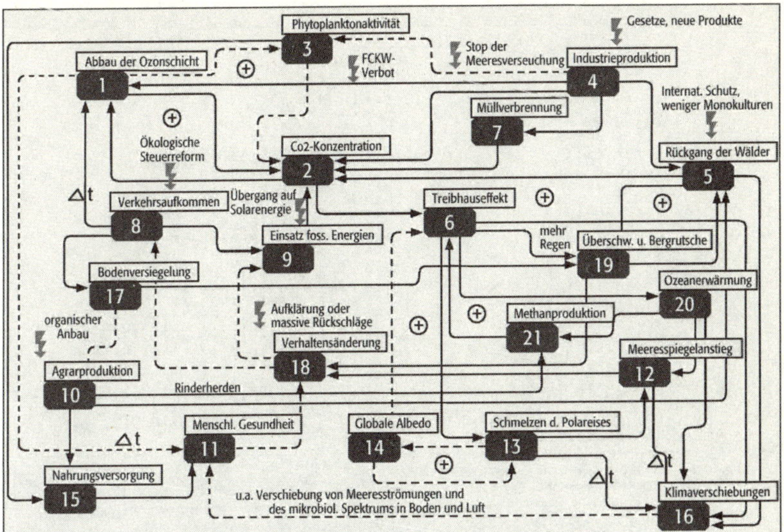


Ohne Komponente 18 (Verhaltensänderung) bleibt von den 54 stabilisierenden Regelkreisen keiner übrig. Das System wird dann nur noch von den 7 mit (•) markierten positiven Rückkopplungen gesteuert und schaukelt sich unkontrolliert weiter auf.

Abb. 58: **Klimanetzwerk** (Systemmodell Klima)

bernetischen Grundregeln wichtige Hinweise auf die Überlebensfähigkeit eines Systems geben. Für die spätere Strategie bieten sich hier oft überraschende Möglichkeiten zur Weichenstellung an.

Als Beispiel für die teils regulierende, teils selbst verstärkende Vernetzung komplexer Vorgänge soll ein Wirkungsgefüge über den langfristigen Zusammenhang unseres Wirtschaftens mit den schon diskutierten Klimaveränderungen dienen. In einem der vorausgegangenen Kapitel wurde gezeigt, dass der exponentielle Anstieg des Kohlendioxidanteils in der Atmosphäre mit einem messbaren Anstieg der Weltdurchschnittstemperatur gekoppelt ist und dass dieser Treibhauseffekt bereits zu spürbaren klimatischen Veränderungen – einer Häufung von Stürmen, Überschwemmungen, Waldbränden, Ernteausfällen, Erdrutschen – sowie einem exponentiellen Anstieg der Versicherungschäden geführt hat.

In dem oben abgebildeten Wirkungsgefüge sind 21 Schlüsselfaktoren, die beim Treibhauseffekt und seinen Folgen eine Rolle spielen, mit ihren Wechselwirkungen dargestellt. Dadurch ergibt sich außer Wir-

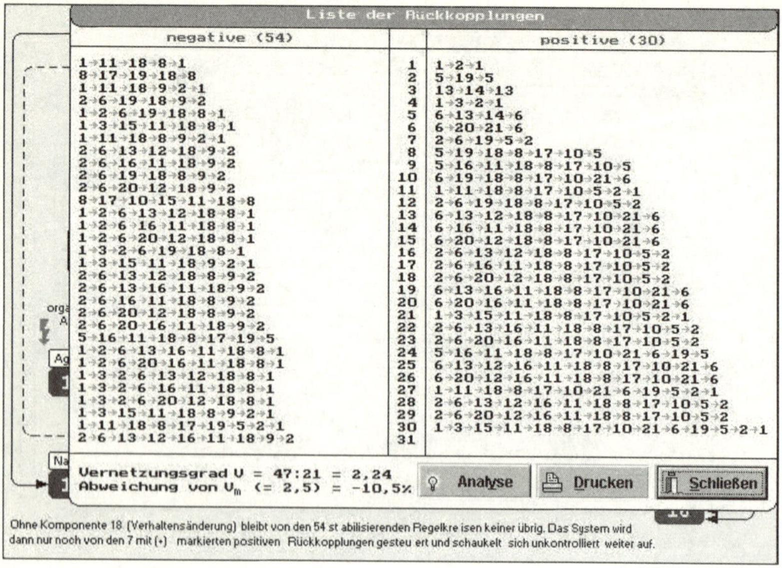


Abb. 59: **Regelkreisliste** (Ausschnitt; Systemmodell Klima)

kungsketten auch eine große Anzahl von Rückkopplungen. Darunter befinden sich solche, die das System über dämpfende Wirkungen regulieren, und andere, die es durch Selbstverstärkung aufschaukeln, wobei das Zusammenspiel derselben einiges über die langfristige Entwicklung des Systems aussagt. In unserem Beispiel ist die Gesamtzahl der Rückkopplungen, offenbar weil sie stark verschachtelt sind, besonders groß.

So zeigt die Liste 54 negative und 30 positive Rückkopplungen und damit ein System, das sehr vielen regulierenden Kräften unterworfen ist, wobei allerdings sämtliche ›kurzen«‹, also mit wenig Zeitverzögerung laufenden Kreisprozesse bei den eher destabilisierenden positiven Rückkopplungen zu finden sind. Insgesamt scheint sich das System nach diesem Modell aber nur langsam zu verändern.

Um nun herauszufinden, welche Variablen aufgrund ihrer Einbindung in das Gefüge besonderes Interesse verdienen, ziehen wir die Regelkreisanalyse heran. Die häufigste Einbindung in beide Regelkreisarten zeigen die Variablen 18 »Verhaltensänderung«, 8 »Verkehrsaufkom-

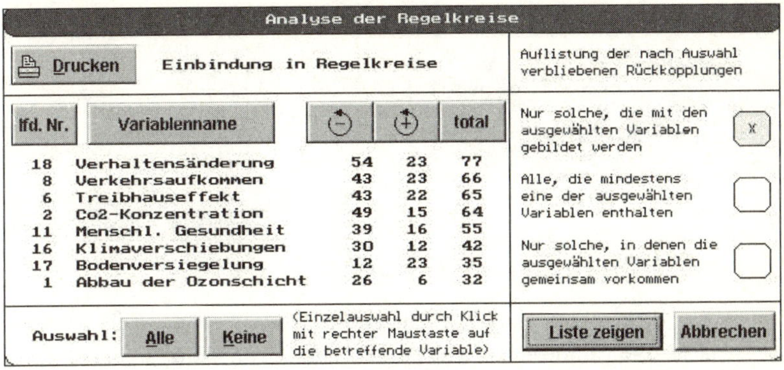


Abb. 60: **Regelkreisanalyse** (Ausschnitt; Systemmodell Klima)

men«, 6 »Treibhauseffekt«, 2 »$CO_2$-Konzentration«, 11 »menschliche Gesundheit« und 16 »Klimaverschiebungen«, um die sechs am stärksten vernetzten zu nennen.

Um die Bedeutung einzelner Variablen für das Zusammenspiel der Wechselwirkungen zu erfahren, kann man nun beliebige davon aus dem Modell »ausblenden« – also so tun, als ob beispielsweise die Verkehrsbelastung nicht mehr existierte, kein weiteres Kohlendioxyd mehr in die Atmosphäre emittiert oder die Wälder nicht weiter abgeholzt würden. Bei der jeweiligen Analyse variiert natürlich jedes Mal die Zahl und das Verhältnis negativer zu positiven Rückkopplungen.

Das Erstaunliche ist nun, dass man durch die testweise Herausnahme einzelner Variablen an allen möglichen Knotenpunkten des Klimagefüges eingreifen kann, ohne dass das Netzwerk als solches wesentliche Änderungen zeigt. Nur eine Variable macht hierbei eine Ausnahme und erzeugt eine völlig andere Situation: die Variable 18 »Verhaltensänderung«. Nehmen wir diese heraus, so fallen alle 54 negativen Rückkopplungen und damit sämtliche stabilisierenden negativen Regelkreise sowie 23 der positiven Rückkopplungen weg. Das System wird dann nur noch von sieben »kurzen« positiven Rückkopplungen gesteuert, die das System bis zum Umkippen aufschaukeln würden. Zwischen den verbliebenen Variablen bestehen keine stabilisierenden Regelkreise mehr. Ein solches System entwickelt sich unkontrolliert und ist höchst gefährdet.

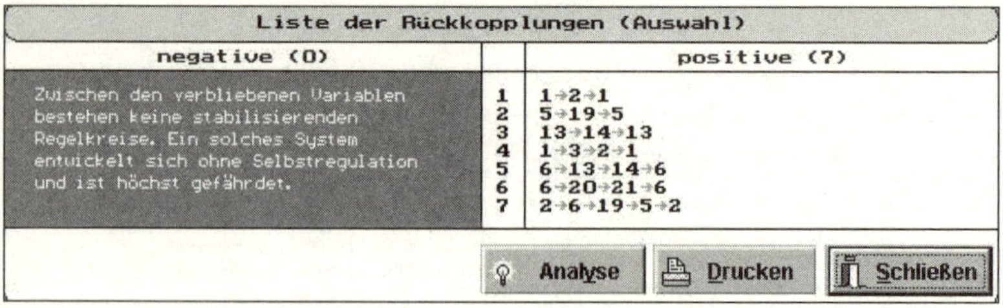


Abb. 61: **Meldung nach Wegfall der Variablen Nr. 18** (Systemmodell Klima)

Sämtliche regulierenden negativen Rückkopplungen, die den Systemkollaps verhindern könnten, laufen demnach über die Variable 18 »Verhaltensänderung«. Für die Interpretation des Klimanetzwerks bedeutet dies, dass beispielsweise technische Auflagen allein – gleichgültig wo sie ansetzen – den Aufschaukelungsprozess nicht zum Stehen bringen würden. Ohne einen Wandel im Umgang mit den Ressourcen, in der Mobilität, der Bodennutzung, im Energieeinsatz würde die Klimaveränderung beschleunigt weitergehen.

Der Hebel zur Vermeidung dieser Entwicklung liegt nach diesem Wirkungsgefüge eindeutig in der Variablen 18, also im Wandel unseres Konsumverhaltens und unserer Wertvorstellungen. Je früher dies geschieht und je früher die regulierenden Rückkopplungen ins Spiel kommen, desto weniger weit wird der Aufschaukelungsprozess gehen und desto sanfter wird der Übergang sein – ohne Einbußen an Wohlstand und Lebensqualität. Je später die Verhaltensänderung erfolgt, desto brutaler wird der Übergang dagegen ausfallen, und irgendwann werden uns massive Rückschläge dazu zwingen. Demnach ist eine schonungslose Aufklärung über diese Zusammenhänge unter Mithilfe von Politik und Wirtschaft dringend geboten – ein Prozess, der sowohl mit den Appellen der bisherigen Klimakonferenzen als auch mit den eingeführten EU-Normen ISO 9000 und ISO 14000 oder der Agenda 21 begonnen hat, aber noch äußerst zögerlich verläuft.

In einer Untersuchung von Bernhard FLÜCKINGER von der Eidgenössischen Technischen Hochschule Zürich über Auswirkungen des Treibhauseffekts heißt es: »Das Sensitivitätsmodell erwies sich als geeigneter Ansatz für die Modellierung von ineinander greifenden Auswirkungen von möglichen Klimaänderungen und Naturkatastrophen.

Im Gegensatz zu alternativen Ansätzen weist dieser einen besonderen Vorteil auf: Sein kybernetisches Vorgehen berücksichtigt die Gesamtheitlichkeit von Systemstrukturen und macht auch nicht quantifizierbare Größen (z.B. Risikowahrnehmung, Qualität der Kulturlandschaft) modellierbar.«

Nehmen wir ein anderes, weniger dramatisches Beispiel: Eine für die kommunale Entscheidung ausschlaggebende Hilfe erbrachte das Wirkungsgefüge des Bad Aiblinger Projekts. Nachdem schon die Rollenverteilung gezeigt hatte, dass das bestehende System »Verkehrsentlastung« kaum aktive und reagierende Variablen aufwies und darüber hinaus noch als Ganzes eher im puffernden Bereich angesiedelt war, wurde als weitere Komponente die Variable »Neue Mobilität« zusätzlich in den Variablensatz aufgenommen und eine neue Einflussmatrix erstellt. Nachdem die Rollenverteilung nun schon ein ganz anderes Bild ergab (vgl. S. 237), wurde auch das Wirkungsgefüge gleich mit dieser Variablen erstellt. Die Regelkreisanalyse des abgebildeten Wirkungsgefüges zeigte daraufhin eine gute Mischung aus 29 stabilisierenden Regelkreisen und 37 positiven Rückkopplungen als den »Motoren« der angestrebten Entwicklung. Ein Bild, das sich abrupt änderte, als die Komponente »Neue Mobilität« wieder aus dem Netzwerk herausgenommen wurde. Der ursprüngliche Ist-Zustand wies dann neben 17 negativen nur noch 2 positive Rückkopplungen auf und deutete damit auf eine kaum von der Stelle kommende Situation hin. Genau das, was seit vielen Jahren in Bad Aibling der Fall war.

Die Erkenntnis der Notwendigkeit ortsinterner Maßnahmen war dann auch der Anlass, den Bau einer Umgehungsstraße an die gleichzeitig stattfindende Verkehrsberuhigung (unter dem Stichwort »Neue Mobilität«) in der Innenstadt zu koppeln. Dieser Prozess wurde zügig und mit großem Erfolg durchgeführt, nicht zuletzt, weil in der Tat die gesamte Gemeinde hinter dem gemeinsam erarbeiteten Sensitivitätsmodell stand.

## Teilszenarien

Um ein Systemmodell weiter aufzugliedern, gewissermaßen zu öffnen und der inneren Kybernetik des Systems näher auf den Leib zu rücken, werden im nächsten Arbeitsschritt des Sensitivitätsverfahrens, besonders interessante Ausschnitte aus dem Wirkungsgefüge als Teilszenarien aufgebaut. Dabei steht im Vordergrund, die Variablen stärker an ihre konkrete Wirkung anzubinden und diese Wirkung an der Realität zu hinterfragen. Je nach Fragestellung lässt sich das Wirkungsgefüge eines Systemmodells dazu in mehrere Teilszenarien »zerpflücken«. Trotzdem geht dabei der Zusammenhang mit dem Gesamtwirkungsgefüge des Systems nicht verloren, da die Teilszenarien aus diesem hervorgehen und sich zudem noch gegenseitig überlappen.

Die Auswahl der dazu notwendigen Variablen richtet sich weniger nach der Hierarchie und Zugehörigkeit bestimmter Systemteile; den unmittelbaren Ausgangspunkt bilden vielmehr konkrete Fragen, die thematisch von besonderem Interesse sind. Einige Variablen können dazu in Untervariablen aufgesplittet und detaillierter beschrieben werden. Hilfsvariablen können eingefügt und entsprechend verknüpft werden. Die Variablen genauer zu quantifizieren ist dabei weniger wichtig als ihr Umfeld, ihr Verhältnis zueinander und das Muster ihrer Wirkungen aufeinander zu bestimmen. Damit bilden die Teilszenarien mit ihren Aussagen ein Kernstück des Sensitivitätsmodells; denn mit ihnen sind wir unmittelbar beim Systemverhalten angelangt und damit bei dem »Mechanismus« der im Systemverhalten wirkenden Kybernetik.

Die Planer der Swissair kamen zum Beispiel im Laufe einer Sensitivitätsanalyse schon anhand eines einfachen Wirkungsgefüges zu der Erkenntnis, dass es bei ihrem Projekt »Fluggastkabine 2000« weniger auf Einzeloptimierungen ankommt als in erster Linie auf das Zusammenspiel der Faktoren Passagier, Besatzung, Technik und Organisation sowie auf die Kybernetik ihres Zusammenspiels. »Wir hatten uns in Einzeloptimierungen erschöpft«, erklärte Peter HABLÜTZEL, Diplomingenieur und Divisionsmanager für Engineering Projekte gegenüber dem Magazin ›Management Wissen‹. »Erst mithilfe der Vesterschen Methode haben meine Kollegen und ich gelernt, daß die Kabine ein außerordentlich verknüpftes System – gleich einem Biotop – ist, in

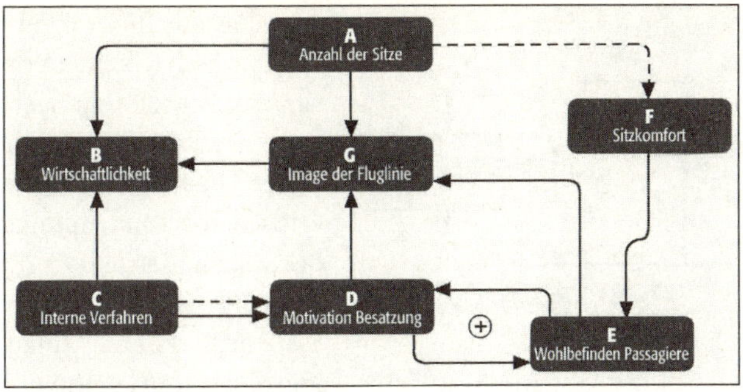


Abb. 62: **Wirkungsgefüge Swissair** (Teilszenario)

dem jede Veränderung eines einzelnen Elementes eine Kettenreaktion mit ungeahnten Folgen auslösen kann.«

## Teilszenarien haben Organfunktion

Ein Teilszenario sollte zwischen drei und zehn Variablen umfassen – möglichst nicht mehr. Kleine Teilszenarien aus drei oder vier Variablen können sehr oft recht eindeutige kybernetische Funktionen besitzen, die man zusätzlich durch Übernahme in den Arbeitsschritt »Simulation« in ihrer Dynamik genauer abklären kann. Da selbst in einem noch so komplizierten Wirkungsgefüge jeder Regelkreis mit dem schon beschriebenen Tool sofort ermittelt und durch einfaches Anklicken hervorgehoben werden kann, lassen sich auch hier besonders interessierende Rückkopplungsschleifen in ihrer Funktion als »Organe« des Gesamtsystems analysieren.

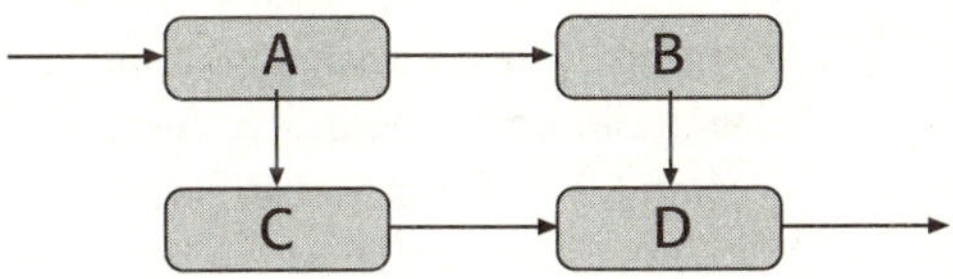


Während viele solcher Verknüpfungen nur Durchflussstationen darstellen und keinerlei Rückkopplung aufweisen (rechtes Bild), besitzen andere eine ausgeprägte kybernetische Charakteristik. Dies ist im nächsten Beispiel der Fall, in dem einige der bereits bekannten Variablen aus dem Verkehrsgeschehen zu einem solchen »Organ« verknüpft

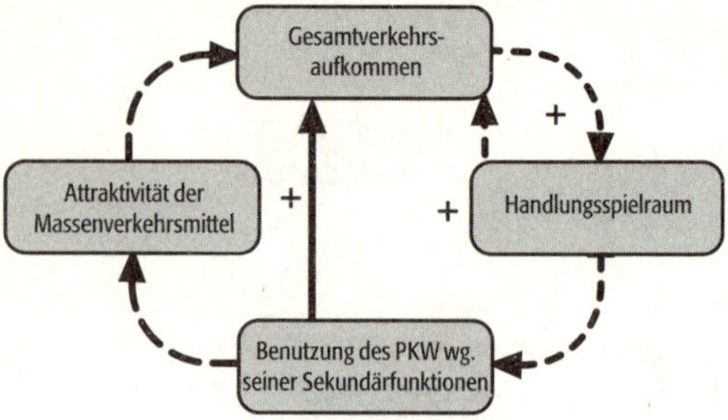


sind, das aus drei miteinander verschachtelten positiven Rückkopplungen besteht und somit wegen seiner Instabilität einen kritischen Knotenpunkt des Systems darstellt.

In Analogie zu lebenden Systemen könnte man sagen, dass sich der System»organismus«, abgebildet im Gesamtwirkungsgefüge, aus einer Reihe von »Organen« unterschiedlicher Funktion zusammensetzt, die wiederum aus einzelnen »Zellen«, den Variablen, bestehen, welche ihrerseits wieder aus »Organellen« (den Indikatoren und Quantitäten aus der Variablenbeschreibung) aufgebaut sind.

Die ermittelten Mechanismen öffnen den Blick für die kybernetischen Zusammenhänge in den untersuchten Teilbereichen. Das führt dann fast von selbst zu neuen, vielleicht ungewohnten, aber nunmehr plausiblen Problemlösungen und Handlungsanweisungen. Das dient nicht nur dazu herauszufinden, was unerwünscht oder gefährlich ist (kritische Größen, aufschaukelnde Rückkopplungen, mit Grenzwerten kollidierende Dependenzen), sondern macht auch im konstruktiven Sinne die real wirksamen Ansatzhebel und Operatoren für eine Verbesserung der Systemkonstellation sichtbar.

Auf diese Weise entwickelt sich jedes Teilszenario gleichzeitig zu einer Art Policy-Test, mit dem die unterschiedlichsten Konstellationen getestet werden, weshalb man sie auch als Wenn-dann-Szenarien bezeichnet. Verschiedene Wenn-dann-Entwicklungen werden durchgespielt, indem man beispielsweise einzelne Variablen, die als Steuerungshebel in Frage kommen, verändert und die dadurch eingeleiteten vernetzten Wirkungen im System ablaufen lässt.

Bei einem mit dem Sensitivitätsmodell durchgeführten Verkehrsprojekt im Oberallgäu stellte sich beispielsweise heraus, dass die Einführung neuer Verkehrsmaßnahmen durch Umkippeffekte gefährdet war. Die Analyse eines der Teilszenarien (Abb. 63 [a]) zeigt eine einzige positive Rückkopplung (Abb. 63 [b]), also praktisch weder Impulsge-

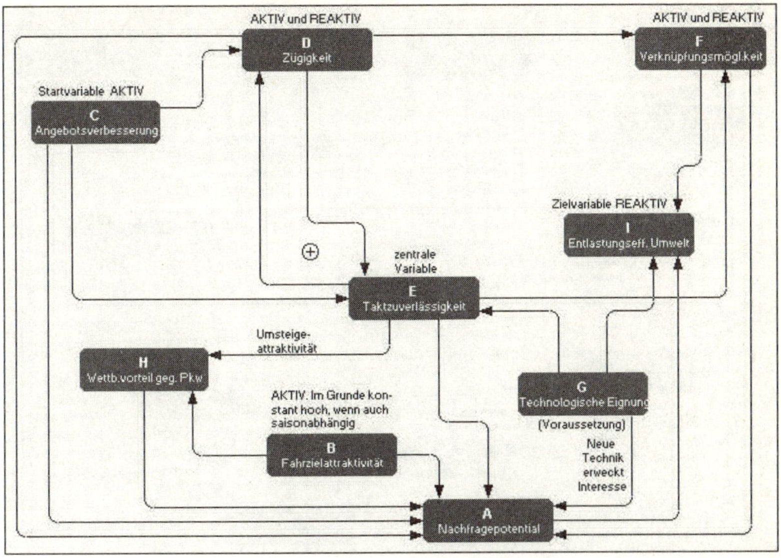


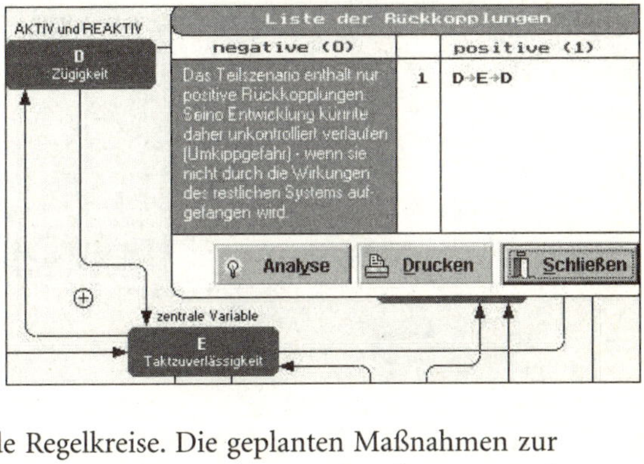


Abb. 63 (a) und (b): **Teilszenario E-Bus/Technik und Logistik 1** (Systemmodell »Immissionsbedingtes verkehrliches Entlastungskonzept für das südliche Oberallgäu«); (b) Liste der Rückkopplungen

ber noch stabilisierende Regelkreise. Die geplanten Maßnahmen zur Verkehrsberuhigung werden danach nur schwer in Gang kommen und wahrscheinlich schon bei der geringsten Störung wieder aufgegeben werden – wie dies ja häufig der Fall ist.

Erst durch Einbindung der Einflussgröße »Flankierende Maßnahmen« (Abb. 64 [a]) werden genügend selbst verstärkende Rückkopplungen aufgebaut und damit die nötigen Motoren gestartet, um eine neue Entwicklung in Gang zu setzen (Abb. 64 [b]). Dabei sind die flankierenden

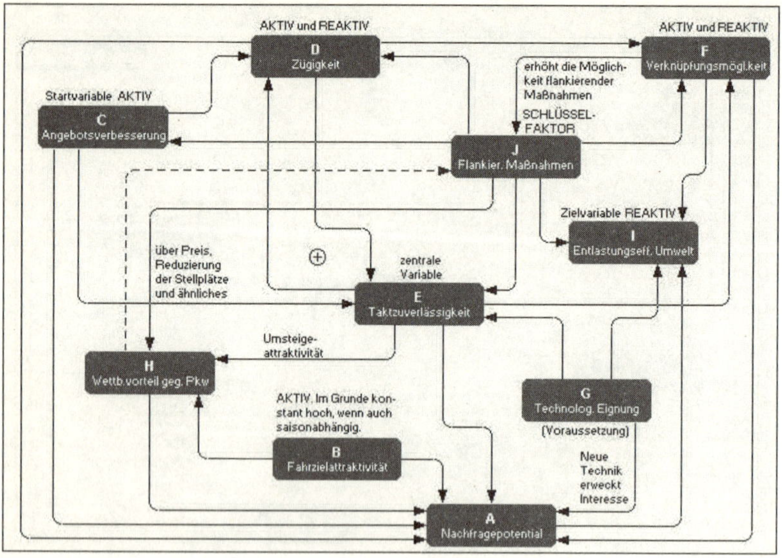


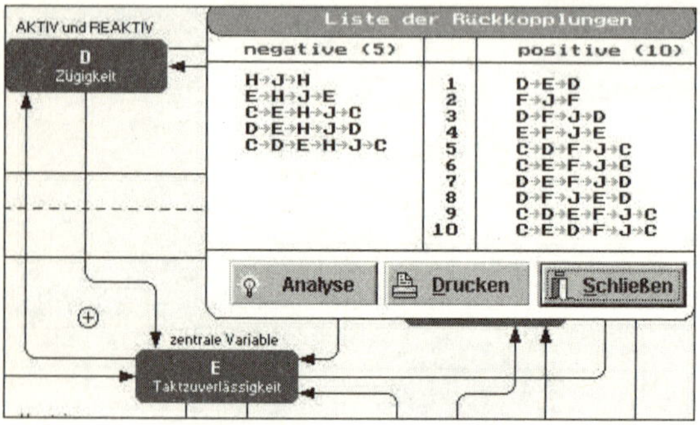


Abb. 64 (a) und (b): **Teilszenario E-Bus/Technik und Logistik 2** nach Einbindung der Variablen »Flankierende Maßnahmen« (Systemmodell südliches Oberallgäu); (b) Liste der Rückkopplungen nach Einbindung der neuen Einflussgröße

Maßnahmen durch regulierende Regelkreise sowohl vor Übersteuerung als auch vor einem Umkippen geschützt. Auch im konkreten Fall zeigte sich, dass diese Aussage des Modells stichhaltig war und die meist wenig kostspieligen flankierenden Maßnahmen wie u.a. »eindeutige Beschilderung«, »verständlicher Taktfahrplan« und »Öffentlichkeitsarbeit« für ein Gelingen des Projekts ausschlaggebender waren als manche teure Hauptmaßnahme.

# 16 • Simulationen und Policy-Tests

Die Simulation in einem Sensitivitätsmodell dient einem vertieften Verständnis der Systemkybernetik. Sie untersucht nicht nur, wie das System auf die Entfernung bzw. Einfügung einer Variablen oder einer neuen Beziehung reagiert, sondern auch wie sich weit subtilere Eingriffe, etwa die Zustandsveränderung einer Variablen (ein Anstieg der »Verkaufszahlen« durch Werbung oder der Verlust der »Attraktivität einer Landschaft« durch einen Autobahnzubringer o. ä.) auf das System auswirken. Ebenso lassen sich damit die Folgen einer sich im Laufe der Zeit ändernden Beziehung zwischen Variablen registrieren, wie sie zum Beispiel bei der Autoproduktion zwischen der »Leistung eines Zulieferers« und der Einbaufolge auf dem Fließband durch verbesserten Informationsfluss zustande kommt. Dementsprechend ist die Simulation ein interaktives Tool zur Erforschung der vernetzten Dynamik. In so genannten Policy-Tests kann durch den Vergleich verschiedener Simulationsläufe geprüft werden, welche Folgewirkungen die Veränderung eines »Steuerungshebels« oder einer »kritischen Komponente« auf das gesamte Netz des Teilgefüges hat, ob der gewünschte Effekt vielleicht kompensiert wird, sich selbst verstärkt oder am Ende ins Gegenteil umkippt und wo die entsprechenden Grenz- und Schwellenwerte liegen. Damit die Policy-Tests und Wenn-dann-Abläufe von Insidern ebenso wie von Außenstehenden überprüft werden können, war es unerlässlich, die Didaktik der Software so zu gestalten, dass das gesamte Tool transparent und das Zustandekommen seiner Aussagen auch dem Laien verständlich ist.

## Teilszenarien als Basis

Der Arbeitsschritt »Simulation« im Sensitivitätsmodell basiert auf den Teilszenarien. Er simuliert daher nie das gesamte Systemmodell, sondern nur Teile davon. Dabei geht es vor allem um eine visualisierte Dar-

stellung und Verfolgung einzelner Wirkungsketten und Regelkreise. Da jede einzelne Rückkopplung gesondert hervorgehoben werden kann, lassen sich darüber hinaus aus den Teilszenarien auch die interessanten Vernetzungen heraussuchen und in das Simulationstool übernehmen, um sie auf ihre Kybernetik und ihre Wirkung auf das restliche System zu testen.
Ohne Simulation lässt sich beispielsweise bei der Verschachtelung einer negativen mit einer positiven Rückkopplung kaum entscheiden, welche von beiden dominiert, also den übergeordneten Regelkreis darstellt. Auch die Frage, ob hier eine schwache, direkt wirkende Rückkopplung wichtiger ist als eine starke, die jedoch erst mit Zeitverzögerung wirkt, lässt sich am besten mit einigen Simulationsläufen klären. Wichtig sind dabei immer plausible Funktionsbeschreibungen, die gleich schon beim Aufbau jeder Beziehungskurve in die jeweils zugeordneten Textfelder eingegeben werden, um die damit beschriebenen Zusammenhänge für jeden transparent zu machen.

## Systemkybernetik als Langzeitverhalten

Da es für jedes komplexe System einen Zeithorizont gibt, innerhalb dessen es sich gewissermaßen wie eine Maschine verhält und noch als geschlossenes System betrachtet werden kann, lassen sich, wie schon in Kapitel 5 behandelt, sinnvolle Vorhersagen auch mit einer noch so detaillierten Simulation nur bis zu diesem Zeitpunkt machen. Über diesen Zeithorizont hinaus ist es müßig, mit Simulationen Prognosen über das Eintreten von Ereignissen zu erstellen. Die Tatsache, daß in Wachtumsphasen und für kurze Zeithorizonte auch in komplexen Systemen gewisse Prognosen möglich sind und dem Unkundigen eine deterministische Entwicklung vorspiegeln, fördert das von Zukunftsforschern und Wirtschaftsprognostikern gerne gepflegte Wunschdenken, die genaue Entwicklung komplexer Systeme voraussagen zu können, und lenkt von den tatsächlichen und weit sinnvolleren Möglichkeiten einer kybernetischen Systemanalyse als langfristiger Entscheidungshilfe ab. Die mit einer »Fuzzy«-Simulation erfaßte Systemkybernetik, die über Regelkreise, Rückkopplungen, kritische oder reaktive Bereiche, Grenzwerte und Ähnliches Auskunft gibt, ist dagegen auch für längere Zeiträume gültig. Statt über das Eintreten von Ereignissen selbst erfährt man dadurch etwas über das Verhalten des Systems und über seine Reaktion auf bestimmte Ereignisse.

Welches aber sind die Voraussetzungen für eine solche systemische Simulation? Im Allgemeinen herrscht die Meinung vor, ein Simulationsprogramm könne nur mit exakten Daten in ein mathematisches Beziehungssystem gebracht werden: Mit qualitativen, nicht messbaren Größen sei da nichts anzufangen. Wie schon mehrfach betont, ist das Gegenteil der Fall. Entfernt man nämlich die (ebenso realen) qualitativen Größen aus der Simulation, so entspricht das Ergebnis mit Sicherheit nicht der Wirklichkeit. Durch die Einbeziehung qualitativer Daten bei einer »Fuzzy«-Simulation hingegen hat man die Garantie, dass sie zwar mehr oder weniger unexakte, dafür aber niemals falsche Konzepte der Realität anbietet. Wird nämlich der Grad der Unexaktheit so groß, dass auch das Modell der Realität möglicherweise nicht mehr stimmt, sorgt die Mathematik der »Fuzzy sets« für dessen Löschung – ganz im Gegensatz zu präzisen Modellen, die, auch wenn sie komplett falsch sind, immer noch präzise erscheinen.

Auf den Arbeiten von Lotfi ZADEH, Hans-Jürgen ZIMMERMANN, Hans Werner GOTTINGER, Joseph A. GOGUEN und anderen aufbauend konnte das Sensitivitätsmodell als eines der ersten Systemmodelle so konzipiert werden, dass es möglich wurde, durch Anwendung der »Fuzzy logic« qualitative und quantitative Angaben zu mischen und beide zusammen dennoch in ein für Simulationen berechenbares Beziehungsnetz zu bringen. Diese Vorgehensweise ist für systemische Simulationen schon deshalb notwendig, weil in der Realität die meisten Beziehungen zwischen zwei Variablen ohnehin überwiegend nichtlinear und auch nicht mathematisierbar sind. Linear, logarithmisch, exponentiell, asymptotisch oder als Sinuskurve verlaufen sie nur in gewissen Kurvenabschnitten (und lassen sich in solchen Phasen dann durchaus mit einer Formel beschreiben); in anderen Bereichen jedoch kippen sie abrupt um oder verharren über längere Zeit auf ihrem Stand.

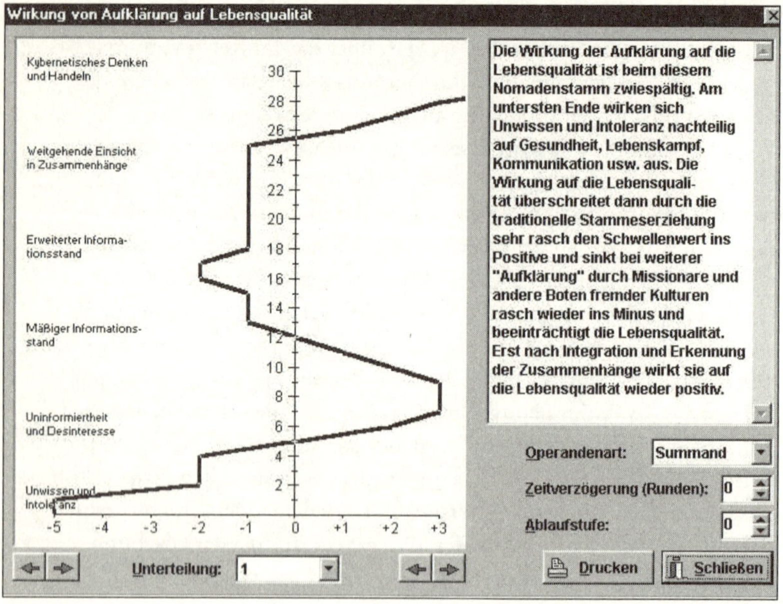


Abb. 65: **Simulation** (Systemmodell Nomadenstamm). Als **typisches Beispiel für eine nichtlineare Tabellenfunktion** ist hier die Wirkung von »Aufklärungsmaßnahmen« auf die »Lebensqualität« in einem Entwicklungsland gewählt.Sie macht einen annähernd chaotischen Eindruck, obgleich ihre Erläuterung im Klartext genau diesen Verlauf nahelegt. Die verbale Beschreibung jeder Wirkungskurve ist auch deshalb wichtig, weil sie eine gute Basis für eine abklärende Diskussion mit Insidern ist.

## Der mathematische Hintergrund

Die nachvollziehbaren Schwierigkeiten einer Simulation liegen in dem komplexen Zusammenwirken mehrerer Variablen und der Übertragung dieses Zusammenwirkens in ein mathematisches Modell, das durch den Benutzer möglichst einfach zu erstellen sein und dennoch die realen Zusammenhänge widerspiegeln sollte. Es erschien uns dazu wichtig, von der üblichen Darstellungsart einer Simulation abzuweichen, die ihren Algorithmus hinter mathematischen Funktionen und Differenzialgleichungen versteckt, so dass niemand imstande ist, die dahinter stehenden Gedanken nachzuvollziehen. Letztlich bleiben her-

kömmliche Simulationen immer »Black Boxes«. Mithilfe der »Fuzzy logic« lassen sie sich zumindest in »Grey Boxes« verwandeln.
Die Beziehungen, die beim Sensitivitätsmodell den Wirkungskurven einer Simulation zugrunde liegen, sind daher Tabellenfunktionen, das heißt, sie entsprechen nicht eindeutigen Formeln von $y = f(x)$, sondern einer Tabelle von einander zugeordneten diskreten (nichtkontinuierlichen) Zahlenwerten. Da es sich um dynamische Wirkungsgefüge handelt, gibt es außerdem keine festen Relationen zwischen den Systemkomponenten. Die Kurven geben daher auch nicht wieder, welche *Stellung* beispielsweise die Umweltbelastung bei einer bestimmten Produktionshöhe hat, sondern welchen *Beitrag* die Produktion bei einer bestimmten Höhe pro Simulationsrunde jeweils auf die Umweltbelastung *ausübt*, und zwar unabhängig von deren momentanem Zustand. Wie auf dem Screenshot (Abb. 65) zu sehen, sind also auf der in 30 Stufen eingeteilten senkrechten Skala der y-Achse immer die Zustandsbereiche einer Variablen vom unteren bis zum oberen Extremwert angegeben. Stärke und Richtung der von ihr ausgehenden Wirkung auf die betreffende Zielvariable finden sich auf der x-Achse, rechts daneben eine Erläuterung des Verlaufs der betreffenden Kurve.

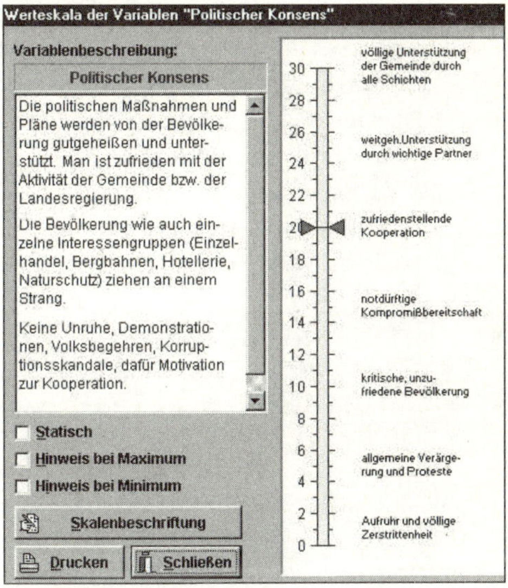

Abb. 66: **Werteskala der Variablen »Politischer Konsens«** (Systemmodell Oberstdorf)

## Die Programmierung des Ablaufs

Auf der Grundlage eines im Arbeitsschritt »Teilszenario« erstellten Wirkungsgefüges muss der Benutzer vor dem ersten Simulationslauf nur vier Dinge vornehmen:
**1.** Er muss die Variablen skalieren und auf den aktuellen Startwert ein-

stellen. Damit wird jede Variable mit einer Werteskala beschrieben, wobei neben der numerischen Skalierung eine ergänzende sprachliche Benennung der verschiedenen Zustände zwischen den beiden Extremwerten erfolgt. Erst diese verbale Charakterisierung der Bandbreite einer Variablen macht dem Bearbeiter die Art ihrer Veränderung plausibel und erlaubt eine Diskussion über die damit verbundene Wirkung einer Variablen auf eine andere.

**2.** Er muss die Wirkungspfeile in Form von Tabellenfunktionen ausdrücken. Klickt man einen Pfeil an, so erscheint sein Funktionstableau, auf dem man ebenfalls mithilfe der Maus unmittelbar den Wirkungsverlauf einzeichnen (auch jederzeit verändern) und die so entstehende Kurve der Tabellenfunktion in einer Beschreibung begründen kann (vgl. Abb. 65, S. 228). Der im Teilszenario bereits grob festgelegte Charakter einer Beziehung (gleich gerichtet oder gegenläufig) wird durch die Art der Wirkungskurve noch weiter ausdifferenziert. Da auf diese Weise die Funktionen für jeden transparent bleiben, können sie jederzeit durch Experten oder Betroffene nachgeprüft werden.

**3.** Er muss den Zeittakt für einen Durchlauf auf einen gemeinsamen Nenner festlegen und er muss

**4.** die Reihenfolge des Wirkungsflusses durch das Teilsystem angeben.

Als Beispiel wählen wir ein Simulationsszenario aus unserer Systemstudie zur Verkehrsberuhigung in der Gemeinde Oberstdorf.

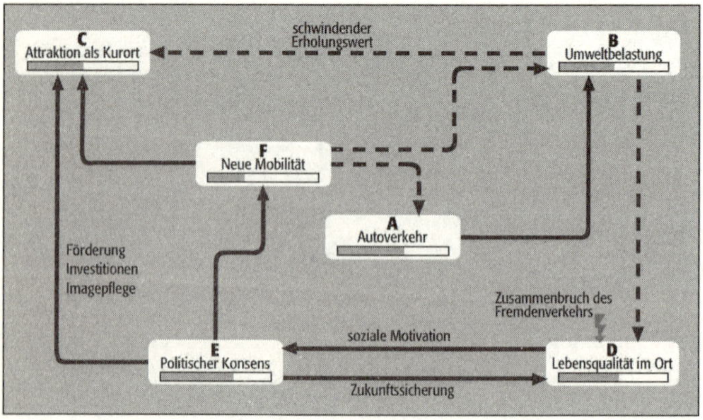


Abb. 67: **Simulationsszenario** (Systemmodell Oberstdorf)

Wie immer bei umstrittenen Projekten galt es unter anderem herauszufinden, ob und wieweit bei einem bestimmten Stand des Projekts der Konsens innerhalb der Gemeinde Einfluss auf dessen weitere Durchführung ausübt. Im Zustandstableau der Variablen »Politischer Konsens« lässt sich nun deren Position auf bestimmte Bereiche einstellen, um die Entwicklung zu simulieren und strategische Hinweise zu erhalten.

## Interaktive Steuerung

Der Simulationsablauf selbst geschieht dann nicht kontinuierlich, sondern Runde für Runde, wobei sich die Wirkungsflüsse auf dem Bildschirm sichtbar verfolgen und jederzeit anhalten lassen. Die Simulation lässt sich an jedem beliebigen Punkt beenden und auch die Position bestimmter Variablen kann im Prinzip jederzeit, gewissermaßen als Reaktion des Gesamtsystems auf das Geschehen, verändert werden. Möchte man eine Zwischenbilanz, so lässt sich die Simulation von dem Zeitpunkt an, zu dem sie erstellt wurde – oder aber auch nachdem bestimmte Eingriffe vorgenommen wurden –, wieder aufnehmen. Nach Beendigung der Simulation ist es beispielsweise möglich, nur die Startwerte bestimmter Variablen für einen neuen Simulationslauf zu verändern, während das restliche eingegebene Programm bestehen bleibt. Ebenso lässt sich die Reihenfolge des Ablaufs oder auch die Gestaltung der Wirkungskurven verändern, während die übrigen Angaben bestehen bleiben. Das Spektrum der möglichen Policy-Tests ist somit unbegrenzt.

Im Anschluss an eine Simulation lässt sich die Veränderung der Variablen in Form verschiedenfarbiger Kurven noch einmal schrittweise nachvollziehen. Das entsprechende Tableau verzeichnet auch, was wann und wo im Verlauf der Simulation verändert wurde.

Die beiden Simulationsläufe unseres Beispiels (Abb. 68 [a] und [b]) weisen deutlich auf einen Schwellenwert im »Konsens« hin, der, wie man sieht, in einem recht engen Bereich liegt. Die relevante Aussage der Simulation für die Gemeindepolitik lautet in diesem Fall, dass für eine nachhaltige Umsetzung der geplanten Verkehrsberuhigung vor

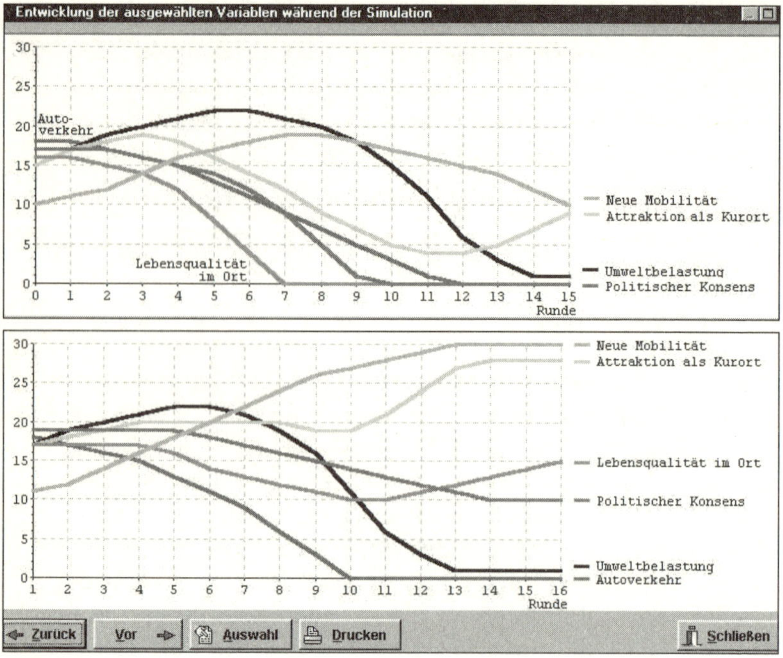


Abb. 68 (a) und (b): **Entwicklung der ausgewählten Variablen während der Simulation** (Systemmodell Oberstdorf). Im oberen Lauf hat der Konsens den Startwert 17, im unteren den Startwert 19.

der Durchführung weiterer Maßnahmen ein relativ hoher Konsens der beteiligten Gruppen unabdingbar ist. Selbst dann zeigt der Verlauf, dass man auf eine Frustrationsphase mit vorübergehendem Absinken der Lebensqualität (Unzufriedenheit der Bürger) und des Konsenses (Angriffe und Störungen) gefasst sein muss. Hier gilt es durchzuhalten, bis die Maßnahmen die zunächst noch ansteigende Lärm- und Abgasbelastung erfolgreich gebessert haben. Der Strategiehinweis daraus lautet: Mit weiteren Maßnahmen lieber noch etwas warten und Einzelhändler, Bergbahnbetreiber und Hoteliers in Beratungen einbeziehen, mit dem Ziel, den Konsens zu erhöhen und von allen Seiten genügend Unterstützung zu erhalten, damit die Probleme einer solchen Umstellung mitgetragen werden. Werden die Maßnahmen hingegen eingeleitet, ohne daß sich die betreffenden Interessengruppen im Ort darüber einig sind, ist zu erwarten, dass sie früher oder später wieder zurückgenommen werden müssen und das gesamte Projekt zum Scheitern verurteilt ist. Dieser Effekt ist aus vielen Orten, in denen halbherzige Verkehrsmaßnahmen langfristig nicht durchgehalten werden konnten, zur Genüge bekannt.

## Transparente Wenn-dann-Prognosen

Auf diese Weise ergeben unsere Simulationen echte Wenn-dann-Prognosen. Ihre Voraussetzungen sind im Klartext abrufbar, sie bleiben auch während der Bearbeitung für jeden transparent und erlauben sogar während der Simulation auf das simulierte Geschehen zu reagieren. Die Simulation in einem Sensitivitätsmodell erfüllt deshalb auch ganz andere Aufgaben als etwa bei den *System-Dynamics*-Modellen von Jay W. Forrester der Fall, bei denen das Gesamtsystem gewissermaßen als geschlossene »Maschine« abläuft, um auf der Basis bestimmter Ausgangswerte beispielsweise die nächsten 50 Jahre zu prognostizieren. Hier dient sie vielmehr dazu, die Dynamik des Systems anzutippen, anhand des Simulationslaufs das Systemverhalten unter verschiedenen Wenn-dann-Bedingungen zu testen und dabei während des Ablaufs aufgrund der beobachteten Entwicklung korrigierende Eingriffe zu simulieren.

Beim Sensitivitätsmodell ist die Simulation ohnehin nur eines von neun weitgehend unabhängigen Tools des Verfahrens, was dazu führt, dass etwaige Irrtümer in der Bewertung der Simulation in den anderen Tools sichtbar werden. Die Simulation sollte daher auch nicht etwa als »Krönung«, sondern nur als Ergänzung der übrigen Tools eines Sensitivitätsmodells verstanden werden.

Vierter Teil

# Der neue Weg zu nachhaltigen Strategien

## Einführung

Wir haben gesehen, dass Eingriffe in ein komplexes System sich in den wenigsten Fällen in einer direkten Ursache-Wirkungs-Relation benachbarter Elemente äußern. Wegen ihrer komplexen Wirkungen können daher herkömmliche linear-kausale Abschätzungen der Auswirkungen eines Eingriffs immer nur zufällig richtig sein; eine verbindliche Aussage wäre hier nur bei vollständiger Erfassung aller Einzelwechselwirkungen möglich – und dies zudem nur in geschlossenen Systemen. Da eine vollständige Datenerfassung aber immer Utopie bleiben muss und zudem alle realen Systeme offen und dynamisch sind, sind Modelle dieser Art im Hinblick auf das zukünftige Verhalten von Systemen grundsätzlich überfragt. Darauf basierende deterministische Modelle sind also nie treffsicher und die sich daran anlehnenden Strategien höchstens kurzfristig, aber nicht nachhaltig erfolgreich – wie dies ja die Fülle gescheiterter Planungen und Prognoseversuche der letzten Jahrzehnte deutlich genug vor Augen führt.
Nachdem nun die verschiedenen Wege zur Erfassung und Interpretation komplexer Systeme auf der Basis des Sensitivitätsansatzes vorgestellt wurden, soll der vierte Teil dieses Buches die besonderen Lösungsstrategien dieses Ansatzes aufzeigen, denen gewisse methodische Besonderheiten zugrunde liegen. Die daraus entspringenden Qualitäten für eine effiziente Dialogführung verhelfen den beteiligten Entscheidungsträgern zu systemrelevanten Antworten und damit selbst bei divergierenden Interessen zu einem nachhaltigen Konsens. Die besondere Art der interaktiven Computerunterstützung, die ganzheitliche Darstellung und eine an der modernen Lernbiologie orientierte Didaktik (die vom Wesen her fachübergreifend ist) ermöglichen ein universelles Anwendungsspektrum. Ein wesentliches Element dieser Didaktik – und damit einer wirksamen Mediation – ist die Visualisierung der Zusammenhänge. Sie vermindert den meist gewaltigen Aufwand

für eine Konsensfindung zwischen (oft nur scheinbaren) Interessenkonflikten, deretwegen viele Entscheidungsvorgänge sich oft über Jahrzehnte hinziehen und so manche Kommission ewig im Kreise dreht. Hat man dagegen die Zusammenhänge, etwa in einem Wirkungsgefüge, sichtbar vor Augen, dann erübrigt sich die monotone Wiederholung der sonst leer im Raum stehenden Statements der »Kontrahenten«, die diese glauben immer erneut ins Spiel bringen zu müssen. Ein eigenes Kapitel ist den Aussagen der Systembewertung gewidmet. Sie ist mit oder ohne das übrige Instrumentarium des Sensitivitätsmodells eine Kontrollinstanz, die für die Garantie eines ganzheitlichen Zusammenspiels der Elemente eines komplexen Systems und für die Entwicklung tauglicher Strategien eine ausschlaggebende Rolle zu spielen vermag – ein Weg, auf dem man notgedrungen zu anderen Antworten kommt, als man sie auf unvernetzte Weise finden würde.

# 17 • Methodische Besonderheiten und Dialogführung

Eine noch so gute Systemanalyse bleibt im Theoretischen stecken, wenn es nicht gelingt ihre Aussagen bis in die praktische Anwendung hinein zu begleiten – das Schicksal vieler fundierter, aber nie umgesetzter Gutachten liefert dafür genügend Beispiele. Eine Reihe von instrumentellen Besonderheiten der System-Tools sind daher allein im Hinblick auf die praktische Umsetzbarkeit der daraus entwickelten Strategien entstanden. Unmittelbarer Zugriff, Plausibilität, Verständlichkeit und nachprüfbare Argumentation spielen deswegen in den einzelnen Arbeitsschritten des Sensitivitätsmodells eine große Rolle. Der geschilderte Weg der Systemerfassung hat gezeigt, wie die Abgrenzung und Erfassung eines Systems mithilfe einer Kriterienmatrix erleichtert werden kann und wie die rekursive Vorgehensweise ein solches Verfahren zum permanenten Arbeitsinstrument macht, weiterhin wie die stufenweise Erfassung durch das »Ausmendeln« von Fehlern zu einer hohen Fehlertoleranz beim Aufbau des Systemmodells führt. Anhand konkreter Beispiele wurde aufgezeigt, wie strategische Hinweise, die sich aus der Rollenverteilung der Variablen ergeben, und eine einfache Regelkreisanalyse Defizite im Systemgefüge aufdecken helfen und wie eine transparente Simulation interaktiv aufgebaut und in Workshops diskutiert werden kann. Im Hintergrund schwingt dabei immer die biokybernetische Bewertung mit und steht als Orientierungshilfe für nachhaltige Strategien zur Verfügung. Da sich aus den instrumentellen Besonderheiten des Sensitivitätsmodells auch generell neue Wege für eine Instrumentalisierung des Umgangs mit Komplexität ergeben, sollen in diesem Kapitel die wichtigsten Features für eine umsetzbare Strategie und die ihnen zugrunde liegenden didaktischen Überlegungen ausführlicher diskutiert werden. Viele dieser Features sind in Zusammenarbeit mit den Lizenznehmern des Verfahrens und aus den Vorschlägen des bereits während der Entwicklungsphase bestehenden User-Clubs, das heißt aus den Bedürfnissen der praktischen Anwendung heraus entstanden (dabei sind vor allem der Umlandverband

Frankfurt unter seinem Chefplaner Alexander von HESLER, die von Matthias HALLER koordinierte NERIS-Gruppe in St. Gallen und das Planungsbüro AREEA unter Federführung von Emmerich FRIEDL in Graz zu nennen).

## Fünf Pfeiler einer systemgerechten Vorgehensweise

Dass und warum das Vorgehen beim Aufbau eines Sensitivitätsmodells rekursiv ist, wurde bereits erläutert. Rekursiv heißt, daß das Modell in jeder Phase offen bleibt und deshalb permanent aktualisiert werden kann. Dazu wurde als ein erster Pfeiler des Verfahrens eine spezielle Methodik des Datenscreenings und der Aggregation der Einflussgrößen und ihrer Wechselwirkungen entwickelt, die die Weiterarbeit mit wenigen repräsentativen Schlüsselfaktoren erlaubt. So ergibt sich ein grobes, aber vollständiges Bild, dessen Hintergrund beliebig verfeinert werden kann.

Ein zweiter Pfeiler des Verfahrens ist die Weiterentwicklung des »Papiercomputers« zu einer kybernetischen Einflussmatrix und darauf aufbauend zu einem Tool, mit dem die unterschiedlichen Rollen der Einflussgrößen im System aus ihrer Position im gegenseitigen Kräftespiel berechnet werden. Dieser Schritt führt bei den Beteiligten meistens zum Durchbruch im Hinblick auf eine gemeinsame konstruktive Systemerfassung.

Der dritte Pfeiler ist die Visualisierung der Systemvernetzung durch einfach aufzubauende Wirkungsgefüge, die dem Verständnis der speziellen Kybernetik des Systems, das heißt der Interpretation seiner Wirkungsketten und Rückkopplungen dient. Durch die Abfrage der automatischen Regelkreisanalyse lassen sich in dieser Phase bereits die wesentlichen Steuerungsmöglichkeiten des Systems und damit weitere Risiken und Chancen erkennen. Die zweidimensionale Darstellung der Wirkungsgefüge hilft zudem, weit besser als Texte oder Tabellen den Gesamtüberblick zu bewahren, und dient daher auch bei der Präsentation vor politischen Entscheidungsträgern und interessierten Laien als ideale Diskussionsgrundlage.

Der vierte Pfeiler ist ein Simulationsprogramm, das auf »Fuzzy logic«

(Beziehungen unscharfer Bereiche) basiert und strategische Alternativen (Policy-Tests), Wenn-dann-Prognosen oder die vernetzten Wirkungen von Maßnahmen auf eine auch für den Laien durchschaubare Weise aufzubauen und durchzuspielen erlaubt. Schon mit wenigen zusätzlichen Angaben zu dem Gefüge eines Teilszenarios kann der Benutzer einen einfachen Simulationslauf durchführen. Für detailliertere Ergebnisse kann er dann die Simulation jederzeit mit weiteren Informationen vervollständigen.

Neben der Erfassung von Einflussgrößen und Beziehungen und deren Bewertung spielen als fünfter Pfeiler in allen Arbeitsschritten die in Kapitel 9 besprochenen biokybernetischen Grundregeln eine nicht minder wichtige Rolle. Zu ihrer Instrumentarisierung wird im anschließenden Kapitel noch einiges gesagt werden. Mit dem ständigen »Abchecken« der in diesen Grundregeln erfassten Gesetzmäßigkeiten lebender Systeme im Laufe der Systemuntersuchung – von der ersten Systembeschreibung bis zur abschließenden Bewertung und den durchzuführenden Maßnahmen – wird außer der sozio-ökonomischen Stabilität auch die systemverträgliche Nutzung natürlicher Ressourcen im Rahmen nachhaltiger Entwicklungen angestrebt.

Für das gesamte Verfahren ist charakteristisch, dass es durchgehend transparent ist und in jeder Phase Präsentationsmöglichkeiten aller Arbeitsschritte – der computerisierten wie der manuellen – gegeben sind. Dadurch wurde das Sensitivitätsmodell für viele Anwender zu einem idealen Dialoginstrument; denn als Voraussetzungen für eine zügige Konsensbildung sind interaktive Moderation und Mediation bei komplexen Systemen für die Bildung umsetzbarer Strategien genauso wichtig wie die eigentliche Systemanalyse.

## Didaktische Anforderungen der Lernbiologie

Der didaktischen Seite wurde bei der Konzeption des Instrumentariums ein großer Wert beigemessen. Die dem Sensitivitätsmodell zugrunde liegende Idee einer jedermann verständlichen, vernetzten Vorgehensweise bedurfte einer adäquaten Software-Ergänzung. Insbesondere nachdem ich bei unserer Systemstudie für das *Projekt Land-*

*werkstätten* der Ludwig Schweisfurth AG und bei der *Ford-Systemstudie* im Auftrag von Daniel Goeudevert den großen zeitlichen Aufwand einer manuell durchgeführten Sensitivitätsanalyse selbst erlebt hatte, erschien zu Beginn der neunziger Jahre eine Computerunterstützung allein schon aus Gründen der Zeitersparnis unabdingbar. Da jedoch kein Produkt auf dem Softwaremarkt meinen Anforderungen einer auf der modernen Lernbiologie basierenden Didaktik entsprach und auch unsere in die neue Richtung zielenden Aufträge an bekannte Software-Häuser nicht die gewünschten Resultate erbrachten, wurden schließlich sämtliche Tools mit eigenen Informatikern entwickelt, womit »Customer« und »Developer« identisch wurden.

Um ein zusammenhängendes computergestütztes Verfahren zum wahlweisen Durchgang durch die Wahrnehmungs- und Informationsebenen des Modells zur Verfügung zu haben, gab es somit keinen anderen Weg, als dieses aus der Praxis heraus selbst zu entwickeln – was sich letztlich als Vorteil herausstellte. Denn nur so konnten wir auch die inhärenten Widerstände der gängigen Betriebssoftware überwinden.

Es wurde bereits gesagt, dass in Bezug auf biologisches Design die relativ junge Mikroelektronik im Vergleich zu anderen Techniken zwar gut dasteht, man jedoch andererseits der Software gegenüber der Hardware denselben Rückstand bescheinigen muss, den auch sonst die Organisation unserer Technik, also gewissermaßen deren Software gegenüber ihrer Hardware, aufweist.

Dieser »Gap« zwischen ingeniöser Hardware und verkrampfter Software ist im Übrigen nicht verwunderlich. Entspringt doch die herkömmliche Software unmittelbar aus dem linearen Denken, das auf möglichst unvernetzte Informationsverarbeitung fixiert ist. Was Wunder, dass auch die entsprechenden Software-Programme für einen adäquaten Umgang mit Komplexität nicht geeignet sind. Schon die Gebrauchsanweisungen und Manuals sind bekanntlich eine Katastrophe, von der meist abstoßenden Bildschirmoberfläche und der fehlenden Benutzerfreundlichkeit ganz zu schweigen. Wie in der Schule beherrscht die »Klassifizierungs-Information«, also das Einordnen und Speichern, alles andere und macht manches nicht einfacher, sondern oft schwieriger als ohne EDV. Für unser Vorhaben war daher beson-

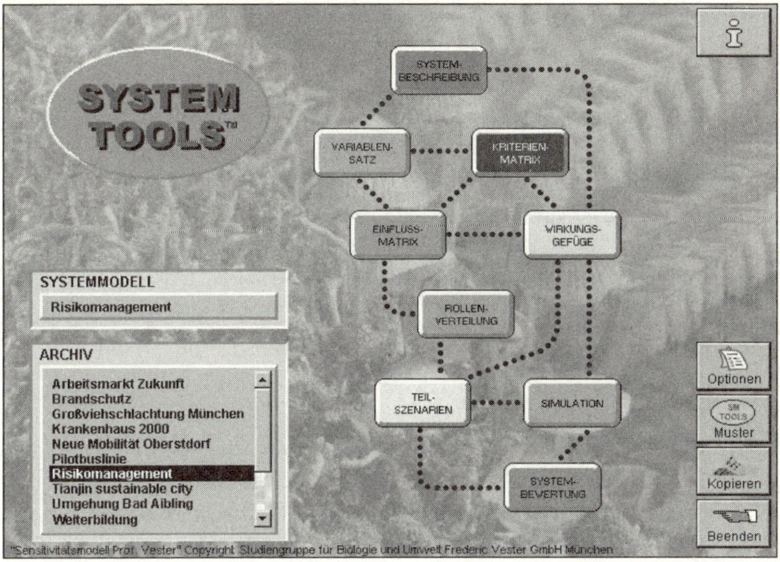


Abb. 69: **Geöffnetes Menü des Sensitivitätsmodells**

ders störend, dass gerade die Computer auf DOS- und Windows-Basis schon durch die Art ihrer Betriebssoftware nicht etwa das Verständnis von Zusammenhängen fördern, sondern das für den Umgang mit Systemen ungeeignete lineare Denken noch »effizienter« machen und es damit zementieren.

Der Forderungskatalog, den wir für die Entwicklung eines auch für den Computerlaien zugänglichen Softwareprogramms aufstellten, sah daher folgendermaßen aus:

### Komfortable Benutzeroberfläche

Bei der Durchführung der Arbeitsschritte am Computer wird der Anwender durch eine Benutzeroberfläche unterstützt, die den Erkenntnissen der modernen Lernbiologie entspricht. Die auf dem Bildschirm erscheinenden Arbeitsflächen sind attraktiv und unkodifiziert gestaltet und erlauben ein schnelles und effizientes Arbeiten ohne jegliche Programmierkenntnisse, damit der Computer unmittelbar vom Anwender, also ohne Umweg über eine EDV-Abteilung eingesetzt werden kann. Die Bedienung ist so einfach und selbsterklärend wie möglich, bedarf also keines Manuals. Dass dies eine unmittelbare interaktive Dialogführung begünstigt, zeigen einige der in Kapitel 18 angeführten Beispiele aus dem Anwendungsspektrum.

### Permanente Orientierung

Der Benutzer kann, vom »Menü« ausgehend, jederzeit Einblick in den Stand des gesamten Verfahrensablaufs nehmen, das heißt, er sieht, in welchen manuellen oder computerunterstützten Arbeitsschritt welchen Systemmodells er sich gerade befindet, welche Arbeitsschritte er schon bearbeitet hat und welche er als nächste bearbeiten sollte.

### Sichere Benutzerführung

Um einen freien Einstieg in jede Arbeitsphase zu gewährleisten, ist der Benutzer bei der Auswahl der Arbeitsschritte im Verfahrensablauf prinzipiell frei. Wenn er jedoch einen Arbeitsschritt aufruft, dessen Bearbeitung nach dem bisherigen Ablauf nicht sinnvoll ist, sei es, dass die notwendigen Input-Daten noch nicht erzeugt sind oder dass das Vorziehen anderer Arbeitsschritte zu einsichtigeren Ergebnissen führt, macht ihn eine »Alarm-Glocke« auf Gefahren der gewählten Vorgehensweise aufmerksam.

### Hohe Fehlerfreundlichkeit und Rekursivität

Weiterhin war es unerlässlich ein Programm zu entwickeln, das bei einem Fehler vom Benutzer nicht verlangt, mit der Dateneingabe wieder ganz von vorne zu beginnen, sondern durch eine relationale Datenbank bis zum Schluss korrigierbar bleibt. Im Gegensatz zu anderen Analysewerkzeugen muss das Programm daher extrem fehlerfreundlich sein. Durch eine rekursive Arbeitsweise kann die Darstellung des untersuchten Systems bis zur Fertigstellung des Modells immer wieder an sich selbst, das heißt im Feedback mit der Realität überprüft werden; denn nur auf diese Weise bleiben die Dynamik des Modells und ein kybernetisches Vorgehen gewährleistet.

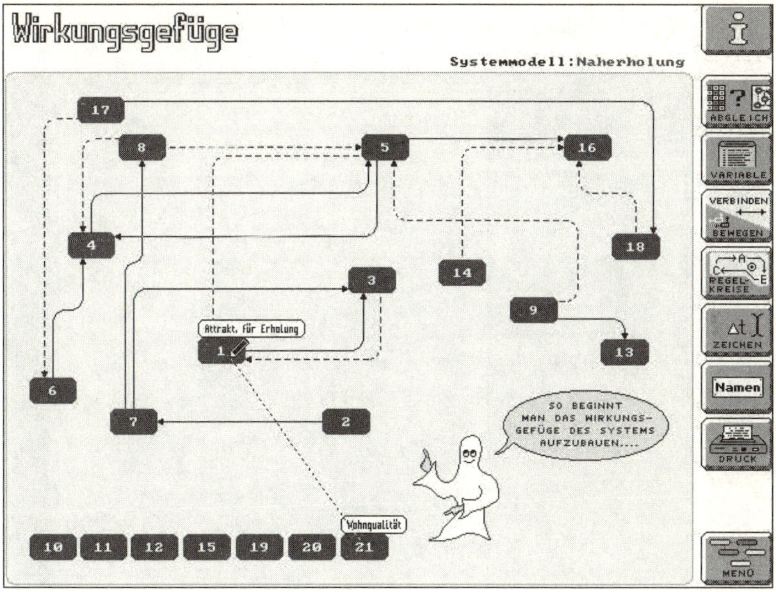


Abb. 70: **Systemgeist beim Aufbau des Wirkungsgefüges**

## Informationshilfen

Methodische Informationen zum Verfahrensablauf, etwa zur Erkennung einzelner kybernetischer Kenngrößen wie Diversität, Rückkopplung, Durchfluss, Dependenz oder zu den Aussagen der Kriterienmatrix, zum Simulationslauf, zur Wirkungsweise der Einflussmatrix, zu den Methoden der Interpretations- oder der Bewertungsmodelle lassen sich am besten durch *learning by doing*, also in der Modellarbeit selbst gewinnen. Für den unkomplizierten Einstieg sorgt ein Demo-Modell als durchgehendes Musterbeispiel, mit dem sämtliche Möglichkeiten des Instrumentariums »gefahrlos« ausprobiert werden können, indem alle Änderungen, die man vornimmt, nach Verlassen des Demos automatisch wieder rückgängig gemacht werden. Als jederzeit abrufbare Unterstützung steht im Info-Fenster jedes Arbeitsschritts eine Bildfolge zur Verfügung, in der ein »Systemgeist« die einzelnen Schritte des Verfahrens in didaktisch eingängiger Weise vorführt.

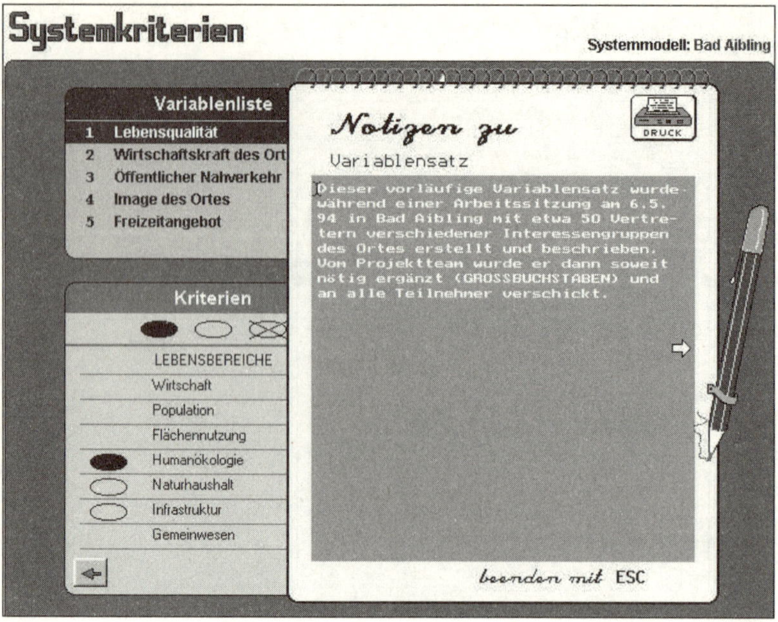


Abb. 71: **Notizblockfunktion des Sensitivitätsmodells**

### ○ Dokumentation

Einfälle, Interpretationen, Erkenntnisse und Bemerkungen, die aus speziellen Überlegungen der Bearbeiter am Computer resultieren, können dem entsprechenden Arbeitsschritt ohne Verlassen der Arbeitsfläche interaktiv zugeordnet werden. Dazu dient ein den einzelnen Stufen beigegebenes »Notizbuch«, dessen Inhalt für jede Bearbeitungsstufe – und völlig unabhängig davon, auf welcher Stufe man sich gerade befindet – abrufbar ist.

Die Umsetzung dieses Forderungskatalogs machte es notwendig, ganz neue Wege in der Programmgestaltung zu gehen. Durch die Eigenentwicklung wesentlicher »Tools« und einer speziell für das Sensitivitätsmodell ausgearbeiteten Fenster-Technik wurde es möglich, den Speicher- und Funktionsaufwand des Instrumentariums so weit zu reduzieren, dass sämtliche Abläufe mit einem Bruchteil der sonst nötigen

Kapazität und ausreichender Geschwindigkeit durchgeführt werden können und sich somit auch eine gesonderte Hardware erübrigt (das ursprüngliche DOS-Programm findet auf einer 3 ½ Zoll MF2HD-Diskette mit 1,44 Megabyte und damit auch im Arbeitsspeicher eines jeden PCs oder Laptops Platz). Im Übrigen ist das Programm durch einen EPROM-Stecker (Hardlock) vor unbefugten Eingriffen und Kopien geschützt und kann damit nur von dem autorisierten Anwender aufgerufen werden.

## Moderation und Konsensfindung

Die Programmstruktur einer so konzipierten Computerunterstützung lässt es zu, dass Planer wie Betroffene als Teil des vernetzten Systems interaktiv mit einbezogen werden. Dadurch wird niemals gegen, sondern immer mit den im System vorhandenen Kräften gearbeitet. Wie bei den mit dem Sensitivitätsmodell durchgeführten Projekten immer wieder beobachtet werden konnte, ist diese Strategie der so wichtigen Konsensfindung äußerst dienlich.
Auf diese Weise wird das vernetzte Denken fast unmerklich in die praktische Anwendung umgesetzt, wobei die verständliche Visualisierung der Systemzusammenhänge eine willkommene Moderationshilfe ist. Wie dies von Anwendern empfunden wird, zeigen folgende Zitate:
In einem Bericht des Bereichs ›Forschung, Gesellschaft und Technik‹ der DaimlerChrysler AG heißt es etwa, dass auf diese Weise die Arbeit mit dem Sensitivitätsmodell einen integrativen Kommunikationsprozess in Gang zu setzen vermag, durch den »die Zusammenführung unterschiedlicher Meinungen, Interessen und Zielvorstellungen erheblich gefördert wird. Die interdisziplinäre Kommunikation im Team wird deutlich verbessert und führt zu hoher Identifikation mit den Projektergebnissen. Der Kommunikationsprozess unter den Experten wird durch die Technik sinnvoll unterstützt. Ein zusätzlicher Motivationsschub entsteht durch die leichte Bedienbarkeit des Systems, wodurch der Umgang mit der Technik einen eher spielerischen Charakter erhält.«
Ähnlich heißt es bei Markus Fischer in einer Systemstudie zur Archi-

tektur des Wohnens: »Die Einflussmatrix war ein ständiger Anreger von Diskussionen. Im Zuge dessen fanden die Gruppenteilnehmer zu einer gemeinsamen Sprache, über die sie eine genauere Vorstellung davon bekamen, was die anderen mit den verwendeten Begriffen aussagen wollten.« Und Rainer GRÜNIG schreibt in seiner Dissertation über das Risiko-Management bei mittelgroßen Unternehmen: »Die Arbeit mit dem Sensitivitätsmodell löste bei den involvierten Projektgruppen intensive gruppendynamische Prozesse aus.«

Die integrative psychologische Wirkung beim gemeinsamen Aufbau eines Systemmodells führt, vor allem durch die unmittelbare Möglichkeit zur Artikulation und zum Einbau der vorgebrachten Äußerungen in das entstehende Modell, zu einer radikalen Abkürzung fruchtloser Debatten. Niemand fühlt sich vergessen oder überfahren, jeder findet sich im Systemmodell wieder und seine Ansicht dort auch bald sinnvoll platziert. Einmal angelaufen beginnt diese Art, ein System zu hinterfragen, in der Regel allen Beteiligten Spaß zu machen. Auch später, wenn es um die ersten systemrelevanten Lösungen und Maßnahmen geht, bleiben Frustrationen erfahrungsgemäß aus, nicht zuletzt deshalb, weil es nicht mehr der Einzelne ist, der sich gegen andere durchsetzt. Die Antwort kommt vielmehr aus dem System – also wurde niemand überstimmt. Als Nebeneffekt führt diese Mediation zu einem dreifachen Kostenvorteil: durch drastische Zeitersparnis im Planungsvorgang selbst, durch die kybernetische Strategie in der Umsetzung (Konsens in der Logistik) und nicht zuletzt durch die Vermeidung von Fehlentwicklungen im Umgang mit dem untersuchten System.

## Integration durch Systemdarstellung

Die Orientierung am System statt an Kompetenzbereichen oder Fachthemen hat schließlich den Effekt, die an einem System Beteiligten, auch wenn sie bislang nicht miteinander kommunizieren, durch Visualisierung des Systemzusammenhangs zu integrieren. Im Hinblick auf eine gemeinsame Strategie wird ihnen so das Gefühl vermittelt: »Wir sitzen alle im gleichen Boot.«

Bei einem Projekt zur Stadtentwicklung in Jena war die systemorientierte Mediation und Moderation, wie schon erwähnt, in der Lage, den Dialog so zu steuern, dass erstmalig das gemeinsame Bearbeiten eines komplexen Themas möglich wurde und die Vertreter verschiedener Ämter, die bislang keinerlei Informationsaustausch untereinander gepflegt hatten, zusammen mit Vertretern aus den Bereichen Industrie, Verkehr, Regionalplanung und Naturschutz ein gemeinsames Leitbild entwickeln konnten. Besonders überrascht waren die Stadtväter über die Breite des zustande gekommenen Konsens über die Wirkungszusammenhänge, die Stärke der Einflussfaktoren und deren Rolle im System. Norbert Rippberger von der Urban System Consult GmbH, einer der Betreuer des Projekts: »Durch die Möglichkeit der parallelen Bearbeitung und der laufenden Aktualisierung können die Mitglieder der Arbeitsgruppen ausgehend vom zugrunde liegenden Variablensatz jederzeit eigene Themenbereiche bearbeiten, Teilszenarien bilden und ihre Eingriffe und Steuerungsmöglichkeiten erkunden und bewerten.«*

Ausschlaggebend für eine Zusammenführung von am System Beteiligten war hier wie auch in vielen anderen Fällen die computergestützte Moderation der Teilnehmer, die es möglich macht, von Anfang an sowohl Entscheider als auch Betroffene als Teil des vernetzten Systems interaktiv mit einzubeziehen und ihren Beitrag in die Datenbank mit aufzunehmen, so dass die schließlich resultierende Strategie von einer breiten Mehrheit getragen wurde.

Für die Offenlegung des Mediationsvorgangs ist es dabei äußerst hilfreich, dass selbst der Stand einzelner Schritte jederzeit auch außen stehenden Personen nahe gebracht werden kann. Ein einmal ausgearbeitetes Systemmodell ermöglicht es dann externen Beobachtern und

---

* Unter der Überschrift ›Enges Denken geht über Bord‹ schreibt eine Jenaer Zeitung zum Thema »Sensitivitätsmodell für Jenas Stadtplanung«: »Es könnte sein, dass künftig in unserer Stadt mehr denn je Entscheidungen getroffen werden, die von ganzheitlichem Denken getragen sind. ›Schuld‹ daran hat ein Forschungsprojekt, das die Frankfurter Aufbau AG und unsere Stadt ein Jahr lang vorangetrieben und jetzt in einem Abschlussbericht gebündelt haben. Kern des Projekts ist das Sensitivitätsmodell, ein mittlerweile computergestütztes Verfahrensmodell für das Vernetzen von Denken und Planen, das in Jena simulierend für die Stadtplanung angewendet wurde.«

Beratern, in kurzer Zeit zum Beispiel die Schlüsselfaktoren eines analysierten Betriebs zu erkennen und die unternehmensspezifische Sprache zu lernen. Nicht zuletzt, weil die für den Aufbau eines Wirkungsgefüges oder einer Simulation vorzunehmenden Funktionen nicht auf einer Hintergrundebene kodifiziert sind, sondern voll sichtbar auf dem Bildschirm verfolgt werden können, dient das Sensitivitätsmodell im Grunde einer neuen Art von Wissensmanagement.

## Themenunabhängige Werkzeuge

Eine nicht zu unterschätzende instrumentelle Besonderheit des Systemansatzes ist die völlige Themenneutralität seines Instrumentariums. Das Sensitivitätsmodell lässt sich praktisch universell anwenden, ohne die Vorgehensweise, die Inhalte und das Layout der Arbeitsflächen oder die Berechnungsgrundlagen der Tools zu ändern. Dies beruht auf der einfachen Tatsache, dass das Verfahren auf die Grundphänomene komplexer Systeme zurückgreift, und die sind nun einmal unabhängig von Größe und Art des untersuchten Problems immer die Gleichen. Die in Kapitel 19 zusammengestellten Beispiele werden das noch weiter illustrieren.

**Zusammenfassend sollen hier noch einmal die wichtigsten Features des Verfahrens aufgeführt werden:**

## Ganzheitliche Erfassung

Um den Anwender in die Lage zu versetzen, ein komplexes System und seine sozio-ökonomisch-ökologische Umwelt als biokybernetische Ganzheit zu erfassen, reichen die gängigen Softwareprogramme aufgrund der unstrukturierten Datenfülle nicht aus. Erst speziell dafür entwickelte »Tools« zur gezielten Variablenauswahl unter drastischer, aber systemrelevanter Datenreduktion machen die Erfassung und Bewertung komplexer Systeme praktikabel.

## Keine Datenflut mehr

Statt bei der Erfassung von Komplexität, wie üblich, in Daten zu ertrinken, kommt das Sensitivitätsmodell dank eines programmierten Screenings der einzubeziehenden Variablen mit einer übersichtlichen Zahl von repräsentativen Einflussgrößen aus. Gleichzeitig wurde damit das Problem gelöst, dass neben quantitativen Inputs auch qualitative Zusammenhänge Eingang finden und in dem Instrumentarium gemeinsam mit jenen verarbeitet werden können.

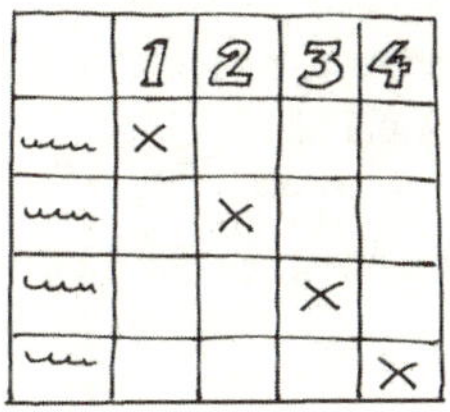


## »Fuzzy logic« als Basis

Die mit Petri-Netzen verwandte Darstellungsart und die Anwendung der Mathematik der »Fuzzy logic« macht es möglich, durch die Vernetzung bereits weniger relevanter Daten Aufschlüsse über die Funktion des untersuchten Systems zu erhalten. Den Hintergrund bildet dabei das Konzept der Überlebensfähigkeit durch Selbstregulation und Flexibilität, die durch eine möglichst weitgehende Beachtung der biokybernetischen Grundregeln am besten gewährleistet ist.

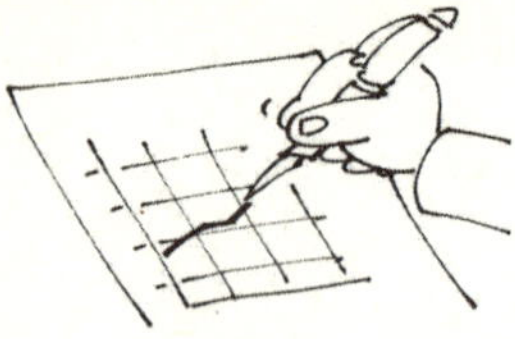

## Interaktive Arbeitsweise

Das Instrumentarium wurde durch neue Visualisierungshilfen und weitgehend verbale statt kodifizierte Aussagen bewusst auf eine interaktive Arbeitsweise angelegt, so dass der Benutzer in ständigem offenen Dialog zwischen den computerisierten und manuellen Verfahrensteilen steht.

## Permanentes Arbeitsinstrument

Da dieser Dialog über alle Stufen der Bearbeitung stattfindet und bis in den interaktiven Ablauf der für jedermann transparenten Simulationen und Policy-Tests hineinreicht, erlaubt er auch die für komplexe Systeme so wichtige rekursive Arbeitsweise. So bleibt jede Stufe des Verfahrens bis zum Schluss offen, ist ständig aktualisierbar, so dass auch »fertig« entwickelte Systemmodelle permanent zur späteren Weiterbearbeitung zur Verfügung stehen.

## Argumentationshilfe

Didaktisch neuartige Simulations-, Interpretations- und Bewertungsprogramme geben auf der Basis visualisierter Zusammenhänge brauchbare politische und materielle Entscheidungshilfen für die zukünftige Entwicklung eines Systems. Gleichzeitig liefert das Modell auch die dazu nötigen einsichtigen Argumente, ohne die ein Entscheidungsträger nicht operieren kann. Eine Manipulation (etwa durch Beeinflussung der Systemerfassung) ist wegen der nicht direkt einsehbaren Folgen, die ja auch kontraintuitiv sein könnten, uninteressant.

## Neuartige Lösungen

Das Systemverhalten wird immer im Hinblick auf seine »Sensitivität« bzw. Robustheit innerhalb des Gesamtsystems interpretiert. Unter dem Hauptkriterium »erhöhte Lebensfähigkeit« bietet es neuartige Lösungsmöglichkeiten und Chancen, die nicht aus dem Wunschdenken der Bearbeiter, sondern aus dem besseren Verständnis des Systems selbst kommen.

## Erweiterter Handlungsspielraum

Die biokybernetische Sicht der Dinge liefert dazu kein starres allgemein anwendbares Rezept, keine Standardlösung, sondern – von System zu System verschieden – oft ganze Bündel von manchmal überraschenden alternativen Möglichkeiten. Dadurch wird der Handlungsspielraum nicht auf ein festes Ziel hin eingeengt, sondern – unter Beibehaltung der Entscheidungsfreiheit – erweitert.

## Keine Nonsens-Prognosen

Das Ergebnis der Untersuchungen besteht nicht in Prognosen der üblichen Art. Es nimmt Abstand davon, Zukunftsszenarien mittels Trendhochrechnungen zu entwickeln oder das Eintreten von Ereignissen vorherzusagen, was in komplexen Systemen ohnehin obsolet ist. Es hilft vielmehr die Eigenschaften und Entwicklungsmöglichkeiten eines solchen Systems zu erkennen und anhand von Wenn-dann-Prognosen über das Systemverhalten mit ihnen so umzugehen, dass das System auch mit unerwarteten Ereignissen besser fertig wird.

## Denkhilfe, nicht Denkersatz

Ein Sensitivitätsmodell nimmt also keine Entscheidungen ab. Es ist Denkhilfe, und nicht Denkmaschine oder Denkersatz. Die eigene geistige Anstrengung ist nach wie vor erforderlich. Sie wird jedoch spürbar entlastet, indem alle mechanischen, ordnenden und dokumentierenden Tätigkeiten so automatisiert werden, dass die Kybernetik des Systems zutage tritt und die im Kopf nicht mögliche parallele Verarbeitung (*parallel processing*) der gleichzeitig auf mehreren Ebenen ablaufenden Vorgänge verfolgt werden kann.

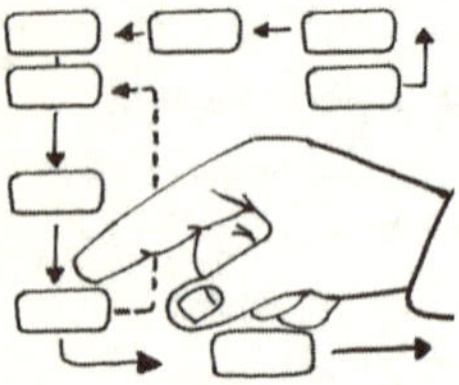

## Rückhalt für vernetztes Denken

Darüber hinaus stellt das Verfahren aufgrund seiner instrumentellen Führung und der ständigen Präsenz des Gesamtsystems einen Rückhalt dar, der es erlaubt, insbesondere auch in der Gruppe und in Workshops das »vernetzte Denken« konsequent »durchzuziehen« und dabei nicht wieder in die lineare Denkweise mit ihren unfruchtbaren und zeitraubenden Debatten hineinzurutschen, was ohne geeignete instrumentelle Hilfe kaum zu verhindern ist. Aber auch die übliche Szenario-Technik, die ohne Systemrelevanz beliebige Teilaspekte zu Szenarien vernetzt, ist für das tatsächlich zu erwartende Systemverhalten ohne Aussage. Denn erst das Sensitivitätsmodell als Ganzes gibt auch den nötigen Rückhalt dafür, was mit wem in richtiger Weise zu vernetzen ist.

# 18 • Strategien und Maßnahmen der Systembewertung

## Systembewertung als begleitendes Werkzeug

Eine durchgehende Kontrollinstanz beim Sensitivitätsverfahren ist die biokybernetische »Systembewertung« anhand unserer erläuterten 8 Grundregeln. Sie begleitet den gesamten Modellaufbau, angefangen von der Systembeschreibung bis zu den Simulationen, und wird fast ausschließlich manuell durchgeführt. Der Computer dient hierbei nur zur strukturierten Dokumentation, die jedoch für eine zielgerichtete Diskussion und Moderation eine große Hilfe ist. Die dafür notwendigen Informationen rekrutieren sich praktisch aus allen Arbeitsschritten und lassen sich schon während des Modellaufbaus in das nach den einzelnen Grundregeln strukturierte Tool »Systembewertung« eingeben. Die dadurch mögliche Dialogführung ist besonders konstruktiv und konsensfördernd, da man hierbei den Schritt von der Analyse zur Entscheidungsfindung gemeinsam vornehmen kann.

Im Grunde dient die Systembewertung dazu, die Charakteristik des untersuchten Systems in Analogie zu den Kriterien eines intakten Ökosystems zu überprüfen und daraus geeignete Strategien und Maßnahmen für einen adäquaten Umgang mit dem System abzuleiten. Das Orientierungsmodell aus dem in Kapitel 10 skizzierten Diagnose-Therapie-Schema wird damit instrumentalisiert, womit sich die vergleichende »Systemverträglichkeitsprüfung« zur »Systemtherapie« entwickelt.

Erleichtert wird das Vorgehen durch den Umstand, dass sich die Bewertung nach den acht Grundregeln nicht nur mit dem System als Ganzem, sondern sowohl mit einzelnen Systemteilen (ausgehend von den Teilszenarien) als auch mit jedem einzelnen der sieben Lebensbereiche durchführen lässt.

Teilbewertungen einzelner Lebensbereiche des Systems sind auch im Hinblick auf eine Gesamtaussage durchaus gerechtfertigt; denn die

Besonderheit komplexer Systeme besteht ja darin, dass eine erhöhte Lebensfähigkeit von Subsystemen auch die Lebensfähigkeit des Gesamtsystems erhöht – und umgekehrt. Auf diese Weise können verschiedene Bewertungsskalen (etwa zweier Lebensbereiche) miteinander verglichen werden, um zu sehen, mit welcher Regel es an welcher Stelle besonders »hapert«. Auf ähnliche Weise lässt sich auch die Gesamtskala eines Systemmodells mit derjenigen eines anderen bzw. der Ausgangszustand eines Systems mit seinem aufgrund der vorgeschlagenen Strategie zu erwartenden Neuzustand vergleichen und der Skaleneinstellung entnehmen, ob und an welcher Stelle wirklich eine Verbesserung in der Systemkybernetik stattgefunden hat.

Bei der Skaleneinstellung kommt es dabei keineswegs auf absolute Werte an, über die man sich lange streiten könnte, sondern letztlich auf relative Vorher-nachher-Vergleiche, also darauf, ob die Skala sich durch einen Eingriff oder eine Änderung nach links (technokratisch) oder nach rechts (kybernetisch) verschiebt. Das Tool gibt dann die Möglichkeit, die erste Skala in den Hintergrund zu stellen und auf einer zweiten Skala die Unterschiede zur ersten sichtbar zu machen. Auf diese Weise werden die spezifischen Differenzen in der Erfüllung einer jeden der acht Grundregeln klar herausgestellt und die Ansätze für eine erfolgreiche Therapie visuell dokumentiert.

Eine Entwicklung in Richtung größerer Überlebensfähigkeit ist dementsprechend immer daran abzulesen, inwieweit sich das System die biokybernetischen Grundregeln mehr und mehr zu eigen macht und somit an Robustheit gegenüber äußeren Störungen gewinnt. Man könnte diesen Vorgang dadurch charakterisieren, dass das System an »kybernetischer Reife« zunimmt. Die Stabilitätsbedingungen eines »reifen« Systems bestehen zum einen darin, dass es in der Lage ist, mehrere Teilziele gleichzeitig, also ohne dass diese sich konterkarieren, in einem stabilen Zustand zu halten (multistabiles System) und zum anderen darin, dass es für die wichtigsten Regelkreise innerhalb seines verschachtelten Wirkungsgefüges mehrere Regulationsalternativen besitzt (ultrastabiles System).

»Kybernetische Reife« ist demnach gleichzusetzen mit dem Ausmaß an Multi- bzw. Ultrastabilität. In keinem Falle sollte ein reifer Zustand jedoch als Endpunkt einer Entwicklung betrachtet werden; denn die

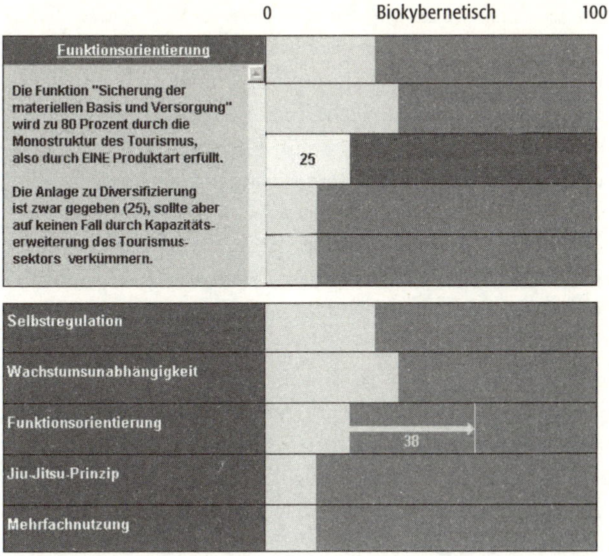


Abb. 72 (a) und (b): **Ein Beispiel aus unserer Studie ›Neue Mobilität‹** zeigt zwei kleine Ausschnitte aus dem Vorgang der Teilbewertung für den Bereich Wirtschaft: (a) im Ausgangszustand und (b) dann nach (hypothetischer) Einführung bestimmter Maßnahmen jeweils im Hinblick auf die dritte Grundregel, also die Funktionsorientierung.

Erfahrung zeigt, dass eine gewisse Fluktuation innerhalb der Gesamtevolution eines Systems – mit gelegentlichen Übergangszuständen geringerer Reife – durchaus eine Rolle im Sinne langfristiger Überlebensfähigkeit spielt. Vor einem größeren Zeithorizont gesehen, könnte man solche Fluktuationen dann lediglich als Regulationsvorgänge übergeordneter Regelkreise betrachten. So heißt Lebensfähigkeit für menschliche Institutionen (Firmen, Städte, Länder), dass diese sowohl handlungs- als auch lenkungs- und entwicklungsfähig bleiben.

## Systemstruktur und »Fuzzy logic«

Mit der Möglichkeit der biokybernetischen Systembewertung erhält auch der Einsatz der »Fuzzy logic« im Bereich der Entscheidungsfin-

dung eine neue Basis. Die an und für sich viel versprechenden Hilfen der »Fuzzy logic« zur Darstellung »grober, aber richtiger« Systemmodelle wurden vor allem deshalb bisher wenig genutzt, weil eine damit mögliche Mustererkennung (die ja ein Analogie-Vorgang ist) sich erst dann in die Praxis umsetzen lässt, wenn entsprechende Vergleichsstrukturen eine »Resonanz« mit diesem Muster ermöglichen. So würden wir zum Beispiel selbst aus dem »Fuzzy«-Computerbild von Abraham LINCOLN nie das Gesicht herauslesen können, wenn nicht in unserem Gehirn bereits eine Art »Archetyp des Gesichts« verankert wäre, an dem sich das Erkennen des Musters der Quadrate orientieren könnte. Bei der Untersuchung komplexer Systeme spielt die Organisationsstruktur lebender Systeme, also das biokybernetische »Orientierungsmodell«, diese Rolle des Archetyps, der durch das »Abchecken« an den acht Grundregeln mit dem untersuchten System in Resonanz tritt.
Sobald wir diese Organisationsstruktur als Kontrollinstrument zur Analogiebildung einsetzen, werden auf einmal auch alle Möglichkeiten, die uns die »Fuzzy logic« für die Durchführung einer Sensivitätsanalyse bietet, funktionsfähig und nutzbar gemacht. Willkürliche Vergleichsmodelle, die aus konstruierten oder an Ideologien angelehnten Mustern entstanden sind, geben für das Ziel »Erhöhung der Lebensfähigkeit eines Systems« dagegen kein erprobtes Orientierungsmodell ab.

## Organisatorische Bionik als Leitfaden

Auch ohne die übrigen Werkzeuge des Sensitivitätsmodells haben die biokybernetischen Prinzipien ihre eigenständige Bedeutung für eine »grobe« Entscheidungsfindung. Beispiele aus der Praxis zeigen, dass allein schon ein Vorgehen nach der in Kapitel 9 aufgeführten Checkliste der acht Grundregeln gewisse Garantien zur Entwicklung und Umsetzung innovativer systemverträglicher Strategien geben kann. Da diese Grundregeln Ökonomie und Ökologie vereinen, haben sie bereits Eingang in technische Entwicklungen, Architektur, Städtebau, Sicherheitspolitik, Ausbildungsprinzipien und Managementstrategien gefunden. Einige Beispiele aus der Praxis sollen dies verdeutlichen.

Wie schon weiter oben erwähnt, hat sich unter Einsatz der acht Grundregeln ein wesentliches Sicherheitsinstrument des modernen Managements, das altbekannte Controlling, zu einem Instrumentarium weiterentwickelt, das unter der Bezeichnung »Biokybernetisches Controlling« die Steuerungsregeln der lebenden Natur als Prüfstein einsetzt. Dahinter stand die Notwendigkeit, die Erhaltung des Lebensraumes, der uns alle trägt, zum Maßstab des Controllings zu machen und damit zu verhindern, dass Unternehmen den Ast absägen, auf dem sie sitzen. Initiator dieser Entwicklung ist der Kölner Betriebswirtschaftler und Herausgeber des ›Controller-Magazins‹, Elmar MAYER, der mit diesem Ansatz gezeigt hat, dass eine konsequente Anwendung der acht Grundregeln viele Fehlinvestitionen, Überkapazitäten und ein Produzieren am Markt vorbei verhindern können. Vergleichbare Erfolge erreichte auch die kybernetische Bauplanung: das schon besprochene K.O.P.F.-System von Heinz GROTE, bei dem eine Kombination von Selbstregulation, Funktionsorientierung, Jiu-Jitsu und Mehrfachnutzung zu einer zeit- und kostensparenden Organisationsform führen.
Selbst bei einer rein technischen Entwicklung wurden die darin verwirklichten Grundregeln von dem Unternehmensberater Gerd BRÜGGEMANN als Marketingstrategie für die Einführung des VIBCOS-Systems »zur Beherrschung von Vibrationen und Lärm« eingesetzt. Hier wird durch Selbstregulation und nach dem Jiu-Jitsu-Prinzip die Vibration schwerer Schleif-, Polier- und Fräsmaschinen nicht mit gewaltigem Aufwand und teuren Schutzvorrichtungen von außen bekämpft, sondern mit einem einfachen, unter die Standfüße gesetzten Spiralfeder-Regulator aufgefangen und sozusagen zu ihrer eigenen »Vernichtung« in die Maschine zurückgeleitet. Der Lärm geht deutlich zurück, die Maschine arbeitet präziser und braucht nur noch selten nachnivelliert zu werden. So wird mit geringstem Aufwand Energie gespart, die Maschinenverfügbarkeit erhöht und die Beschädigung von Gebäuden vermindert.
Ähnlich wirkungsvoll entwickelte BRÜGGEMANN ein neues Vermietungskonzept für den Augsburger Gewerbehof und erreichte durch Anwendung des Symbiose-, Recycling- und Jiu-Jitsu-Prinzips eine stabile Nutzung. Statt wie bislang auf einen Großmieter, also eine Monostruktur, setzte er auf kleinräumige Funktionsmischung. Die Mieter

wurden so ausgewählt, dass ihre jeweiligen Stärken in den Bereichen Infrastruktur, Energie und Produkt aufeinander abgestimmt waren; auf diese Weise konnte innerhalb von nur drei Monaten der lange Zeit leer stehende Komplex zu 90 Prozent vermietet werden.

Als letztes Beispiel dafür, dass allein schon die Orientierung an der Biokybernetik zu neuen Ideen für systemgerechte Lösungen führt, möchte ich das bemerkenswerte Konzept einer biokybernetischen Metropole erwähnen. Im Hinblick darauf, dass allein in China mindesten 50 neue Millionenstädte geplant werden müssen, um das nicht länger tolerierbare Weiterwuchern der bestehenden Megalopolen zu vermeiden, hat der Gautinger Architekt Klaus JAHN unter konsequenter Anwendung der Grundregeln der Systemkybernetik und der Humanökologie ein visionäres Projekt nach dem Vorbild der Natur entworfen. Der Aufbau dieser wie ein Atoll angelegten autofreien Millionenstädte mit kleinräumigen Einheiten ist durch alle Systemebenen hindurch als ein sich selbst gestaltender Gesamtorganismus geplant und enthält auch hinsichtlich der Infrastruktur vollständig neue städtebauliche Lösungen.

## Biokybernetik und spontane Ordnung

Wo immer die acht Grundregeln zur Anwendung kommen, bildet sich spontan eine Fülle von starken Wechselwirkungen und dadurch eine über das unmittelbare Anliegen hinausgehende neue Systemstruktur mit ursprünglich vielleicht gar nicht ins Auge gefassten neuen Steuerungsmöglichkeiten. Hier berühren wir ein interessantes Phänomen, das wir im Umgang mit Komplexität bewusst nutzen und bei der Entwicklung nachhaltiger Strategien immer im Auge behalten sollten. So hängt der tiefere Sinn der biokybernetischen Systembewertung eng mit dem in der Natur zu beobachtenden Phänomen der »spontanen Bildung von Ordnung« zusammen. Lebende Systeme sind ein Beispiel dafür, dass durch die spezifische Attraktion zwischen zunächst isolierten Teilen und durch Resonanz mit geordneten Mustern aus Unordnung spontan Ordnung entstehen kann, ohne dass die Entropie absinkt, das heißt, ohne dass die Wahrscheinlichkeit für den neuen Zustand geringer als vorher ist. Die biokybernetische Bewertung hilft

dabei, solche Möglichkeiten zur spontanen Ordnungsbildung herauszufinden, und die daraus entwickelten Strategien tragen dazu bei, sie zu begünstigen. Dabei geben die acht Grundregeln darüber Auskunft, welcher Art die Wechselwirkungen zwischen den Komponenten eines Systems sein müssen, damit dieses System in der Lage ist, spontan Ordnung zu bilden und diese von alleine aufrechtzuerhalten.
Schon wenn man einen neuen »Baustein« in ein System richtig einsetzen will, muss man dreierlei beachten:

- seine Lokalisierung innerhalb der anderen Systemkomponenten;
- seine Verbindungen mit den anderen Systemkomponenten;
- die Steuerung seiner Wirkungen und Rückwirkungen.

Planung und Entwicklung eines Systems sollten wie im lebenden Bereich von Anfang an möglichst durch selbststeuernde Rückkopplungen im Feedback mit der Umwelt erfolgen und dabei vorhandene Kräfte nutzen (statt sie zu vergewaltigen). Dies ist der sicherste Weg, damit sich ein kybernetisch sinnvolles Gefüge ergibt. »Mit der Bildung spontaner Ordnungen sind weit komplexere Systeme erreichbar, als je durch bewusste Planung und Schaffung möglich ist«, lautet ein äußerst bedenkenswerter Satz Friedrich August von Hayeks.
Damit kommen wir zu dem vielleicht bedeutendsten Problem des gesamten Systemansatzes, nämlich seiner Beziehung zu den Entropiegesetzen der Thermodynamik irreversibler Prozesse in offenen Systemen. Bekanntlich besagen diese Gesetze, dass die Entropie ein Maß für den Ordnungszustand eines Systems ist und dass dieses von alleine immer einem wahrscheinlicheren, d.h. ungeordneteren Zustand zustrebt. Dem widerspricht die Bildung spontaner Ordnungen in lebenden Systemen so offensichtlich, dass im Laufe der Zeit immer weitere Hilfskonstruktionen zur Rettung der Allgemeingültigkeit dieser Aussage herangezogen wurden – etwa die Vorstellung, dass ein offenes System unter der Bedingung seine Ordnung spontan erhöhen und damit die Entropie erniedrigen kann, wenn der Ordnungszustand in der Umgebung des Systems entsprechend stärker ab-, die Entropie dort also zunimmt. Diese Forderung scheint mir jedoch eher für »kaputte« Systeme zu gelten.

Nachdem ich 1980 in ›Neuland des Denkens‹ Überlegungen zu den strukturellen Besonderheiten lebender Systeme angestellt hatte, erhielt ich einige Jahre später eine wesentliche Anregung von informationstheoretischer Seite durch die Arbeiten von E. Cervén. Deren wichtigste Aussage bestand für mich darin, dass die klassische Interpretation der Entropiegesetze in dem Moment nicht mehr anwendbar ist, wo Kommunikation (im Sinne geregelter Austauschprozesse zwischen den Komponenten) Teil der Struktur eines Systems wird; denn unter dieser Voraussetzung kann es spontan einen höheren Ordnungszustand im Austausch mit der Umwelt anstreben, ohne (!) dort den Ordnungszustand zu vermindern.
Durch schwache thermodynamische Wechselwirkungen, wie sie dem Boltzmannschen Entropiebegriff zugrunde liegen, lässt sich die Existenz lebender Systeme jedenfalls nicht erklären. Ihre Basis sind vielmehr starke kognitive Wechselwirkungen zwischen einer begrenzten Zahl unterschiedlicher Elemente mit individuellen Eigenschaften. Cervén schrieb dann auch folgerichtig: »Solche Prozesse mögen nicht nur in real lebenden Systemen wie einem Organismus vorkommen, sondern auch in abstrakten Systemen wie Gesellschaften, Städten, Unternehmen.« Das ist wohl auch der Grund, weshalb sich organisierte Systeme anders verhalten als man dies aus der Kenntnis von Nicht-Systemen erwarten sollte. In der Tat gehören sie gleichzeitig zwei Welten an: aufgrund ihrer Individualität der akausalen Welt, in der die statistischen Gesetze noch nicht greifen, aufgrund der großen Zahl der in ihnen enthaltenen Atome der kausalen Welt mit ihren kolligativen Materieeigenschaften. In ›Neuland des Denkens‹ bin ich auf diese Doppeldeutigkeit ausführlich eingegangen.
Bei lebenden Systemen – etwa bei einem sich an den Genen aufbauenden Eiweißmolkül, einem aus der Keimzelle entstehenden Organismus oder einem sich aus vielen Arten formierenden Biotop – ist aufgrund starker Wechselwirkung wie Symbiose und anderer kybernetischer Abläufe, kurz, aufgrund hoch informatorischer kommunikativer Vorgänge zwischen bestimmten Teilen, der geordnete Zustand der wahrscheinlichere Zustand. Der weit verbreitete Denkfehler besteht darin, Ordnung grundsätzlich mit Unwahrscheinlichkeit gleichzusetzen. Zum Festhalten an diesem Irrtum trägt die Tatsache bei, dass die meis-

ten künstlich erzeugten Ordnungszustände in der Tat mit einer Entropieabnahme einhergehen. In diesem Fall muss natürlich als Kompensation für die damit verbundene lokale Entropieabnahme die Entropie im Umfeld entsprechend zunehmen (und dieses entsprechend mehr zum Chaos tendieren). In allen diesen Fällen handelt es sich aber um Systeme, in denen keine spezifische Kommunikation, also keine starken (kognitiven) Wechselwirkungen zwischen den Komponenten aufgebaut werden können. (Kognitiv ist hier im Sinne eines selektiven Erkennens zu verstehen.)

Andererseits lässt sich gerade aufgrund der fehlenden Systemvernetzung und der fehlenden starken Wechselwirkungen in einer Maschine ein Missstand an der Fehlerquelle selbst beseitigen, ohne dass sich dabei unerwünschte Rückwirkungen ergeben würden. In lebenden Systemen geht das genau aufgrund der stattfindenden Systemvernetzung und Wechselwirkung jedoch nicht. Solange die Gesamtkonstellation nicht stimmt, zieht hier meistens eine Reparatur die andere nach sich. Selbst eine Leiche ist nicht etwa eine Maschine, die zum Stillstand gekommen ist, sondern ein genauso offenes komplexes System wie vorher, in dessen Innerem eine Reihe von physikalischen und chemischen Abläufen stattfinden. Nur sind dies ganz andere als vor dem Erlöschen der interzellulären Kommunikation. Mit dem Tod wechselt das System von der biologischen zur unbiologischen Thermodynamik, die chemischen Prozesse beginnen schlagartig in eine andere Richtung zu laufen, Zersetzungs- und Verwesungsprozesse finden statt, und ab diesem Moment sind die von Ludwig BOLTZMANN aus der CLAUSIUSschen Wärmelehre – letztlich aus der Funktion einer Dampfmaschine – abgeleiteten Entropiegesetze, so wie sie für irreversible Prozesse der statistischen Mechanik gelten, wieder voll anwendbar.

Der zweite Hauptsatz der Thermodynamik gilt demnach nur für statistische Systeme, zwischen deren Komponenten solche Wechselwirkungen *nicht* bestehen (und zwischen denen logischerweise daher auch kein Grund besteht, sich spontan zu einer höheren Ordnung zu organisieren). Dennoch interpretiert man die Entropiegesetze vielfach so, als ob grundsätzlich jede Bildung von Ordnung und damit von Leben mit einer – ständige Energiezufuhr verlangenden – Entropieabnahme (Neg-Entropie) verbunden sein müsse. Genau dies widerspricht aber der ursprünglichen Definition der nur für statistische Abläufe geltenden Entropiegesetze.

### Organisationsmuster als Leitfaden

Um lebensfähige Systeme zu ermöglichen, gilt es demnach herauszufinden, was mit wem wie verbunden werden muss, damit sich das so Verbundene ohne großen Aufwand (und ohne die Ordnungen außerhalb des Systems zerstören zu müssen) spontan zu einer höheren Ordnung fügen kann. Um dem Geheimnis der spontanen Ordnungsbildung auf die Spur zu kommen, war es nahe liegend sich wieder an die einzig unbestechliche Instanz, nämlich an intakte Ökosysteme und damit an das Leben selbst und seine erfolgreichen Organisationsformen zu halten. In Analogie zu diesen ist die Checkliste der acht Grundregeln entstanden, weshalb wir versuchen sollten, sie möglichst auch auf von uns geschaffene Systeme zu übertragen.

Dabei dürfte sich herausstellen, dass wir diesem Vorbild nicht nur in ökologischer und ökonomischer Hinsicht getrost folgen können – als kleinen Schritt dazu könnte man bereits die Europäischen Richtlinien für Umweltmanagement-Systeme (EMAS-Empfehlungen) betrachten –, sondern, so seltsam das klingen mag, auch im Hinblick auf unser Demokratieverständnis. Denn die Biokybernetik, nach der das Management überlebensfähiger Systeme abläuft, ist so angelegt, dass der durchschlagende Erfolg des biologischen Lebens keineswegs auf dirigistischen Maßnahmen beruht, sondern auf einer klugen Kombination von Selbstregulation und Steuerung, ohne allerdings einen kybernetischen Gesetzesrahmen zu überschreiten, der von ganz alleine strikte Grenzwerte setzt und gleichzeitig dem System seine Evolutionschance einräumt.

Darüber hinaus hilft uns die Befolgung der Grundregeln, Wege zu finden, auf denen ein System (oder eine neue Struktur eines Systems) nicht unter hohem Aufwand »gemacht« wird (konstruktivistisches Management), sondern unter geringem Aufwand spontan entsteht (evolutionäres Management). Deshalb sollte man auch in seiner Planung möglichst nicht auf die Erreichung eines bestimmten Zustands

aus sein noch diesen voraussagen wollen, sondern vielmehr Fähigkeiten anstreben und die Chancen zu ihrer Entfaltung ermitteln.
Bereits die bloße Verfügbarkeit bestimmter Grundbestandteile kann offenbar dazu führen, sich selbst zu organisieren – und dies nicht in zufälliger »statistischer« Weise, wie es die meisten Ökophysiker und auch der Thermodynamiker Ilja PRIGOGINE vorschlagen, sondern vom sich bildenden System selbst gesteuert. Der theoretische Physiker Hermann HAKEN beschreibt das in seiner »Lehre vom Zusammenwirken« (Synergetik) wie folgt: »In einem offenen System testen die einzelnen Bestandteile ständig neue Lagen zueinander, neuartige Bewegungsabläufe oder neuartige Reaktionsvorgänge, an denen jeweils sehr viele Einzelteile des Systems beteiligt sind.« Und er sagt weiter, dass die so entstandenen Muster dem System eine makroskopische Struktur aufprägen, die uns als von höherer Ordnung erscheint. Bei lebenden Systemen, die solche Strukturen während des Wachstums ausbilden (also nicht wie eine Maschine aus Teilen zusammengesetzt werden), wirken Erbanlagen und Umwelt so zusammen, dass zwar feste Ordnungsstrukturen entstehen, aber gleichzeitig ein nachhaltiges dynamisches Fließgleichgewicht herrscht.

## Systemgerechtes Energiemanagement

Aus der weit verbreiteten falschen Interpretation des Entropie-Begriffs scheint sich die Notwendigkeit zu ergeben, die Schaffung von Ordnung in unserer Technosphäre durch erhöhte Unordnung in der sie tragenden Biosphäre unter zusätzlichem Energie-Input zu kompensieren. Wie oben ausgeführt, ist jedoch die Wahrscheinlichkeit, dass sich aus einem »Gemenge« – oft schon durch Hinzufügen eines in dem Puzzle fehlenden Teils – spontan ein geordnetes Gefüge ergibt, größer als die Beibehaltung des ungeordneten Zustandes, und es bedarf dazu auch keinesfalls zusätzlicher Energie.
So ist auch der derzeitige industrielle Prozess nur deshalb selbstzerstörerisch, weil er antievolutionär ist und eine Technosphäre unter Desintegration der Biosphäre aufbaut. Dieser Prozess scheint allerdings in der Tat allen jenen Recht zu geben, die sich an die klassische Erklärung

des zweiten Hauptsatzes der Thermodynamik halten, wonach die so genannte Entropieerniedrigung (Ordnung) in unserem industriellen Teilsystem von einer desto größeren Entropiezunahme (Chaos) in der Umwelt begleitet ist, nur dass die Entropiezunahme in diesem Fall die allmähliche Verwüstung der Biosphäre bedeutet und die Tatsache, Recht zu behalten, damit einen äußerst bitteren Beigeschmack bekommt. Eine Erhöhung der inneren Ordnung, ohne dabei die äußere zu zerstören, würde ja der dogmatischen Auffassung des zweiten Hauptsatzes widersprechen – obwohl die Natur dies Millionen Jahre lang vorexerziert hat und es demnach möglich sein muss. Da aber nicht sein kann, was nicht sein darf, wird erschreckenderweise auch gar nicht erst nach einer anderen Möglichkeit gesucht.

Dabei würde das notwendige Umdenken in dieser Hinsicht (wenn wir die Biosphäre, die einzige reale und dauerhafte Basis unseres Wohlstands, nicht der Zerstörung preisgeben wollen) es uns nicht etwa schwieriger, sondern leichter machen, auch mit unseren Energieproblemen fertig zu werden. Denn sobald wir die Energieversorgung nicht mehr von der Entwicklung der übrigen gesellschaftlichen Bereiche, wie Verkehr, Konsum, Wohnen und Leben, abkoppeln, sondern sie als Ordnungsparameter im Regelkreis mit allen anderen Umwelt- und Lebensbereichen, aber auch mit der regionalen Mentalität und den lokalen sozioökonomischen Standortbedingungen betrachten, taucht aus der Systemstruktur heraus automatisch eine Fülle kleinräumiger Verbundlösungen und profitabler Symbiosen auf, auf die wir bei einer auf Einzellösungen fixierten Denkweise gar nicht erst gekommen wären. So ist durchaus zu erwarten, dass gerade dann, wenn man sich von den großtechnischen Energieträumen löst, neue komplexe Lösungen möglich und nötig werden, woraus sich eine gewaltige Innovationskraft entwickeln kann.

Wenn man von Energiealternativen spricht und die Experten der einzelnen Lager dazu anhört, erhält man jedoch den Eindruck, dass es ihnen nie um ein energetisches Gesamtsystem geht, sondern meistens nur um die Gegenüberstellung von Kohle, Erdöl, Wasserkraft, Kernenergie, solarthermischen oder photovoltaischen Lösungen, und dies jeweils als Großlösungen. Kaum einer redet von Verringerung, eingesparter Verschwendung, von einer Energie reduzierenden Verfahrenstechnologie wie Katalyse (statt Elektrolyse), von Energieaustausch und -rückführung, von Kopplung und Mehrfachnutzung oder – im Sinne der Grundregel der Funktionsorientierung – ganz einfach von der Erfüllung der gleichen Bedürfnisse durch nicht-energieverbrauchende Mittel. Dazu zählt etwa die Befriedigung des Bedürfnisses nach Erholung, ohne ins Auto oder Flugzeug steigen zu müssen, indem man das Verweilen attraktiver macht als das Reisen – der heutige, bis zur zeitweisen Immobilität führende Straßenverkehr sorgt ja in zunehmendem Maße schon selbst dafür.

Ähnlich wie bei unseren Betrachtungen zum Klimaproblem sind wir damit wieder beim menschlichen Verhalten als Hebel der Veränderung angelangt. Der Schritt in die ganzheitliche Richtung beginnt auch im Energiebereich damit, dass wir unsere Gedanken nicht auf den Konsum, also die Versorgung mit mehr und mehr zusätzlicher Energie richten, sondern darauf, wie wir mit der vorhandenen besser auskommen. (Eine Denkweise, mit der wir an die Grundregeln des Recyclings und des Jiu-Jitsu rühren.) In der Tat ist wohl die größte, noch weithin ungenutzte Energiequelle diejenige einer effizienteren Energienutzung und die billigste Energie immer noch diejenige, die gar nicht gebraucht wird. Schaut man sich jedoch die offiziellen Berechnungen und Energieszenarien an, so nehmen sie den derzeitigen Bedarf grundsätzlich als gegeben hin – ähnlich wie Verkehrsberechnungen den Verkehrsbedarf als gegeben hinnehmen, um dann darauf aufbauend die Frage zu untersuchen, wie dieser Bedarf zu decken ist, statt vor allem danach zu fragen, wie er entsteht. Dass sich dies lohnen würde, sehen wir allein am folgenden Beispiel.

Energieberechnungen der Harvard Business School, die auf dem Vergleich einer großen Zahl von in der Praxis durchgeführten Verfahrensänderungen basieren, zeigen in ihrer Bilanz, dass die Investitionen, die nötig sind, um bei einer Fortsetzung der bisherigen Wirtschaftsweise nur zwei Prozent an zusätzlicher Energie zu beschaffen, in der gleichen Größenordnung liegen, wie sie zur Beschaffung von 40 Prozent nutzbarer Energie durch Maßnahmen für Einsparungen ausreichen. (Das ist etwa das Sechsfache dessen, was die Kernenergie derzeit insgesamt zum Energieaufkommen beiträgt). Dabei würden diese Einsparungen unseren Komfort nicht im Geringsten beeinträchtigen. Im

Grunde wäre diese Strategie nichts anderes als das Resultat einer Kombination von drei Grundregeln: dem Jiu-Jitsu-Prinzip, der Mehrfachnutzung und dem Recycling. Alles deutet also darauf hin, dass unsere Lebens- und Wirtschaftsweise im Hinblick auf das Überleben der menschlichen Spezies gerade bei der Energieeffizienz eine grundlegende Innovationswende verlangt. Ohne diese Wende dürfte unsere Art des Wirtschaftens weltweit zu einer Abnahme des Wohlstands führen, aus dem einfachen Grund, weil ein weiteres Wachstum der Technosphäre in ihrer derzeitigen unkybernetischen und damit unsystemischen Form notwendigerweise eine entsprechende Desintegration der Biosphäre nach sich zieht. Die Frage ist, ob wir dies wirklich aus sinnlosem Energiehunger in Kauf nehmen wollen, wo doch intakte Ökosysteme letztlich die einzige reale und dauerhafte Basis für unseren zukünftigen Wohlstand darstellen.

# 19 • Ein universeller Planungsansatz

Eine ganzheitliche Darstellung gleich welchen komplexen Systems muss unabhängig von seiner Art auf einem themenneutralen Modellverfahren basieren, auf einer Denkhilfe, die nicht auf Branchen, Fächer, Problembereiche oder Interessen festgelegt ist. Denn die Wirklichkeit, die auf diese Weise dargestellt werden soll, ist weder fachorientiert noch in Kategorien aufgeteilt. Das breit gestreute Spektrum der bisher skizzierten Anwendungsbeispiele des Sensitivitätsmodells und seiner Tools hat diese übergreifende Neutralität des Systemansatzes bereits widergespiegelt, die die Hereinnahme von »fachfremden«, aber für das zu erfassende System ausschlaggebenden Faktoren problemlos macht (was bei fachspezifisch angelegten Planungsverfahren ein bekanntes Handicap ist). Erst durch diese unspezifische Ausrichtung des gesamten Handwerkszeugs bleibt die ganzheitliche Erfassung und Interpretation jedes damit untersuchten Systems gesichert. Sie ist die wichtigste Basis einer nachhaltigen Strategie.

Zwei kompetente Stimmen, eine aus der Politik, die andere aus dem Unternehmensbereich, machten mir Anfang der achtziger Jahre Mut, das bis dahin eher »handgestrickte« Verfahren durch die Entwicklung eines computergestützten Instrumentariums für den allgemeinen Gebrauch zugänglich zu machen und die Entwicklung einer dafür geeigneten Software in Angriff zu nehmen. Zum einen war es der Vorsitzende des Deutschen Nationalkomitees MAB (*Man and Biosphere*) der UNESCO, Ministerialrat GOERKE, der 1980 im Vorwort zu unserer ersten Systemstudie folgende Hoffnung aussprach:

> »Ich bin der Auffassung, dass mit dem vorgelegten Sensitivitätsmodell ein wesentlicher Beitrag zur Verbesserung von Planungsentscheidungen in Industrie- und Entwicklungsländern geleistet werden kann. Mithilfe des angebotenen Instrumentariums können Fehlentwicklungen allmählich und zielstrebig

beseitigt und bei Neuentwicklungen in Zukunft besser vermieden werden. Das Sensitivitätsmodell beruht auf einem Ökologieverständnis, das weit davon entfernt ist, sich alleine mit dem Schutz irgendwelcher Teile unseres Lebensraumes zufrieden zu geben. Es versucht vielmehr, alle Aktivitäten und alle Bedürfnisse des Menschen und der Umwelt in seine Überlegungen einzubeziehen, und versucht aufgrund der Erkenntnis der Zusammenhänge eine Harmonisierung des Raumes. Den Hintergrund bildet dabei das Konzept der Überlebensfähigkeit durch Selbstregulation und Flexibilität, die durch eine möglichst weitgehende Beachtung der biokybernetischen Grundregeln am besten gewährleistet ist.«

Der zweite Kommentar, der mir bestätigte, dass ich auf dem richtigen Wege war, kam von Martin F. Wolters, dem damaligen Siemens-Direktor für den Sektor »Künstliche Intelligenz«, der auf das Prinzip und die Möglichkeiten der von mir angestrebten Vorgehensweise in seinem Buch ›Die fünfte Generation – Der Schlüssel zum Wohlstand durch Roboter und intelligente Computer‹ an mehreren Stellen einging:

»Die Lösung der meisten komplexen Probleme kann erst mithilfe der Symbolverarbeitung und der künstlichen Intelligenz erfolgen. Unter den hierfür benötigten Planungstechnologien ist ein Verfahren von besonderer Wichtigkeit, das in den Be reich der Biokybernetik überleitet: das Sensitivitätsmodell. Dieses mit Petri-Netzen verwandte Darstellungssystem ist längst aus dem Experimentierstadium heraus. Es zeigt sich, dass bereits kleine Netze dieser Art sehr repräsentativ der Wirklichkeit entsprechende Werte liefern. Hierdurch wird es möglich, bereits aus wenigen relevanten Daten Aufschlüsse über die Funktion eines Systems zu erhalten. Seine allgemeine Einführung wird weitgehende Rückwirkungen auf unser Zusammenleben und die Art und Weise haben, wie wir in Zukunft Probleme lösen werden. Beim Anfertigen von Sensitivitätsmodellen unter Berücksichtigung biokybernetischer Vorgänge kann man damit rechnen, dass in der Grobstruktur der betrachteten Ebene auch die Wirkungsfaktoren einer niedrigeren Ebene mit ihren Wechselwirkungen automatisch enthalten sind. Vester nennt dieses das ›implizite Grobraster‹. Heute spricht man von ›Fraktalen‹. Hierdurch wird es möglich, bereits aus wenigen relevanten Daten Aufschlüsse über die Funktion eines Systems zu erhalten. Jede Organisation, jedes Landratsamt, jedes Stadtbauamt, jedes Kreditinstitut etc. könnte sich ein Drei-Mann-Team leisten, ausgestattet mit dem erforderlichen Know-how und einem Rechner. Hiermit könnten sehr viel höhere Kosten vermieden werden, die sich aus falschen Planungen, endlos hinausgezögerten Debatten um Varianten, unfruchtbaren Diskussionen mit Kreisen, deren Interessenlage anders ist, ergeben.«

Dass diese Hoffnung zunehmend durch die Praxis bestätigt werden konnte, sollen am Schluss dieses Buches einige Ausschnitte aus den unterschiedlichsten Projekten illustrieren.

## Universelles Anwendungsspektrum

Die Einsatzbereiche des biokybernetischen Systemansatzes sind durch die offene Struktur des Instrumentariums praktisch unbegrenzt. Er bietet sich überall dort an, wo die Komplexität der Aufgabenstellung nicht mehr mit herkömmlichen Methoden in den Griff zu bekommen ist. Zu den bisher bearbeiteten Bereichen zählen unter anderem:

- Strategische Unternehmensplanung
- Technologie-Assessment
- Projekte der Entwicklungshilfe
- Untersuchung von Wirtschaftssektoren
- Stadtplanung und Regionalplanung
- Umweltplanung und Gesundheitswesen
- Verkehrsplanung und Logistik
- Assekuranz- und Risikomanagement
- Bankenwesen und Finanzdienstleistungen

- Sicherheitspolitik und Konfliktanalyse
- Systemverträglichkeitsprüfungen
- Planspiele und Schulungen

Das breite Anwendungsspektrum des Systemansatzes vollständig zu berücksichtigen, würde den Rahmen dieses Buches sprengen. Deshalb greife ich hier nur einige Projekte und Kommentare heraus, deren unterschiedliche Problemstellung zumindest einen Eindruck von der Spannweite der Einsatzmöglichkeiten vermittelt.

## Systemorientierte Unternehmensführung

Für den Bereich »Forschung, Gesellschaft und Technik« der Daimler Chrysler AG in Berlin haben Fragen der Umfeldanalyse und Gesellschaftsforschung in den letzten Jahren erheblich an Bedeutung gewonnen. Nach Aussagen einer dort mit dem Sensitivitätsmodell arbeitenden Gruppe setzt sich auch im Management in zunehmendem Maße die Erkenntnis durch, dass der Erfolg der Unternehmensführung von der konsequenten Ausrichtung unternehmenspolitischer Entscheidungen auf das Umfeld abhängt, und zwar ganz besonders, wenn es um Entscheidungen von langfristiger strategischer Tragweite geht. Voraussetzung für systemverträgliche Aktionen bzw. Reaktionen sei demnach eine spezifische Kenntnis der systeminternen Zusammenhänge und Abläufe sowie der Beziehungen von Systemen zu ihrer Umwelt.

Dieser Umdenkungsprozess in der Industrie beruhe auf zwei Impulsen: einmal darauf, dass die Vernetzung der Einflussfaktoren, die für ein erfolgreiches Handeln von Unternehmen relevant sind, stark zugenommen hat. Der globale Wettbewerbsdruck ist dafür ein Indikator. Zum anderen hat sich das Veränderungstempo, dem die maßgeblichen Größen des Wirschaftssystems unterliegen, in einem bisher nicht gekannten Ausmaß beschleunigt. Der Erfolg von gestern biete also keinerlei Gewähr mehr für den Erfolg von morgen.

In einem Kommentar zur Organisationsentwicklung heißt es dazu: »Komplexität und Unsicherheit im Umfeld von Unternehmen neh-

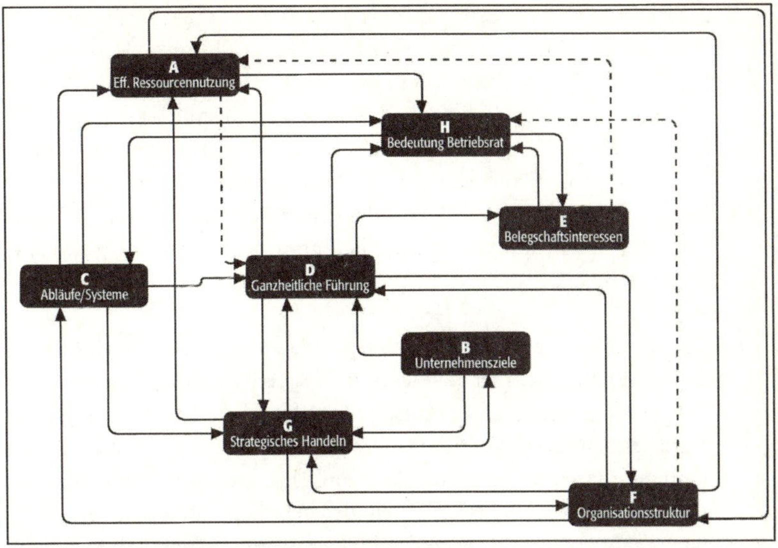


Abb. 73: **Systemmodell Organisationsentwicklung** (Ausschnitt)
Ausgehend von hochaggregierten Variablen wurde ein Netz von 30 Wirkungsbeziehungen aufgebaut. »Hatten schon die bisherigen Überlegungen und Diskussionen eine Fülle von neuen, teils sehr überraschenden Erkenntnissen gebracht, so wurde der Erkenntniszuwachs mit der Durchführung einer Simulation des Systemverhaltens nochmals erheblich gesteigert.«

men ständig zu. Um ihre Zukunft langfristig zu sichern, müssen Unternehmen – selber komplexe soziotechnische Systeme – das komplexe Zusammenspiel ihrer Austauschbeziehungen zum Umfeld verstehen und darin systemverträglich agieren.« Anhand eines konkreten Beispiels aus der Unternehmenspraxis zum Thema »Führung« wird dann der Nutzen des systemischen Ansatzes »sowie die Brauchbarkeit einer EDV-gestützten Modellbildung, deren wesentlicher Bestandteil eine dynamische Simulation ist«, aufgezeigt. »Auf diese Weise gelingt es, Möglichkeiten des Handelns auf der strategischen Ebene zu antizipieren.«
Hinsichtlich der planerischen Voraussetzungen für eine nachhaltige Strategie betont der Projektleiter Michael STEINBRECHER:
»Infolge ihrer Vielfältigkeit, Vernetztheit und Dynamik hilft es nicht mehr weiter, Probleme in kleine überschaubare Teilprobleme aufzuspalten und deren Lösungen dann je für sich zu perfektionieren. So

entstehen dann oft Lösungen, die am Ende nicht mehr zusammenpassen. Es gilt vielmehr, erfolgreiches Handeln gerade unter Berücksichtigung hoher Umfeld-Komplexität (strukturell und dynamisch) und Intransparenz der Rahmenbedingungen zu ermöglichen bzw. zu sichern. Hierin liegt die eigentliche Herausforderung für Unternehmen: Als Antwort auf externe Komplexität müssen Unternehmen eine adäquate Eigenkomplexität ausbilden, um die Komplexität im Umfeld zu absorbieren und so der Entscheidungsunsicherheit zu begegnen. Einen Ansatz, der diesem Anspruch gerecht wird, stellt der Systemansatz dar.«

Die Grundaussage dieses Ansatzes, dass der Steuermann – im Sinne der Biokybernetik – immer Teil des System ist, gilt natürlich insbesondere für das Management. Nach Gustav GOTTFREUND, Finanzmanager des Karlsberg-Brauerei-Verbundes, dessen Leiter Richard WEBER, Präsident der saarländischen Industrie- und Handelskammer, mit der Einführung dieser biokybernetischen Idee in seinem Unternehmen große wirtschaftliche Erfolge verzeichnen konnte, heißt die Frage nach dem richtigen Managements nicht mehr: »Wie führe ich ein Unternehmen?«, wo in einem autoritären Führungsstil das Unternehmen quasi ein Werkzeug in der Hand des Chefs ist. Sie heißt aber auch nicht mehr im Sinne des gängigen kooperativen Führungsstils: »Wie führen wir ein Unternehmen?«, wo das Unternehmen sozusagen eine Maschinerie ist, und wo der eine an einem Hebel zieht, der andere an einem Rad dreht, ein Dritter hier festhält und ein Vierter dort schiebt. In Zukunft darf also die Frage weder heißen: »Wie führe *ich* ein Unternehmen?« noch »Wie führen *wir* ein Unternehmen?«, sondern »Wie führt *sich* ein Unternehmen?« In diesem Moment ist das Unternehmen nicht mehr ein Werkzeug und auch nicht mehr eine Maschine, sondern es wird zum »Lebewesen«. Und die Aufgabe des Managers wird eher diejenige eines Moderators sein. Er wird nicht mehr Dinge durchboxen und andere bremsen müssen, sondern dafür sorgen, dass die Informationsflüsse richtig laufen, dass Selbstregulation und Flexibilität erhalten bleiben, dass Dinge durch Wechselwirkung von alleine entstehen können und dass sich das Unternehmen statt an Produkten an seiner Funktion orientiert. Neue interessante Aufgaben, die ein kluges Steuern verlangen – ein kybernetisches Management also, welches das

Systemverhalten beachtet, eventuell verbessert und die Unternehmensstrategie danach ausrichtet.

## Brüche und Umbrüche in der Industrieversicherung

Zu diesem Thema sprechen folgende Auszüge aus einer Publikation von Matthias HALLER und Jochen PETIN für sich selbst:

> »Der grundsätzliche Wirkungszusammenhang für eine positive Entwicklung der Versicherung kommt in einem einfachen Basis-Wirkungsgefüge (siehe die dunklen Kästchen in Abb. 74) zum Ausdruck. Darauf aufbauend lassen sich die bisherigen Überlegungen schrittweise einbringen und ergänzen, bis ein differenziertes, erweitertes Wirkungsgefüge nach dem Ansatz des vernetzten Denkens entsteht.
>
> Das Basis-Wirkungsgefüge bildet den »Motor« im Versicherungsprozess. Die *weitgehende Identifikation der Risikokosten* erlaubt eine *korrekte Tarifierung* und führt damit zu einem *ausgeglichenen technischen Ergebnis*. Über die Zeit kann sich damit die *profitable, wachsende Versicherung* entwickeln. Sie ist die Basis, um Investitionen in ein *erweitertes Risiko-Management* (RM) zu tätigen, welches zusätzlich zum traditionellen Wahrscheinlichkeits-RM das Konzept des Unwahrscheinlichkeits-RM umsetzt und weiterentwickelt. Je besser dieses erweiterte RM funktioniert, desto besser ist die *Identifikation der Risikokosten*; der Kreislauf schließt sich.
>
> Dieses günstige Zusammenspiel der Variablen ist nicht automatisch sichergestellt. Die Entwicklung kann auch umgekehrt verlaufen: So führt z. B. mangelhafte Kenntnis der Risikostrukturen zu einer mangelhaften Identifikation der Risikokosten. Die Prämien werden dann zu niedrig kalkuliert und die versicherungstechnischen Verluste kumulieren sich. Das Budget zur Weiterentwicklung des Risiko-Managements wird – mit entsprechender Wirkung in der Zukunft – weiter reduziert, und so

fort. Auf diese Weise wird – unter anderem Vorzeichen – aus dem Erfolgszirkel des Versicherungsprozesses ein Teufelskreis.«

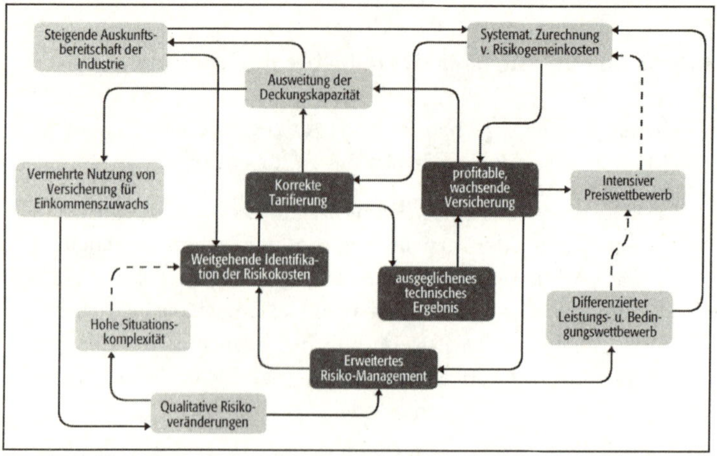


Abb. 74: **Teilmodell Industrieversicherung, erweitertes Wirkungsgefüge**

Das erweiterte Wirkungsgefüge der Autoren zeigt dann, dass das auslösende Moment für eine ungünstige Entwicklung u. a. die *qualitativen Risikoveränderungen* bilden. Deren Ausmaß hängt stark davon ab, inwiefern eine *vermehrte Nutzung von Versicherung für Einkommenszuwachs* stattfindet. Eine der entscheidenden Voraussetzungen ist die *Ausweitung der Deckungskapazität* seitens der Versicherer. Maßgebliche Faktoren sind auch die *korrekte Tarifierung* und die jeweilige Risikoneigung, die mit der *profitablen, wachsenden Versicherung* korreliert.

## Risikomanagement in einer Papierfabrik

Primäres Ziel einer von Rainer N. Grünig durchgeführten Systemuntersuchung des Instituts für Versicherungswirtschaft St. Gallen »war die Schaffung eines vertieften Verständnisses für die typischen Risikoprobleme von mittelgroßen Unternehmen sowie die Überprüfung und Optimierung der Risikomaßnahmen.« Das am Beispiel der Netting-

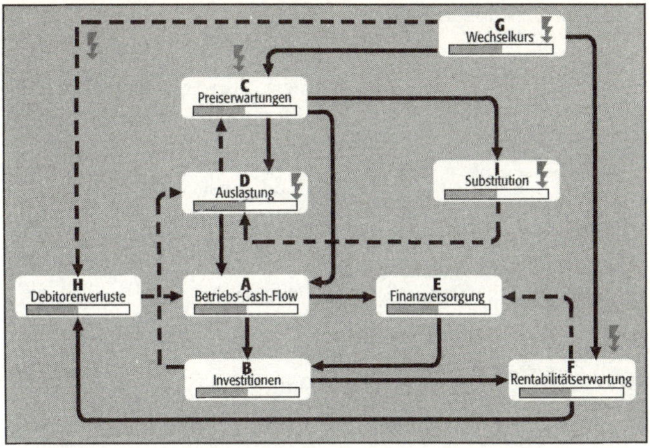


Abb. 75: **Simulation des Teilszenarios »Gefahren wirtschaftlicher Natur«**
Besonders relevante Gefahrenherde sind mit Blitz-Zeichen gekennzeichnet. Das Balkendiagramm in den Kästchen unter dem Variablennamen gibt den aktuellen Zustand der betreffenden Variablen wieder. Die mittenzentrierte Lage aller Balken deutet an, dass sich das System zum betrachteten Zeitpunkt im Gleichgewicht befindet. Das heisst, daß alle Prozesse und Funktionen planmäßig funktionieren und die entsprechenden Erwartungen erfüllt werden.

dorfer Papierfabrik aufgestellte Wirkungsgefüge zeigt, dass die wirtschaftliche Systemlogik im Kern erhalten bleibt, wenn nicht äußere Faktoren bremsend eingreifen. Vorhandene negative Rückkopplungen können jedoch die Effekte einer Übersteuerung wie auch einer plötzlichen Bremsung abpuffern. In verschiedenen Teilszenarien wurden die dabei mitspielenden Risiken untersucht.
So machen sich etwa im Teilszenario »Gefahren wirtschaftlicher Natur« nach Grünig »schlechte Konjunktur und Insolvenzen über Zahlungsschwierigkeiten von Dritten bemerkbar, die letztlich in Debitorenverlusten enden.«
In dem Netzwerk ist auch »der besondere Einfluss von Wechselkursschwankungen und Substitutionstendenzen« auf das System angedeutet. Durch eine Simulation lassen sich weitere »Aufschlüsse über die Systemkybernetik vermitteln, was zu einem besseren Verständnis der Systemzusammenhänge, des Systemverhaltens und der Dynamik der Variablen führt.« In einem Exkurs zeigt dies der Autor am Beispiel der

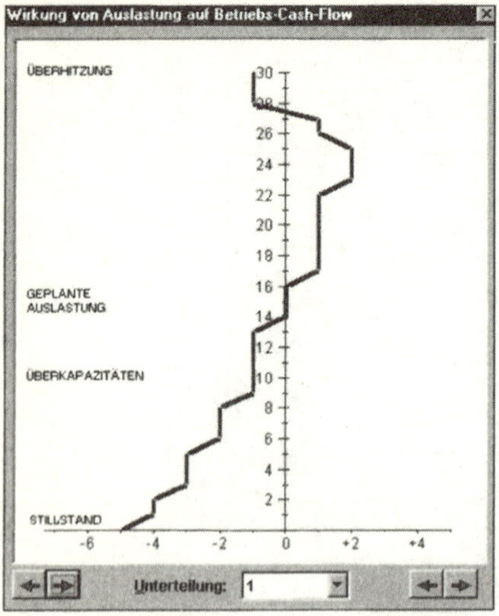


Abb. 76: Systemmodell Papierfabrik, Simulation »Gefahren wirtschaftlicher Natur«, Wirkung der Variable »Auslastung« auf den »Cashflow«

Variablen »Auslastung«. Der Variablenzustand wird in vier Stufen definiert. Im Gleichgewichtszustand befindet sich die Variable in der Mitte (geplante Auslastung). Steigt die Auslastung über diesen Punkt an, kommt es zu einer Überhitzung. Darunter bestehen Überkapazitäten und es wird auf Halde produziert. Bricht die Auslastung völlig zusammen, kommt es zum Stillstand.

Über das strategische Management hinaus wird mit dem Sensitivitätsmodell aber auch immer mehr in der Stadt- und Regionalplanung gearbeitet – von der Verkehrsberuhigung im Oberallgäu über die Stromversorgung in der Schweiz bis hin nach China, wo zum Beispiel 1996 die darauf basierende chinesische Systemstudie ›Towards a Sustainable City‹ erschienen ist.

## Ökologische Planung in China

Das in Zusammenarbeit mit dem UNESCO-Programm *Man and the Biosphere*, der Volksrepublik China und der Bundesrepublik Deutschland (USC) auf der Basis des Systemansatzes durchgeführte *Cooperative Ecological Research Project* (CERP) für die Region Tianjin wurde 1997 abgeschlossen. In der Projektschrift heißt es: »Die Komplexität urbaner Systeme, das Netz der Beziehungen zwischen der Achtmillionen-Stadt und den umgebenden ländlichen Flächen verlangen ein neues Verständnis. In der Vergangenheit wurden Einzelprobleme studiert und Einzellösungen gesucht. Ein Ansatz, der sich als unbrauchbar erwies. Dank der großen Fortschritte in Systemtheorie, Biokybernetik und Computerwissenschaft besitzen Ökologen und Stadtplaner jetzt ein systemorientiertes Werkzeug, welches erstmals so komplexe Systeme wie den Ballungsraum Tianjin zu untersuchen erlaubte.«

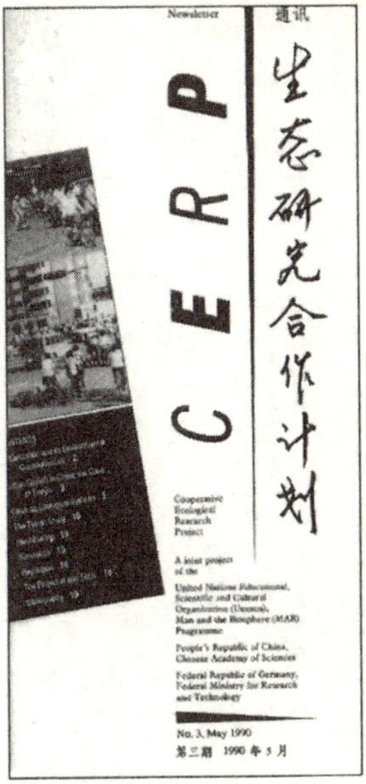

Abb. 77: **CERP-Publikation**

In einer von Wang Rusong herausgegebenen chinesischen Publikation zur ökologischen Stadtentwicklung hatte ich schon 1994 deutlich gemacht, dass weder für die Dritte Welt noch für die ehemaligen sozialistischen Länder unsere Management-Methoden Vorbild sein können. In beiden Fällen haben wir damit nur allzu häufig Desaster angerichtet und daher kein Recht, uns als Lehrmeister aufzuspielen. Auf der anderen Seite hätten Länder wie China die einmalige Chance, mithilfe systemorientierter Planungsmethoden sowohl moderne Energietechnologien als auch ebenso innovative Verkehrssysteme zu starten.

So wurde mit dem Sensitivitätmodell sowohl der ökologisch-ökonomische Nutzen des vorgeschlagenen Konzepts simuliert als auch eine Reihe weiterer Wirkungsgefüge bis hin zu einer Simulation des Planungsprozesses selbst und der anzuwendenden Strategien ausgearbeitet. Aufgrund seiner signifikanten Resultate und leichten Implementierung gewann das Projekt mehrere Preise des »Science and Technology Progress Award« der chinesischen Akademie der Wissenschaften.

So entstand ein strategisches Papier, dessen Argumentation, unterstützt von Wissenschaftlern der Pekinger Academy of Sciences, erstmals den ruinösen Wildwuchs in China am Beispiel eines Ballungsgebietes zu stoppen versuchte. Was den Bearbeitern als Erstes positiv auffiel, war die Tatsache, dass sich ein Sensitivitätsmodell nicht nach Interessenlage manipulieren lässt. So konnten die chinesischen Planer auch den entsprechenden Simulationsläufen vertrauen. Sie erkannten sofort, dass es im Hinblick auf eine nachhaltige Entwicklung der Region nicht darum gehen kann, möglichst viele kapitalkräftige Investoren zu gewinnen, um dann ähnliche Strukturen wie etwa in Schanghai zu

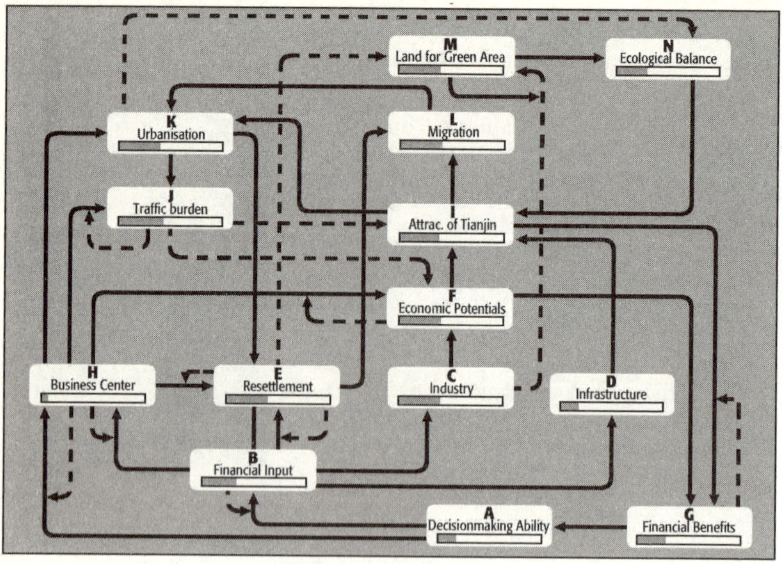


Abb. 78: **Systemmodell China-Tianjin, Simulationslauf**
In einem ersten Szenario wurde die Planungsstrategie stark von der Wahl des Investors beeinflusst, was zu unerwünschten Entwicklungen in der Region geführt hätte. Stellt man nun, um dem abzuhelfen, die Planungsstrategie auf einen sehr hohen Wert (im Sinne eines »Diktatorverhaltens«), entwickelt sich zwar die Wirtschaft zügig weiter, aber die Lebensqualität im Ballungsraum von Tianjin und auch die Umweltqualität sinken auf ein Minimum. Die Simulation zeigt, dass – um beide Fehlentwicklungen zu vermeiden – es lediglich gilt, die Wirkungsflüsse durch entsprechende Auflagen umgekehrt zu schalten: von der Planungsstrategie (*decision making ability*) auf die Wahl des Investors (*financial input*). Die Strategie lautet daher: Erst wenn das spezifische Systemverhalten und seine kybernetischen Features in die Entscheidungsfindung eingeflossen sind, werden Investoren gesucht, die dazu passen – und nicht umgekehrt.

erhalten, sondern dass sie erst einmal erfahren müssen, inwieweit ihr regionales System durch Umkippen oder exponentielles Aufschaukeln gefährdet ist, wie groß seine Fähigkeit zur Selbstregulation ist, inwieweit es mit dem Umland in Wechselwirkung steht, wie groß seine Flexibilität und seine Evolutionsfähigkeit sind, an welchen Hebeln Weichenstellungen möglich sind und an welchen nicht. Interessant dabei war, dass ein Simulationslauf der bestehenden Planung auf eine destruktive Entwicklung der Region hinwies. Dies änderte sich erst, als

für einen weiteren Simulationslauf die Richtung einer bestimmten Wirkung umgedreht wurde, so dass, wie in der nebenstehenden Abbildung, der *financial input*, also die Wahl des Investors, nicht wie bisher *vor*, sondern erst *nach* der *decision making ability*, also nach der Festlegung der Planungsstrategie erfolgte.
In Kapitel 16 wurde gesagt, dass die Simulation nur einer von neun Arbeitsschritten ist. Dennoch kann sie gelegentlich, wie etwa hier der Fall, entscheidende Argumente liefern. Ähnlich aufschlussreich erwiesen sich die Simulationen bei der Entscheidung über die Weiterführung der Großviehschlachtung in München; denn Simulationsprogramme können vor allem dort helfen, wo Komplexität ein paralleles Procedere des Denkens verlangt.

## Großviehschlachtung München

In diesem Projekt ging es um die Zukunft des Münchener Schlachthofs im Großmarktviertel. Die Frage war, ob die Großviehschlachtung, die die Stadt jährlich mit über 4 Millionen DM belastet, weiterhin unterhalten, geschlossen oder an eine private Firma des Fleischgewerbes verkauft werden sollte.
Nach Meinung des Kommunalreferats wäre eine Untersuchung der kritischen Großviehschlachtung allein – insbesondere angesichts der Krise der Branche – ohne Berücksichtigung des weiteren Umfeldes nicht problemgerecht gewesen. Denn über die engeren Probleme eines Schlachthofs wie Kapazitätsauslastung, Investitionsbedarf und Konkurrenzsituation hinaus sah sich dieses Umfeld mit Schlagzeilen wie BSE-Angst, Schweinepest und Hormonskandalen ebenso konfrontiert wie mit der veränderten Sensibilität des Verbrauchers gegenüber Massentierhaltung, Viehtransporten und Umweltbelastung, aber auch dem Fleischverzehr generell.
Die Zukunft der Großviehschlachtung sollte daher über die betriebswirtschaftlichen Faktoren hinaus unter Einbeziehung der Interessen der direkt und indirekt betroffenen Gewerbebetriebe, von Verbänden und Behörden ganzheitlich und ergebnisoffen beleuchtet werden. Nur so bestand Hoffnung systemverträgliche Lösungsvorschläge und Ent-

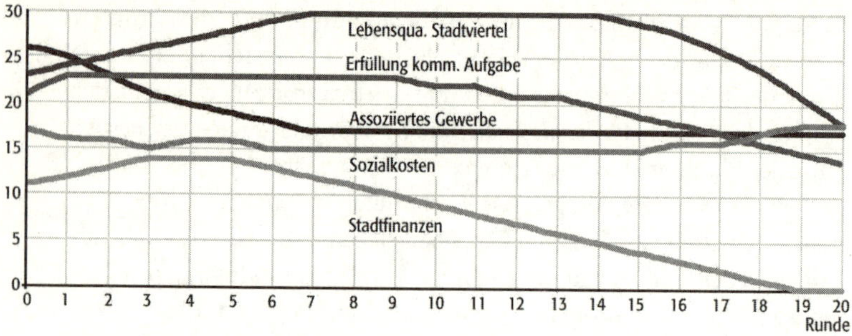


Abb. 79 (a): **Systemmodell Großviehschlachtung**; Entwicklung ausgewählter Variablen während der Simulation einer Privatisierung

scheidungsgrundlagen für den Stadtrat zu erarbeiten, die einen breiten Konsens erwarten ließen.

Nachdem mit den beteiligten Interessenten und Betroffenen gemeinsam ein Systemmodell entwickelt worden war, das jedem die Vernetzung der weit über den Schlachthof hinausgehenden Zusammenhänge vor Augen führte, ging bereits aus den Wirkungsgefügen hervor, dass das Einstellen der Großviehschlachtung nicht nur für die übrigen Schlachthofaktivitäten und den angrenzenden Viehhof bald das Aus bedeuten könnte, sondern auch dem umliegenden assoziierten Gewerbe den Boden entziehen dürfte. Die bloße Schließung hätte der Stadt also wahrscheinlich weit größere Folgekosten beschert, als der bisherige Zuschuss ausmachte.

Nach dieser Feststellung sollte nun per Simulation geklärt werden, welche Folgen eine Privatisierung hätte. Für das betreffende Teilszenario wurden – wiederum gemeinsam – mehrere Simulationen auf der Basis verschiedener Ausgangsbedingungen ausgearbeitet.

Wie der Ablauf der ersten Simulation zeigt, ergab eine Privatisierung zwar kurzfristig einen Gewinn für die Stadtfinanzen, langfristig aber ein finanzielles Desaster, indem steigende Sozialkosten, Verlust an Lebensqualität im Stadtviertel, Vernachlässigung des lokalen Gewerbes durch Fremdaufträge, Aufgabe des assoziierten Viehmarktes, fehlende Herkunftsgarantie und vieles andere zu befürchten waren. Weitere Wenn-dann-Simulationen mit alternativen Möglichkeiten zeigten dann, dass sich das Ganze anders entwickeln würde, wenn die Stadt

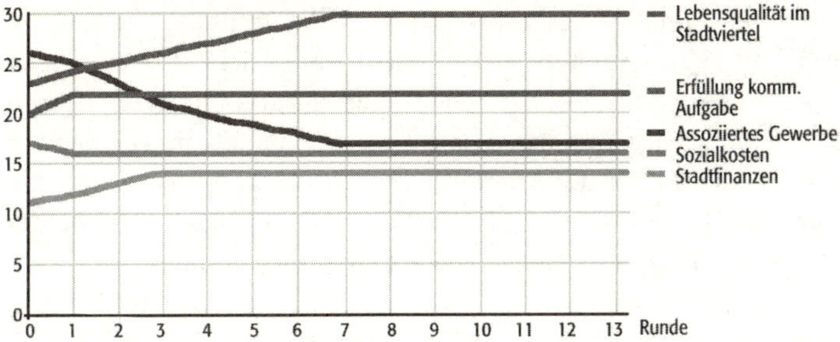


Abb. 79 (b): **Systemmodell Großviehschlachtung;** Entwicklung ausgewählter Variablen während der Simulation einer Privatisierung mit städtischer Bestandsgarantie

zwar verkaufte, aber eine zusätzliche Bestandsgarantie und im Gegenzug gewisse Kontrollen übernähme.
In einer Presseinformation des Kommunalreferates der Landeshauptstadt München sagte dessen damaliger Leiter Georg WELSCH:

> »Hervorzuheben an der Untersuchungsmethode ist die Berücksichtigung nicht nur unmittelbarer Auswirkungen möglicher Entscheidungen, sondern die Einbeziehung auch mittelbarer Effekte und vor allem die damit einhergehenden Rückwirkungen. Ebenso wichtig war die Wertung der so gefundenen »Regelkreise« nicht nur aus städtischer Sicht oder aus einem einzelnen anderen Blickwinkel, sondern aus der Summe der Einschätzungen aller Beteiligten, die ja durchaus unterschiedliche, teilweise sogar konträre Interessenlagen vertreten haben. So diente die Gruppenarbeit – insbesondere die hierbei eingebrachten interessenbestimmten unterschiedlichen Aspekte – der Vertiefung der Problematik und Verbreiterung des entscheidungsrelevanten Wissens unter den Beteiligten. [...] Die mit dem Sensitivitätsmodell gewonnenen Erfahrungen werden – über das Untersuchungsprojekt hinaus – auch in künftige Beurteilungen von betriebsbezogenen vernetzten Sachverhalten einfließen können. So konnte auf dieser Basis bei den zunächst sehr unterschiedlichen Ausgangsinteressen [...] ein Konsens über die weiteren Schritte zur Problemlösung gefunden werden.«

Inzwischen konnte der entsprechende Erbbaurechtsvertrag mit der Münchner Schlachthof Betriebs GmbH unterzeichnet werden. Der Verwaltungsdirektor des städtischen Schlacht- und Viehhofes, Roman BRUNNER, schrieb mir inzwischen, »... dass damit die vertragliche Basis für den Erhalt der Arbeitsplätze und der gesamten Palette des Waren- und Dienstleistungsangebots für München – im Sinne des Ergebnisses Ihres Gutachtens – geschaffen werden konnte«.

## Ökologische Landwerkstätten

Ebenfalls mit Fleischverarbeitung hatte ein ganz anders geartetes Projekt zu tun, bei dem der biokybernetische Ansatz im Sinne einer Loslösung von der Gigantomanie wirkte. Mitte der achtziger Jahre erstellten wir im Auftrag des damaligen Inhabers der Herta-Wurstfabriken, Karl-Ludwig SCHWEISFURTH das (inzwischen verwirklichte) Konzept für einen neuartigen Fleisch verarbeitenden Betriebstyp (dem Systembild des Konzepts sind wir schon im Kapitel über die Systembeschreibung begegnet). SCHWEISFURTH war sein Unternehmen, das schließlich pro Stunde über 300 Schweine verarbeitete, zu groß geworden, um noch eine ökologisch sinnvolle und seinem Qualitätsanspruch entsprechende Versorgung mit Fleischwaren zu ermöglichen.
In einem gemeinsam entwickelten Systemmodell haben wir daher Wege aufgezeigt, wie der gewaltige Aufwand verringert werden konnte, der bis dahin – allein aufgrund der Monostruktur des Großbetriebs – durch Zwischenlagerung, Zwischenkühlung, Konservierung, Verpackung und Transport einen Keil zwischen Erzeuger und Verbraucher geschoben hatte, der die Qualität verminderte und die Betriebskosten erhöhte, ohne eigentlich mit dem Produkt selbst primär etwas zu tun zu haben.
So entstand das Konzept eines neuen Typs von kleinräumigen, dezentralen »Landwerkstätten«, die in direkter Kooperation mit den Bauern und durch eine Reihe kybernetischer Verbundlösungen entsprechend den acht Grundregeln wirtschaften. Nach Verkauf des Herta-Unternehmens hat SCHWEISFURTH mit den *Hermannsdorfer Landwerkstätten* das Konzept richtungsweisend umgesetzt, seither kontinuierlich weiterentwickelt und wegen seiner ökologischen Vorbildlichkeit sogar

als offizielles Projekt der Expo 2000 bei Hannover in Betrieb gezeigt. Zur Illustration des Vorhabens führe ich aus unserer Systemstudie lediglich einige Parameter an, die sich für dieses Projekt aus der siebten Grundregel der »Symbiose« ergeben haben und im Laufe des stufenweisen Aufbaus der Landwerkstätten auch tatsächlich zum Tragen kamen.

**Im Projekt Hermannsdorfer Landwerkstätten verwirklichte Parameter im Hinblick auf die Grundregel der Symbiose (Auswahl):**

- Dezentrale Produktion und Kleinräumigkeit fördert Symbiosen mit der Umgebung.
- Verbundlösungen verflechten Produktion mit Entsorgung, z. B. Biogasproduktion aus organischen Abfällen, Mist und Gülle.
- Kommunikation zwischen Produktion und Abnehmern bedeutet gegenseitige Unterstützung und kreative Wechselwirkung im Hinblick auf biologische Ernährung, Umwelt und Naturschutz.
- Direktvermarktung und Naturverfahren wie Warmfleischverarbeitung und Herkunftsgarantie bringen Bauern und Verbraucher zusammen.
- Gewächshauskombinationen ermöglichen Symbiose von Kleinviehhaltung, Kräutergarten, Erholung, Klimatisierung.
- Gegenseitige Stärkung von psychobiologisch vernünftiger Tierhaltung mit Umweltsanierung, Entsorgung, besserer Qualität, Tierschutz und geringeren Haltungs- und Tierarztkosten.
- Naturverbundene Bauweise, Begrünung der Gebäude stützt kybernetische Klimatisierung und die Nutzung regenerativer Energien. Dadurch Kopplung von Umweltschonung mit Rentabilitätssteigerung.
- Kybernetische Produktionsstruktur. »Bedürfnisse« und »Abfälle« unterschiedlicher Werkstattkomponenten profitieren voneinander.
- Innerer Systemverbund durch Kooperation zwischen Produktion, Vertrieb, Hofbewirtschaftung, Minibrauerei, Käserei und anderen Nicht-Fleischprodukten.
- Äußerer Systemverbund: Soziale Akzeptanz der Werkstätten stützt Produktakzeptanz und umgekehrt. Zulieferung und Abfallaustausch mit Landwirten.

- Dezentrale Vermarktung fördert Symbiosevorteile durch Kleinräumigkeit. Dadurch Minimierung von Transport, Lagerung, Konservierung, Verpackung.
- Verbundsysteme mit benachbarten Betrieben und Dienstleistungen für Recycling und Energienutzung sowie Austausch von Arbeitskräften.
- Kooperation mit Gemeinden, Behörden, Vereinen. Dadurch Belebung des Werkstattbetriebs, Festigung des Images, Zugang von Öffentlichkeit und Medien.

## Von der Umwelt- zur Systemverträglichkeitsprüfung

Die mit dem Systemansatz gewonnenen Strategien zielen, meist ausgehend von Teilszenarien, nicht nur darauf, Systemkomponenten zu verändern und Variablen zu entfernen oder wie in den Beispielen Bad Aibling oder Großviehschlachtung hinzuzufügen, sondern auch neue Beziehungen zwischen ihnen zu knüpfen oder zu lösen und allein dadurch eine andere, vielleicht nachhaltigere »Ordnung« entstehen zu lassen. Während die erstgenannte Strategie (Veränderung der beteiligten Variablen) mehr technokratischen Charakter hat, ist die zweite Strategie (Veränderung der Beziehungen) eher kybernetisch, indem sie einer Weichenstellung entspricht, deren Ergebnis erst allmählich wirksam wird.

Alle Simulationen komplexer Systeme zeigen, dass wir, um richtige Entscheidungen zu treffen, damit aufhören müssen, von einem Zustand einer Variablen auf den Zustand des Systems zu schließen. Das mindert im Übrigen die Versuchung, willkürlich das Modell zu verändern in der Hoffnung, eine Systemanalyse manipulieren zu können. Denn sowohl ein guter als auch ein schlechter Variablenzustand kann für das System beides sein: gut oder schlecht, je nach Gesamtkonstellation. Anders verhält es sich dagegen bei echten Subsystemen eines übergeordneten Gesamtsystems. Wenn sie intakt sind, stützt dies auch das Gesamtsystem und umgekehrt.

## Regionalentwicklung Frankfurt – Taiwan – Mexiko

Insbesondere Flächennutzungsplanung und Verkehrsentwicklung sind Bereiche, die daher neu angegangen werden müssen. Aus der Einsicht heraus, dass mit der herkömmlichen Strategie des Infrastrukturausbaus alleine weder das Wachstum noch die negativen Auswirkungen des motorisierten Verkehrs wirkungsvoll zu beeinflussen sind, hat der Umlandverband Frankfurt (UVF) zusammen mit dem Fachgebiet Verkehrswesen an der Universität Kaiserslautern die »Auswirkungen von Verkehrsmanagement für die Region Rhein-Main« untersucht. In der 1995 veröffentlichten Studie wird der für den Systemansatz typische Effekt hervorgehoben, der offenbar für Entscheidungsgremien immer wieder eine neue Erfahrung bedeutet: »Das Instrument zwingt alle Beteiligten, sich mit einer Reihe von (möglichen) Zusammenhängen auseinander zu setzen, die in anderen Fällen vermutlich leicht übergangen worden wären.«

Den Wildwuchs der Megalopolen des chinesischen Festlandes vor Augen, war es für die Regionalplaner der Universität Taipeh von Interesse, ein Sensitivitätsmodell für das Umland ihrer Hauptstadt zu entwickeln, das – insbesondere nach dem schweren Erdbeben im September 1999 – als richtungsweisend für die Flächennutzungsplanung betrachtet werden kann. Insbesondere wurde dabei versucht, die prekäre Verkehrssituation durch eine bessere Selbstregulation in den Griff zu bekommen. (s. Abb. 80).

Das interessanteste Ergebnis dieser Untersuchung war die Erkenntnis, dass die zur Ressourcenschonung angestrebte Eindämmung des Wachstums unter Bevorzugung kleinräumiger Strukturen durchaus mit erhöhter wirtschaftlicher Prosperität einhergehen kann – wenn die Mediation der dabei berührten Interessen durch Visualisierung der Zusammenhänge gelingt. Am Beispiel des Tourismuszentrums Ping Ding nördlich von Taipeh, das als Prototyp für eine Reihe ähnlicher Kommunen steht, konnte der Erfolg dieser Vorgehensweise anhand einer Reihe von Teilszenarien und deren Simulation gezeigt werden.

Bei dem Einsatz des Sensitivitätsmodells in dem sich rasch entwickelnden Schwellenland Mexiko geht es in ähnlicher Weise darum, unvereinbar erscheinende Ansprüche an Wirtschaftswachstum, Wasserhaus-

Abb. 80: Wenige Gehminuten vom palastähnlichen Grand Hotel Taipehs entfernt erschlägt einen diese monströse Betonstruktur. Der wuchernde Verkehr ist hier wie überall in den schnellwachsenden Megalopolen der Welt das sichtbare Ergebnis linearen Denkens

halt, den überbordenden Zustrom in die Ballungsgebiete (Mexiko-City beherbergt mittlerweile 20 Millionen Menschen!), die wachsende Kluft zwischen Arm und Reich, an naturbelassene Tourismus-Regionen und an die Abwanderung von Arbeitskräften in die USA so zu erfüllen, dass das Land den Weg zu einer nachhaltigen, sich selbst regulierenden Entwicklung findet. Hier wollen Experten der Gesellschaft für Technische Zusammenarbeit (GTZ) zusammen mit einer Gruppe von Entscheidungsträgern der mexikanischen Regionalplanung unter Einsatz des Sensitivitätsmodells zu umsetzbaren Lösungen kommen. Wegen der sich zum Teil widersprechenden Interessengruppen ist dabei neben der Entwicklung effizienter Lösungsstrategien vor allem die Mediationshilfe des Verfahrens durch die Visualisierung von gemeinsam eruierten Zusammenhängen gefragt.

## Umweltplanung und Entsorgung

Das Ingenieurbüro FRIEDL und RINDERER aus Graz hat in Zusammenarbeit mit der Austrian Research and Environmental Engineering Association (AREEA) und der Voest Alpine Medizintechnik (VAMED) eine ganze Reihe von Projekten mit dem Sensitivitätsmodell durchgeführt. Im Rahmen ihrer Studien im Bereich der Umwelttechnik in Verbindung mit Stadtplanung kamen die Bearbeiter sehr bald zu dem Ergebnis, dass technische und wirtschaftliche Optimierung nur über den Systemansatz greifbar sind: »Die große Beeinflussbarkeit des Bereiches Mensch und die große Anzahl aktiver Elemente erfordern eine neuartige Überprüfung vorgesehener Maßnahmen, um unter Berücksichtigung des Systemverhaltens eines städtischen Gebietes einen optimalen Gesamtnutzen zu erreichen.« So wurden für Wels (Oberösterreich) ein Verkehrs- und Stadtentwicklungskonzept, für Kuala Lumpur (Malaysia) Konzepte für eine innerstädtische Verkehrsberuhigung, die Müllentsorgung und die Sanierung eines verschmutzten Flusses erarbeitet und für Bangkok (Thailand) Ideen für eine ganzheitlich wirkende Umweltplanung entwickelt.
Projektleiter Emmerich FRIEDL: »Unser interdisziplinärer Ansatz berücksichtigte dabei vor allem, dass auch Planungs- und Verwaltungsabteilungen Strukturen mit kybernetischen Systemeigenschaften aufweisen müssen; erst dann können die Gesamtvorteile des Sensitivitätsmodells voll ausgeschöpft werden.«

## Gesundheitswesen und Seniorenmodell

Aufgrund der Empfehlung der AREEA, das Sensitivitätsmodell grundsätzlich als Hauptteil eines dynamischen Planungsprozesses in der Praxis anzuwenden, erstellte die gleiche Gruppe das ›Know-how-Handbuch Krankenhaus 2000‹. In der Fachzeitschrift ›Clinicum‹ hieß es dazu, dass bisher oft großartig erscheinende Krankenhausreformen oft gar nichts bewirken, »weil ein Krankenhaus ein vernetztes System darstellt. Das von der VAMED AG und einem Expertenteam aus Medizin, Pflege, Wirtschaft und Technik präsentierte Sensitivitätsmodell

stellt erstmals die gegenseitigen Abhängigkeiten der einzelnen Elemente in den Spitälern dar. Mittels Computerprogramm lassen sich nun innerhalb kurzer Zeit die verschiedensten Varianten des Krankenhausbetriebs darstellen, etwa welche Folgen die Ausgliederung eines Bereiches hat.« Der Präsident der Wiener Akademie für Ganzheitsmedizin Alois STACHER, der im Kernteam mitarbeitete, sieht daher dieses Modell »als Arbeitsunterlage für alle Spitalsbetreiber, weil ohne eine solche Orientierungshilfe bei Veränderungen niemand an alles denken kann«. In den bekannten Finanzskandalen des AKH Wien und des Klinikums Aachen trat deutlich zutage, welche Fehlentwicklungen sich dann ergeben können.
Auch bei der Frage nach dem zukünftigen System der Altersversorgung sucht man nach Lösungen, die einerseits dem Menschen im Alter lebenswerte Verhältnisse gewährleisten und andererseits finanzierbar sind. VAMED und AREEA haben dazu das ›Seniorenmodell 2000 Plus‹ erarbeitet. Im Vorwort heißt es: »Die Ganzheitsbetrachtung wurde auf Grundlage eines Sensitivitätsmodells vorgenommen und zeigt erstmals die vernetzten Zusammenhänge des ›Seniorenproblems‹. Mit dem Modell wurde ein Know-how-Pool geschaffen, der strukturiertes Wissen von Fachleuten jedermann zugänglich macht.«

## Ganzheitliche Aus- und Weiterbildung

Um die Lücken unserer schulischen und akademischen Ausbildung im Hinblick auf den Umgang mit komplexen Systemen zu schließen, wird das Sensitivitätsmodell verschiedentlich für die Entwicklung neuer Schulmodelle und auch als hilfreiche Unterstützung der innerbetrieblichen Aus- und Weiterbildung eingesetzt. Einer der bemerkenswertesten Anstöße war die Konzeption einer neuartigen Ingenieursausbildung an der Höheren Technischen Lehranstalt (HTL) Oensingen/Solothurn, die eine neue Lernkultur pflegen will. Die HTL räumt einem fachübergreifenden Projektstudium, das sich an den gesamten Wechselwirkungen technischer Entwicklungen in der Praxis orientiert, großen Platz ein, wobei das Sensitivitätsmodell als biokybernetisches Führungsmodell eine wesentliche Denkhilfe dargestellt hat.

Direktor GANDER: »Wir wollen Wissen nicht auf Vorrat in die Köpfe hineinstopfen. Die zukünftigen Ingenieure sollen Probleme der Realität lösen und nicht jene aus den Schulbüchern. So werden die Studenten am praktischen Problem nicht nur technische, sondern auch ökologische, soziale und ökonomische Faktoren zu berücksichtigen lernen.«

Nach dreijährigem Bestehen des neuen Konzepts schrieb er, dass die neue Organisation des Studiums von allen Beteiligten mit großem Enthusiasmus getragen wurde, die ersten Diplomabgänger über ihre anwendungsbezogenen Kenntnisse hochzufrieden seien und in der Wirtschaft ohne Schwierigkeiten ein Wirkungsfeld gefunden hätten.

## Entwöhnung

Hier soll noch als Beispiel aus einem Teilbereich der Psychologie die Verfolgung von Entwöhnungsabläufen erwähnt werden wie sie in einem »Systemmodell Trockendock« auf dem Heidelberger Kongress des »Fachverband Sucht« (2001) von dem Psychotherapeuten Jörg PETRY dargestellt wurde. Laut Dr. PETRY macht es die Komplexität des Entwöhnungsvorganges von Drogenabhängigen zunehmend schwieriger, die vernetzten Zusammenhänge in ihren Interdependenzen zu erkennen und im Sinne einer nachhaltigen Entwöhnung zu steuern. Da sowohl der Suchtkranke selbst als auch das Behandlungsangebot komplexer Natur sind, lässt sich die Suchtrehabilitation am besten als ein komplexer Problemlösungsvorgang verstehen.

In dem umseitigen Ausschnitt aus einem der Teilszenarien, das auf die stationäre Entwöhnung bezogen ist, wird als Zielvariable die Abstinenzstabilisierung dargestellt. Die Rückfallgefährdung nach der stationären Entwöhnung des Kranken kann von dort ausgehend indirekt über die ihm bei der sozialen Wiedereingliederung begegnenden Diskriminierungen ausgelöst werden. Bei den im Ausschnitt mit einem ⊕ gekennzeichneten positiven Rückkopplungen, die normalerweise die Stabilisierung zusätzlich verstärken, genügt dann ein Anstoß in die entgegengesetzte Richtung, um ebenso selbstverstärkend den Rückfall einzuleiten. Mit Hilfe des Systemansatzes versuchte PETRY daraufhin,

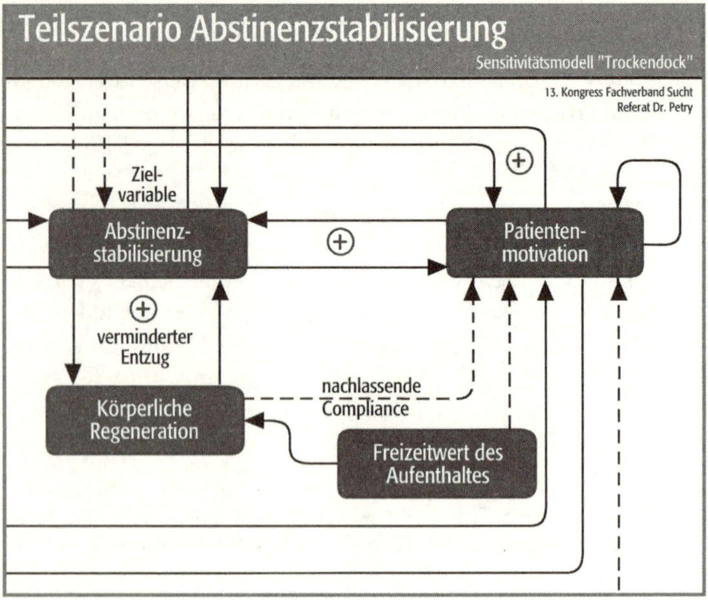


Abb. 81: **Systemmodell Entwöhnung;** Teilszenario Abstinenzstabilisierung (Ausschnitt)

das Geschehen als Systemmodell abzubilden und – mit der näheren Untersuchung von Clustern eng aufeinander wirkender Variablen – das Gesamtnetz in solche Teilszenarien zu strukturieren. Durch diese Visualisierung gelang es laut Petry erstmals, den einzelnen Menschen mit seinem engeren Umfeld als kybernetisches System zu erfassen und ein Reihe von Fragen, etwa im Hinblick auf eine sinnvolle Interaktion aus dem Zusammenhang heraus neu zu beantworten.

## Vandalismus in Verkehrsträgern

In einem weiteren Projekt zur Bearbeitung komplexer unternehmensrelevanter Problemstellungen des Bereichs »Forschung Gesellschaft und Technik« der DaimlerChrysler AG wurde der Systemansatz auf den zunehmenden Vandalismus in Verkehrsträgern angewandt. In dem

Bericht von Michael Steinbrecher und Tobias Holzmüller wird beschrieben, wie sich dieser komplexe Sachverhalt aus dem Unternehmensumfeld anhand des computergestützten Modells systemisch erfassen und simulieren lässt:

> »Denn ein Phänomen wie Vandalismus kann nicht losgelöst von den gesellschaftlichen Rahmenbedingungen, innerhalb derer er sich entwickelt, analysiert werden. Das Thema muss vor der erweiterten Fragestellung der ›Verbesserung der sozialen Akzeptanz von Verkehrsmitteln‹ interpretiert werden. Für den Konzern lautet daher die Frage: Welche Optionen hat die Daimler Chrysler AG als Hersteller von Pkw, Omnibussen, Schienenfahrzeugen und Flugzeugen auf der Ebene der Produktgestaltung zur Vandalismusprävention? Wichtige Voraussetzungen zur Entwicklung von Vandalismus-›Gegenstrategien‹ ist daher ein vertieftes Verständnis der dem Phänomen Vandalismus zugrunde liegenden strukturellen Muster und Zusammenhänge …«
>
> »Eine der Hauptschwierigkeiten beim Herangehen an das Thema war die außerordentliche Vielfalt und Vernetztheit der einzelnen Einflussgrößen. Daher erschien der Systemansatz besonders geeignet zur Bearbeitung dieser Fragestellung. Durch Simulation wird es möglich, Wirkungen und Wechselwirkungen, direkte und indirekte Einflüsse auf das Systemverhalten zu analysieren und Möglichkeiten des Handelns auf der strategischen Ebene zu antizipieren. Angesichts der herrschenden Planungsunsicherheit und der wachsenden Komplexität bedeutet das einen großen Erfolg.«

In diesem besonderen Fall kann man übrigens, anstatt den schonenden Umgang mit Verkehrsmitteln als das zu stabilisierende System zu betrachten, auch umgekehrt verfahren: den Vandalismus als Subsystem zu analysieren, wobei die Strategie dahin zielt, dessen Stabilität nun gerade nicht zu erhöhen. Die Nützlichkeit der Maßnahmen und Eingriffe wird dann daraufhin beurteilt, wie stark sie den Systemablauf destabilisieren können. Dies war auch das Ziel der durchgeführten

Simulationsläufe. Das wichtigste Ergebnis war eine Strategie, die von zusätzlichen Schutz- und Überwachungsmaßnahmen Abstand nahm und dafür ein aggressionshemmendes Umfeld schuf. Eine erfolgreiche Strategie – übrigens auch im Bereich der Stadtgestaltung im Hinblick auf die Reduzierung der Kriminalitätsrate.

## Dorferneuerung Geldersheim

Auf der Grundlage des biokybernetischen Planungsansatzes wurde die Gesellschaft für Information und Bildung e. V. Schweinfurt (GIB) von der Flurbereinigungsdirektion in Würzburg beauftragt, gemeinsam mit den Bewohnern von Geldersheim im Rahmen der Bürgerbeteiligung zur Dorferneuerung ein dörfliches Leitbild zu entwickeln, das ihren Wünschen und Bedürfnissen entspricht.
Man erkannte, dass eine zukunftsorientierte Dorferneuerung, die erfolgreich sein will, von der Bevölkerung mitgetragen werden muss. So wird auch in den Dorferneuerungsrichtlinien des Bayerischen Staatsministeriums für Ernährung, Landwirtschaft und Forsten gefordert: »Die Dorfbewohner sind in geeigneter Weise vom Beginn bis zum Abschluss der Dorferneuerung intensiv zu beteiligen.«
Der starke Wandel des ländlichen Raumes in den letzten Jahrzehnten betrifft besonders die dörfliche Gemeinschaft und wirkt sich auf das Selbstverständnis der Dorfbewohner aus. Diese haben die beste Kenntnis der besonderen Gegebenheiten und ihrer Veränderungen. Ihre Ansichten und Wertungen stellen den Sinnzusammenhang der dörflichen Gemeinschaft her. Alle Bürgerinnen und Bürger bringen ihre Ideen und Vorschläge gleichberechtigt ein. Keine Personen oder Gruppen (Planer, Verwaltung, Grundstückseigentümer, Moderatoren) dominieren im Kommunikations- und Entscheidungsprozess.
Für die interessierten Bürgerinnen und Bürger von Geldersheim wurde auf diese Weise eine ganzheitliche Bürgerbeteiligung ermöglicht, die das Dorf in seiner Vielfalt erfasst. Sie analysierten die Potenziale kultureller, wirtschaftlicher, sozialer, natürlicher und landschaftlicher Art und diskutierten über deren weitere Entwicklung. Die Ergebnisse bildeten die Grundlage für das dörfliche Leitbild. Im Anschluss

Im Entwicklungsschwerpunkt Platz- und Straßenraumgestaltung sind die folgenden Entwicklungsbereiche lenkbar:

Dorfgeschichte (!)
Gadenanlage
Bäuerliche Landwirtschaft
Öffentliche Gebäude
Würzburger Straße
Ansprechende Ortseingänge
Marktplatz (!)
Untertorstraße
Freizeit
Dorfbegrünung

Ausschnitt aus dem zugrundeliegenden Papiercomputer

Papiercomputer nach Frederic Vester     Thema: Platz- und Straßen

| Wirkung von ↓ auf → | | A | B | C | D | E | F | G | H | I | J | K | L |
|---|---|---|---|---|---|---|---|---|---|---|---|---|---|
| Marktplatz | A | ● | 3 | 0 | 2 | 1 | 3 | 2 | 0 | 0 | 2 | 3 | 2 |
| Unterdorfstr. | B | 3 | ● | 0 | 2 | 2 | 3 | 2 | 0 | 0 | 3 | 0 | 1 |
| Anlage Friedenslag. | | 0 | 0 | ● | 3 | 0 | 2 | 2 | 0 | 0 | 1 | 1 | 1 |
| Ansprechende Ortseingänge | D | 2 | 2 | 3 | ● | 3 | 3 | 2 | 0 | 1 | 2 | 0 | 1 |
| Untertorstraße | E | 1 | 3 | 0 | 3 | ● | 1 | 2 | 0 | 1 | 2 | 0 | 2 |
| Würzbg. Straße | F | 3 | 3 | 3 | 3 | 0 | ● | 1 | 0 | 1 | 2 | 2 | 1 |
| Dorfbegrünung | G | 2 | 2 | 2 | 2 | 3 | 1 | ● | 1 | 2 | 2 | 2 | 2 |
| Friedhof-Bäume | H | 0 | 0 | 0 | 0 | 0 | 0 | 1 | ● | 1 | 1 | 0 | 1 |
| Naturnahe Gestaltung | | 0 | 1 | 0 | 1 | 2 | 1 | 2 | 1 | ● | 1 | 0 | 2 |
| Dorfgeschichte (ohne Gadenan.) | J | 3 | 3 | 1 | 3 | 3 | 2 | 2 | 0 | 0 | ● | 3 | 2 |

Abb. 82: Systemmodell Dorfererneuerung Geldersheim, Papiercomputer der ganzheitlichen Bürgerbeteiligung

daran konnten die Teilnehmer anhand dieses Leitbildes einzelne Maßnahmen und Projekte detailliert diskutieren und einen entsprechenden Katalog von Vorschlägen erarbeiten.
Im Laufe der Zeit sind immer mehr Unternehmen, Kommunen, gesellschaftliche Gruppen und Organisationen auf den biokybernetischen Systemansatz neugierig geworden und haben diesen Weg angesichts der Schwächen der herkömmlichen Managementmethoden als neue Chance begriffen.
Über den Einsatz des Sensitivitätsmodells in den verschiedenen Bereichen von Wirtschaft, Politik, Wissenschaft und Planung wie auch über den Einfluss des Systemansatzes auf die wissenschaftliche Forschung informiert die im Anhang beigefügte Aufstellung der mit dem Verfahren durchgeführten Projekte und Publikationen, soweit sie mir bekannt sind.
Vielleicht sollte noch betont werden, dass bis 1990 alle Projekte auf der Basis des Sensitivitätsmodells so wie im obigen Beispiel rein manuell durchgeführt wurden – unter anderem eine große Studie für Ford-Deutschland (veröffentlicht im Heyne Verlag unter dem Titel ›Ausfahrt Zukunft‹). Das gleiche gilt für die Studien »Ökoland« und »Landwerkstätten«, den »Generalverkehrsplan Frankfurt«, die Machbarkeitsstu-

die für ein großes Freizeitprojekt, das Frankfurter »Pueblo« sowie für Studien der Swissair, der Schweizer Versicherungswirtschaft und für einige Planungsmodelle auf kommunaler Ebene.
Erst 1990 begann ich mit speziell von mir geschulten Informatikern die hier beschriebene Software zum Sensitivitätsmodell zu entwickeln, die im ständigen Feedback mit den Anwendern zu der nun vorliegenden computergestützten Mediations- und Denkhilfe ausgereift ist. Hier war es dann gegenüber einer manuellen Anwendung vor allem die sehr viel schnellere Durchführung und die sichere Benutzerführung durch die System-Tools, die den mehrstufigen Prozess und die Vernetzung mit externen Mitarbeitern erleichtert haben, wobei die rasche Visualisierung der einzelnen Schritte und die Dokumentation über die relationale Datenbank von zusätzlichem Vorteil war.

# 20 • Ausblick

Die angeführten Anwendungsbeispiele sollten zum einen das breite Spektrum des Systemansatzes deutlich machen, aber auch zeigen, auf welche Weise den tatsächlichen Erfordernissen adäquate Antworten erreicht werden können. Ihre Spannbreite – von der Länderebene bis zum Umfeld des einzelnen Menschen, von psycho-soziologischen Themen über solche der Raumplanung bis zum Management im Maschinenbau – zeigt, dass der Systemansatz weder von der Größe des Systems noch von seiner Art abhängig ist. Diese »fachliche Neutralität« der eingesetzten Denkwerkzeuge war eine Voraussetzung dafür, dass die Einbeziehung fachübergreifender Einflussgrößen – oft die wichtigeren im Systemzusammenhang – durch keine fachspezifische Sperre behindert wird. Das mag meine von manchen Anwendern bedauerte Weigerung, spezielle Versionen des Verfahrens für einzelne Branchen zu entwickeln, ausreichend erklären. Denn nur, wenn auch die Ideen von Nicht-Spezialisten in eine Problemlösung hineinspielen, wird diese (und der dafür eingesetzte Aufwand) der Komplexität des untersuchten Systems gerecht.
Abgesehen davon bleibt es natürlich durch die langjährige Beschäftigung mit den unterschiedlichsten Systemstudien nicht aus, dass man in gewissen anstehenden gesellschaftlichen Fragen automatisch zu anderen Schlüssen kommt, als sie in einer unvernetzt wertenden Fachwelt kursieren. Die Ausblicke, die sich daraus auf eine neue, eine kybernetische Gestaltung unserer Mitwelt und Umwelt – vom politischen bis in den persönlichen Bereich – ergeben, sind zahlreich. Ich möchte wenigstens einige dieser Themen ansprechen, die mir für eine mit der ›Kunst des vernetzten Denkens‹ besser zu meisternde Zukunft wichtig erscheinen.

## Kybernetische Umweltpolitik

Dass wir heute mehr denn je darauf angewiesen sind, Vorgänge in unserer Umwelt – und mit ihr die Aktivitäten der menschlichen Population – »systemisch« zu erfassen, hängt nicht zuletzt mit der rapiden Vermehrung der Erdbevölkerung, ihrer Teilsysteme und deren zunehmender Verflechtung zusammen. Wie schon in Kapitel 4 zu den Wachstumsprozessen angedeutet, erklärt die Biokybernetik die sich daraus ergebende Strukturänderung in einer Spezies wie folgt: Geht eine Population (oder auch die Zahl ihrer »Produkte«) von einer stationären Phase in starke Vermehrung über, und nimmt dabei die Dichte von Lebewesen oder von produzierten Teilelementen zu (dies ist eine Frage des zur Verfügung stehenden Raumes wie auch der Verteilung im Raum), so erfolgt eine Veränderung des bisherigen Ordnungszustandes. Aus ehemaligen »Mengen« bilden sich zunehmend »Systeme«. Ab einer bestimmten Dichte hat man es plötzlich mit einem neuen vernetzten System zu tun, welches vorher keines war. Nunmehr gelten für die Aufrechterhaltung dieses neuen Systems (auch wenn die Teile die gleichen sind wie vorher) andere, nämlich systemgemäße Gesetze – die nun auch für die Subsysteme des neu entstandenen Systems gelten, soweit diese von ihm profitieren und mit ihm überleben wollen. Im öffentlichen Bewusstsein hat sich ein deutliches Gespür für diese Evolution unseres Zusammenlebens mit der Natur vor allem in den kommunalen Agenda-21-Initiativen bemerkbar gemacht.

Die Konfrontation unserer Entscheidungsträger mit dieser Problematik lässt daher besonders intensiv nach verlässlichen Prognosen rufen, um zur Durchsetzung bestimmter Zielvorstellungen, falls nötig auch die entsprechenden Argumentationshilfen, in der Diskussion mit der öffentlichen Meinung zur Hand zu haben. Dass die Schwierigkeiten dabei nicht durch eine noch größere Detaillierung in der Datenerfassung überwunden werden können, dürfte inzwischen klar sein. Dass dadurch aber auch die Art der Prognose eine andere sein wird, als man sie bisher erwartet hat, und sich mehr nach kybernetischen Kriterien wie Selbstregulation, Störanfälligkeit, Irreversibilitäten, Grenzwerten orientieren und andere langfristige Entwicklung bestimmende Szenarien einbeziehen wird, liegt in der Natur der Sache.

Die sich aus einem solchen Modell ergebenden Strategien werden daher auch ihren Hauptansatz schon von ganz alleine nicht mehr in Eingriffen, sondern im Aufzeigen von Möglichkeiten zur Selbstregulation sehen. Sie werden dann eine überraschende Ähnlichkeit mit einigen der berühmten 32 Strategeme der Chinesen aufweisen, die weitgehend auf einem vernetzten Denken mit Rückkopplungen und Zeitverzögerungen basieren.

Mit der Interpretation des Zieles »verbesserte Überlebensfähigkeit« für das Subsystem »menschliche Gesellschaft« sind daher – in Abhängigkeit von der dieses Leben garantierenden Umwelt als übergeordnetes System – natürlich auch völlig neue rechtsstaatliche Überlegungen verknüpft. Nicht nur die direkten, sondern auch die indirekten Angriffe auf unser Leben (über eine Schädigung des Gesamtsystems) sind mit dem Wegfall von Ausweichmöglichkeiten zunehmend wie Verbrechen zu ahnden. Dass einer legislativen Neuinterpretation menschlicher Aktivitäten eine entsprechend ethische im Bewusstsein vorausgehen muss, die auch in solchen indirekten Bedrohungen der öffentlichen Sicherheit eine Verwerflichkeit und nicht nur Fahrlässigkeit sieht, ist selbstverständlich. Eine Orientierung der Politik an den besprochenen acht Grundprinzipien der Biokybernetik wird den sonst nötigen Anteil harter gesetzgeberischer Eingriffe zugunsten selbstregulierender kreativer Lösungen zu unser aller Wohl verringern können. Hier warten große Aufgaben auf die Europäische Gemeinschaft und ihre Organe.

So ist die Beschränkung des Energieverbrauchs einer der Schlüssel für unsere Zukunft. Das Wasser als Grundelement aller Lebensvorgänge der andere. Beide hängen über das Klima und dessen Balance wechselseitig zusammen. In Kapitel 3 zeigte ich als Beispiel unsystemischer Zielsetzung, wie die Spezies Mensch längst zu viel Energie durch ihr System hindurchschleust – ein Rückschritt in der Evolution. Mit einer Privatisierung der Wasserversorgung, wie sie derzeit angestrebt wird, würde – als das »Öl des 21. Jahrhunderts« – ein Lebenselement zum Wirtschaftsfaktor. Mit gefährlichen Folgen, da die Kommerzialisierung nicht an nachhaltiger Entwicklung, sondern an möglichst hohem Umsatz interessiert wäre. Eine fatale Strategie!

## Kybernetische Sicherheitspolitik

Über diesen Aspekt einer intakten Umwelt als Überlebensgarantie hinaus spielen unsere strategischen Überlegungen auch noch in ganz andere sicherheitspolitische Fragen hinein – angefangen von dem im letzten Kapitel angesprochenen Thema des Vandalismus bis hin zu zu aktuellen Fragen der Terrorbekämpfung, wo kybernetische Ansätze den von Hardlinern vorgeschlagenen Eingriffen seit jeher diametral gegenüberstehen.

Der ehemalige Präsident des Bundeskriminalamtes, Horst HEROLD, schrieb mir vor einige Zeit über seine Bemühungen, die polizeiliche Datenverarbeitung nach kybernetischen Prinzipien als lernfähiges System aufzubauen. Ganzheitliche kybernetische Überlegungen halte er für wesentlich wichtiger und wirksamer als repressive und restriktive Polizeimaßnahmen.

In einem schon 1973 erschienenen, nun wieder hochaktuellen Artikel schreibt HEROLD: »Heute stellt sich die dringende Aufgabe, die Institutionen Polizei und Justiz regelkreisartig ablaufenden Vorgängen der Selbststeuerung und Selbstoptimierung zu unterstellen. Dadurch wird eine Lernfähigkeit entwickelt, die Repression durch Prävention ersetzt, Beharrung durch Dynamik, Hypothesen durch Prognosen und Führung durch Steuerung. [...] So wird sich erweisen, dass der Kreis der bisher für kausal gehaltenen Faktoren erheblich erweitert werden muss. [...] Das greift zum Beispiel hinein in die Stadt- und Raumsoziologie, in Städtebau und Architektur wie überhaupt in alle Zusammenhänge von Kriminalität und Wohnen.« Diese These HEROLDS wurde in den USA und anderen Ländern durch Untersuchungen über eine kriminalitätsabwehrende Architektur vielfach bestätigt.

Nach dem Kriminalpsychologen William CHAMBLISS von der Washington University lässt sich sowohl durch städteplanerische Überlegungen als auch durch gezielte Aus- und Weiterbildung von Kleinkriminellen die Strafanfälligkeit mit einem Bruchteil der derzeit für Strafverfolgung und Strafvollzug erforderlichen Kosten weit wirksamer verringern. Dass andererseits die Absorption von Polizei und Gerichten durch die Kleinkriminalität zum Beispiel in New York unter dem »Hardliner« GIULIANI der organisierten Wirtschaftskriminalität und

Korruption am Ende nur recht sein kann, sei hier wenigstens am Rande vermerkt.

In einer Sensitivitätsanalyse über die innere Sicherheit in der Schweiz als öffentliche und private Aufgabe untersuchte Patricia WEISS, gestützt durch Interviews mit Vertretern der unterschiedlichen Organisationen, die Vernetzung zwischen den Aufgaben der Polizei und privaten Sicherheitskräften im Umfeld von Kriminalität und Drogenszene, sozialen Spannungen und Familienkultur. Die komplexe Struktur der Wechselwirkungen bestätigte die oben geäußerten Ansichten. Bei der Rollenverteilung der Einflussgrößen stellte sich überraschenderweise das Drogenproblem als puffernde Variable heraus, während die Kriminalitätsrate und soziale Spannungen die kritischen, zum Umkippen neigenden Größen waren. Als hochaktiv, also das System steuernd, entpuppte sich neben Arbeitslosigkeit und Ausländeranteil der gesellschaftliche Wandel und die Gewaltdarstellung in den Medien.

HEROLD betont, dass die Kybernetik, die er zu den bedeutendsten wissenschaftlichen Errungenschaften des 20. Jahrhunderts zählt, mit ihren Theorien der dynamischen selbstregelnden und selbstorganisierenden Systeme die für solche Fragen geeignete Betrachtungsweise liefert: »Die Anwendung ihrer Erkenntnisse müssen Polizei und Justiz befähigen, sich wie ein lebendiger Organismus zu verhalten, der Techniken entwickelt, die in einer sich verändernden Umwelt die Lebensfähigkeit erhalten.« Da bei einer systemischen Betrachtungsweise das Umfeld eine genauso wichtige Rolle spielt wie der eigentliche Tatbestand (was ja auch bei der Vandalismus-Studie zutage trat), bietet es sich an, den Begriff der Kriminalgeografie neu zu beschreiben, um beispielsweise auch Phänomene wie den »Kriminalmagnetismus« bestimmter Räume erklären. Hier greift dann unsere achte Regel vom biologischen Design in die Stadt- und Raumsoziologie hinein, in Städtebau und Architektur und in die Wechselwirkungen zwischen Kriminalität und Wohnen. In der Tat müsste sich für eine zukünftige Stadt- und Raumstruktur eine Wenn-dann-Beziehung zur Kriminalitätsdichte ermitteln lassen und auch eine Antwort auf die Frage, inwieweit menschliche und bauliche Aktiväten die Kriminalitätsattraktivät vergrößern oder verkleinern.

## Strategien gegen den internationalen Terror

Über solche Gedanken der inneren Sicherheit im eher kommunalen Bereich hinaus ist die Sicherheit unserer Gesellschaft das große Thema unserer Tage und wahrscheinlich auch der Zukunft. Durch die Terroranschläge des 11. September 2001 auf Manhattan und das Pentagon haben die Abwehrmechanismen gegen terroristische Umtriebe eine neue Dimension erreicht. Das globale Wirken fanatisierter Gruppen und ihre Konturenlosigkeit lassen alle konservativen Schutzmechanismen als ungeeignet erscheinen. Gleichzeitig ist vielen Menschen klar geworden, dass man ein so hochkomplexes Problem wie den Selbstmord-Terrorismus nicht mit einfachen Straightforward-Vergeltungsschlägen, also mit dem bisherigen linearen Denken lösen kann, sondern dass man nach dem Warum und der Vernetzung der Gründe und den sich eventuell aufschaukelnden Regelkreisen, also der Kybernetik des Systemzusammenhangs fragen muss, wenn sich hier nachhaltig etwas ändern soll.

Genau diese Strategie kam gegen die deutsche Terrorszene der siebziger Jahre zur Anwendung. Und dies mit bisher bleibendem Erfolg. Ohne die von HEROLD konsequent durchgezogene kybernetische Vorgehensweise wären wir gescheitert. Oder, wie es der ehemalige abrüstungspolitische Sprecher der CDU/CSU-Franktion des Deutschen Bundestages Jürgen TODENHÖFER ausdrückt: »Wären wir mit Brutalität und Maschinengewehrfeuer gegen die auf Deutschlands Straßen demonstrierenden RAF-Sympathisanten vorgegangen, gäbe es die RAF heute noch.« Mein Team hat daher sofort nach der Katastrophe vom 11. September versucht, das ganze hochkomplexe Geschehen mit unserem kybernetischen Instrumentarium anzugehen, ein Systemmodell »Terror Prevention« gebildet, und zusammen mit unseren Informatikern beschlossen, eine Systemanalyse der dabei zu betrachtenden Vernetzungen durchzuführen. Dabei sollten unter anderem folgende Fragen angegangen werden: Welches ist der effektivste Weg, weitere Terrorakte zu vermeiden? Genügt es, die vermutlichen Köpfe der fanatisierten Bewegung zu eliminieren oder wie wahrscheinlich ist es, dass dann unmittelbar Nachfolger auftauchen? Wo liegen die Wurzeln der

Anschläge? Was nährt sie und erhält sie aufrecht? Was fördert, was verringert die Rekrutierung von Selbstmord-Teams? Kann man die Quellen des Hasses zum Versiegen bringen? Welches würden die Nebenffekte einer Gegenattacke sein? Was, wenn man damit das falsche Ziel trifft? Eine solche Fragen behandelnde Systemuntersuchung müsste als »therapeutisches« Hauptziel herausfinden, welche Strategien zu Umständen führen bzw. diese begünstigen, unter denen unterschiedliche Kulturen, Weltanschauungen und Konfessionen in Frieden miteinander leben können, sich gegenseitig bereichern statt zu zerstören. Denn gelingt dies nicht, wird die heutige Situation ein Dünger für jede Art sozialer Perversionen sein: Fanatismus, Terrorismus, Unterdrückung, Verbrechen und Krieg.

Bereits ein ansatzweise aufgebautes Sensitivitätsmodell ergab aus der Systemdynamik heraus interessante, zum Teil überraschende Aussagen und strategische Hinweise. Dazu haben wir nur die bekannten und durch einige Recherchen zugänglichen Fakten im Zusammenhang mit den Terroranschlägen registriert, mit unseren System-Tools auf einen überschaubaren Variablensatz reduziert und miteinander vernetzt, so wie wir auch die übrigen in diesem Buch geschilderten komplexen Fragestellungen angegangen sind. Denn es war zu erwarten, dass auch hier die aus der Vernetzung resultierenden Funktionen der Variablen und ihre Rückwirkungen im System andere Antworten ergeben würden als durch eine isolierte Betrachtung.

Dazu wurden 20 ausführliche Variablenbeschreibungen unter Prüfung auf Systemrelevanz entwickelt. Dabei erwiesen sich schon laut Kriterienmatrix über zwei Drittel der Einflussgrößen (deren Stichworte aus dem abgebildeten Wirkungsgefüge zu sehen sind) als unzugänglich und unbeeinflussbar durch äußere Eingriffe. Dies charakterisierte das System als ziemlich autark oder selbstgenügsam und damit nur schwer von außen her veränderbar.

Einflussmatrix und Rollenverteilung, die, wie wir gesehen haben, jeder Einflussgröße ihre spezifische Position in dem System zuweisen, brachten weitere Überraschungen. So deckte die Gesamtheit der Variablen auf Grund ihrer starken inneren Wechselwirkung hauptsächlich den mittleren neutralen Bereich zwischen den Eckwerten aktiv, kritisch, reaktiv und puffernd ab. Ein solches Fehlen von ausgeprägteren Posi-

tionen ist typisch für nur langsam sich bewegende, kaum evolvierende Systeme, wo ein Anstoß schon gleich wieder durch einen anderen kompensiert wird. Kein wirklicher Hebel scheint zu existieren, mit dem die »Situation« verändert werden könnte, noch dominante Komponenten, die nach einem Anschub eine Kettenreaktion zur Auflösung des Systems entwickeln könnten. In anderen Worten: Das Terrorsystem hat demnach eine zähe, visköse Struktur, deren Auflösung (d.h. eine Verhütung von Anschlägen) ein gleichzeitiges Angehen an mehreren Ecken und über mehrere Pfade erfordert, um sie unter Kontrolle zu bringen. Die Kunst, dies zu erreichen, hängt in hohem Maße vom Verständnis des Netzwerks und der daraus ersichtlichen Nebenwirkungen der vorgesehenen Maßnahme ab.
Deshalb war es angesagt, auch ein vorläufiges Wirkungsgefüge aufzu-

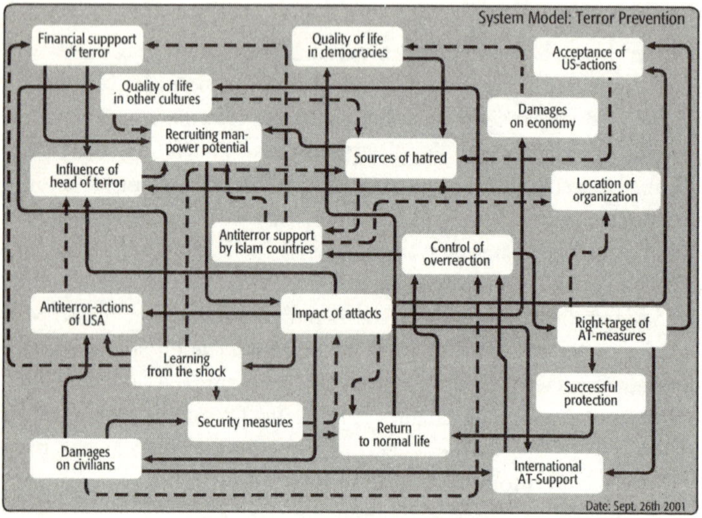


Abb. 83: In diesem vorläufigen Wirkungsgefüge wird versucht, mit einigen wenigen, vorher sorgfältig auf Systemrelevanz überprüften Einflussgrößen die Komplexität des Problems abzubilden. Durch die Vernetzung der nach einer strengen Auswahl eingetragenen gleichgerichteten (durchgezogenen) und gegenläufigen (gestrichtelten) Wirkungspfeile ergeben sich zahlreiche selbstverstärkende wie auch selbstregulierende Rückkopplungen, deren Interpretation ganz andere strategische Hinweise ergibt als eine unvernetzte Betrachtung einzelner Faktoren

bauen (s. Abb. 83), das die Regelkreise und Rückkopplungen sichtbar macht, um daraus erste kybernetische »Antworten« des Systemmodells auf unterschiedliche Eingriffe zu erfahren. Antworten, die mit einem linear gerichteten Ursache-Wirkungsdenken nicht zu erhalten sind. So zeigte eine erste Regelkreisanalyse bereits ein auffälliges Verhalten des Systems, in Abhängigkeit davon, welche der 20 Variablen daraus entfernt, bzw. in ihrer Wirkung eingefroren wurden. Die Wichtigsten dieser Auffälligkeiten seien kurz angeführt:

- Kopf der Organisation (Influence of Head): Den Kopf der Terrororganisation (z. B. bin Laden) auszuschalten, würde nicht viel ändern. Das Verhältnis der positiven (selbstverstärkenden) und negativen (selbstregulierenden) Rückkopplungen bleibt nach wie vor gleich. Lediglich ihre Gesamtzahl ist gesunken. Das gleiche gilt für die Variablen ›Location of organization‹ und ›Financial support‹.
- Rekrutierung von Terrorteams (Recruting manpower): Wenn dies aus dem Wirkungsgefüge ausgeschaltet wird, ergibt sich im krassen Unterschied zu der obigen Reaktion der fast komplette Zusammenbruch aller unterstützenden Regelkreise. Dies könnte darauf hindeuten, dass das den Wunsch zum Märtyrertod benutzende Terrorsystem über diesen Weg (der allerdings viele damit vernetzte Fäden durchschneiden muss) zum Kollabieren gebracht werden kann.
- Quellen des Hasses (Sources of hatred): Wenn eliminiert, ergibt sich auch hier eine stark geschwächte Überlebenschance für das Terrorsystem. Da die Vernetzung nicht so dicht ist wie bei der Variablen »Rekrutierung von Terrorteams«, dürfte hier ein Erfolg mit weniger Aufwand als dort zu erreichen sein. Es lohnt sich also, hier nach einer Jiu-Jitsu-Lösung zu suchen.
- Antiterror-Aktionen der USA (AT-actions of US): Ob diese stattfinden oder nicht hat überraschenderweise keinen Einfluss auf die Systemdynamik des Modells. Zwar zeigt sich eine deutliche (positive wie negative) Rückwirkung auf die Lebensqualität der Amerikaner, aber nicht auf die Aktionsfähigkeit des Terrorsystems selbst. Ein neues Opfer der terroristischen Bedrohung ist ja bereits die amerikanische Verfassung, in sofern als die darin vorgesehene Ausdünnung der Bürgerrechte die Demokratie (mit Streikrecht, Demos,

Pressefreiheit und freier Meinungsäußerung) in Frage stellen. Andere Länder mögen dem Beispiel folgen.

- Kontrolle von Überreaktionen (Control of overreaction): Hier fand sich die größte Überraschung: Ohne diese Kontrolle, würde sich in unserem Modell das Terror-System ohne Hoffnung auf Änderung langfristig stabilisieren. Der Terrorzyklus: Organisation – Bildung von Terror-Teams – Ausmaß der Attacken – Organisation bleibt bei unkontrollierter Überreaktion als einzige selbstverstärkende Rückkopplung bestehen – offenbar vielfach geschützt durch die verbliebenen (insgesamt 43) stabilisierenden Regelkreise.

Als besonders schwierig bei strategischen Überlegungen erweist sich, dass unsere eigene eigene Beurteilung des Verhaltens von Angehörigen eines uns fremden Kulturkreises eigentlich immer nur Kriterien folgt, die für uns selbst gültig sind. Das Resultat sind falsche Interpretationen. Eine Verhaltensreaktion, die innerhalb unserer eigenen Gesellschaft Erfolg verspricht, mag in einer anderen Gesellschaft nicht funktionieren und umgekehrt. Deshalb können wir nicht darauf zählen, dass eine Strategie, die in unserer westlichen Zivilisation gegen Verbrechen zum Ziel führt, dies auch bei einer Gruppe von Fanatikern einer anderen Zivilisation tut.

Wir haben daher vorgeschlagen, die Wechselwirkungen dieser Parameter in einem Teilszenario mit dem Namen »Religious Fight« so zu vernetzen, dass sie der daraus sich ergebenden Bewertung folgen, um den – von uns wahrscheinlich nicht nachvollziehbaren – Mechanismus herauszufinden, der vielleicht einen Clou zur Problemlösung bietet. Es stellte sich schnell heraus, dass dieser Clou gewiss nicht in einer Art von Belohnungs-/Drohungs- /Argumentations-Schema liegt, mit dem wir unsere eigenen verbrecherischen Organisationen/Rebellen/Killer/Mafiabosse zum Nachgeben zwingen könnten, sondern auf einer anderen Ebene, die z. B. Glaubensinhalte und Märtyrertum mit einbezieht.

Es ging mir mit diesem kurzen Ausflug in die Terrorszene vor allem darum, die Möglichkeiten des kybernetischen Ansatzes auch bei solchen größeren Sicherheitsproblemen aufzuzeigen, und ich darf nochmal darauf hinweisen, dass diese in den Tagen nach dem Terroranschlag bis Ende September durchgezogene Modellbildung sicher noch viele Lücken aufweist. Wir haben daher im Kontakt mit der Technical Support Working Group (TSWG) des US Department of Defense den Vorschlag einer gemeinsamen Weiterbearbeitung des Modells im Bereich »Terrorist Behavior and Actions Predictions Technology« gemacht. Immerhin besteht so die Hoffnung, dass der Systemansatz und der Nutzen kybernetischer Strategien auch einmal an einige maßgebliche Entscheidungsträger im politischen Raum herankommt. Um wenigstens einen Eindruck von der Art der Aussagen zu vermitteln, seien zum Schluss noch einige der seinerzeit bis zum 26. September 2001 aus dem erstellten Modell gezogenen Schlussfolgerungen im englischen Originaltext wiedergegeben (siehe Kasten).

Preliminary conclusions from the sensitivity model »Terror Prevention« (date Sept. 26th 2001 – before intervention in Afghanistan)

- Whether the capturing of the »head of terror« (bin Laden or anyone else) succeeds or not – this has no effect upon the intrinsic dynamics of the terror system and its »sustainability«. Nothing will change. Therefore, any energy, effort or costs in this direction can be saved. Conclusion: stop the search for Bin Laden.
- The cybernetic pattern shows that the »sustainability« of the terror system vanishes with the sources of hatred. It would be wise and clever to choose out of these sources some which can be abolished without loosing face, or which may even rise our image in the world. Conclusion: finding a consensus with islamic states (especially in the Palestinian/Israelian key question) about what could be changed to help both sides.
- Overreaction to terrorist attacks touches the highest sensitivity of the system model concerning long lasting effects. Without control of overreaction not a single competing positive feedback cycle remains that would be able to counteract the labile cycle between terror attacks and recruiting teams. Only selfregulating feedback cycles remain and stabilize the terror cycle via constant recruiting of new suicide volonteers. Conclusion: No unproportional war-like reaction. Restrained measures of the side effects which are well analysed.
- The »systemic role« of antiterror actions of the US and the behaviour of the system model upon those actions show that they seem to be – surprizingly – no lever to tackle the problem. They may not change the systems dynamics at all. This might be due to the special character of

religious fight (the reason why we have started to simulate a partial scenario on this point). Conclusion: energy and money and lives can be saved – except if actions are necessary for pure protection measures.

- Recruiting of terror teams being the key variable. Without martyr candidates the whole terror system would collapse. However, just this variable is interlinked in many ways with the rest of the system. Any direct interference would therefore compensate itself. Thus it can best be minimized indirectly. Conclusion: Choosing ways »to take the wind out of the sails« of the fanatics, using their own arguments to make recruiting uninteresting.
- Choice of the right target is as important as the control of overreaction (see above). Direct links in the »effect system« of the sensitivity model show that wrong targets will create a chain of undesirable reactions like loss of support by other nations, especially the islamic ones, rise the facility for recruiting new terror teams and other contrary effects. On the other hand it will occupy intelligence that would better concentrate on a more effective strategie. Conclusion: No bombs on civil settlements or other wrong targets.
- In relation to the victims and damages by hurricans, inondations, hunger and local wars – not to speak of the yearly toll of car accidents (wordwide 750 000 killed and millions crippled) the damages on civilians of terror attacks including those of the 11th September are just a fraction of these permanent worldwide desasters – with the same effects in the individual case. The big difference that horrifies us lies in the inhumane and criminal purpose of the fanatuics. Thus, the level of traumata, panics and degree of desired security is mainly based on an special psychological reaction, which – in relation to other permanent dangers – does not correspond to the real size of the thread. Conclusion: Politics should bear this relation in mind and instead of increasing fear take adequate and thus most efficient decisions.
- Degradation of our democratic freedoms by surveillance and suppression as weapon against terror actions would be fully in the sense of the terrorists and fundamentalists. It would even escalate automatically via positive feedback cycles. Conclusion: No overreaction in this field either. Careful watch for free press, free discussion and the maintenance of differing opinions in the media. To save our democratic rights would remain the strongest bulwark against what the enemies of democracy dream of.

Bei diesem bewusst »Terror-Prävention« und nicht »Terrorbekämpfung« genannten Systemmodell wird es für die weitere Bearbeitung sicher weiter hilfreich sein, dass die mit dem Instrumentarium mögliche visuelle Darstellung der Systemzusammenhänge auch gegensätzliche Interessen auf dem gleichen Netzwerk vereint. Dadurch kommen die für eine nachhaltige Entwicklung brauchbaren strategischen Hinweise nicht von der einen oder anderen Seite der Beteiligten (es gibt keine Sieger und auch keine Verlierer), sondern aus der gemeinsam erarbeiteten Darstellung des Systems selbst. Der dadurch erreichte Konsens dürfte dann ebenso nachhaltig sein wie die entwickelten Strategien. Auch ist es bei diesem mit starken Emotionen verbundenen Thema besonders wichtig, dass durch die Methoden der »Fuzzy Logic« qualitative Einflussgrößen gleichberechtigt neben quantitativen Daten in das erarbeitete Modell miteinbezogen werden und durch Aufzeigen ihrer (sonst oft vernachlässigten) Wechselwirkung ein realistisches Bild der vorliegenden Vernetzung und ihrer Entwicklungsdynamik geben können.

Zwei Sichtweisen

Für US-Verteidigungsminister Donald Rumsfeld hat sich die Welt seit dem 11. September grundlegend verändert, es sei dies »ein Kampf gegen die größte Bedrohung der Zivilisation seit den Feldzügen Attilas«.

(Süddeutsche Zeitung vom 25.1.02)

Für den Philosophen Peter Sloterdijk ist ein »Zwischenfall in amerikanischen Hochhäusern« kein ernst zu nehmender Grund, dass er »im Bereich der Philosophie anders denkt als vorher«. Im Rückblick auf »die Katastrophenlandschaft des 20. Jahrhunderts« gehöre für ihn »der 11. September … eher zu den schwer wahrnehmbaren Kleinzwischenfällen«.

(Die Welt vom 21.1.02)

## Komplexität spielerisch erleben

Ich betonte schon, wie wichtig es ist, das Systemverhalten nicht in kryptischen Gleichungen, sondern im Klartext zu vermitteln. Erst mit unserer Alltagssprache, dem Sich-loslösen von der Semiotik unverständlicher Zahlen- und Buchstabencodes, kommen wir beim Erfassen und Abbilden unserer komplexen Welt dem genetischen Code unserer Gehirnzellen wieder einen Schritt näher. Und dazu gehört auch, dass der Umgang mit Computern sich nicht in den immer weniger transparenten und kaum noch überschaubaren Informationsnetzen verliert oder gar für orakelhafte Extrapolationen missbraucht wird. Hier Besserung zu erzielen, war schon allein ein Anlass, neue Wege in der Softwareentwicklung zu suchen. Es galt, den Sprung von deterministischen Hochrechnungen und geschlossenen Simulationsmodellen auf eine biokybernetische Interpretation und Bewertung des Systemverhaltens zu vollziehen. Und dies nicht nur theoretisch, sondern für den praktischen Gebrauch im Umgang mit Komplexität. Dass es sehr viel bringt, darüber hinaus das spielerische Element als Lernprozess für die Mustererkennung in einer Art »Edutainment« heranzuziehen, möchte ich im Folgenden zeigen. Bei meinen Vorträgen und Seminaren habe ich immer wieder erlebt, dass sich Menschen, konfrontiert mit komplexen Vorgängen, von einem vernetzten Umgang mit ihnen überfordert fühlen. Trotz bestehender Einsicht in die Notwendigkeit einer systemischen Betrachtungsweise schrecken sie vor einer die vernetzten Reaktionen des Systems berücksichtigenden Strategie zurück – was aus der Sicht des in den Köpfen existierenden »Klassifizierungsuniversums« gut zu verstehen ist. Sowohl die verlangte fachübergreifende Betrachtung als auch die ungewohnte Einbeziehung vernetzter Wirkungen und Rückwirkungen anstelle eindimensional gerichteter Schlussfolgerungen verursachen eine Art Gedankensperre. Man fühlt sich verloren. Doch wie vieles fällt einem auch das vernetzte Denken nicht in den Schoß. Es will gelernt, geübt sein. Nicht umsonst hat dieses Buches das Wort »Kunst« in seinem Titel.

Wie also kann sich unser Gehirn für das Erkennen komplexer Vorgänge am besten öffnen? Wie schon im Kapitel »Komplexität erkennen« gesagt, genauso wie alles was man lernen will: durch Einüben, ein »learning by doing«, ein Ausprobieren, Gestalten und Erleben, das wie in der Malerei, der Bildhauerei, der Schauspielerei oder der Musik für das spätere Können unerlässlich ist. Im Unterschied zur Wissenschaft verlangt jede echte Kunst über den Intellekt hinaus Sensitivität, Emotion, Mustererkennung, Sinn für Analogien, kurz die gesamten Aktivitäten, die man der rechten Hirnhälfte zuschreibt. Darüber hinaus verlangt sie eine Resonanz mit unserem Körper, seinen Sinnen und seiner Motorik. Erst dann sind wir selbst in unseren Aktivitäten und Entscheidungen einem komplexen System vergleichbar. Das ist die beste Voraussetzung, auch die Welt als System zu sehen. Doch genau dieses Verknüpfen der beiden Hirnhälften wird uns leider vom ersten Schultag an ausgetrieben. Deshalb müssen wir unserer linken Hirnhälfte (und damit unserem verbal-logischen Denken) helfen, den Sprung aus dem ihr gewohnten »Klassifizierungsuniversum« zu dem eher der rechten (mehr intuitiven) Hirnhälfte vertrauten »Relationsuniversum« zu wagen.

Um zu diesem Ziel beizutragen, habe ich unter Berücksichtigung lernbiologischer Erkenntnisse ein Strategiespiel entworfen, das über mehrere Stufen – angefangen von einem »Pappcomputer« mit Drehscheiben, dem Brettspiel *Ökolopoly®*, zu der interaktiven CD-ROM *Ecopolicy®* weiterentwickelt wurde. Dieses Strategiespiel zog, über ein Jahr lang in der ZDF-Sendung ›Planet E‹ via Internet angeboten, lernbegierige Zuschauer zu einem Wettbewerb für die beste Leistung im Umgehen mit komplexen Problemen an.

In diesem Spiel sind acht sonst getrennte Bereiche eines menschlichen Lebensraumes – Politik, Produktion, Umweltbelastung, Lebensqualität Sanierung, Aufklärung, Vermehrungsrate und Bevölkerungsentwicklung – zu einem Gesamtbild vernetzt (s. Abb.). Am Beispiel des Industrielandes »Kybernetien« (Europa), des Schwellenlandes »Kybinnien« (Süd- oder Mittelamerika) oder des Entwicklungslandes »Kyborien« (Nordafrika) sind sie durch unterschiedliche (meist nicht-lineare) mathematische Beziehungen so verknüpft, dass jede Entscheidung eine Kette von Wirkungen und Rückwirkungen nach sich zieht – Beziehungen, wie sie im Prinzip durchaus auch in Wirklichkeit vorkommen können. Der Wirkungsverlauf ergibt sich dabei von den einzelnen Lebensbereichen ausgehend durch Simulation der Wirkungen

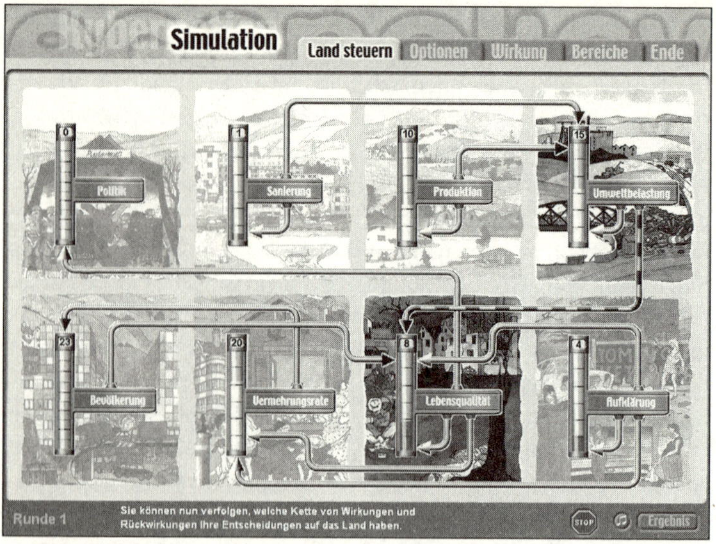


Abb. 84: Blick in einen Simulationsablauf von *ecopolicy*®. Die Einführung in das Spiel beginnt mit folgendem Text: Wir leben in einer immer komplexeren Welt. Wenn wir sie verstehen wollen, brauchen wir eine neue Sicht der Wirklichkeit. Vieles hängt zusammen, was wir getrennt sehen. Und oft sind die unsichtbaren Fäden hinter den Dingen für das Geschehen in der Welt wichtiger als die Dinge selbst. Denn wie in Wirklichkeit kann durch die Vernetzung der Wirkungen an irgendeiner Stelle etwas völlig schief laufen, obwohl man dort selbst vielleicht gar nicht eingegriffen hat. Die Eigendynamik des Systems hat das Geschehen in die Hand genommen. Denn wo wir auch eingreifen, pflanzt sich die Wirkung fort, verliert sich, taucht irgendwo anders wieder auf oder wirkt auf Umwegen zurück. Erleben Sie spielerisch, was es heißt, in einem vernetzten System richtig (oder falsch) zu entscheiden.

und Rückwirkungen, wobei der jeweils ereichte Zustand eines Bereichs gleich wieder neue Veränderungen woanders bewirkt.

Auf diese Weise ändert sich der Zustand eines Landes von Runde zu Runde, was an der laufenden Bilanz in vergrößerten Ausschnitten der betroffenenen Bereiche verfolgt werden kann und in der Schlussbilanz bewertet wird. Der Gesamtablauf der Simulation kann zudem in einer eigenen Animation nachvollzogen werden. Ob jemand in dem Spiel Erfolg hat, hängt daher ganz von seiner Vorausschau und seinem Fingerspitzengefühl ab. Denn auch manche sich zunächst positiv gebende Entscheidungen können sich als falsch entpuppen. Der Lernvorgang bei diesem »Edutainment«, der schließlich zu einem Einfühlen in das zunächst undurchschaubare Spiel vernetzter Wirkungen führt, läuft gewöhnlich in vier Stufen ab:

- Stufe 1: Man versucht durch sinnvoll erscheinende Eingriffe über die Runden zu kommen und die Lage zu verbessern. Das Ergebnis sind meist unerwartete Rückschläge, die einen scheitern lassen.
- Stufe 2: In einem zweiten Anlauf beginnt man sich für die Art der Wechselwirkungen zu interessieren, schaut vor seinen Entscheidungen hinter die Kulissen, versucht die Wirkungen zwischen den Bereichen zu verinnerlichen und legt danach seine Strategie fest.
- Stufe 3: Man geht auf Entdeckungsreise, taucht in die einzelnen Bereiche ein, bekommt dort in den Zooms und Animationen tiefere Einblicke in die Zustände, die man mit seiner Strategie bewirkt hat. Ist man erfolgreich, so öffnet sich das Spielprogramm für die eigene Gestaltung.
- Stufe 4: Man beginnt die Systemstruktur des Landes, seine Ausgangsbedingungen und Wechselwirkungen zu verändern (die Möglichkeiten hierzu sind unendlich) und erfährt so immer mehr über das Verhalten komplexer Systeme im Allgemeinen und was man beim Umgang mit ihnen berücksichtigen muss.

In der Tat erlebt bei diesem Strategiespiel fast jeder, dass ihn die herkömmliche Denkweise sehr rasch ins Desaster führt und er erst einmal mehrere Staatsstreiche verkraften muss – er begeht ganz ähnliche Fehler wie die Experten, mit denen Dietrich DÖRNER sein Tanaland-Experiment durchgeführt hatte (vgl. S. 35 ff.). Sobald er bemerkt hat, dass jeder Eingriff in einen Bereich mit anderen Bereichen vernetzt ist, sich sozusagen selbstständig macht und eine Eigendynamik entwickelt, beginnt er den Blick hinter die Kulissen nicht mehr als Belastung, sondern als Erkenntnisweg zu empfinden. Damit kann *Ecopolicy®* die charakteristischen Wirkungen in komplexen offenen Systemen aufzeigen, womit es trotz starker Verkürzung der Wirklichkeit und damit verbundener Unschärfe gängigen Hochrechnungen überlegen ist. Es macht vor allem deutlich, dass in vernetzten Systemen auch und vor allem indirekte Wirkungen eine wichtige Rolle spielen.

Der außergewöhnlich große Erfolg dieses Spiels (dessen erste Version schon 1985 von der Zeitschrift Stern zum Spiel des Jahres gewählt wurde) wie auch dessen mit der Comenius-Medaille 2000 ausgezeichneten Multimedia-Nachfolgers zeigt, dass ein über das spielerische Erlebnis laufender Zugang zur Dynamik und zum Verhalten komplexer Systeme auf weites Interesse stößt und offenbar Möglichkeiten der Bewusstmachung bietet, die über andere Medien wie Buch, Film usw. weit schwerer zu erreichen sind.

So wie in *Ecopolicy®* eine transparente Simulation als Übung für strategische Überlegungen zur Steuerung ganzer Länder dient (dass in der Tat Entscheidungsprozesse dieser Größe in ihrer Komplexität erfasst werden können, zeigte z. B. unsere UNESCO-Studie über die chinesische 11-Millionen-Region Tjanjin), lassen sich die gleichen Tools auch genauso auf spezielle Probleme eines einzelnen Menschen anwenden.

Es lag daher nahe, ähnlich wie bei diesem Simulationsspiel, ein weiteres zu entwickeln, das diesmal nicht ein Land, sondern den einzelnen Menschen als vernetztes System darstellt, um je nach den unterschiedlichen Eingriffen auch die Reaktionen des menschlichen Organismus durch spielerische Simulation besser zu verstehen.

Das Ziel dieses Vorhabens unter dem Namen *Humanopoly®* wäre die Förderung einer ganzheitlichen Bewusstseinsbildung durch spielerisches Erleben der Wechselwirkungen des unmittelbaren persönlichen Umfeldes wie auch »Innenlebens« eines Menschen in den beiden Bereichsgruppen Humanökologie und Physiologie.

**Humanökologie**

- Ernährung
- Sozialbeziehung
- Sexualität
- Familie
- Berufswelt
- Freizeit
- Tätigkeitsart
- Information
- Umwelt
- Denkweise

**Innere Funktionen**

- Wahrnehmung
- Hormonhaushalt
- Vegetatives System
- Kreislauf
- Verdauung
- Organe
- Immunabwehr
- Lebensweise
- Gesundheit
- Wohlbefinden

Bei der komplexen Dynamik des Spielablaufs – unter Anwendung der neuesten Erkenntnisse der Lernbiologie und der Systemkybernetik – sollten sich aus der Vernetzung dieser Variablen sowohl psychologische Hinweise als auch Strategien der Lebensführung direkt oder indirekt ergeben können. Ein weiterer Versuch des spielerischen Umgangs mit der – diesmal uns selbst innewohnenden – Komplexität, der allerdings bisher nur auf dem Reißbrett existiert.
Über den Nutzen als Übung zum vernetzten Denken hinaus ist gerade auch für diesen eher soziopsychologischen Bereich und seine komplexen Abläufe ein wachsendes Interesse am professionellen Einsatz der System-Tools zu spüren. Das betrifft die Verfolgung von Therapien (etwa Entwöhnungstherapien wie das Beispiel im vorausgegangenen Kapitel zeigt) wie auch im Hinblick auf eine ganzheitliche »kybernetische Medizin« generell, auf die ich nun als letzten Ausblick in die Zukunft zu sprechen komme.

## Gedanken zu einer kybernetischen Medizin

Bei unserer Beschäftigung mit komplexen Problemen und wie man sie verstehen lernt, ist es in den vorausgegangenen Kapiteln fast immer um die Komplexität der Welt um uns herum gegangen, um die äußeren uns bedrängenden Fragen aus Wirtschaft, Umwelt und Politik. Hier soll nun von unserer eigenen Komplexität die Rede sein, die uns letztlich auch viel unmittelbarer berührt. Ich meine unsere individuelle Gesundheit, also die Betrachtung des Einzelorganismus als komplexes System. Denn wie bei jenen äußeren Problemen sind auch in der Medizin vordergründige, unvernetzte Strategien an der Tagesordnung. Mein Plädoyer für vernetztes Denken richtet sich daher ebenso auf unsere Sichtweise gegenüber den Problemen mit unserer eigenen Natur, den Systemstörungen unseres Organismus wie Krebs, Aids, Kreislaufkrankheiten, Allergien, Erbschäden, also Fehlentwicklungen, denen mit einem linearen, auf ein spezielles Ziel gerichteten Denken wohl niemals beizukommen ist. Doch ausgerechnet in der Medizin, die sich schließlich mit dem Urgrund der Kybernetik, nämlich den biologischen Regelkreisen im Organismus, beschäftigt, fehlt paradoxerweise

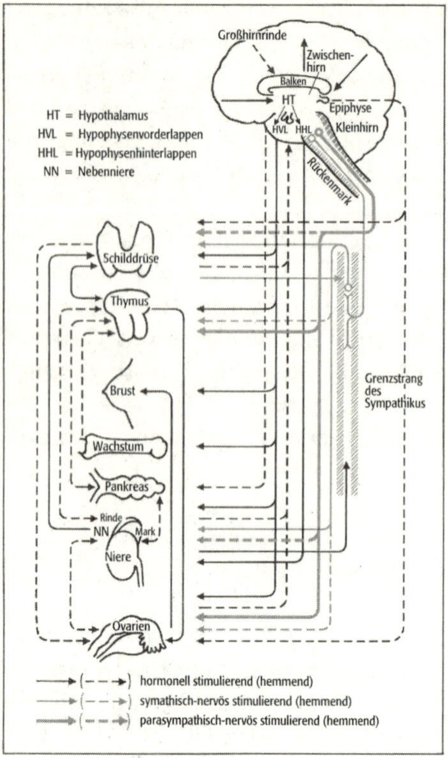


Abb. 85: **Hormone im Wechselspiel**

Einige der Körper, Seele und Geist verbindenden Wechselbeziehungen des nervös-humoralen Regulationsnetzes im Menschen.

Das schematisierte Netzwerk spiegelt vier Bereiche wider, in die schon allein unsere Hormone in allen biologischen Größenordnungen hineinragen, die aber auch untereinander in enger Beziehung stehen, da es oft ein und dieselben chemischen Substanzen sind, die hier das Zünglein an der Waage spielen:

1. Ihre Funktion bei den Aktivitäten des Gehirns, beim Denken und Lernen und bei der Verarbeitung der Sinneswahrnehmungen, mit dem Ziel, unser Verhalten der Außenwelt anzupassen und sie zu bewältigen.
2. Ihre kybernetische Mittlerrolle im Feedback miteinander und mit zentralen Steuerorganen wie dem Hypothalamus, die darin besteht, den Menschen mit seinen psycho-physiologischen Anforderungen in Einklang zu bringen, was leider, - zum Beispiel im Stressgeschehen - nicht immer gelingt.
3. Ihre Steuerrolle in den genetisch-enzymatischen Vorgängen (z.B. als »Induktor« und ihr damit zusammenhängender Einfluss auf die Abwehrkräfte des Organismus, seine Anpassung an eine belastete Umwelt, neue Bakterienarten, neue Materialien, neue Lebensgewohnheiten und -rhythmen.
4. Ihre Bedeutung als Indikator und Spiegelbild körperlich-seelischer Vorgänge im Patienten. Leider immer noch ein Zukunftstraum. Die Lücke im Erkennen der Komplexität der Dynamik des Hormongesamtmusters eines Menschen führt trotz prinzipiell vorhandener Therapiemöglichkeiten nur allzu oft noch zu blinden Eingriffen.

das vernetzte Denken noch weitgehend. Im Gegenteil, die Konzentration auf ein Spezialgebiet ist weiterhin auf dem Vormarsch. Dem Wesen biologischer Mechanismen und damit unseres Körpers kann man jedoch nur gerecht werden, wenn man ähnlich wie in der äußeren Welt die vorhandenen Regelkreise mit ihren komplexen Wechselwirkungen erkennt und beachtet: wenn wir auch hier bestehende Regelkreise schützen, nutzen und davon profitieren, statt sie zu ignorieren und dann – oft viel zu spät – durch aufwändige Eingriffe ersetzen zu müssen.

So wie unsere Wirtschafts- und Umweltpolitik muss sich demnach in Zukunft auch unsere Gesundheitspolitik an den nicht zu umgehenden Gesetzmäßigkeiten komplexer Systeme orientieren, wenn sie nicht dem Kollaps zusteuern will. Zur Zeit haben wir in der Bundesrepublik 600 Millionen Betriebskrankentage pro Jahr. Das heißt, dass die zunehmende Medikamentisierung und Technisierung durch eine immer aufwändigere und perfektere medizinische Versorgung auf die Qualität unserer Gesundheit offenbar nur wenig Einfluss hatte. Auch die in der ersten Hälfte des vergangenen Jahrhunderts noch stark angestiegene Lebenserwartung des Durchschnittsbürgers hat sich seit 30 Jahren nur noch geringfügig erhöht. Die Menschen der hoch entwickelten Industrieländer werden zwar älter als früher, sind aber dafür entsprechend länger krank.

Damit wird deutlich, dass, wie in vielen anderen Problembereichen unserer Zivilisationsgesellschaft, auch auf dem Gesundheitssektor ein noch so großer technischer Aufwand nicht weiter führt, wenn man an dem Kern der Gesunderhaltung vorbeizielt. Und dieser Kern ist das harmonische Zusammenspiel der vielfältigen biologischen Abläufe in einem Organismus und dessen Wechselwirkungen mit seiner Umwelt und den Mitmenschen. Und zwar nicht durch Störung oder gar Zerstörung der vorhandenen Regelkreise und deren Ersatz durch technische Eingriffe, sondern durch ihre effiziente Nutzung – und damit getreu den Grundregeln überlebensfähiger Systeme. Leider sind wir davon noch weit entfernt.

Längst haben wir begonnen, die Gesundheit nach den Gesetzen des Marktes zu betrachten und meinen, das hochkomplexe Phänomen auf diese Weise besser in den Griff zu bekommen. Wenn wir jedoch die Interaktionen des Marktes anschauen, so weist dessen Netzwerk, wie es der Giessener Kommunikationsforscher Bernulf KANITSCHEIDER ausdrückt, zwar eine Dynamik auf, aber kein Ziel, obwohl es aus vielen einzelnen gezielten Intentionen bestehe. Diese mangelhafte Zielvorstellung haben wir bereits als einen der in Kapitel 2 besprochenen Grundfehler im Umgang mit Komplexität kennen gelernt: Mit dem Eingriff an der »Störgröße« selbst – statt die Kybernetik des Systems zur Selbstregulation zu nutzen – fasst man in dieser marktorientierten Medizin vordergründige Teilziele ins Auge und begibt sich auf das Niveau einer aufwendigen Symptombehandlung. Ein Weg, der erstens der weit teurere und zweitens kein nachhaltiger ist, indem er das Hauptziel, nämlich die Gesunderhaltung zu verbessern, verfehlt. Betrachtet man daher die Entwicklung im Medizinmanagement unter dem Aspekt der Biokybernetik, so muss man feststellen, dass wir mit manchen Methoden der modernen Medizin und Hygiene, um vordergründige Probleme kurzfristig zu bekämpfen, oft einseitig in ein biologisches Gleichgewicht eingreifen, ohne gleichzeitig für die begleitenden Veränderungen im Gesamtgefüge verantwortlich vorzusorgen. So werden häufig die Zusammenhänge verdrängt und die eigentlichen Lösungen vor sich hergeschoben.

Erst recht lässt sich diese problematische Vorgehensweise nicht einfach weltweit auf andere Lebensräume als die der westlichen Industrienationen übertragen. So stellt die Einführung unserer orthodoxen Schulmedizin für manche Entwicklungsländer ein großes Problem dar. Nicht nur, weil sie den tatsächlichen psychosomatischen Bedürfnissen der Bevölkerung zuwiderläuft. Auch abgesehen von diesem geistig-seelischen Bereich sind die Erfolge mancher isoliert vorangetriebenen Medikamentisierungs- und Hygienemaßnahmen oft zweischneidig. So kann z. B. eine dadurch zunächst verringerte Säuglingssterblichkeit – ohne begleitende Empfängnisverhütung – nur allzu leicht zu einer rapide ansteigenden Bevölkerungszahl führen, was dann bald Hungersnöte, Epidemien, Arbeitslosigkeit und oft sogar den Zusammenbruch des Sozialgefüges nach sich zieht – mit weit höherer Sterblichkeit als vorher. Alles Ergebnisse eines engstirnigen Glaubens an die Wirksamkeit einfacher Lösungen für Probleme, die uns eine komplexe Umwelt stellt.

Jedes Vorgehen, das unsere Gesundheit betrifft, erstreckt sich zudem weit über den Menschen hinaus auf die Nahrung, auf die Landwirtschaft, auf Luft und Wasser, auf Traditionen, Politik und Tabus, und wirkt von dort wieder zurück auf den Menschen und sein Wohlbefinden. Unsere Gesundheit hängt somit nicht nur vom reibungslosen Funktionieren unserer inneren Körpervorgänge ab oder von den direkten äußeren Einwirkungen, wie Bakterien, Viren, Giftstoffen und Unfällen. Sie ist vielmehr auch in großem Maße Ausdruck des ständigen vielfachen Wechselspiels mit unserer Mitwelt und Umwelt.

So stellt sich naturgemäß die Forderung nach einer neuen, subtil steuernden, d.h. kybernetischen Medizin. Statt massiv einzugreifen und Kraft mit Gegenkraft zu bekämpfen (entgegen dem »Jiu-Jitsu-Prinzip« und demjenigen der Selbstregulation), könnte sie bei der Unterstützung der Selbstheilung und Autoregulation des Körpers – und nicht in einem *Ersatz* dieser Selbstheilung – neben der inzwischen äußerst leistungsstarken und erfolgreichen »reparierenden« Medizin – einen wichtigen Platz einnehmen. Dies hieße aber, von einer symptomatischen Diagnostik, die auf das Auftreten von Störungen gerichtet ist und damit erst nachträglich, also zu spät auf linear-kausale Folgeerscheinungen reagiert, zunehmend auf frühzeitige Mustererkennung umzuschwenken, das heißt auf eine ätiologische Diagnose, welche die eigentlichen, die tieferen Ursachen und Zusammenhänge zu erfassen versucht. Aus ihr sollten wir im Hinblick auf eine nachhaltige psychosoziale Gesundheit unserer Gesellschaft die Konsequenzen ziehen. Und das bedeutet, die seit hundert Jahren dominierende Stellung der inzwischen zu einem bald nicht mehr finanzierbaren Monstrum angewachsenen kurativen Medizin aufzugeben (ganz ähnlich der Forderung nach einer Abkehr von der teuren »End-of-pipe-Technologie« im Umweltschutz) und neben ihr – die nach wie vor notwendig bleibt – der Prophylaxe einen neuen und damit wichtigeren Rang einzuräumen.

## Eine neue Art von Antworten

Während unsere Politiker sich noch darum streiten, ob das vernetzte Denken wirklich nötig ist, geht es in fortschrittlichen Kreisen der Industrie und auch bei den Versicherungen, die, wie in den Anfangskapiteln gezeigt, die Folgen finanziell zu spüren bekommen – längst nicht mehr darum *ob*, sondern *wie* das vernetzte Denken am ehesten angewandt werden kann. Die in den vorausgegangenen Kapiteln gebrachten Beispiele dürften schließlich untermauert haben, wie vorteilhaft es ist, Zukunftsfragen im größeren Systemzusammenhang zu behandeln, während noch so perfekte Einzellösungen – von der Steuergesetzgebung über die Subventionspolitik und den Arbeitsmarkt bis zur Abgasverordnung – letztlich in Sackgassen enden, auch wenn sie aus der ökologischen Ecke kommen.

Das Ziel dieses Buches war aufzuzeigen, dass wir heute mehr denn je darauf angewiesen sind, Vorgänge in unserer Umwelt – und in ihr die Aktivitäten der menschlichen Population – »systemisch« zu erfassen. Das größte Risiko sehe ich in der Tat darin, dass wir die Welt weiterhin als ein mit fachblindem Expertentum zu eroberndes Spielfeld sehen, jedes Projekt für sich angehen und uns dabei lediglich auf die Perfektion von Details und von Einzelabläufen konzentrieren, ohne die Gesamtzusammenhänge zu beachten. Allein dies bedeutet eine fortschreitende volkswirtschaftliche Belastung; ist damit doch zwangsläufig der zunehmende Zerfall des lebenswichtigen Zusammenspiels all jener vielen kostenlosen Regulations- und Selbstregulationsvorgänge in unserer Biosphäre verbunden, auf die wir auch mit einer noch so hoch entwickelten Technik auf Gedeih und Verderb angewiesen sind. Je mehr von diesen Selbstregulationsvorgängen ausfallen, desto teurer wird alles, was wir tun.

Wir haben gesehen, dass bei der Konfrontation mit der Vernetzung unserer Welt zunächst einmal die Hemmschwelle wächst, sich mit komplexen Abläufen überhaupt zu befassen und man sich lieber auf Einzelfragen und das Tagesgeschäft konzentriert. Damit katapultieren wir uns aber aus der Rolle des Steuermanns in die Rolle des Getriebenen. Getrieben von der sich verselbstständigenden Dynamik des Geschehens um uns herum. Diese Hemmschwelle überwinden zu helfen, Denkhilfen und Instrumente dafür zu entwickeln, wurde übrigens auf den letzten Treffen des Club of Rome als wichtigste Bildungsaufgabe der Zukunft herausgestellt.

Ebenso muss es gelingen, die Selbstläufer-Spirale zu stoppen, bei der die bisherige Art unseres zivilisatorischen Fortschritts durch einen schon fast automatisch damit gekoppelten Anstieg von Zivilisationskrankheiten kompensiert wird – nur weil sowohl der Mensch selber als auch seine Umwelt nicht als komplexe Organismen, sondern als reparaturfähige Maschinen mißverstanden werden. Unsere Zivilisation wird sich erst weiterentwickeln, wenn wir damit aufhören, mit isolierten Zielvorstellungen in komplexe Systeme einzugreifen und dazu übergehen, das Muster des betreffenden Systems erfassen und *daraus* die Möglichkeiten einer kybernetischen Steuerung zu erkennen – und nutzen. Und das erfolgt nie *gegen*, sondern immer *mit* dem betreffenden System, sei das ein Unternehmen, eine Kommune, ein Ökosystem oder der einzelne Mensch. Wobei das kybernetische Vorgehen immer für geringen Aufwand, geringe Kosten, Selbstregulation, Vorbeugung und Nachhaltigkeit sorgt.

Solange wir in Problemsituationen lediglich bestimmte Teilziele vor Augen haben, ohne ihre Vernetzung mit der Kybernetik des Gesamtsystems zu sehen, schränken wir bereits den Spielraum unserer Möglichkeiten ein. Mit auf Teillösungen gerichteten Fragen nehmen wir auch bereits die Art der Antworten vorweg und vergessen so unser Hauptziel: die Überlebensfähigkeit des betreffenden Systems zu erhöhen. Dies ist aber das einzige Ziel, das zu Beginn einer Situationsanalyse vorgegeben ist. Alle anderen Ziele müssen sich aus der Untersuchung des Systemmodells ergeben. Erst diese führen zu wirklich systemrelevanten Fragen, und damit zu der neuen Art von Antworten, die wir so nötig brauchen. Und nur die daraus entwickelten Strategien lassen sich wiederum in ein nachhaltiges, systemrelevantes Handeln umsetzen.

Noch haben wir eine Chance. Sie liegt darin, dass immer mehr Menschen die Welt als ein vernetztes, lebendes System sehen, die Gesetzmäßigkeiten seiner seit Milliarden Jahren bewährten Organisation erkennen und diese nicht nur erhalten, sondern sie verbessern und fördern und, wo nur möglich, in Symbiose statt als Parasit für sich nutzen wollen. Denn aus einem solchen vernetzten Denken und Handeln heraus können sich ungeahnte Möglichkeiten selbst für einen dicht besiedelten Planeten ergeben, auf dem die dominierende Spezies Mensch dann durchaus noch länger zum eigenen Vorteil am allgemeinen Spiel des Lebens und der Natur teilhat.

»Wer die Natur beherrschen will, muss ihr gehorchen«, sagte einst Francis BACON. Die Ökologie gibt ihm heute hundertprozentig recht.

Denn wer nicht mitspielt, wer falsch spielt oder die Spielregeln missachtet, der fliegt raus – ein »Verfahren«, mit dem sich die Natur schon des Öfteren wild gewordener Teilsysteme entledigt hat. Deshalb habe ich auch um die Natur keine Angst, sondern um uns.

## Danksagung

Soweit dieses Buch lesbar ist, verdankt es dies in erster Linie meiner Frau und engsten Mitarbeiterin Anne Vester, die das in Wort und Schrift – als lineare Kommunikationsmittel – nicht ganz einfach zu vermittelnde vernetzte Thema als ständige Lektorin bearbeitet hat. Ihrem Organisationstalent ist es auch zu verdanken, dass ich mich monatelang hauptsächlich auf die Abfassung dieses Buches konzentrieren konnte. Unserer wissenschaftlichen Mitarbeiterin Gabi Harrer gebührt besonderer Dank für die vielen nützlichen Kommentare und Hinweise aus ihrer Projektarbeit, ihre gründliche Betreuung des Bildmaterials und die Beschaffung und Bearbeitung geeigneter methodischer Beispiele. Andreas Ege als angehender Jurist und Betriebswirt hat den Text mit großer Akribie auf logische Schnitzer und Ausdruckswahl durchgesehen und Sonja Herbrich, neben der erfolgreichen Abschirmung ihres Chefs, unermüdlich die ständig neuen Fassungen geschrieben und korrigiert und die Bibliografie zusammengestellt.
Weiterhin möchte ich den Lizenznehmern und Anwendern des Sensitivitätsmodells danken, die mich immer wieder mit wichtigen Informationen versorgt haben, aber vor allem durch ihre Kritik und wesentlichen Verbesserungsvorschläge schon während der Entwicklung des Verfahrens an der Praktikabilität der System-Tools großen Anteil haben. Hier sind insbesondere der ehemalige Chefplaner des Umlandverbands Frankfurt, Alexander von Hesler, der Direktor des St. Gallener Instituts für Versicherungswirtschaft, Matthias Haller, und der Koordinator der AREEA Gruppe in Graz, Emmerich Friedl zu nennen. Dank gebührt auch Fredmund Malik, der als einer der ersten Betriebswirtschaftler die Hilfen der Ökosystemforschung für ein strategisches Management ernst nahm und mit dessen ›Management Zentrum St. Gallen‹ sich eine engere Partnerschaft anbahnt, um die vorhandenen kybernetisch orientierten Kräfte zu bündeln.

Die inzwischen unentbehrliche Computerunterstützung des Systemansatzes wäre nie zustande gekommen ohne die uneigennützige Leistung der Informatiker Josef Müller und Michael Stoltz, die bereit waren, auf meine, dem fachlichen Usus oft fremden didaktischen Wünsche einzugehen, und immer sofort einsprangen, wenn neue Anforderungen an die Software auftauchten. Ich hoffe noch lange mit ihnen kooperieren zu können.
So wie mich die Bad Aiblinger »Arbeitsgruppe Sensitivitätsmodell« durch ihre plausible Powerpoint-Darstellung des Verfahrens auf den Titel dieses Buches gebracht hat, stammt auch die Idee zu dem Buch selbst nicht von mir, sondern – was wohl eher unüblich ist – vom Verlag. Ich bin daher Jürgen Horbach zu großem Dank verpflichtet, daß er mich bewogen hat, die vielen in Seminaren, Artikeln und Vorträgen verstreuten Aussagen und Anleitungen zur Kunst des vernetzten Denkens endlich in Buchform darzustellen. In Stefan Bollmann fand ich einen äußerst verständnisvollen Lektor, der mich trotz meines wochenlangen Ausfalls nie unter Zeitdruck gesetzt hat. Auch hat mir die Ermunterung durch meine Freunde des Club of Rome immer wieder Kraft gegeben, das Werk »durchzuziehen« und es für diesen offiziellen ›Bericht an den Club of Rome‹ noch einmal zu überarbeiten und zu ergänzen, wofür insbesondere dem langjährigen Präsidenten Ricardo Diez-Hochleitner und dem Generalsekretär Uwe Möller mein Dank gebührt. Da in dieser Taschenbuchausgabe – außer der generellen Aktualisierung – in einem eigenen Kapitel meine kritischen Betrachtungen zur Komplexität der Kernenergie und der Gentechnik sowie im neuen Schlusskapitel die versuchsweise kybernetische Analyse der Terrorszene und mein Plädoyer für eine kybernetische Medizin hinzugekommen sind, bin ich dem dtv für das Einfühlungsvermögen in meine ständigen Korrekturen und die damit verbundene Mühe zu großem Dank verpflichtet. *Last but not least* danke ich meinen sechs Enkeln für ihre Geduld und ihr Verständnis gegenüber der »Kunst vernetzt zu denken«, weil sie während meiner Arbeit daran so häufig auf mich verzichten mussten.

# Bibliographie

## Verzeichnis der zitierten (allgemeinen) Literatur


ALLAIS, M.: *Expected Utility Hypotheses and the Allais Paradox*, Kluwer Academic Publ., 1979

ALLAIS, M.: *Cardinalism*. Kluwer Academic Publ., 1993

AMERY, C./SCHEER, H.: *Klimawechsel*, München 2001

AXELROD, R.: *Die Evolution der Kooperation*, Scientia Nova Verlag, Oldenburg 1988

BARTENS, W.: *Die Tyrannei der Gene*, München 1999

BECKER-CARUS, C.: *Grundriß der Physiologischen Psychologie*, Heidelberg 1981

BEER, S.: *Cybernetic and Management*, London 1959

BEER, S.: *Decision and Control*, New York 1966

BENECKE, J.: ›*Das Millionending*‹ in: Bild der Wissenschaft, Nr. 10/1980

BINSWANGER, C.: *Geld und Wachstum*, Weitbrecht, Stuttgart 1994

CERVÉN, E.: »A Mechanism for the Self-Organisation of Cognitive Processes«, in: *Experientia* 41, Basel 1985

DÖRNER, D.: *Die Logik des Mißlingens*, Rowohlt Verlag, Hamburg 1989

DÖRNER, D.: *Problemlösen als Informationsverarbeitung*, Kohlhammer Verlag, Stuttgart 1976

DYLLICK, T. (Hrsg.): *Ökologische Lernprozesse in Unternehmungen*, Paul Haupt Verlag, Bern 1990

ELKINGTON, J. u. BURKE, T.: *Umweltkrise als Chance. Ökologische Herausforderungen für die Industrie*, Orell Füssli Verlag, Wiesbaden 1989

FORRESTER, J.W.: *World Dynamics*, Wright-Allen-Press, Cambridge Mass. 1971

GOGUEN, J.A.: »Some Comments on Applying Mathematical System Theory«, in: Gottinger, H. W. (Hrsg.): *Systems Approaches and Environmental Problems*, Vandenhoek & Ruprecht, Göttingen 1974

GOGUEN, J.A.: *Algebraic Semantics of Imperative Programs*, MIT Press, 1996

Goldsmith, E. u. Allen, R.: *Planspiel zum Überleben*, DVA, Stuttgart 1972

Gomez, P. u. Probst, G. J. B.: *Die Praxis des ganzheitlichen Problemlösens*, Paul Haupt Verlag, Bern 1995

Gottinger, H. W. (Hrsg.): *Systems Approaches and Environmental Problems*, Vandenhoek & Ruprecht, Göttingen 1974

Grote, H.: *Die schlanke Baustelle: mit Selbstorganisation im Wettbewerb gewinnen*, Patzer Verlag, Berlin/Hannover 1996

Haken, H.: *Erfolgsgeheimnisse der Natur – Synergetik: Die Lehre vom Zusammenwirken*, Ullstein Verlag, Berlin 1984

Hayek, A.v.: *Der Weg zur Knechtschaft*, Olzog, München 1994

Herold, H.: *Polizeiliche Informationsverarbeitung als Basis der Prävention*, 1973

Keynes, J. M.: *Politik und Wirtschaft*, Mohr Siebeck, 1956

Kosko, B.: *fuzzy-logisch. Eine Neue Art des Denkens*, Econ Taschenbuch Verlag, Düsseldorf 1995

Malik, F.: *Führen Leisten Leben*, DVA München/Stuttgart 2000

Malik, F.: *Systemisches Management, Evolution, Selbstorganisation*, Paul Haupt Verlag, Bern 2000

Malik, F.: *Management-Perspektiven*, Paul Haupt Verlag, Bern 2001

Malik, F.: *Strategie des Managements komplexer Systeme*, Paul Haupt Verlag, Bern, 6. erw. Auflage 2000

Maruyama, M.: Metaorganisation of Information, in: *Cybernetica* No. 4, Naumur 1965

Maruyama, M.: ›The Second Cybernetics. Deviation-amplifying Mutual Causal Processes‹, in: *Cybernetica* No. 1, Naumur 1963 (Intern. Association for Cybernetics, Naumur)

Meadows, D.: *Die Grenzen des Wachstums. Bericht an den Club of Rome zur Lage der Menschheit*, DVA, Stuttgart 1972

Mesarovic, M. u. Pestel, E.: *Menschheit am Wendepunkt. 2. Bericht an den Club of Rome zur Weltlage*, DVA, Stuttgart 1974

Münchner Rückversicherungs-Gesellschaft: *Naturkatastrophen in Deutschland. Schadenerfahrungen und Schadenpotentiale*, Münchner Rück 1999

Nachtigall, W. u. Blüchel, K. G.: *Das große Buch der Bionik. Neue Technologien nach dem Vorbild der Natur*, DVA, Stuttgart/München 2000

NACHTIGALL, W.: *Bionik: Grundlagen und Beispiele für Ingenieure und Naturwissenschaftler*, Springer, Heidelberg / New York 1998

NACHTIGALL, W.: *Konstruktionen: Biologie und Technik*, VDI Verlag, Düsseldorf 1986

PRIGOGINE, I. u. STENGLERS, I.: *Dialog mit der Natur*, Piper Verlag, München 1981

RECHENBERG, I.: *Evolutionsstrategie 94*, Frommann, Stuttgart 1994

RIEDL, R.: *Die Ursachen des Wachstums. Unsere Chance zur Umkehr*, Verlag Kremayr / Scheriau, Wien 1996

ROSNAY, J. de: *Das Makroskop*, DVA, Stuttgart 1977

SCHÄFER, W.: *Der kritische Raum*, Kleine Senckenberg Reihe 4, Frankfurt 1971

SCHEER, H. (Hrsg.): *Das Solarzeitalter*. C. F. Müller, Karlsruhe 1995

SCHEER, H.: *Solare Weltwirtschaft. Strategie für die ökologische Moderne*. Antje Kunstmann, München 1999

SCHMÄING, E.: *Krisenmanagement oder vorausschauende Planung*, Eigendruck, Ludwigshafen 1976

SCHMIDT-BLEEK, F.: *Das MIPS-Konzept: Weniger Naturverbrauch – mehr Lebensqualität durch Faktor 10*, DroemerKnaur, München 1998

SCHWEISFURTH, K. L.: *Wenn's um die Wurst geht*, Riemann Verlag 1999

SÉGUIN, P.: *En attendant l'emploi*, Editions du Seuil, Paris 1996

STREICH, J.: *30 Jahre Club of Rome. Anspruch – Kritik – Zukunft*, Birkhäuser Verlag, Basel 1997

ULRICH, H. u. PROBST, G.: *Anleitung zum ganzheitlichen Denken und Handeln*, Paul Haupt Verlag, Bern 1988

ULRICH, H.: *Gesammelte Schriften in 5 Bänden*. Hrsg: Stiftung zur Förderung der systemorientierten Managementlehre, Paul Haupt Verlag, Bern 2001

VÖHRINGER, K.-D.: »Vorbild Natur«, in: *Bild der Wissenschaft* 10 /1998, DVA, Stuttgart 1998

WEIZSÄCKER, E. U. v., LOVINS, A. B. u. HUNTER-LOVINS, L.: *Faktor Vier*. Droemer Knaur, München 1995

WIENER, N.: *Kybernetik*, Düsseldorf 1963

WOLTERS, M. F.: *Die fünfte Generation*, Verlag Langen Müller / Herbig, München 1984

ZADEH, L. A., COX, E. et al. (Hrsg.): *The Fuzzy Systems Handbook*, 1998

ZADEH, L. A.: »Fuzzy Sets«, in: *Information and Control* 8, 1965
ZIMMERMANN, H. J.: *Fuzzy Set Theory and its Application*, Kluwer Academic Publishers, Boston 1991

**Anwendungsspektrum des Sensitivitätsmodells Prof. Vester®**
**Eine Auswahl von Publikationen**

## Stadt- und Regionalplanung

Carsten, S.: *Antizipation von Agglomerationstypen*, Diplomarbeit Freie Universität Berlin, Institut für Geographische Wissenschaften, Berlin 1999

CERP (Cooperative Ecological Research Project): *Towards a Sustainable City. Methods of Urban Ecological Planning and its Application in Tianjin*, China, Urban System Consult GmbH, Berlin 1995

CERP/ UNESCO / MAB: The Tianjin Study, In: *CERP-Newsletter 3/90*, UNESCO, Paris, Mai 1990

Flury, A. u. Stöcklin, M.: *Möglichkeiten für die praktische Anwendung von Methoden des vernetzten bzw. ganzheitlichen Denkens für Verkehrsvorhaben*, SVI, Zürich 1994

Friedl, E.: *Umweltstudie Kuala-Lumpur. Darstellung der Umweltsituation eines Stadt- und Industriebereichs mittels Sensitivitätsmodell*, AREEA, Graz 1992/93

Gesellschaft für Information und Bildung e. V. – GIB (Hrsg.): *Dorferneuerung Geldersheim. Ein Leitbild* (Band 1), *Bürgerideen* (Band 2), GIB, Schweinfurt 1991

Hesler, A.v.: *Wirkungsgefüge im Flächennutzungsplan. Strategische Planung mit dem Sensitivitätsmodell*, Umlandverband Frankfurt, 1994

Rippberger, N. u. Krause, J.: *Anwendung des Sensitivitätsmodells Prof. Vester bei der Stadtentwicklung Jena/Thüringen*, Urban System Consult, Berlin 1993

Uphoff, H.: *Landschaftsanalyse und ökologische Belastbarkeit des Naturschutzgebietes »Elbe-Aland-Niederung« (Landkreis Stendal, Sachsen-Anhalt) – Eine Anwendung des Sensitivitätsmodells*, Universität Hamburg, Fachbereich Biologie, Hamburg 1996

Vester, F. u. Harrer, G.: *Großviehschlachtung im Systemzusammenhang. Zwischenbericht zum Stand des Projektes und abschließender Berichtsteil mit Untersuchung spezieller Szenarien*, Studiengruppe für Biologie und Umwelt, München 1997

Wang Rusong: *Acting with Nature: Human Ecological Construction in China*, Academia Sinica, Beijing 1993
Wang Rusong: *Probing the Nothingness: Human Ecological Interaction Analysis*, Academia Sinica, Beijing 1993
Wang Rusong u. Yonglong Lu: *Urban Ecological Development: Research and Application*, China Environmental Science Press, Beijing 1994

## Energie – Abfall – Umwelt

Flückiger, S. et al.: *Globale Entwicklungen und Naturkatastrophen – Eine gesamtheitliche Betrachtung am Beispiel von St. Niklaus*, Zürich 1998
Flückiger, S./Rieder, P.: *Klimaänderungen und Naturkatastrophen im Berggebiet*, Zürich 1997
Friedl, E.: *Natur–Mensch–Technik. Methodik zur ganzheitlichen Lösungsfindung von Lebens- und Umweltproblemen mittels Sensitivitätsmodell Prof. Vester*, AREEA, Graz 1995
Jacobsen, N.: *Die Anwendung des Sensitivitätsmodells bei der Systemanalyse zu Fragestellungen in der Abfallwirtschaft*, TU Braunschweig, Institut für Abfallwirtschaft und -technik, Braunschweig 1993
Neumüller, J.: *Wechselwirkungen in der Umweltverträglichkeitsprüfung – Einsatzmöglichkeiten des Sensitivitätsmodells von Prof. Vester am Beispiel einer Deponieplanung.* TH Darmstadt, Institut für Wasserversorgung und Raumplanung, Darmstadt 1993
Riegel, G.: *Vergleichende Analyse aktueller umweltpolitischer Strategieansätze*, DaimlerChrysler AG, Forschung Gesellschaft und Technik, Berlin 1995
Schlange, L. E.: Probleme und Perspektiven der schweizerischen Stromwirtschaft. Vorgehen beim Aufbau eines Sensitivitätsmodells, in: *Bulletin des VSE Schweizerischer Elektrotechnischer Verein*, Zürich 1993

## Verkehrssektor

Brabänder, H.-H.: *Zukunft der Schnittstelle Mensch – Auto – Umwelt*, Diplomarbeit an der Hochschule für Kunst und Design Halle, Fachbereich Industriedesign, Halle a. d. Saale 1996

Lang / Keller / Burkhardt, BASYS, Studiengruppe für Biologie und Umwelt: *Ein immissionsbedingtes, verkehrliches Entlastungskonzept für das südliche Oberallgäu*, Pilotprojekt des Bayerischen Staatsministeriums für Landesentwicklung und Umweltfragen, München 1996

List, S.: *Antizipation von Geschäftsmodelltypen für die Automobilindustrie*, St. Gallen 2001

Rump, D. u. Bonkowski, M.: *Mit der Biokybernetik zur raumverträglichen Siedlungs- und Verkehrsentwicklung. Analyse des Zusammenhangs von Siedlungs- und Verkehrsentwicklung mit dem Sensitivitätsmodell*, Universität Dortmund, Institut für Raumplanung, Dortmund 1998

Steinbrecher, M. u. Holzmüller, T.: *Vandalismus in Verkehrsträgern – Eine Systemstudie*, Daimler Chrysler AG, Forschung Gesellschaft und Technik, Berlin 1995

Topp, H. H. (Hrsg.): *Wirkungen von Verkehrsmanagement – systemanalytisch untersucht*, Universität Kaiserslautern, Fachgebiet Verkehrswesen. Kaiserslautern 1995

Umlandverband Frankfurt: *Generalverkehrsplan*, Umlandverband Frankfurt UVF, 1984

Vester, F., Harrer, G., Schlange, L. E., v. Hesler, A.: *Neue Mobilität. Ganzheitliche Machbarkeitsstudie zur Konzeption autofreier Kurorte mit Hilfe des Sensitivitätsmodells.* Bd. 1: Teilstudie Oberstdorf, Studiengruppe für Biologie und Umwelt, München 1992. Bd. 2: Teilstudie Berchtesgaden, Studiengruppe für Biologie und Umwelt, München 1993

Vester, F.: *FORD-Systemstudie. Gutachterliche Studie zu den Entwicklungsmöglichkeiten eines Unternehmens der Automobilindustrie unter einer funktionsorientierten Unternehmensstrategie*, Studiengruppe für Biologie und Umwelt, München 1988

Zeier, R.: *Wintersport Schweiz in vernetzter Sicht. Eine systemmethodische Untersuchung*, Diss. Universität St.Gallen, 1993

## Unternehmensstrategie


AREEA/VAMED AG: *Das Krankenhaus 2000 Plus. Know-how-Handbuch des Krankenhausbetriebs. Der Patient im System Medizin-Organisation-Betrieb*, AREEA, Graz 1995

Engelbrecht, A.: *Biokybernetische Modellierung adaptiver Unternehmensnetzwerke*, Düsseldorf 2001

Friedl, E.: *Organisationsstudie und Analyse der Leistungsabläufe durch Darstellung und Interpretation mittels Sensitivitätsmodell*, AREEA, Graz 1993/95

Friedl, E.: *›Know-how-Handbuch‹ für das Projektmanagement durch Erfassung der vernetzten Projektaktivitäten mittels Sensitivitätsanalyse*, AREEA, Graz 1995

Gorsler, B.: *Umsetzung ökologisch bewußten Denkens*, Paul Haupt Verlag, Bern 1991

Mayer, E.: Biokybernetisch orientiertes Controlling, in: *Controlling-Berater*, Rudolf Haufe Verlag, Freiburg 1983

Principe, S.: *Anwendungsorientierter Modelleinsatz im Management – Konzeptionelle Grundlagen für den Einsatz des Sensitivitätsmodells*, IVW-Schriftenreihe, Band 31. Institut für Versicherungswirtschaft der Universität St.Gallen, 1994

Schlange, L. E.: *Zukunftsforschung und Unternehmenspolitik*, Paul Haupt Verlag, Bern 1993

Schlange, L. E. u. Schüller, A.: *Komplexität und Managementpraxis*, Ferdinand Enke Verlag, Stuttgart 1994

Sebode, U.: *Die Anwendung der biokybernetischen Grundregeln bei Gestaltung, Lenkung und Entwicklung von Unternehmen*. Diplomarbeit an der FH Ostfriesland, 1985

Steinbrecher, M.: *Organisationsentwicklung durch Simulation?* DaimlerChrysler AG, Forschung Gesellschaft und Technik, Berlin 1994

Steinbrecher, M. u. Eck, S.: *Business Process Engineering*, DaimlerChrysler AG, Forschung Gesellschaft und Technik, Berlin 1995

Vester, F.: *Systemstudie Landwerkstätten. Eine konzeptionelle Untersuchung als Planungsgrundlage für ein kleinräumiges Verbundsystem*

*der Fleischverarbeitung*, Band I und II. Im Auftrag der K. L. Schweisfurth KG, Studiengruppe für Biologie und Umwelt, München 1985
WEBER, G.: *Strategische Marktforschung*, Oldenbourg Verlag, München 1996
WELSCH, G.: *Presseinformation über die Untersuchung »Zukunft der Großviehschlachtung am Münchner Schlacht- und Viehhof«*, Kommunalreferat der LH München, 1997
WILMS, F. E. P.: *Entscheidungsverhalten als rekursiver Prozeß. Konzeptuelle Bausteine des systemorientierten Managements.* Gabler Verlag, Wiesbaden 1995

## Sicherheit und Risiko

GRÜNIG, R. N: *Risiko-Management in einem vernetzten Ansatz bei mittelgroßen Unternehmen*, IVW-Schriftenreihe, Band 33. Institut für Versicherungswirtschaft der Universität St.Gallen, 1996
HALLER, M. u. PETIN, J.: Geschäft mit dem Risiko – Brüche und Umbrüche in der Industrieversicherung, in: R. Schwebler (Hrsg.): *Dieter Farny und die Versicherungswissenschaft*, Verlag Versicherungswirtschaft, Karlsruhe 1994
HILFIKER, H. P.: *Sicherheit für das System Schweiz – ein Konzept einer ganzheitlichen Sicherheitspolitik aus dem Blickwinkel des Risiko-Managements*, Institut für Versicherungswirtschaft St.Gallen 1995
KREMER, M.: *Das Nachfrageverhalten von Versicherungs- und Bankkunden aus ganzheitlicher Sicht – Konsequenzen für den Finanzdienstleistungsgedanken*, IVW-Schriftenreihe, Band 29. Institut für Versicherungswirtschaft der Universität St.Gallen, 1994
LANG, P./SÜTTERLIN, R.: *Die Optimierung der Steuersituation. Versuch einer ganzheitlichen Betrachtung im Grenzbereich zwischen Recht und Ökonomie*, St. Gallen 1998
MAIER, P.: *Zielgruppenmarketing für das Gewerbe im Spannungsfeld von Personen- und Unternehmensgeschäft der Versicherung. Konzeptionelle und praktische Ansätze*, Institut für Versicherungswirtschaft, St. Gallen 1995
MAMROT, D.: *Zur Komplexität des Verlaufs von Bränden in Bauwerken – Sensitivitätsanalyse*, Bergische Universität GH Wuppertal 1998

Schefer, A.: *Betriebssicherheit – ein vernetztes System*, Institut für Versicherungswirtschaft an der Universität St.Gallen, 1996

Schober, R.: *Sensitivitätsanalyse zur Risikolandschaft eines Gewerbebetriebs: Ein praktischer Fall*, Institut für Versicherungswirtschaft an der Universität St.Gallen, 1995

Weiss, P.: *›Innere Sicherheit‹ als öffentliche und private Aufgabe – Eine vernetzte Darstellung*, Institut für Versicherungswirtschaft an der Universität St. Gallen, 1994

## Arbeitswelt und Sozialbereich

Ackermann, W. u. Schächtele A.: *Herausforderung Altersvorsorge – Ein Beitrag zur Analyse und Entwicklung der Altersvorsorge aus systemischer Sicht*, IVW-Schriftenreihe, Band 35. Institut für Versicherungswirtschaft der Universität St.Gallen, 1998

AREEA/VAMED AG: *Das Seniorenmodell 2000. Interdisziplinäre Ganzheitsbetrachtung mittels Sensitivitätsmodell zur Ausarbeitung systemoptimierter Problemlösungen*, AREEA, Graz 1993/94

Fischer, M.: *Wohnen. Eine Systemstudie*, Diplomarbeit an der Fachhochschule Augsburg, Fachbereich Architektur, Augsburg 1996

Jonas, W.: N-th order design? Systemic Concepts for Research in Advanced Methodology, in: *Design Issues*, 1997

Jonas, W.: *Viable Structures and Generative Tools – an approach towards »designing designing«*, Stockholm 1997

Kostka, D.: *Umgang mit komplexen Verwaltungsaufgaben in der Wirtschaftsförderung*, Westdeutscher Verlag, 1992

Luba, E.: *Strategien und Ansätze zur Verbesserung der Wettbewerbsfähigkeit in der polnischen Molkereiwirtschaft im Vorfeld des EU-Beitritts*, Zürich 2001

Müller, S.: *Die acht biokybernetischen Grundsätze von Frederic Vester für Arbeitsproduktivität und -zufriedenheit nutzen*, Diplomarbeit an der Höheren Wirtschafts- und Verwaltungsschule Zürich, Fach Personalwesen, Zürich 1994

Sahner, B.: *Systemische Analyse des Schulerfolgs einer Hauptschule auf der Grundlage einer Sensitivitätsanalyse nach Frederic Vester*, Universität Lüneburg, Fach Erziehungswissenschaft, Lüneburg 1994

## Verzeichnis der Veröffentlichungen Frederic Vesters

### Bücher

*Bausteine der Zukunft*, Fischer Verlag, Frankfurt 1968

*Das Überlebensprogramm*, Fischer Verlag, Frankfurt 1972

*Unsere Städte sollen leben*, DVA, Stuttgart 1972

*Krebs – fehlgesteuertes Leben*, Kindler Verlag, München 1973 dtv, München 1977 (5. Aufl. 1991)

*Das kybernetische Zeitalter*, Fischer Verlag, Frankfurt 1974

*Denken, Lernen, Vergessen. Was geht in unserem Kopf vor, wie lernt das Gehirn und wann läßt es uns im Stich?* DVA, Stuttgart 1975; dtv, München 1978 (30. Aufl. 2002)

*Phänomen Streß. Wo liegt sein Ursprung, warum ist er lebenswichtig, wodurch ist er entartet?* DVA, Stuttgart 1976; dtv, München 1978 (17. Aufl. 2000)

*Ballungsgebiete in der Krise – Vom Verstehen und Planen menschlicher Lebensräume*, DVA, Stuttgart 1976; dtv, München 1983 (5. Aufl. 1994)

*Das Ei des Kolumbus. Ein Energiebilderbuch mit Begleitbroschüre*, Kösel Verlag, München 1979

*Neuland des Denkens – vom technokratischen zum kybernetischen Zeitalter*, DVA, Stuttgart 1980; dtv, München 1984 (11. Aufl. 1999)

*Sensitivitätsmodell*, Regionale Planungsgemeinschaft Untermain, Frankfurt 1980 (zusammen mit A. v. Hesler)

*Unsere Welt – ein vernetztes System*, dtv, München 1983 (10. Aufl. 1999)

*Der Wert eines Vogels. Ein Fensterbilderbuch*, Kösel Verlag, München 1983

*Ein Baum ist mehr als ein Baum. Ein Fensterbilderbuch*, Kösel Verlag, München 1985

*Bilanz einer Ver(w)irrung. Informationen, Berichte und Argumente zum Umdenken nach Tschernobyl*, Heyne Verlag, München 1986

*Januskopf Landwirtschaft*, Kösel Verlag, München 1986

*Wasser = Leben. Ein kybernetisches Umweltbuch mit fünf Kreisläufen des Wassers*, Otto Maier Verlag, Ravensburg 1987

*Leitmotiv vernetztes Denken. Für einen besseren Umgang mit der Welt*, Heyne Verlag, München 1988 (6. Aufl. 1998)

*Ausfahrt Zukunft. Strategien für den Verkehr von morgen. Eine Systemuntersuchung*, Heyne Verlag, München 1990
*Crashtest Mobilität. Die Zukunft des Verkehrs – Fakten, Strategien, Lösungen*, Heyne Verlag, München, 1995; dtv, München 2000

## Ausstellungen

Internationale Wanderausstellung *Unsere Welt – ein vernetztes System*, Studiengruppe für Biologie und Umwelt GmbH
Wanderausstellung *Mensch und Natur – gemeinsame Zukunft*, im Auftrag des Bayerischen Staatsministeriums für Landesentwicklung und Umweltfragen
Wanderausstellung *Wasser = Leben* im Auftrag des Bayerischen Staatsministeriums für Landesentwicklung und Umweltfragen

## Spiele

Simulationsspiel *Ökolopoly®* (Brettspiel), Otto Maier Verlag, Ravensburg 1983–1992
Simulationsspiel *Ökolopoly®* (PC-Version), Studiengruppe für Biologie und Umwelt Frederic Vester GmbH, München 1987
Simulationsspiel *ecopolicy®* (CD-ROM), Rombach Verlag, Freiburg 1997; Westermann Verlag, Braunschweig 2001 (Einzel- und Netzwerkversion)

## Software

*Sensitivitätsmodell Prof. Vester®*. Computergestütztes Instrumentarium. Studiengruppe für Biologie und Umwelt Frederic Vester GmbH, München;
*siehe auch die Website http://www.frederic-vester.de*

## Register

# Frederic Vester im dtv

Ein großer Umweltforscher und Kybernetiker, der Neuland des Denkens erschließt.

**Neuland des Denkens**
dtv 3-423-33001-5
Frederic Vester fragt, warum menschliches Planen und Handeln so häufig in Sackgassen und Katastrophen führt. Das fesselnd und allgemeinverständlich geschriebene Hauptwerk von Frederic Vester.

**Phänomen Streß**
Wo liegt der Ursprung des Streß, warum ist er lebenswichtig, wodurch ist er entartet?
dtv 3-423-33044-9
Vester vermittelt in einer auch dem Laien verständlichen Sprache die Zusammenhänge des Streßgeschehens.

**Denken, Lernen, Vergessen**
Was geht in unserem Kopf vor, wie lernt das Gehirn, und wann läßt es uns im Stich?
Aktualisierte Neuausgabe
dtv 3-423-33045-7
Frederic Vester zeigt auf seiner Kreuzfahrt durch das menschliche Gehirn eine spannende Richtung der Gehirnforschung: die Biologie der Lernvorgänge.

**Crashtest Mobilität**
Die Zukunft des Verkehrs
Fakten–Strategien–Lösungen
dtv 3-423-33050-3
Frederic Vester plädiert für ein anderes Verständnis von Mobilität und fordert zukunftsorientierte Formen des Verkehrsgeschehens und Verkehrsverhaltens.

**Die Kunst vernetzt zu denken**
Ideen und Werkzeuge für einen neuen Umgang mit Komplexität.
Der neue Bericht an den Club of Rome.
Aktualisierte und erweiterte Taschenbuchausgabe
dtv 3-423-33077-5
»Den biokybernetischen Denkansatz von Frederic Vester halte ich für den einzig richtigen Zukunftsweg.«
*Daniel Goeudevert*

## Arno Gruen im dtv

»Arno Gruen ist der erste Psychoanalytiker, der von Nietzsche geschätzt worden wäre.«
*Henry Miller*

**Der Verrat am Selbst**
Die Angst vor Autonomie bei Mann und Frau
dtv 3-423-35000-8
Heute aktueller denn je: der Begriff der Autonomie, der nicht Stärke und Überlegenheit meint, sondern die volle Übereinstimmung des Menschen mit seinen eigenen Gefühlen und Bedürfnissen. Ein Buch, das eine Grunddimension menschlichen Daseins erfaßt.

**Der Wahnsinn der Normalität**
Realismus als Krankheit: eine grundlegende Theorie zur menschlichen Destruktivität · dtv 3-423-35002-4
Arno Gruen legt die Wurzeln der Destruktivität frei, die sich nicht selten hinter vermeintlicher Menschenfreundlichkeit oder »vernünftigem« Handeln verbergen. Er führt vor Augen, daß dort, wo Innen- und Außenwelt auseinanderfallen, Verantwortung und Menschlichkeit ausbleiben.

**Der Verlust des Mitgefühls**
Über die Politik der Gleichgültigkeit
dtv 3-423-35140-3
Solange Schmerz und Leid zu empfinden als Schwäche gilt, ist unser Menschsein verarmt und unvollständig. Das Buch entwickelt Wege, wie wir uns der Politik der Gleichgültigkeit bewußt werden und einen Ausweg aus der Sackgasse zu immer mehr Gewalt und weniger Mitgefühl finden kön,nen.

**Der Fremde in uns**
dtv 3-423-35161-6

Ausgezeichnet mit dem Geschwister-Scholl-Preis 2001

Der Fremde in uns ist jener uns eigene Teil, der durch die Erfahrung von Unterdrückung und Ablehnung verloren gegangen ist: unsere eigene Sicht, unsere Empfindungen, unsere Empathie.

# Aktuelle Themen im dtv

Michel Baeriswyl
**Chillout**
Wege in eine neue Zeitkultur
dtv premium 3-423-**24208**-6

Paulina Borsook
**Schöne neue Cyberwelt**
Mythen, Helden und Irrwege des Hightech
dtv premium 3-423-**24255**-8

Colin J. Campbell
**Ölwechsel!**
Das Ende des Erdölzeitalters und die Weichenstellung für die Zukunft
dtv premium 3-423-**24321**-X

Hans-Peter Dürr
**Für eine zivile Gesellschaft**
Beiträge zu unserer Zukunftsfähigkeit
dtv 3-423-**36177**-8

Viviane Forrester
**Die Diktatur des Profits**
dtv 3-423-**36281**-2

Francis Fukuyama
**Der große Aufbruch**
Wie unsere Gesellschaft eine neue Ordnung erfindet
dtv 3-423-**36271**-5

Mario Gmür
**Der öffentliche Mensch**
Medienstars und Medienopfer · dtv 3-423-**36260**-X

Marie-France Hirigoyen
**Die Masken der Niedertracht**
Seelische Gewalt im Alltag und wie man sich dagegen wehren kann
dtv 3-423-**36288**-X

Harald Klimenta
**Was Börsen-Gurus verschweigen**
12 Illusionen über die Finanzwelt
dtv 3-423-**36282**-0

Kent Lindahl
**Exit**
Mein Weg aus der Neonazi- Szene
Aufgezeichnet von Janne Mattson
dtv 3-423-**36251**-0

Christian Nürnberger
**Kirche, wo bist du?**
Warum läuft die Kirche dem Zeitgeist hinterher, statt ihm wesentliche Impulse zu vermitteln?
dtv premium 3-423-**24232**-9

Frederic Vester
**Phänomen Streß**
Wo liegt sein Ursprung, warum ist er lebenswichtig, wodurch ist er entartet?
dtv 3-423-**33044**-9

# Carl Friedrich von Weizsäcker im dtv

»Faszinierend immer wieder die schnelle Umschaltung zwischen Philosophie und Physik. Wissenschaft ist immer Gespräch!«
*Süddeutsche Zeitung*

**Wahrnehmung der Neuzeit**
dtv 3-423-10498-8

Aufsätze zu den wesentlichen Fragen und Problemen unserer Zeit. »Das Ziel ist, die Neuzeit sehen zu lernen, um womöglich besser in ihr handeln zu können.«

**Der Mensch in seiner Geschichte**
dtv 3-423-30378-6

Ein autobiographischer Rückblick, der Antworten auf die wichtigsten Fragen der modernen Naturwissenschaften und Philosophie gibt: Wer sind wir? Woher kommen wir? Wohin gehen wir?

**Große Physiker**
Von Aristoteles bis Werner Heisenberg
dtv 3-423-33078-3

Zweitausendfünfhundert Jahre des Nachdenkens. Erforschens und Experimentierens: Ein kongenialer Blick auf die großen Ideenschöpfer und die Weltgeschichte der Naturforschung..

**Die Einheit der Natur**
Studien · dtv 3-423-33083-X

Mit diesem längst zum Klassiker gewordenen Buch beleuchtet der Physiker und Philosoph die Grundfrage der modernen Wissenschaft: die Frage nach der Einheit der Natur und der Einheit der Naturerkenntnis.

**Aufbau der Physik**
dtv 3-423-33084-8

Dieses Buch berichtet nach den Worten des Autors »über einen Versuch, die Einheit der Physik zu verstehen. Diese Einheit hat sich in unserem Jahrhundert in unerwarteter Form zu enthüllen begonnen.«

# Konrad Lorenz im dtv

»Es gibt keinen erfolgreichen und guten Biologen, der nicht aus inniger Freude an den Schönheiten der lebendigen Kreatur zu seinem Lebensberufe gelangt wäre.«
*Konrad Lorenz*

**Das sogenannte Böse**
Zur Naturgeschichte der Aggression
dtv 3-423-**33017**-1

Konrad Lorenz behandelt einen gefährlichen Grundantrieb menschlichen Verhaltens: die Aggression, das heißt den auf den Artgenossen gerichteten Kampftrieb bei Mensch und Tier. Das Buch hat eine fruchtbare und nützliche Diskussion über die natürlichen Grundlagen des menschlichen Daseins in Gang gesetzt, die so rasch nicht wieder verstummen wird. Ein Schlüsselwerk von epochalem Rang.

**Er redete mit dem Vieh, den Vögeln und den Fischen**
dtv 3-423-**20225**-4

Das Haus von Konrad Lorenz in Altenberg bei Wien glich einer Arche Noah: Es war bevölkert von allen möglichen Tieren, die mit großer Liebe an ihrem Herrn und Meister hingen. Humorvoll und selbstironisch schildert Lorenz seine Erlebnisse mit den Tieren und berichtet dabei viel Wissenswertes über deren differenzierte Lebensgewohnheiten und Verhaltensweisen.

**So kam der Mensch auf den Hund**
dtv 3-423-**20113**-4

Aus uralten Instinkten erklärt Lorenz das Verhalten unseres vierbeinigen Hausgenossen, das manchmal fast menschlich anmutet, dem Hundeliebhaber allerdings oft unverständlich und sogar unheimlich erscheint. Jede Hunderasse, aber auch jeder einzelne Hund hat einen eigenen (und oft eigensinnigen) Charakter, den nur entschlüsseln kann, wer die Entwicklungsgeschichte und Verhaltensformen dieser Tierart kennt.

## Biologie im dtv

William H. Calvin
**Der Strom, der bergauf fließt**
Eine Reise durch die Evolution · dtv 3-423-**36077**-1

H. Cruse, J. Dean, H. Ritter
**Die Entdeckung der Intelligenz**
oder können Ameisen denken · dtv 3-423-**33064**-3

Adolf Faller
**Der Körper des Menschen**
Einführung in Bau und Funktion · dtv 3-423-**32518**-6

Karl Grammer
**Signale der Liebe**
Die biologischen Gesetze der Partnerschaft
dtv 3-423-**33026**-0

François Jacob
**Die Maus, die Fliege und der Mensch**
Über die moderne Genforschung · dtv 3-423-**33053**-8

Steve Jones
**Wie der Wal zur Flosse kam**
Ein neuer Blick auf den Ursprung der Arten
dtv 3-423-**33073**-2

Detlef Linke
**Einsteins Doppelgänger**
Das Gehirn und sein Ich
dtv 3-423-**33082**-1

Josef H. Reichholf
**Das Rätsel der Menschwerdung**
Die Entstehung des Menschen im Wechselspiel der Natur · dtv 3-423-**33006**-6

Brigitte Röthlein
**Sinne, Gedanken, Gefühle**
Unser Gehirn wird entschlüsselt
dtv 3-423-**33081**-3

Jeanne Rubner
**Was Frauen und Männer so im Kopf haben**
dtv 3-423-**33031**-7
**Vom Wissen und Fühlen**
Einführung in die Erforschung des Gehirns
dtv 3-423-**33042**-2

Günter Vogel
Hartmut Angermann
**dtv-Atlas Biologie**
Tafeln und Texte / 3 Bände
**Band 1:** dtv 3-423-**03221**-9
**Band 2:** dtv 3-423-**03222**-7
**Band 3:** dtv 3-423-**03223**-5
Kassettenausgabe
dtv 3-423-**05937**-0

Franz M. Wuketits
**Die Selbstzerstörung der Natur**
Evolution und die Abgründe
dtv 3-423-**33079**-1

## dtv-Atlanten

informativ, zuverlässig, handlich und preisgünstig

**dtv-Atlas Akupunktur**
von C.-H. Hempen
dtv 3232

**dtv-Atlas Anatomie**
von W. Kahle,
H. Leonhardt und
W. Platzer
3 Bände · dtv/Thieme
3017/3018/3019

**dtv-Atlas Astronomie**
von J. Herrmann
Mit Sternatlas
dtv 3006

**dtv-Atlas Atomphysik**
von B. Bröcker
dtv 3009

**dtv-Atlas Baukunst**
von W. Müller
und G. Vogel
2 Bände
dtv 3020/3021

**dtv-Atlas Biologie**
von G. Vogel und
H. Angermann
3 Bände
dtv 3221/3222/3223

**dtv-Atlas Chemie**
von H. Breuer
2 Bände · dtv 3217/3218

**dtv-Atlas Deutsche Literatur**
von H. D. Schlosser
dtv 3219

**dtv-Atlas Deutsche Sprache**
von W. König
dtv 3025

**dtv-Atlas Englische Sprache**
von W. Viereck, K. Viereck
und H. Ramisch
dtv 3239

**dtv-Atlas Ernährung**
von G. Hauber-Schwenk
und M. Schwenk
dtv 3237

**dtv-Atlas Erste Hilfe**
von H. Karutz und
M. von Buttlar
dtv 3238

**dtv-Atlas Informatik**
von H. Breuer
dtv 3230

**dtv-Atlas Mathematik**
von F. Reinhardt
und H. Soeder
2 Bände
dtv 3007/3008

# dtv-Atlanten

**dtv-Atlas Musik**
von U. Michels
2 Bände
dtv 3022/3023

**dtv-Atlas Namenkunde**
von Konrad Kunze
dtv 3234

**dtv-Atlas Ökologie**
von D. Heinrich
und M. Hergt
dtv 3228

**dtv-Atlas Pathophysiologie**
von S. Silbernagel
und F. Lang
dtv 3236

**dtv-Atlas Philosophie**
von P. Kunzmann,
F.-P. Burkhard und
F. Wiedmann
dtv 3229

**dtv-Atlas Physik**
von H. Breuer
2 Bände
dtv 3226/3227

**dtv-Atlas Physiologie**
von S. Silbernagl und
A. Despopoulos
dtv/Thieme 3182

**dtv-Atlas Psychologie**
von H. Benesch
2 Bände
dtv 3224/3225

**dtv-Atlas Stadt**
von J. Hotzan
dtv 3231

**dtv-Atlas Weltgeschichte**
von W. Hilgemann
und H. Kinder
2 Bände
dtv 3001/3002

# Denkanstöße
# Philosophie im dtv

**dtv-Atlas Philosophie**
dtv 3-423-03229-4

Michael Hauskeller
**Geschichte der Ethik Mittelalter**
dtv 3-423-30727-7

Christoph Helferich
**Geschichte der Philosophie**
Von den Anfängen bis zur Gegenwart und östliches Denken
Mit Abbildungen
dtv 3-423-30706-4

Martin Morgenstern
Robert Zimmer
**HinterGründe**
Die Philosophie und ihre Fragen
dtv 3-423-30709-9

**Philosophie und Sex**
Zeitgenössische Beiträge
Herausgegeben von Philipp Balzer und Klaus-Peter Rippe
dtv 3-423-30728-5

Bertrand Russell
**Denker des Abendlandes**
Eine Geschichte der Philosophie
dtv 3-423-30019-1

Eike von Savigny
**Der Mensch als Mitmensch**
Wittgensteins ›Philosophische Untersuchungen‹
dtv 3-423-04691-0

Max Scheler
**Grammatik der Gefühle**
Das Emotionale als Grundlage der Ethik
Herausgegeben von Paul Good
dtv 3-423-30770-6

**Der Sinn des Lebens**
Herausgegeben von Christoph Fehige, Georg Meggle und Ulla Wessels
dtv 3-423-30744-7

Richard Tarnas
**Idee und Leidenschaft**
Die Wege des westlichen Denkens · dtv 3-423-30715-3

Norbert Tholen
**Kennen Sie Nietzsche?**
dtv 3-423-30655-6

Wilhelm Weischedel
**Die philosophische Hintertreppe**
34 große Philosophen in Alltag und Denken
dtv 3-423-30020-5